미디어 연구 방법

수용자, 반응 및 영향 측정

미디어 연구 방법

수용자, 반응 및 영향 측정

배리 건터 지음 | 나은영 옮김

미디어 연구 방법: 수용자, 반응 및 영향 측정

지은이 / 배리 건터
옮긴이 / 나은영
펴낸이 / 한기철
편집장 / 이리라 · 편집 및 제작 / 신소영, 이여진

2004년 8월 21일 1판 1쇄 박음
2004년 8월 31일 1판 1쇄 펴냄

펴낸 곳 / 도서 출판 한나래
등록 / 1991. 2. 25. 제22 - 80호
주소 / 서울시 송파구 신천동 11-9, 한신오피스텔 1419호
전화 / 02) 419 - 5637 · 팩스 / 02) 419 - 4338 · e-mail / editor1@hannarae.net
www.hannarae.net

Media Reserch Methods: Measuring Audiences, Reactions and Impact
by Barrie Gunter

필름 출력 / DTP HOUSE · 인쇄 / 상지사 · 제책 / 성용제책
공급처 / 한국출판협동조합 [전화: 02) 716 - 5616,   팩스: 02) 716 - 2995]

English language edition published by Sage Publications of London, Thousand Oaks and New Delhi, ⓒ 2000
Barrie Gunter
Korean Translation Copyright ⓒ 2004 by Hannarae Publishing Co.
This Korean edition was published by arrangement with Sage Publications of London, Thousand Oaks and New Delhi.

미디어 연구 방법: 수용자, 반응 및 영향 측정 / Gunter, Barrie 지음, 나은영 옮김
—— 서울: 한나래, 2004.
   478p.: 23cm (한나래 언론 문화 총서, 43)

   원제: *Media Reserch Methods: Measuring Audiences, Reactions and Impact*

   KDC: 326.7
   DDC: 302.23 / 072
   ISBN: 89 - 5566 - 021 - 9 94330

   1. Mass Media-Research-Methodology.
   I. Gunter, Barrie II. 나은영 옮김. III. Title —— *Media Research Methods: Measuring
   Audiences, Reactions and Impact*

차례

일러두기

· 한글 표기를 원칙으로 하되, 필요에 따라 외국어와 한자를 병기하였다.
· 한글 맞춤법은 '한글 맞춤법' 및 '표준어 규정'(1988), '표준어 모음'(1990)을 적용
하였으나 혼란이 있는 경우는 출판사의 원칙을 따랐다.
· 외국어의 우리말 표기는 개정된 '외래어 표기법'(1986)을 원칙으로 하되, 그 중
일부는 현지 발음에 따랐다.
· 사용된 기호는 다음과 같다.
  영화, 텔레비전 프로그램, 잡지 등: < >
  책이름: ≪ ≫

≪미디어 연구 방법: 수용자, 반응 및 영향 측정 *Media Research Methods: Measuring Audiences, Reactions and Impact*≫이라는 배리 건터 Barrie Gunter 의 책으로 대학원 석사 과정 강의를 시작한 것은 이 책이 나온 지 얼마 되지 않은 2000년 9월부터였다. 학기마다 강의가 진행되면서 대학원생 들이 발제하며 함께 토론하는 수업을 해 나가다 보니, 매 학기 반복해 서 유사한 내용을 발제하는 것보다는 차라리 완역을 하는 것이 여러 사람에게 도움이 되리라는 생각이 들었다. 그래서 약 세 학기에 걸쳐 수업을 해 가면서 1차 번역과 수정을 하고, 또 다시 전체적으로 검토 하면서 마침내 이 번역서를 완성하기에 이르렀다.

대부분의 미디어 연구 방법과 관련된 책들은 아주 이론적이거나 아주 실용적인 책들이 주류를 이루고 있으나, 이 책은 달랐다. 이 책 의 가장 큰 장점은 넓은 사회 과학적 관점의 이론적 배경 속에서 양 적 방법론과 질적 방법론을 고루 소개하면서도, 하나하나의 연구 사례 들을 아주 구체적으로 설명하고 있다는 점이다. 구체적인 연구 사례를 풍부히 담고 있을 뿐만 아니라, 하나하나의 연구 절차들도 커다란 이 론적 맥락 안에서 자세히 설명하고 있다. 이론적 배경의 흐름 및 변화 과정을 연구 방법론과 연계시킨 점은 숲을 먼저 바라보면서도 그 속의 나무들을 구체적으로 살펴볼 수 있게 하는 탁월한 선택이라고 생각한다. 또한 이 책은 양적 방법론과 질적 방법론의 균형과 수렴을 추구한다. 양적 방법론과 질적 방법론은 서로 배타적인 것이 아니라 보완적인 것이며, 두 방법론을 함께 사용함으로써 미디어 연구가 더욱 완전해질 수 있다고 본다. 따라서 이 책은 기초 방법론 강의를 수강한 학부 고학년 또는 대학원 석사 과정의 교재로 적합하다고 판단된다.

이 책에 인터넷 방법론은 포함되어 있지 않다. 이 책에서 말하는 '온라인'이란 '미디어 내용 소비 중'의 측정이라는 뜻이다. 그리고 이 책에서 구체적으로 설명하고 있는 주된 연구 분야들은 대체로 저자가 관심을 두고 있는 영역이기는 하지만, 비교적 광범위한 미디어 연구 영역에서 적용되고 있는 방법들을 자세히 설명하려고 노력한 흔적이 보인다. 이와 관련하여, 이 책에 소개된 연구 사례들은 주로 효과론과 관련된 것이 많아 보이기는 하지만, 기존의 양적 방법론에만 의존하던 미디어 효과 연구들과는 달리 양적·질적 방법론의 수렴과 균형, 그리고 상호 의존을 강조한다.

1장에서는 미디어 연구 방법들이 어떤 철학적 배경과 이론적 틀 속에서 생겨나게 되었는지를 소개함으로써, 방법론이 방법론으로 그치지 않고 이론적 틀의 역사적 흐름 속에서 이해될 수 있도록 돕는다. 2장과 3장에서는 미디어 연구 방법론을 개관하고 있는데, 2장은 주로 수용자 연구에 사용되는 연구 방법들을, 그리고 3장은 주로 미디어 내용과 관련된 미디어 산물의 연구 방법들을 개관한다. 4장부터 8장까지는 구체적인 연구 방법들과 연구 사례들을 상세히 설명한다. 4장에서는 미디어 이용과 노출의 측정, 5장에서는 미디어에 대한 정서적 반응 측정, 6장에서는 미디어에 대한 인지적 반응 측정, 7장에서는 미디어의 인지적 영향 측정, 8장에서는 미디어의 행동적 영향 측정과 관련된 연구 방법들을 다루고 있다.

이 책의 처음 번역은 서강대 신문방송학과의 대학원생 김양훈, 방희경, 오윤주, 이한빈, 장세일, 홍성국, 홍혜현 군의 도움으로 이루어졌고, 1차 수정은 권오태, 민철기, 염동수, 윤영덕, 이진우, 장지은, 최지선, 홍성일, 홍진아 군의 도움으로 이루어졌다. 2, 3차 수정을 거쳐, 최종 교정시에는 서강대 언론대학원 미디어 교육 전공의 강미화 선생님이 수고해 주었다. 이 자리를 빌어 이 책의 번역에 크고 작은 도움을 준 모든 이들에게 감사의 말씀을 드린다.

바쁘다는 이유로 최종 수정과 출간이 많이 늦어졌으나, 이 번역서를 통해 인터넷 시대 이전의 고전적인 미디어 연구 방법론과 그 이면의 이론적 배경을 탄탄히 익히는 것은 미디어 연구자들에게 평생 큰 재산이 될 것이라고 믿는다. 부족한 번역서이지만, 이 책이 연구 방법론을 어려워하는 사람들에게 조그마한 길잡이 역할이 되어 주기를 희망한다.

끝으로, 세이지 출판사 Sage Publication 와의 번역 출판 계약에서부터 길고 지루한 번역의 최종 수정에 이르기까지 인내심을 가지고 출판에 임해 주신 한나래 출판사 한기철 사장님과 이리라 편집장님 이하 모든 편집인들께 감사드린다.

2004년 8월

옮긴이 나은영

1장

미디어 연구의 이론적 배경

이 책의 목적은 다양한 미디어 연구 상황에서 사용되는 연구 방법들을 폭넓게 소개하는 데 있다. 이 책은 독자에게 특별한 연구 기법의 사용법을 알려 주거나 특수한 양적 또는 질적 방법을 실습하기 위한 책이 아니다. 이미 그러한 책은 많이 나와 있다. 이 책은 미디어 연구자들이 수십 년에 걸쳐 연구의 주요 영역에서 사용해 온 총괄적인 연구 접근법에 관심을 둔다. 이를 위해 미디어 산물의 분석, 미디어 수용자와 미디어 소비 분석, 미디어에 대한 수용자의 평가 반응과 정서 반응 분석, 미디어에의 인지적 몰입, 처리 및 해석 과정 분석, 그리고 미디어의 인지적, 행동적 효과 분석으로 구분할 것이다. 그러나 이와 같은 미디어 연구의 각 영역 안에서도 수많은 연구 방법이 적용된다. 때로는 이 방법들이 단순히 사회적 현상을 측정하는 여러 기법을 나타내기도 한다. 한편으로는 이론적, 철학적 측면에서 미디어 연구자들의 세부 전공 분야에 따라 적용하는 방법론이 달라지기도 한다. 이 책에서는 미디어 연구의 주요 영역과 관련하여 지금까지 적용되어 온 방법들을 기술할 것이다. 하지만 구체적인 각 방법의 장단점을 단순히 서술하거나, 의미 있는 관련 자료를 모으는 기술을 서술하거나, 미디어와 관련된 현상의 이해를 높이기 위한 현상학적인 서술 이상의 것을 담아 내려 한다.

　미디어 연구와 그것이 수행되어 온 방식을 잘 이해하려면 미디어 분석의 다양한 접근 방법 이면의 이론적 배경을 고찰해야만 한다. 이 책이 '미디어 연구를 행하는 것'에 대한 실용적인 측면도 언급하겠지만, 이런 종류의 분석은 미디어 연구 방법의 이론적 바탕을 고려하지 않고서는 효과적으로 이루어질 수 없다. 미디어 연구자들이 선택하는 미디어 연구의 기계적인 측면은 일반적으로 미디어 산물의 본질과 그 제작을 바라보는 이론적 관점, 또는 미디어가 제공하는 내용과 개인이 상호 작용하고 그에 반응하는 양상에 관한 이론적 관점에 의해 결정된다. 수십 년 동안 미디어 연구는 인류학, 언어학, 사회학, 정치학 및 심리학과 같은 분야에서 추론된 이론들을 차용하여 그것을 지배적으로 사용해 왔다. 미디어 연구의 여러 관점들은 역사적으로 사람들이 미디어에 반응하는 방식에 관한 생각을 변화시킨 경험적 연구 결과들과 더불어 등장했을 뿐 아니라, 더욱 중요한 것은 좀 더 일반적인 사회 과학 내의 전체적인 패러다임 변화로 인해 등장했다는 것이다. 그러므로 미디어 연구 방법을 개관하고 비판하기 위한 개념적 틀을 세우기 위해서는 이러한 개념적 변화들과 아울러 근대 매스 미디어의 역사를 통틀어 과학적 사고를 형성해 온 지배적인 연구의 현상학적 전제와 인간에 관한 존재론적 가정을 살펴보는 것이 중요하다.

　리틀존은 메타이론적 체계가 최소한 개괄적인 틀을 파악할 수 있다는 측면에서, 커뮤니케이션 연구 내의 다양한 이론, 모델 그리고 접근의 토대가 되는 이론적 시각에 질서를 부여하는 데 유용하다고 제안하였다(Littlejohn, 1983). 이 2차원적 체제는 커뮤니케이션 연구와 관련된 광범위한 현상학적 전제와 존재론적 가정을 구분하는 기술적인 틀을 제시하였다. 미디어 영역의 연구는 두 가지 현상학적 전제 가운데 하나에서 나온다고 가정되었다. 이 중 첫 번째 관점은 인간이 상당 부분을 완전하게 알아낼 수 있는 물리적 세계에서 살고 있다는 가정이다. 이것은 '제1 세계관'이라고 불린다. 리틀존에 따르면 다음과 같다.

이 전통은 경험주의자와 합리주의자의 생각에 기반을 두고 있다. 이는 현실을 인간과 구분되는 별개의 것으로 취급하여, 사람들이 자기 외부에서 그 현실을 발견하는 것이라고 본다. 이것은 훈련된 관찰자에게는 자명하게 드러나는 물리적 현실과 지식 세계를 가정한다. 이 관점에서는 발견이 중요하다. 그리고 이 세상은 과학자들이 발견하도록 기다리고 있다. 지식은 자신의 외부로부터 획득하는 것이라고 본다(Littlejohn, 1983: 20~1).

두 번째 관점은 '객관적' 세계의 실증적 지식을 얻는 인간의 능력에 심각한 의문을 제기한다. 아는 것은 해석하는 것이며, 모든 사람이 개입된다고 가정한다. 이 관점은 '제2 세계관'이라고 불린다.

이 전통은 세계가 과정 속에 존재한다고 보는 구성주의에 많이 의존한다. 이 관점에서는 지식을 창조하는 데 사람이 적극적인 역할을 한다. 사물의 세계는 사람 바깥에 존재하지만, 개인이 이 사물들을 여러 유용한 방식으로 개념화할 수 있다. 그러므로 지식은 우리의 발견에서 나오는 것이 아니라, 아는 사람과 알려지는 것 사이의 상호 작용에서 나온다. 그러므로 개인의 지각 및 해석 과정이 연구의 중요한 목적이다(Littlejohn, 1983: 21).

리틀존 체제의 두 번째 차원은 존재론 차원으로, 커뮤니케이션 연구자가 알고자 하는 현상의 본질을 다룬다. 근본적으로 커뮤니케이션 연구에서 발견되는 두 가지 존재론적 관점은 '비행위적' 관점과 '행위적' 관점이다. 두 가지 모두 인간의 개념, 인간 행위의 개념 및 인간 상호 작용의 개념과 관련된 전형적인 가정을 포함한다.

비행위적 이론non-actional theory은 "과거의 압력으로, 그리고 그에 대한 반응으로 행동이 결정된다고 가정한다. 이 전통에서는 대개 법칙들이 적절하다고 간주되며, 개인의 적극적인 해석은 과소 평가된다"(Littlejohn, 1983: 21). 이 접근법에 대한 더욱 상세한 설명은 다른 연구자가 해 놓은 바 있다. "**비행위적 접근**은 정상적 조사 대상이 되는 자료를 경험적으로(객관적으로) 관찰할 수 있는 사건 ─ 즉, 찾아내서 상호 주관적으로(너의 주관과 나의 주관이 일치할 수 있는 방법으로) 검증할 수 있는 자료로 축소시키며, 경험적으로 관찰된 현상들 사이의 관련성을 바탕으로 가설을 만드는 데 과학적인 노력을 쏟는다. 인간 행동에서 직접 관찰이 가능한 것은 겉으로 드러나는 **행동적 반응** behavioral responses 이다. 따라서 관찰되는 외부 행동에 영향을 주는 외적 요인들, 즉 **행동적 자극** behavioral stimuli 을 연구 대상으로 택한다"(Hunziger, 1988: 72; Recnkstorff & McQuail, 1996 재인용).

행위적 이론 actional theory 은 그 대신 "개인이 의미를 창출한다. 그들이 의도를 가지고 있고 실제로 선택을 한다. 행위적 관점은 사람들이 목적을 이루기 위해 결정을 한다고 주장하는 목적론적 토대에 의존한다. 행위적 전통의 이론가들은 법칙을 별로 찾고 싶어하지 않는다. …… 그 대신 그들은 상황에 따라 규칙이 변화하기 때문에 사람마다 다른 상황에서 달리 행동한다고 가정한다"(Littlejohn, 1983: 22).

헌지거는 이 입장을 다음과 같이 일목요연하게 요약한다. "**행위이론적 접근**은 인간의 사회적 행위가 **주관적 의미** subjective meaning 에 기반을 둔다고 가정한다. 이 주관적 의미는 물론이려니와 사회적 행위가 일어나는 사회의 의미와 그 기저의 동기까지 이해하도록 연구 노력이 이루어져야 한다. 이러한 '**이해** verstehen'의 문제는 행위자의 동기, 접근, 및 관점 가운데 그 어느 것도 직접 조사할 수 없다는 사실에 기인한다"(Hunziger, 1988: 73).

커뮤니케이션 연구에서 인식론과 존재론 두 차원의 조합은 이렇게 해서 현존하는 커뮤니케이션 연구의 토대를 이루는 네 가지 관점을 만들어 낸다. ① 행동주의적 behavioristic, ② 전이적 transmissional, ③ 상호 작용적 interactional, ④ 거래적 관점 transactional perspective 이다(그림 1–1 참조).

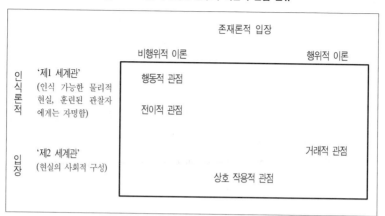

그림 1–1. 커뮤니케이션 연구의 이론적 관점 분류

존재론적 입장

비행위적 이론　　　　　　　　　　　　　　행위적 이론

인
식
론
적

'제1 세계관'
(인식 가능한 물리적
현실, 훈련된 관찰자
에게는 자명함)

행동적 관점

전이적 관점

입
장

'제2 세계관'
(현실의 사회적 구성)

거래적 관점

상호 작용적 관점

1. 주요 이론적 관점

20세기 사회 과학의 지배적인 사고 방식을 형성하는 데 중요한 역할을 해 온 여러 이론적 관점들이 많이 등장하였다. 각 접근마다 사회 이론의 특수한 전통과 연계되며, 인간 본성과 그에 대한 연구 패러다임의 독특한 모델을 제공한다. 또한 이 관점들은 이 장의 앞 부분에 논의된 해석학적 틀을 반영한다. 그 중에서 매스 미디어의 역할과 영향에 관한 생각에 지대한 영향을 미친 세 가지 전통은 ① 실증주의, ② 해석적 사회 과학, 그리고 ③ 비판적 사회 과학이다.

1) 실증주의

실증주의 *positivism* 접근은 일찍이 19세기 오귀스트 콩트가 창시해 에밀 뒤르켐이 발전시킨 철학파에 기반을 두고 있다. 이 패러다임과 관련된 연구 유형은 본질적으로 양적이며 실험, 조사, 통계를 사용하는 경향이 있다. 실증주의 경험적 연구자들은 사회적 현상을 이해하기 위해 측정으로 객관성을 추구하고 측정의 수량적 형태를 지배적으로 사용한다. 가장 큰 목적은 자연 과학에서 사용하는 것과 유사하게 수량적으로 정의하고 수량적 측정치를 이용하여 가설을 입증하거나 부정하며, 궁극적으로는 행동의 보편적인 법칙을 확립하려는 것이다.

한 연구자에 따르면, "실증주의는 인간 활동의 일반적인 양상을 예측하는 데 사용할 수 있는 확률적 인과 법칙을 발견하고 입증하기 위해, 개인 행동의 정확한 경험적 관찰을 연역적 *deductive* 논리와 결부시키는 조직화된 방법으로 사회 과학을 정의한다"(Neuman, 1994: 58). 사회적 행동을 이해하는 맥락에서 수량적 방법은 행동의 원인을 탐색하기 위한 기법을 제공한다. 관찰될 수 있는 것에 초점을 둔다. 연구 기법은 관찰될 수 있는 현상을 수량화하고 분류하는 데 사용된다. 실증주의적 사회 과학의 주요 목표는 이 관찰된 현상들 사이의 인과 관계를 설명하는 것이다.

실증주의는 절대적 결정주의를 믿지 않는다. 인과 법칙은 확률적이다. 그런 법칙은 큰 집단의 사람들에게 또는 상황에 진실일 수 있지만, 모든 사람 또는 모든 것에 똑같은 정도로 진실일 수는 없다. 과학적 법칙에 근거하여 예측할 수 있다. 그러므로 만일 사건 X가 발생하면 사건 Y가 뒤따라 일어날 확률이 있다. 그러나 사건 Y가 항상 일어나는 것은 아니다. 과학적 설명은 **법칙 발견적** *nomothetic* 이며, 이것은 보편적인 법칙에 기반을 둔다. 인간 행동의 법칙은 보편적으로 타당해야 한다. 법칙의 효율성을 적용할 때, 사람들은 연역적 과정, 사실의 수집, 가설이나 예언에 비추어 이들을 검증하는 과정을 거친다. 사건들 사이의 특별한 상태나 관계가 증명될 수 있는지를 결정할 수 있는 지식을 얻음으로써 진실과 거짓 사이의 구분이 이루어진다.

인간 행동의 설명은 사실과 일치해야 하고 사실에 의해 지지되어야 한다. 더 나아가, 법칙이 확립되기 위해서는 **반복적으로** 사실에 의해 지지되어야 한다. 이것은 반복 검증의 개념이다. 사실들은 대개 관찰 가능한 사건, 대상, 행동에 대한 수량적 통계 자료나 측정치를 수집하는 경험적 연구 기법을 통해 얻어진다. 이 과정에서 연구자는 자료 수집 절차로부터 일정한 거리를 유지해야 한다. 실증주의적 사회 과학 연구는 객관적 측정에 토대를 두며, 직관이나 주관적 판단에 의지하지 않는다.

2) 해석적 사회 과학

해석적 사회 과학 *interpretive social science* 은 사람을 움직일 수 있는 것이 관찰 가능한 외적 요인이나 힘이 아니라 내적 요인이나 힘이라고 생각한다는 점에서 실증주의와 대조된다. 이 관점의 기원은 독일의 사회학자인 막스 베버로 이어진다. 노이만에 따르면, " …… 해석적 사회 과학도 19세기에 태동한 의미 이론인 **해석학**과 관련이 있지만, 주로 인문학(철학, 미술사, 종교학, 언어학 및 문학 비평) 안에서 발견된다. 여기서는 대화, 글, 그림들을 지칭하는 텍스트의 상세한 읽기나 조사를 강조한다. 읽기는 숨어 있는 의미를 찾아내는 것이다"(Neuman, 1994: 61).

사람들은 텍스트를 통해 주관적 경험을 전달한다고 믿는다. 이런 텍스트를 면밀히 조사하면 사람의 내적인 감정과 동기에 대한 통찰을 얻을 수 있다. 해석적 사회 과학에도 다양하게 해석학, 민속학, 그리고 질적 사회 과학 연구 등이 포함된다. 이 패러다임을 따르는 연구자들은 종종 참여 관찰이나 현장 연구를 사용한다. 이 기법에서는 연구자들이 연구 대상과 직접 오랜 시간 동안 개인적인 접촉을 해야 한다. 이들은 대화 축어록이나 행동 비디오 테이프를 아주 상세히 분석하며, 조사 대상이 되는 언어적 커뮤니케이션뿐만 아니라 비언어적 커뮤니케이션까지 자세히 분석한다.

질적 연구법으로 수집한 자료는 수량적으로 정의되기보다 인상에 의존하게 된다. 예컨대, 미디어 연구 상황에서는 설문에 대해 여러 선택지 중에서 응답한 수량적 점수보다, 미디어 텍스트 또는 미디어 내용에 관한 사람들의 대화 대본들로 원자료를 구성한다. 연구자는 특별히 상세한 형태의 질적 자료를 많이 얻기 위해 엄격하고 세밀한 방법을 사용한다. 이에 비하여, 실증주의 연구자들은 사람들이 언어적 또는 행동적으로 반응할 수 있는 방법을 제한하는 미리 구조화된 기법을 사용하지만, 해석적 사회 과학 접근을 따르는 사람들보다 종종 훨씬 더 많은 수의 개인들 또는 많은 양의 미디어 산물에서 자료를 얻는다. 해석적 연구자는 12명의 사람들을 심층적으로 이해하기 위해 1년을 보낼 수도 있다. 반면에 수량적, 경험적 방법을 사용하는 실증주의 연구자는 그에 비해 단 몇 분이 소요되는 면접에서 1200명의 개인으로부터 자료를 수집할 수도 있다.

해석적 접근에서는 사회 과학자가 사람들의 외적 또는 관찰 가능한 행동만이 아니라 의미 있는 사회적 행위를 연구해야 한다고 주장한다. 사회적 행위는 사람들이 주관적인 의미를 부여하는 행위, 즉 목적이나 의도를 지닌 행위이다. 해석적 접근에서는 사회 생활이 사회적 상호 작용과 사회적으로 구조화된 의미 체계에 근거한다고 주장한다. 사람들은 내적으로 경험한 현실의 의미를 지니고 있다. 이 현실의 주관적 의미가 인간의 사회 생활을 설명하는 데 결정적이다.

사회적 현실은 사람들이 그것을 어떻게 정의하느냐에 따라 달라진다. 실증주의자들은 모든 사람이 같은 의미 체계를 공유한다고 가정한다. 또한 그들은 우리 모두가 같은 방식으로 세상을 경험한다고 가정한다. 해석적 접근에서는 사람들이 사회적 현실을 같은 방식으로 경험할 수도 있고 그렇지 않을 수도 있다고 말한다. 해석적 접근은 인간 경험이나 현실을 여러 가지로 해석하는 것이 가능하다고 가정한다.

해석적 연구자들은 행위가 그 행위에 개입되어 있는 사람들에게 어떤 의미를 지니는지 찾아내고자 한다. 그들은 사회 생활을 보통 사람들의 정서와 경험에 무관한 추상적, 논리적 이론들에서 연역하는 것은 아무 의미가 없다고 생각한다. 개인의 동기가 비록 비이성적이고 감정적이고 틀린 사실과 편견을 포함하고 있을지라도 결정적으로 고려해야 할 부분이라고 본다. 해석적 연구자들은 세상을 해석하는 방법으로서 상식에 가치를 두는 반면, 실증주의자들은 일반적으로 상식을 '비과학적'이라고 배척한다.

실증주의자들은 사회 이론이 연역적 전제와 원리 및 상호 관련된 인과적 법칙을 지니는 자연 과학과 유사해야 한다고 믿는다. 해석적 연구는 개인의 경험에 초점을 두며, 인간 본성에 관한 폭넓고도 일반적인 진술을 추론하는 데에는 관심을 덜 갖는다. 실증주의에서 좋은 증거는 관찰 가능하고 정확하며 이론이나 가치로부터 독립적인 것이다. 이와 반대로 해석적 사회 과학은 특정 맥락의 독특한 측면과 그것이 뜻하는 바가 사회적 의미 이해에 핵심적이라고 본다.

해석적 연구자들은 어떤 것을 의미 있다고 주장하기 위해 객관적인 조사 질문을 만들거나 많은 사람들의 응답을 모으지 않는다. 그 대신 조사 설문에 대한 각 사람의 해석을 좀 더 개인적이고 독특한 맥락(예컨대, 개인의 과거 경험이나 조사 면접 상황)에서 검토한다. 그리고 한 사람의 응답이 뜻하는 진정한 의미는 면접이나 질문 상황에 따라 다르며 그 상황이 개인 응답자에게 어떻게 지각되느냐에 따라 달라진다고 본다. 더구나 각 사람이 질문과 응답에 어느 정도 다른 의미를 부여하기 때문에, 해석적 전통을 따르는 사람들에 의하면 응답들을 종합하는 것은 단지 이치에 맞지 않는 결과들을 만들어 낼 뿐이다.

3) 비판적 사회 과학

많은 면에서 비판적 사회 과학 *critical social science* 은 해석적 접근이 실증주의를 겨냥하는 비판에 동의한다. 그러나 비판적 시각이 해석적 사회 과학에 완전히 동의하는 것은 아니다. 비판적 사회 과학의 뿌리는 칼 마르크스의 사상에 있으며, 따라서 사회 계급 투쟁의 개념에 기반을 둔다. 해석적 접근과 마찬가지로 비판적 사회 과학은 사람들이 사회적 현상에 부여하는 개인적 해석을 실증주의가 적절히 반영하지 못한다는 결정적인 단점을 지적한다. 뿐만 아니라, 비판적 사회 과학은 실증주의와 함께 특수한 사회 정치적 동기를 찾아냄으로써 사회 경제적 및 정치적 차원을 추가하여, 사회 속의 지배적인 정치적 및 사회 경제적 힘과 결부된 과학적인 연구법으로 간주된다. 동시에, 비판적 연구자들은 해석적 접근이 너무 주관적이고 상대주의적이라고 비판한다.

비판적 사회 과학 연구자에게 연구의 주된 목적은 사회 속의 권력 구조와 관계를 밝혀내고 설명하고 이해하는 것이다. 미디어는 그 자체가 사회적, 문화적, 정치적 엘리트에 의해 통제되는, 사회 통제의 강력한 원천으로 여겨진다. 그런 확고한 지위를 가진 기관들은 미디어를 이용하여 특수한 가치, 신념, 의견들을 조장하고 사회 안의 힘없는 집단에 대해 자신의 위치를 유지할 수 있다. 연구자들은 이런 조작적 과정과 메커니즘을 노출시킴으로써 권력 없는 이들에게 이 과정을 깨닫게 하여 그들에게 도전하도록 힘을 부여하고자 한다. 미디어는 외부 현실을 전형적인 방식으로 보여 주기 때문에 실제로 그것이 무엇을 의미하는지를 깨우칠 필요가 있다. 이런 현실은 끊임없이 변화하고 진화하는 실체이기 때문에 지속적으로 모니터할 필요가 있다. 비판적 사회 과학 접근에서는 사회 현실이 여러 겹의 층으로 되어 있다고 주장한다. 즉시 관찰 가능한 표면 현실 뒤에 심층 구조 또는 관찰 불가능한 메커니즘이 있다는 것이다. 심층 구조는 노력을 통해서만 드러날 수 있다.

비판적 사회 과학은 그 입장을 상식 선에서 설명하기 위해 허위 의식이라는 개념을 이용한다. 이는 사람들이 객관적 현실에서 설명되는 스스로에게 가장 좋은 이익에 반하여 행동하는 것을 의미한다. 이 개념은 해석적 사회 과학에서는 무의미한데, 이것이 마치 사회적 행위자가 객관적 현실에서 동떨어진 또는 잘못된 의미 체계를 사용함을 암시하기 때문이다. 해석적 접근에서는 사람들이 그런 체계를 창조하고 사용한다고 주장하며, 연구자들은 단지 그런 체계를 기술할 수 있을 뿐이지 그 가치를 판단하는 것은 아니다.

비판적 사회 과학 접근에서는 사회 연구자들이 주관적인 생각과 상식을 연구해야 한다고 말하는데, 이것들이 비록 신화와 환상으로 가득 차 있다 하더라도 인간의 행동을 형성하기 때문이다. 완전한 비판적 사회 과학 설명은 여러 가지 역할을 한다. 환상을 깨우치고, 조건들의 심층 구조를 기술하며, 어떻게 변화가 성취될 수 있는지를 설명하고, 가능한 미래의 비전을 제시한다. 비판적 이론은 관찰 가능한 현실을 설명하는 보이지 않는 메커니즘을 기술하는 것 이상의 역할을 한다. 그것은 또한 조건들을 비판하고 변화 계획을 암시한다.

실증주의는 절대적인 것을 믿는 반면, 해석적 사회 과학은 상대주의를 믿는다. 그러므로 실증주의자들의 경우, 사회적 현상을 설명하는 외부 현실에 관한 일반적인 추상적 규칙들이 결정될 수 있으며, 그 측면에서 광범위한 인식의 합의가 사람들 사이에 확고히 자리잡을 수 있다. 해석주의자들에게는 이런 보편적인 규칙이나 원리들이 확립될 수 없다. 그리고 개인들은 세상을 각기 독특하고 특별하게 지각한다. 이러한 개인 차이는 사회적 현상에 관한 보편적 진리를 드러내려는 어떤 시도보다도 더 우선적으로 강조된다. 실증주의는 모든 이성적인 사람들이 동의하는 사회적 현실에 관한 이론異論의 여지가 없는 사실이 존재한다고 가정한다. 해석적 접근에서는 사회적 세계가 사람들이 사실에서 창조해 내고 협상하는 의미들로 구성된다고 가정한다. 비판적 접근은 약간 다른 입장을 취하면서 세계가 어떤 광범위한 합의적 신념을 얻어낼 수 있는 물질적 조건으로 구성되어 있다는 점에서는 실증주의에 동의하지만, 동시에 서로 다른 공동체에 속하는 개인들이 같은 사회적 현상에서 다양한 의미를 찾아낼 수 있음을 고려해야 한다고 본다.

비판적 사회 과학의 한 분파는 **페미니스트 연구**_feminist research_이다. 이는 대개 페미니스트 자아 정체성을 지닌 여성들에 의해 이루어지고 있다. 이 접근법에서도 다양한 연구 기법들이 사용될 수 있다. 페미니스트 방법론의 주류를 이루는 특징은 여성들에게 발언권을 주고 사회 과학 발달 과정에서 지배적이었던 남성 지향적 관점을 수정하려는 시도이다.

많은 페미니스트 연구자들은 실증주의가 남성의 관점과 일치한다고 주장한다. 실증주의는 객관적, 논리적, 과제 지향적 그리고 도구적이라는 것이다. 이것은 남성들이 개인적 경쟁, 환경의 지배와 통제, 그리고 세계에 작용하는 딱딱한 사실들과 힘을 강조한다는 사실을 반영한다. 여성들은 조정과 점진적으로 발달하는 관계를 강조한다. 그들은 사회적 세계를 신뢰감과 상호 의무감으로 서로 연결되어 있는 사람들 사이의 관계라는 연결망으로 본다. 이 관점에서는 사회 과학적 질문을 조사하기 위해 좀 더 부드러운 질적 연구 기법과 사례 연구를 사용하는 경향이 있다.

4) 포스트모던 연구

포스트모던 연구는 인문학에서 시작된 접근법으로, 하이데거, 니체, 사르트르, 그리고 비트겐슈타인이 내 놓은 실존주의 철학과 사상에 뿌리를 두고 있다. 포스트모던 연구는 사회 과학을 급진적으로 변형하려는 시도에서 해석적 및 비판적 관점을 뛰어넘는다. 극단적인 포스트모더니스트들은 사회적 세계에 대한 과학의 가능성조차 거부한다. 그들은 체계적인 경험적 관찰을 불신하며 지식이 일반화될 수 있다거나 시간이 지남에 따라 누적된다는 데에도 의심을 갖는다. 포스트모더니스트들은 서양사의 계몽주의 시대에 일어난 가정이며 신념인 '모더니즘 modernism'을 부정한다. 모더니즘은 논리적 추론에 의존하며 미래에 관해 낙관적이고 진보를 믿으며 기술과 과학에 자신감을 갖는다. 포스트모더니스트들은 예측하고 정책 결정을 하는 데 과학을 사용하기를 거부한다. 또한 그들은 권력 관계를 강화하는 데 실증주의 과학을 사용하는 사람들을 반대한다.

포스트모더니즘은 사회적 세계의 신화를 벗겨낸다는 목표를 비판적 사회 과학과 공유한다. 이 접근은 내부에 숨어 있는 구조를 드러내기 위해 표면에 나타나는 것을 부수고 분리한다. 추상적 설명을 불신하고, 연구는 현상 기술 이상의 것을 할 수 없다고 믿으며, 모든 기술이 동등한 타당성을 지닌다고 본다. 포스트모더니즘에서는 어떤 연구자의 기술도 다른 연구자보다 더 우월하거나 열등하지 않다.

2. 관점들의 수렴

미디어 연구 안에서 경험주의적 사회학 또는 심리학 접근과 문화적 또는 비판적 접근이 서로 생산적인 영향을 주기 시작했다는 사실에 많은 사람들이 동의하고 있다. 매퀘일은 미디어 사회학에서 비판적 이론의 중요성이 증가하고 있음을 다음과 같이 말한다(McQuail, 1985: 131). "더 질적이고 심도 있는 연구가…… 미디어 사회학과 인문학적 (현재는 흔히 기호 언어학적) 접근 사이의 상호 생산적 과정에 의해 자극되었다." 이와 유사한 관점이 미국의 사회학적 이론과 방법론에 심각한 비판을 제기했던 한 미국 연구자에 의해 제안되었다. 그는 "질적, 양적 접근의 수렴"이 "모든 맥락에서 커뮤니케이션의 중요성을 정확히 기술하고 설명할 수 있는 잠재성을 실현시키기 위해 일어나고 있다"고 보았다(Lull, 1985: 219~20). 블럼러와 그의 동료들도 사회학자들에게 "겉보기에는 서로 양립할 수 없는 것처럼 보이는" 방법들을 포함하여 "다른 접근법들과의 수렴을 향해 작업할 것"을 호소하였다(Blumler et al., 1985: 271).

이것은 인문학적 문화 연구 전통의 학자들이, 자신들이 신성하게 여겨 온 영역들 가운데 일부를 양쪽 모두 조금씩 희생할 필요가 있음을 깨달아 왔다는 것이다. 비판적 관점의 학자들이 수용자 문제를 경험적으로 대하기를 꺼리는 점을 비판하며, 젠슨은 "현재 비판적이면서 경험적인 수용 이론이 필요성다"라고 주장하고, "미디어가 사람들에게 또는 사람들이 미디어에 무엇을 해 주는가에 관한 일반적인 질문에 답하기 위해, 서로 다른 질적, 양적 연구 설계가 어떻게 기여할 수 있는가"를 논의하였다(Jensen, 1986: 2~3).

두 패러다임 사이의 상호 생산적 과정의 중요성에 관해 광범위한 합의가 이루어졌음에도 불구하고, 앞으로 나아가기 위해 어떻게 해야 하는지에 대해서는 거의 동의하는 바가 없다. 각 연구법의 한계를 감안한 적절한 혼합 접근법을 찾아낼 필요성이 분명히 있다. 카츠와 리브스가 말했듯이, "우리들 가운데 누군가는 대중 문화의 텍스트를 연구하고 있고 또 다른 연구자들은 이것이 수용자에게 미치는 효과를 연구하고 있다. …… 전자는…… 수용자에 관해 아무것도 모르고, 후자는…… 텍스트에 관해 아무것도 모른다"(Katz & Liebes, 1986: 4~5).

3. 미디어 연구에서 연구 패러다임의 발전 과정

미디어 연구는 시간이 흐름에 따라 발전해 왔으며, 이는 부분적으로 더 넓은 사회 과학 안에서 분석 모델이 발달하고 패러다임이 변화해 온 과정을 반영한다. 이 과정에서 사회 속 미디어의 역할과 영향 개념에 중요한 변화가 있어 왔다. 이러한 이론적 발달은 또한 연구 방법의 토대에 유행의 변화까지 가져오게 되었다. 이런 현상은 지난 50년 동안 수용자 개념이 변화해 왔다는 사실에서 잘 드러난다.

1차 세계 대전과 2차 세계 대전 기간 중에 연구자들 사이에 미디어가 강력하고 설득적인 영향력을 행사한다는 데 광범위한 합의가 이루어져 있었다. 이 의견의 기초가 되었던 몇 가지 발달 과정이 있다. 첫째로, 1920년대와 1930년대에 출판과 영화, 라디오의 성장으로 엄청난 규모의 대중 수용자가 출현하기에 이르렀다. 둘째로, 사회의 도시화와 산업화로 인해 변화하기 쉽고 불안정하며 소외된 대중들이 조작에 취약해졌다는 관점이 등장하였다. 셋째로, 이러한 도시화된 대중은 매스 커뮤니케이션을 통해 전달되는 설득 메시지에 특히 쉽게 희생되는 것으로 간주되었는데, 그것은 주로 개인들이 전통적으로 좀 더 안정적이고 상호 협력적인 시골 공동체 시절에 지니고 있던 확고하고 안정된 기준점이 없어졌기 때문이었다. 넷째로, 매스 미디어가 2차 대전 중에 사람들을 세뇌시키는 데 사용되어 왔으며 전쟁과 전쟁 사이의 기간 동안 유럽에서 파시즘이 등장하는 데 일조 했다는 냉소적인 관점이 나타났다. 이러한 일들의 결과로서 미디어는 잠재적으로 대중의 의견과 행동을 형성할 수 있는 강력한 선전 매개체로 여겨지기에 이르렀다(Curran et al., 1987).

1940년대 들어 현대 문화에서 매스 미디어의 역할에 대한 마르크스주의자의 비판이 프랑크푸르트 학파를 지배하였다. 이 사상 학파는 수용자에 대한 비관적 개념을 주창하였는데, 이는 그 당시 독일 사회가 파시즘으로 몰락한 데 대한 반작용으로 형성된 것이었다. 이러한 몰락의 원인은 부분적으로 전통적인 유대와 구조가 느슨해진 데 기인하는 것으로 여겨졌고, 이로 인해 사람들이 원자화되어 외부의 영향, 특히 매스 미디어를 가장 효과적인 매개체로 이용하는 강력한 지도자의 대중 선전에 노출됨으로써 무력하게 영향 받는 존재로 보이게 되었다.

이러한 대중 사회에 대한 비관적 관점은 수용자에 대한 '대중 문화'의 보수적, 화해적 역할을 강조하였다. 대중 문화는 세상에 대한 지배적인 이념이나 관점을 제공하며, 대안이나 개인적 독특성의 여지를 거의 남겨놓지 않았다. 여기 내재된 것은 '피하 주사 hypodermic' 이론으로서, 이는 미디어가 대중의 의식 속에 억압적 이데올로기를 직접 '주사'한다고 본 것이다. 따라서 대중 수용자는 '허위적 합의 false consensus'를 전달하는 데 몰두하는 자본주의 미디어의 조작과 착취에 다소 힘없이 희생되는 것으로 그려졌는데, 그 의미는 본질적으로 계층 정체감과 연대감이 전혀 없다는 것이다(Hart, 1991; Jay, 1973; Rosenberg & White, 1957).

희생된 노동 계층은 선전과 조작에 대항하여 스스로를 방어할 수가 없었는데, 그것은 그들이 교육도 받지 못했으며 대중 문화만이 유일한 안식처일 정도로 의식 없이 노동을 다 바친 경험을 했기 때문이다.

이 주제에 대해 다루면서 카츠와 라자스펠드는 다음과 같이 말한다. "연구자들이 즐기는 매스 커뮤니케이션 과정의 이미지는 무엇보다도 수백 만의 독자, 청자, 및 영화 관람객들이 메시지를 수용할 준비가 된 '원자화된 대중' 가운데 하나라는 이미지였다. 그리고 둘째로, 모든 메시지는 즉각적인 반응을 유도해 내는 직접적이고 강력한 자극으로 여겨지게 되었다"(Katz & Lazarsfeld, 1955: 16).

밀스는 독점적 미디어와 광고 산업에 직면한 보통 사람의 극단적인 의존성과 취약성에 관해 상술하였다(Mills, 1951, 1956). 기본적인 정체감의 심리적 필요성과 자기 실현의 측면에서 극단적인 의존성을 창출해 내는 힘을 미디어가 지니고 있다고 여겼다. 미디어 수용자는 미디어에 의해 통제되고 동질화되는 과정의 일부가 되었다. 계층과 연합된 실제적인 차이는 해결되지 않은 채 감춰졌다.

프랑크푸르트 학파의 선두 주자들(T. W. 아도르노 T. W. Adorno, 허버트 마르쿠제 Herbert Marcuse, 막스 호르크하이머 Max Horkheimer)이 1930년대에 미국으로 이주하면서, 1940년대와 1950년대에는 특히 '미국파' 연구팀이 발달하기에 이르렀다. '대중 사회'와 파시즘 사이의 연계에 관한 프랑크푸르트 학파의 '비관적' 주장, 그리고 이를 확고하게 하는 데 미디어가 하는 역할은 미국 연구자들에게는 수용될 수 없는 것으로 판명되었다. 지도자 / 미디어와 대중 사이의 모든 중간 사회 구조가 무너졌다는 전제는 미국 사회의 다중적 본질을 반영하지 못했다. 이것은 사회학적으로 단순했다. 분명히 미디어는 사회적 효과를 지니지만, 전지전능한 힘을 지닌 것도 아니었고 수용자에게 직접적인 영향을 주는 것도 아니었다.

미디어와 수용자 사이의 어떤 관련성이라도 보여 주어야 했다. 그래서 미국 연구자들은 프랑크푸르트 학파의 비판적 사회 이론과 질적 분석에 대한 반작용으로 (그 당시 라디오 수용자에 초점을 두고) 경험적 미디어 연구의 수량적, 실증적 방법론을 개발하여 '대중 설득의 사회학' 속으로 편입시켰다.

'낙관적(미국)' 패러다임과 '비관적(프랑크푸르트)' 패러다임이 모두 강력한 쪽(지도자와 의사 전달자)이 힘없는 쪽(보통 사람들, 수용자)과 연결되는 권력과 영향력의 차원에 관한 암묵적 이론을 공유하였다. 이 패러다임 안에서 연구의 다양한 스타일과 전략들이 두 관점의 측면에서 세분화되었다. 그 하나는 메시지에 기반을 둔 연구들로서 메시지의 내용 분석부터 이것이 수용자에게 미치는 효과까지의 연구였고, 다른 하나는 수용자에 기반을 둔 연구들로서 환경의 사회적 특성들에 초점을 둔 연구와 뒤이어 수용자가 메시지에서 끌어내거나 메시지로 투입하는 요구들과 관련된 연구들이었다.

1) 미국의 경험주의 학파

1930년대부터 프랑크푸르트 학파가 주창한 미디어 영향의 '피하 주사' 모델은 그런 영향력의 정도를 검증하기 위해 설계된 연구 방법을 발달시켰다. 매스 미디어가 대중 수용자에게 설득 메시지를 전달하고 그들의 정치적, 사회적 가치관과 행동을 형성하는 효과적 선전 도구의 역할을 한다는 생각은 1940년대와 1950년대의 '캠페인' 연구들로 이어졌다. 이런 연구들은 정치적 행동과 소비자 행동을 형성하는 것과 관련하여 미디어 메시지의 힘을 측정하도록 설계되었다. 프랑크푸르트 학파의 사상을 좇아, 미디어가 개인의 태도와 행동을 변화시키도록 개인을 설득할 수 있는 능력을 지닌, 강력한 원격 통제 미디어라고 보았다. 미디어 효과는 직접적이고 즉각적이며 전체적이라고 가정되었다. 미국 안에서 미디어 효과에 대한 연구의 경험적 실증주의 학파가 확고히 자리를 잡게 되어, 그 안에서 프랑크푸르트 학파의 가정들이 검증되었다.

2차 세계 대전 이후에 미국의 매스 커뮤니케이션 연구는 비관적인 대중 사회 주제를 3차원적으로 비판하기에 이르렀는데, 이는 비공식적 커뮤니케이션이 근대 사회에서 작은 역할밖에 못했다는 점, 수용자를 사회적으로 분자화된 개인들의 단순한 집합 개념으로 보았다는 점, 그리고 내용과 효과를 직접 동등하게 놓고 볼 수 있다는 점들을 반영하였다.

사회학자인 머턴은 미디어 연구가 그때까지 거의 전적으로 선전의 효과보다는 내용에 관심을 두어 왔다고 주장하였다. 이런 작업도 호소하는 내용의 본질과 선전가들이 사용하는 수사적 도구의 성질을 찾아내는 데 유용했지만, 설득의 실제 과정을 많이 밝혀 주지는 못했다. 미디어 자료의 효과를 보여 주기보다는 추론하는 경우가 너무 많았다. 미디어 내용만 분석하는 것은 수용자에게 미치는 특수한 효과를 증명하는 데 충분하지 못했다(Merton, 1946). 분명히 메시지의 특성이 수용자에게 선전되는 영향력의 종류와 관련하여 중요성을 지닌다. 구체적인 메시지의 속성이 구체적인 수용자의 신념이나 가치관과 연계되어 있기 때문에 특별한 수용자의 반응을 촉발시키는 역할을 할 수 있다. 그러나 미디어 메시지는 진공 속에서 수용자에게 작용하는 것이 아니다. 수용자는 이 메시지를 이미 존재하는 자신의 지식과 가치관, 의견, 그리고 주변의 사회 문화적 환경에 의해 일반적인 행동에 그들이 부여하는 기대에 비추어 나름대로 해석한다. 미디어 효과에 대한 이러한 분석은 미디어 효과가 예외 없이 직접적인 것이 아니라 '의견 지도자 opinion leader' 형태의 매개자를 통해 작용할 수도 있다고 주장하는 미디어 이론가들 사이에서 등장하였다. 그러나 그 당시 보편적인 학자들 사이에 광범위한 영향력을 주지는 못했다. 대중 의견이 형성되는 과정을 보면 어떤 집단이 미디어 메시지를 지각하고 그에 반응할 때 중요한 대인적 요소를 거칠 수 있으며, 그 다음에 이 중간 개인들이 연결하는 메시지에 의해 다른 개인들이 영향 받을 수 있다(Katz & Lazarsfeld, 1955).

2) 미디어 효과와 미디어 사용

이 실증주의 패러다임 속에서 행해진 연구들은 미디어와 대중 사이의 관계에 관해 두 가지 서로 다른 노선을 채택하였다. 하나는 미디어 메시지와 여러 유형의 수용자 반응에 따른 관계의 본질을 측정하는 것이다. 다른 하나는 수용자가 미디어를 사용하는 방식과 미디어를 소비하는 양상을 결정하는 동기적 힘에 초점을 둔다. 미디어 효과에 관한 연구는 행동주의 심리학자들의 영향을 강력하게 받았다. 행동주의 심리학의 주된 관심은 수용자의 행동이 미디어 메시지의 내용에 의해 어떻게 영향을 받는지를 확고히 밝히는 것이었다. 이 관점은 1960년대와 1970년대에 특히 미디어 폭력의 효과와 같은 주제에 대해 많은 분량의 연구를 낳았다. 1980년대 동안 행동주의 패러다임은 미디어와 효과 사이의 관계 속에 '인지적 *cognitive*' 과정의 중요성이 점점 중요하게 인식되어 감에 따라 수정되었다. 이 수정된 이론적 모델하에서 미디어 메시지는 미디어 소비자의 인지적 정보 처리 과정을 거쳐 신념과 태도 또는 장기적인 세상에 관한 지식 창고에 영향을 줄 때에만 효과를 지닌다고 가정되었다.

수용자의 미디어 사용과 소비 양식에 대한 연구는 주로 구조적이고 기능적인 관점을 지니며, 수용자의 사회적, 심리적 특성에 초점을 둔다. 이 관점에서는 궁극적으로 '인지적' 요소가 표면에 등장하지만, 미디어와 그 내용에 관한 개인의 필요와 기대가 중간에서 하는 역할을 반영한다. 따라서 미디어 소비자는 미디어를 의도적, 선택적으로 사용하며, 그들이 충족시킬 수 있을 것으로 기대하는 개인적 필요나 욕구에 의해 특정한 유형의 내용을 선택하여 소비한다고 여겨진다.

3) 미디어 효과의 정도와 유형

2차 세계 대전 이후 수십 년 동안 미디어 효과에 관한 논쟁이 지속되면서, 미디어 효과의 본질과 힘에 관한 학파들 사이의 서로 다른 의견들이 등장하였다. 1940년대 후반에 매스 미디어를 근본적으로 재평가하기 시작하면서 1950년대와 1960년대 초반에 미디어는 단지 아주 제한적인 영향력만을 지닌다는 새로운 학문적 이론이 등장하였다. 이 결론을 내린 고전적 연구는 클래퍼가 쓴 책으로, 그는 "매스 커뮤니케이션은 수용자 효과에 필요 충분 조건이 되지 못한다"라고 결론지었다 (Klapper, 1960: 8). 클래퍼는 이 책에서 대중이 영향력에 취약하다는 사실을 재평가하였다. 실험실 실험과 사회 조사 기법을 사용한 경험적 연구들을 계속 분석한 결과, 사람들은 기존의 성향에 따라 커뮤니케이션에 노출되고 이해하고 이를 선택적으로 기억하는 경향이 있음을 보여 주었다. 사람들이 매스 미디어에 의해 조작되기보다 사람들이 매스 미디어를 조작한다고 주장하였다. 수용자의 선택적인 행동을 경험적으로 보여 준 그의 주장은 많은 이용과 충족 이론가들에 의해 더욱 강화되었는데, 그들은 뒤이어 수용자가 수동적이기보다는 능동적이며 다양한 욕구를 미디어에 투입하여 미디어에 대한 그들의 반응에 영향을 준다고 주장하였다.

미디어 영향이 크지 않다고 보는 이런 관점의 저변에는 미디어 권력 추정의 기반이 되는 대중 사회론의 명성이 자리하고 있었다. 격리되어 있는 분자화된 개인들로 사회가 구성되어 있다고 보는 관점은 개인적 유대와 의존 관계가 풍부하게 얽혀 있는 소집단 꿀벌집과 같은 사회관으로 바뀌게 되었다. 안정적인 집단 압력은 개인들이 미디어 영향을 방어하는 데 도움이 된다고 결론지었다. 이 관점은 종종 권력의 분산 모델과 관련하여 미디어에 대한 영향력을 방어하는 완충 작용을 하는 소집단의 뚜렷한 역할을 강조한다.

행동주의적 관점을 취하고 있는 모든 미디어 효과 이론이 매스 미디어의 영향이 없다고 결론지은 것은 아니다. 미디어 효과에 관한 초기 연구에서조차도 미디어가 소비자에게 영향을 주지만 이 모든 효과가 다 좋은 것도 아니고 어떤 집단이 다른 집단보다 더 취약하기도 하다는 사실에 관심을 두었다. 어린이들과 젊은 사람들에게 특별한 관심을 두었고, 이들이 미디어 영향에 더 취약하다고 믿었다. 특히, 미디어가 취약한 어린이 미디어 소비자에게 미칠 수 있는 해로운 영향을 염려하였다(Klapper, 1960).

1950년대와 1960년대에 미디어 효과에 관한 연구들이 꾸준히 출판되었는데, 그 가운데 많은 부분이 청소년들이 사회적으로 바람직하지 않은 방식으로 미디어 내용에 반응하는 정도를 보여 주는 것이었다. 이 미디어 효과 연구들은 대부분 수용자의 반응을 측정하는 데 주의를 기울였고, 수용자를 미디어 내용의 영향에 '노출되는' 존재로 간주하였다. 미디어의 영향은 설득 메시지에 대한 반응으로 태도 변화가 일어나는 것, 나중에 적절한 조건에서 다시 생산될 수 있는 행동 양식을 학습하는 것, 그리고 특수한 미디어 묘사나 표현에 직접 정서적·행동적으로 반응하는 것 등의 측면에서 나타났다.

초기 효과 연구의 많은 부분들이 실험 연구법을 따랐는데, 여기서 커뮤니케이션 조건들을 조작하고 어떻게 더 좋게 의사 소통하느냐, 또는 어떻게 해로운 결과들을 피할 수 있느냐에 관한 일반적인 교훈을 찾아내는 것이 주류였다. 초기의 예는 전쟁 중에 진행된 영화 연구 프로그램으로서, 징집된 사람들에게 동기를 부여하고 훈련시키는 것을 목적으로 하였다(Hovland et al., 1949). 폭력 묘사를 비롯하여 이와 관련된 현상들을 보여 주고 반응을 조사하는 것이 이러한 전통의 주된 연구들이었다. 영화가 젊은이에게 미치는 효과에 관한 1930년대 초의 페인 재단 Payne Fund 지원 연구들이 이런 연구의 첫 번째 예이다(예를 들면, Blumer, 1933). 라자스펠드와 그의 동료들의 1940년대 미국 대통령 선거에 관한 고전적 연구에서 시작된 많은 선거 연구들도 미디어 내용에 따른 수용자의 행동에 주목하는데, 이 경우는 투표 상황을 행동과 관련시키려고 하였다(Lazarsfeld et al., 1944).

1960년대 실험실에서 이루어진 일련의 심리학적 연구들은 미디어 폭력에 수용자가 노출되었을 때의 해로운 행동적 효과들에 관한 많은 증거들을 축적하였다. 이 맥락에서 강조점은 영화와 TV 프로그램에 나타난 폭력적 내용과 그 행동적 효과를 거의 어린이와 대학생에 한정지어 측정하는 데 중점을 두었다. 자극과 반응, 모방과 학습의 이론적 접근으로 범위를 좁힌 이 부류의 연구들은 실험실 조건에서 미디어 내용이 인간의 행동에 영향을 줄 수 있는, 작지만 수량화할 수 있는 효과에 초점을 두었다.

밴두라와 버코위츠는 이런 유형의 연구에 선구자 역할을 하였다. 이들은 모방하게 되는 단순하고 시각적인 자극 또는 미디어 묘사를 '행동으로 표출하는 것'으로서의 메시지에 초점을 두었으며, 개인이 미디어 폭력 묘사에 노출되거나 공격적 역할 모델을 보여 주는 필름을 본 결과로서 폭력 행동과 비행이 증가할 수 있는 측면에 주의를 기울였다.

4) 이용과 충족

경험적 연구의 결과가 미디어가 처음 가정한 만큼 효과적임을 보여 주지 못하자, "왜 효과적이지 않았을까?"라는 질문으로 초점이 옮겨갔다. 해답은 두 개념 속에 놓여 있는 듯했다. 선택성 *selectivity* 과 대인 관계 *interpersonal relations* 가 그것인데, 이들은 커뮤니케이터와 수용자 사이에서 미디어 메시지의 직접적인 영향을 감소시킬 수 있는 요소들이다.

이러한 연구의 흐름은 여전히 '행동주의적' 수용자 연구 전통의 일부로 분류되고 있다. 이 전통이 행동주의 심리학에 바탕을 둔 행동주의적 효과 연구와 다른 점은 수용자가 미디어 내용에 어떻게 반응하는지에 단순히 관심을 두기보다 수용자가 미디어를 사용하는 방식에 더 관심을 둔다는 데 있다. 한편으로는 미디어 수용자의 구성원이 미디어 내용에 노출된 결과로서 스스로의 통제를 넘어 어떤 식으로든 변형되기를 기다리고 있는 희생자로 간주되는 반면, 이 대안적 관점에서는 수용자가 의지를 가지고 있으며 어떤 미디어를 사용하고 어떤 미디어 내용을 소비할 것인가를 선택할 결정 능력이 있다고 간주한다

(Blumler & Katz, 1974).

이 대안적 관점은 미디어 사용자의 주관적 동기와 해석에 초점을 둔다. 이와 관련하여 카츠는 이 접근법이 결정적으로 가정하는 것은 가장 강력한 매스 미디어 내용이라 하더라도 이용자가 살고 있는 사회적, 심리적 맥락 속에서 그것을 '사용'하지 않으면 영향력을 줄 수 없다고 주장한다(Katz, 1959). '이용' 접근에서는 사람들의 가치관, 흥미, 그리고 사회적 역할이 먼저 강력한 힘을 지니며, 사람들이 매스 미디어로부터 자신이 읽고 보고 듣는 것에서 자신이 믿는 것을 선택적으로 만들어 간다고 가정한다.

카츠와 라자스펠드는 미디어 메시지가 대규모 인구에 도달하기 전에 의견 지도자들을 거치는 방식을 설명하기 위해 '2단계 흐름 two-step flow'의 개념을 만들었다(Katz & Lazarsfeld, 1955). 결과적으로, 미디어 효과는 더 이상 직접적이고 즉각적이지 않다는 것이다. 미디어 효과는 매개자를 통해 연결되며, 이 과정에서 어느 정도의 시간이 소요된다. 미디어 내용에 노출되고 이를 지각하는 과정 모두에서 개인이 인지 부조화를 피하려고 하면서 아주 선택적이 된다. 결과적으로, 수용자가 이미 지니고 있던 의견에 도전하는 메시지를 받으면 원래 그 메시지가 일으킬 것으로 예상했던 수용자의 반응에 저항이 일어나거나 재해석된다. 일단 수용자가 다시 힘이 있는 자리로 가게 되어 수동적 흐름의 연쇄에서 자유로워지면, 수용자가 미디어 내용을 능동적으로 선택하고 경험하는 방식 쪽으로 초점이 모아지는 것은 당연하다.

2차 세계 대전 이전에도 개척적인 연구가 이루어졌고, 전쟁 중에도 지속되었다. 이 연구는 독자와 청자가 신문, 잡지, 및 라디오를 사용하는 동기에 가장 많은 관심을 두었다(예를 들면, Cantril & Allport, 1935; Lazarsfeld & Stanton, 1941; Waples et al., 1940). 충족 연구들은 퀴즈 프로그램과 주간 연재물에서 얻는 청자의 경험을 설명하려고 하였다(Herzog, 1944; Warner & Henry, 1948). 그러나 1960년대 후반 캠페인 연구에 쏟아지던 과도한 관심이 줄어들 때까지는 이 전통이 발전되지 않았고, 이런 연구를 하는 사람들도 주목받지 못했다. 그 이후 '이용과 충족 *uses and gratifications*' 연구는 "① 매스 미디어 또는 다른 전달자의 ② 기대를 가져오는 ③ 욕구의 ④ 사회적·심리적 근원, 그리고 이로 인해 ⑤ 차별화되는 미디어 노출 양상(또는 다른 활동들에의 몰두)을 가져오게 되고 ⑥ 요구를 충족시키며 ⑦ 기타 결과들을 얻게 되는 과정"에 관심을 가져 왔다(Katz et al., 1974: 20).

1980년대 중반까지 '이용과 충족' 전통은 사회 과학 패러다임의 경험적 방법론과 크게 다르지 않았다. 로젠그렌과 그의 동료들조차도 이용과 충족 이론의 현 상태를 개관할 때 논리적 실증주의의 틀 밖에 있는 연구는 거의 언급하지 않았다(Rosengren et al., 1985). 미디어 사회학에서뿐만 아니라, 폭력을 시작하거나 합리화시키는 데 미디어가 하는 역할에 관해 연구하는 또 다른 분야가 있다. 일반적으로 행동주의 사회 심리학의 범주에 드는 분야로서, 측정 가능한 개인 수준의 효과, 장기적, 조직적, 또는 사회적 효과(예를 들어, 공중 의제를 정의하고, 현 상태를 합리화하고, 반대파 운동의 비호의적 이미지를 만듦으로써 대안을 배척하는 힘)보다 단기적 효과와 태도 및 행동의 변화에 초점을 둔다. 이 전통은 그 뒤에 미디어 폭력과 친사회적 내용의 효과, 특히 어린이들이 관련되는 효과 연구를 통해 발전하였다(Rosengren & Windahl, 1989).

이 전통 안에서도 특이하게 미디어 선택 동기 및 다양한 미디어 내용을 사용하는 데서 얻는 지각된 충족에 관한 연구로 이어지기도 하였다(Rosengren et al., 1985). 그러나 '이용과 충족' 접근을 엄격히 '행동주의적'이라고 정의하는 것도 의문시되어 왔는데, 이 접근은 주로 미디어의 사회적 충족과 더 광범위한 미디어의 사회적 기능, 예컨대 사회적 접촉과 상호 작용 증진 또는 긴장과 불안 감소에 있음을 강조하기 때문이다.

5) 경험적 행동주의 전통의 단점

사회학적 패러다임 안에 **대인 관계**의 개념과 관련된 문제점이 있다. 카츠와 라자스펠드의 연구 결과에 따르면(Katz & Lazarsfeld, 1955), 정치적 의견 변화의 58%가 "개인적 접촉에 대한 기억 없이, 그리고 아주 흔히 매스 미디어에 의존하는 것"으로 나타났다(Gitlin, 1978에서 인용, Wilhoit & de Bock, 1978: 73~112). 하지만 정치적 의견이 아닌 패션과 소비자 태도에서는 개인적 영향의 백분율이 높은데, 이러한 결과들을 모두 합하면 여론 형성 과정 이해의 전체적인 결과가 흐려져서 마치 2단계 흐름이 바로 미디어 효과의 과정이라는 일반적인 결론을 내릴 수 있다.

기틀린은 카츠와 라자스펠드의 자료를 사용하여, 정치적 태도 변화의 측면에서 '대인 관계' 요인은 작용하지 않거나 효과가 훨씬 더 감소된다는 것을 보여 주었다. 즉, 미디어는 대중 의식에 직접 영향을 준다는 것이다. 따라서 강효과를 주장하는 '피하 주사' 이론이 되살아나는 듯했다. 그러나 실제로 문제가 되는 것은 대인 관계를 사회학적 미디어 연구에서 재개념화할 필요가 있다는 것이지, 버려야 한다는 것은 아니다.

대인 관계의 역할은 단순히 2단계 흐름처럼 기계적인 해결책으로 쪼갤 수 있는 것이 아니다. 그러나 이러한 환원 또는 단순화 과정은 행동주의적 입장에서 개념을 연구 가능하게 한, 즉 수량화 가능하게 만들 수 있는 유일한 방법이다. 대인 관계를 이 패러다임 안의 '중개 변인 *intervening variables*'이라는 분리된 단계로 쪼갤 필요가 있다.

복잡한 상호 작용 과정을 통해 사회적 의미가 어떻게 형성되고 변화되며 강화되는가를 이해하고자 하는 미디어 이론은 대인 관계를 질적인 측면에서 다시 생각해야 한다. 개인의 사회화 환경 속에 작용하는 규범적인 힘이 정체감, 행동, 태도에 깊이 영향을 주기 때문이다. 기틀린에 따르면, "30년간 매스 미디어의 '효과'에 대한 방법론적 연구 결과에서 나온 이론도 없고 일관성 있는 발견들도 거의 없다" (Gitlin, 1978; Wilhoit & de Bock, 1978: 73~112). 그러나 이것이 변화의 시작임을 알리는 신호였다. 카츠는 새로운 방향으로 가지를 뻗어 나가는 1970년대의 새로운 학자 세대를 지적하였다(Katz, 1980). 사회화 과정, 의제 설정과 지식 전달에서 미디어가 하는 역할을 연구하면서 좀 더 넓은 사회 문화적 맥락에서 미디어의 영향을 더 많이 인식하게 되었고, 미디어 소비자가 미디어에서 나오는 정보를 어떻게 처리하고 반응하는가에 관해 더 정교한 생각들이 등장하기 시작하였다.

예를 들면, 1970년대와 1980년대의 문화적 요인 연구들은 문화와 다른 사회 체계 사이의 연계로서 매스 미디어가 지니는 기능에 초점을 두었다(Rosengren, 1985). 그러나 로젠그렌은 문화, 사회화, 매스 미디어 연구를 종합하려는 시도를 확고한 수량적 기반 위에 세우지 않고서는 그런 연구들이 불가능하다고 보았다. 어떤 학자들에 따르면(Schroder, 1987), 순수하게 수량적인 방법론에 엄격하게 집착하는 것은 이 실증주의 관점에서 추론되는 발견들의 통찰과 가치를 오히려 제한할 수 있다.

6) 비판적 패러다임

1970년대에는 매스 미디어 연구의 대안적 접근법이 표면에 등장하기 시작했다. 이러한 관점은 사회 과학과 인문학 사이의 소외된 영역에서 출발하였다. 이 관점의 주창자들은 문화 연구와 문학 비평 또는 영화 비평 영역에서 일하는 사람들이었다(Fiske & Hartley, 1978; Newcomb, 1976, 1978). 소수의 사회학자들도 기여하였다(Schudson, 1978, 1984; Gitlin, 1978). 이 미디어 분석은 유럽의 이론적 전통, 특히 마르크스, 루이 알튀세르 Louis Althusser 및 안토니오 그람시 Antonio Gramsci 의 정치적 사상과 위르겐 하버마스 Jürgen Habermas, 레이먼드 윌리엄스 Ramond Williams 및 스튜어트 홀 Stuart Hall 의 문화 연구 이론, 그리고 정신 분석 이론에 의존해 왔다.

마르크스주의자와 신마르크스주의 비판적 전통의 학자들은 제한 효과 모델과 실증적, 경험적 행동주의 관점에 반기를 들었다. 많은 비판적 전통의 학자들은 경험적인 커뮤니케이션 연구를 완전히 버렸다. 그들은 미디어가 계층 지배 유지에 중심적인 역할을 하는 이데올로기적 매개체임을 주장하였다. 경험적 전통의 연구들은 이론적으로 한계가 있고 따라서 쓸모가 없다는 것이다.

기틀린은 경험적 연구를 비판하고, 비판적 이론에 기반을 두면서도 미디어가 수용자에게 주는 이데올로기적 영향을 측정하는 대안적 접근을 제안하였다(Gitlin, 1978). 그는 매스 미디어를 대중을 속이는 억압적 매개체로 보았는데, 이는 프랑크푸르트 학파와 맥락을 같이 하는 것이다. 노동자들이 자유가 부족하고 일상사의 고된 일들을 하는 대신 오락과 메시지를 통해 주의를 다른 곳에 돌리게 하여 현재 상태를 수용하도록 조건 형성시키는 대중 기만 역할을 미디어가 수행한다고 보았다. 미디어 메시지를 분석하는 데 사용되는 방법은 문학 이론이나 기호 언어학 이론에서 나온 질적 도구로서, 자칫 인상적 내성법으로 쉽게 빠질 수 있는 방법에 체계적으로 면밀히 검토하는 과정이 더해진다. 목표는 미디어가 전달하는 표면적, 잠재적 의미를 설명하고 수용자 구성원들의 마음 속에 '주입된다고' 가정되는 의미를 찾아내는 것이다. 그 결과 이데올로기적 효과, 즉 미디어 텍스트에 내재해 있는 이데올로기적 속성과 일치하는 개인의 의식이 형성되는 것이다. 그러므로 이러한 관점에 따르면, 미디어는 또 한번 강력한 영향력을 지니는 것으로 간주되는데, 수용자가 내용의 소비를 선택하고 다른 사람들과 미디어 내용을 토론한다고 해도 미디어가 개인에게 주는 이데올로기적 영향을 완전히 배제할 수는 없기 때문이다.

문화 연구 관점은 수용자가 해석적 능력을 지니고 있음을 더 강조한다는 점에서 전통적인 비판적 관점과 다르다. 이 학파가 비록 미디어 영향의 자극 – 반응 행동주의 효과 모델을 거부하기는 하지만,

이데올로기적 수준에서 전지전능한 매스 미디어 체계를 가정하는 주장에도 똑같이 비판적이다.

사회적 행위 이론의 형태로 발달한 추가적인 이론적 관점도 사회학에 기반을 두고 문화 연구 학파에서 진화하였다. 이 이론은 수용자 행동을 이해하고 미디어 영향에 관한 논쟁에 기여할 수 있는 추가적인 시도로 보였다. 이 새로운 학파의 방법론적 지류는 수용 이론 *reception theory* 이라고 불리는데, 미디어 영향에 관한 경험적 연구를 촉진시켰다. 젠슨과 로젠그렌에 따르면, "문학적 전통에서 나온 해석이 더해진 분석 방법, 그리고 문화 연구에서 나온 사회적 상황 담론으로서의 커뮤니케이션과 문화적 과정 개념에 의존하여, 수용 분석 *reception analysis* 은 수용 과정을 이해하기 위해 미디어 담론과 수용자 담론을 비교하여 읽어내는 과정"이라고 말할 수 있다(Jensen & Rosengren, 1990: 222).

수용 분석은 독립적인 전통이라기보다 근대 문화 연구의 효과적인 수용자 연구 지류라고 할 수 있다. 여기서는 미디어 텍스트를 '해독 *decoding*'하는 데 있어 '독자 *reader*'의 역할을 많이 강조한다. 이는 미디어가 제공하는 지배적 또는 헤게모니적 의미에 수용자가 저항하여 이를 뒤집을 수 있는 힘이 있다고 주장한다. 여기서는 질적, 민속지학적 연구 방법을 사용한다(Morley, 1992; Seiter et al., 1989).

수용 접근의 근원은 여러 종류로서, '비판 이론, 텍스트 분석과 문학적 분석 및 대중 문화에 관한 연구 등에 동등하게 의존한다. 주요 텍스트는 홀의 <TV 담론의 부호화와 해독 Encoding and decoding in the television discourse>이라는 논문이다(Hall, 1973, 1980). 이 논문은 미디어 메시지가 독자 자신의 생활 경험과 지식에 따라 '독자'에 의해 재구성된다는 사실을 강조하는 모델을 제공했는데, 이는 메시지를 생산하여 전달하는 사람들의 관점과 첨예하게 다르다. 따라서 이러한 강조점은 '차별적 해독 *differential decoding*'으로 간주되며, 일찍이 수용자의 서로 다른 사회적 계층이나 정치적 입지에 따라 미디어 내용에 대해 서로 다른 해석을 가할 수 있다는 개념과 일치한다.

그러므로 홀의 생각을 '경험적으로' 보여 주려는 초기의 시도에서는 미디어 메시지가 다른 수용자 집단에 따라 다른 방식으로 읽히거나 '해독'될 수 있고 미디어 제작자가 의도하는 의미와는 다른 방식으로 읽히거나 해독될 수 있음을 보여 주었다(Morley, 1980). 1980년대에 해독 연구가 발달함에 따라 미디어 메시지는 본질적으로 '다의미적 *polysemic*' 이어서 여러 의미를 동시에 지니고 있고 따라서 다양한 해석이 가능하다는 추가 증거가 나타났다(Liebes & Katz, 1986, 1989, 1990).

문화적 접근의 또 다른 부류는 미디어 사용을 그 자체로서 일상 생활의 중요한 측면으로 보는 관점이다. 미디어 사용 실태가 특별한 사회적 맥락과 하위 문화 집단의 경험과 관련해서만 이해될 수 있다는 것이다(Bausinger, 1984). 미디어 수용 연구는 수용자를 '해석적 공동체 *interpretive communities*'로 연구하는 것을 강조한다(Lindlof, 1988). 이 개념은 종종 공유된 사회적 경험에서 나오는 공유된 관점 및 이해 양식을 지칭한다.

4. 어떤 관점을 택할 것인가

매스 미디어에 관한 초기의 이론들은 미디어가 대중에게 강력한 효과를 발휘할 수 있다고 결론지었다. 이 관점이 나중의 경험적 연구자들에게 도전을 받기는 하지만 경험주의자들도 미디어 효과에 관한 합의에 도달하지 못했다. 어떤 사람들은 미디어가 최소의 효과를 지닌다는 의견을 채택하는 반면, 또 다른 사람들은 수용자가 노출되는 내용의 유형에 따라 선택적 영향을 준다고 본다. 그러나 최소 영향의 개념은 현 상태의 유지와 쉽게 혼동될 수 있다. 효과가 없는 것처럼 보이는 것도 사실은 효과가 있지만 찾아내기가 어려웠기 때문일 수 있다.

미디어 효과에 관해 서로 다른 관점을 채택하는 미디어 연구자들은 미디어 효과를 설명하고 보여 주는 경험주의 접근이 미디어의 참된 본질과 사회에서의 미디어 역할을 잘못 이해하게 한다고 비판하였다. 미디어가 이데올로기를 형성하며, 이런 영향은 단순한 실험실 실험이나 일회적 여론 조사에서 찾아낼 수 없다는 것이다.

강력한 미디어 가설의 일시적인 재등장이 비판적 연구자들 사이에 있었지만, 이것은 곧 미디어 제작자가 의도한 것과 반드시 일치하지는 않는 의미를 선택하는 능력이 수용자에게 있다고 생각하는 수정된 해석학파들에 의해 수그러들었다. 비판적 전통은 미디어 텍스트 때문에 사람들이 잘못 인도된다고 믿는 그런 막강한 헤게모니적 기능을 할 만한 미디어 메시지가 과연 어떻게 제작되는가를 이해하는 데에서 문제점에 부딪친다. 미디어 내용의 다의미적 특성에 대한 증거도 전지전능한 미디어 효과를 주장하는 비판적 분석가들의 시각에 어려움을 안겨 준다.

물론 수용자 구성원들은 시간이 지남에 따라 점진적으로 미디어 메시지를 소화시키지만, 그 영향은 개인들이 발붙이고 있는 문화적 정체감에 의해 조정될 것이다. 사회 문화적 가치들은 주로 공동체 내 다른 구성원들과의 대인 관계를 통해 확립된다. 비판적 전통 안에서조차 수용자가 실제로 어떻게 미디어 내용의 의미를 선택·지각·해독하는가를 조사하는 것이 중요하다. 이런 문제를 조명하기 위해서는 행동주의 전통이 제공했던 것보다 더 복잡한 경험적 방법론이 필요하다. 서로 대립되는 입장과 상호 비판에도 불구하고 비판적 관점과 경험적 실증주의 관점은 사람들이 매스 미디어를 사용하고 이에 반응하는 양식을 더 잘 이해하기 위해 유사한 문제에 마주친다. 이 문제를 한 연구자가 다음과 같이 일목요연하게 요약하고 있다.

매스 미디어의 힘에 관한 다원론적 비판적인 학자들 사이의 차이는 효율성 수준 면에서 어느 정도 서로를 오해하고 있기 때문에 생긴다. 그 오해란 미디어의 영향력을 약하게 여기는 경험주의 연구자들의 일반화된 주장을 마르크스주의자들이 지나치게 액면 그대로 받아들이는 것을 의미한다. 이런 오해는 두 전통의 연구자들이 이데올로기적·이론적으로 서로 다른 측면에 몰두하여 매스 미디어의 영향을 서로 다른 맥락 안에서 연구하는 경향 때문에 지속되어 왔다(Curran et al., 1990: 61).

이 책을 통틀어 미디어 연구를 지배해 왔던 실증주의 사회 과학의 증거뿐만 아니라, 사회적 현상의 연구에 관한 다른 철학적 접근들의 증거도 살펴볼 것이다. 1980년대 초반 이래로 미디어 연구는 이론적 관점과 방법론적 접근이 꾸준히 수렴되어 오고 있으며, 특히 미디어 내용 분석, 미디어 수용자, 그리고 미디어가 전달하는 의미를 수용자가 해석하는 측면에서 더욱 그렇다. 실증주의자들은 기본적인 자극-반응 개념보다 더 정교한 모델 안에서 미디어 내용의 해석에 수용자가 개입하는 것을 보여 주고 측정하는 더욱 효과적인 방법을 개발할 필요가 있음을 인식하고 있다. 그러는 동안 다른 한 편에서는 비판적 및 해석적 연구자들이 수용자를 제대로 이해하기 위해서는 적어도 몇 번은 그들에게서 직접 자료를 얻을 필요가 있음을 깨닫고 있다. 미디어 분석의 특수한 영역들로 들어가기 전에, 다음 두 장에서는 미디어 수용자 분석과 미디어 산물의 분석에 적용되어 온 주요 연구 방법들을 폭넓게 개관할 것이다. 그 이후의 장에서는 미디어 수용자, 미디어 내용에 대한 즉각적인 수용자 반응, 그리고 미디어가 수용자에게 미치는 장기적 영향을 측정하는 데 적용할 수 있는 연구 방법을 알아 볼 것이다.

2장

미디어 연구의 방법론 개관: 수용자

미디어 연구의 역사는 시기적으로 유행한 방법론에 따라 특징을 달리해 왔다. 방법론들이 나타나고 사라지는 과정에서 발견할 수 있는 중요한 요소는, 선호된 방법론들이 저마다 그 시기의 지배적 패러다임이나 이론적 시각과 맥을 같이 한다는 것이다. 1장은 미디어 연구에 영향을 끼친 주요 사회 과학 학파의 이론을 다루었다. 실증주의와 비판적·해석적 연구 방법 사이에 명료한 구별이 나타나게 되었는데, 방법론적인 시각에서 본다면 이러한 대안적인 패러다임들은 저마다 고유한 연구 절차를 강조해 왔다.

　미디어 현상과 관련된 양적 접근법에 기반을 둔 실증주의는 미디어의 이용과 효과의 패턴을 규명하는 데 주력해 왔고, 측정은 서베이와 실험에 의해 이루어져야 한다고 믿는다. 이에 반해 비판적·해석적 관점에서는 연대감을 가진 다양한 공동체나 가치와 기준을 얻을 수 있는 준거 집단을 참조함으로써, 어떻게 사람들이 미디어와 상호 작용하며, 어떻게 미디어를 이해하는지를 규명하고자 노력해 왔다. 이것은 수량화보다는 현지 관찰과 포커스 그룹, 심층 면접 등의 민속지학적인 연구 방법을 특징으로 하는 질적 방법론으로 더 잘 이해할 수 있다.

　이러한 방법론적 시각의 적용을 다음과 같은 미디어 연구의 다양한 분야와 관련하여 이 책에서 살펴볼 것이다. ① 미디어 노출의 측정, ② 미디어에 대한 주의 집중, ③ 미디어에 대한 정서적 반응, ④ 미디어의 인지적 과정, ⑤ 미디어의 영향, ⑥ 미디어의 산물, ⑦ 미디어 제작.

이러한 미디어 연구 분야에 적용되어 온 방법론들을 논의하기에 앞서, 이 장에서는 주요 방법론에 대한 폭넓은 개관을 다룰 것이다. 개별 방법론의 기본 원칙과 장단점, 그리고 그것이 어떤 자료를 산출할 수 있는지를 보여 줄 것이다. 이러한 개관은 미디어 연구 방법론을 개념화하려는 독자들이 참고할 만한 일반적인 틀과 1장에서 다룬 미디어 연구 관점에 대한 이론적 틀을 보충하기 위한 것이다.

따라서 이 장에서는 수용자 분석에 관련된 자료 수집에 대해 양적 연구와 질적 연구로 구분하여 논의할 것이며, 다음 장에서는 미디어 산물에 대한 양적 연구와 질적 연구를 다룰 것이다.

1. 수용자에 대한 양적 연구 대 질적 연구

측정의 실증적·경험적 사회 과학 연구에 의해 이론적으로 구성된 방법론들은 양적 연구의 제목 아래 포괄된다. 양적 연구의 주요 방법론적 도구에는 행동적 현상이 수량화되고 수리적으로 측정되는 서베이와 실험 등이 있다. 질적 연구는 측정에 대한 해석을 강조하는 비판적·해석적 사회 과학 패러다임에 의해 이론적으로 구성된 방법론을 받아들인다. 수용자 연구를 위한 주요 방법에는 심층 면접이나 포커스 그룹, 그리고 관찰에 기본을 둔 민속지학적 접근법 등이 있다. 양적 연구 방법과 질적 연구 방법의 원리는 미디어 제작 실행과 미디어 작품의 연구에도 역시 적용될 수 있다. 서베이는 미디어 전문가들 사이에서 수행되어 왔고, 민속지학적 접근법은 미디어 조직 연구에 사용되어 왔다. 미디어 산물은 양적 내용 분석 절차와 질적, 언어학적, 담론 분석 절차에 의해 연구되어 왔다(Berger, 1993 참조). 서베이부터 미디어 수용자 연구 방법을 살펴보자.

2. 양적 수용자 연구

1) 서베이

서베이 연구의 성장은 방법론을 실행하는 데 괄목할 만한 발전을 가져왔다. 초기에 간단한 절차로 시작되었던 서베이 연구는 눈에 띄게 발전하여, 오늘날은 주로 표집 *sampling* 방법과 설문지 설계, 응답자 관리, 자료 수집, 분석 절차 등에서 큰 발전이 이루어졌다. 서베이는 간단한 일이 아니다. 그것은 어떤 한 집단에 단지 몇 가지 질문을 하는 것이 아니라, 타당하고 유용한 자료를 얻기 위해 심도 있는 계획과 높은 수준의 기술이 필요하다. 이 장에서는 서베이를 운용하는 기술과 관례에 대해서는 상세히 소개하지 않는다. '구체적인 실행 방법 *how to do it*'은 다른 책을 참고하기 바란다(Babbie, 1990; Fink, 1995a, b; Oppenheim, 1992). 이 장에서는 서베이가 사용되어 온 방식에 초점을 맞추고, 서베이에 대한 더 자세한 설명은 미디어의 행동적 효과에 대한 연구를 검토하는 8장에 소개된다.

(1) 서베이의 유형

서베이에는 여러 유형이 있다. 그것은 목적에 따라, 수용자에게 적용되는 방식에 따라, 그리고 수행되는 기간에 따라 구분될 수 있다. 앞에서 밝힌 바와 같이, 이 책은 다양한 종류의 사회 과학 연구를 어떻게 실행하는지 알고자 하는 이들에게는 적합한 참고서가 아니다. 이 책은 미디어 연구자들이 주요 미디어 연구 논점들을 조사하기 위해 사용해 온 주요 연구 방법론에 관한 것이다. 하지만 준비 차원에서 이러한 방법론이 취할 수 있는 주된 형식을 이해하는 것은 중요하다.

서베이를 분류할 개략적인 분류 기준을 잡아 볼 때, 다음과 같은 세 가지 차원에 따라 구분하는 것이 편리하다.

- 서베이의 목적
- 조사 형식
- 연구 기간

이렇게 세 가지로 분류된 요소들은 하나의 기준 *criteria* 에서의 결정이 다른 두 개의 기준을 결정하는 데에도 각각 영향을 미칠 수 있다는 점에서 상호 의존적이다.

▌ 서베이의 목적

서베이는 현상을 기술하거나 또는 설명하기 위해 사용될 수 있다. 기술적 *descriptive* 서베이는 어떤 시점에서의 여론이나 행동 또는 모집단의 특성에 관한 현황을 밝힐 수 있다. 예를 들어, 여론 조사는 어떤 사안에 사람들이 가지고 있는 태도에 대한 정보를 주는데, 이것은 정부 활동, 대통령이나 총리의 리더십, 인기 드라마 스타 등에 관한 의견일 수 있다. 또한 미디어 산업에서 수용자 규모나 구성을 측정하기 위해 기술적 서베이를 사용하기도 한다.

설명을 목적으로 하는 서베이는 전적으로 기술적인 자료 수집에 국한되는 것이 아니라, 분석 가능한 변인들 간의 관계를 측정하기도 한다. 예를 들어, 상품 구매 정도가 최근에 그 상품의 광고 캠페인에 노출된 정도와 어떤 관계가 있는지를 평가할 수 있다. 또한 사람들이 선거에서 투표 대상을 바꾸는 결정이 미디어의 정치적 메시지에 대한 노출과 관련되는지 측정하기 위해 서베이를 사용하기도 한다. 현재 논의되는 미디어 폭력의 효과에 관한 논쟁에서 서베이 연구는 중요한 역할을 해 왔다. 연구자들은 응답자들이 자기 보고한 *self-reported* 폭력 성향과 TV 시청 패턴 사이의 관련 정도를 측정해 왔다.

▍조사 형식

서베이는 설문지나 면접 등을 통해 자료를 수집한다. 이러한 설문 조사의 주요 형태로는 우편 서베이, 전화 서베이, 개인 면접, 집단 조사 등이 있다.

우편 서베이 우편 서베이 *postal survey* 는 표본으로 선정된 사람들에게 설문지를 보내고, 그들 스스로 응답하게 한 후, 이를 다시 우편 요금이 지불된 회신용 봉투를 통해 반송하도록 하는 방식이다. 설문지를 우편으로 조사 대상자의 집에 보내기도 하며, 조사 대상자가 구매하는 신문이나 잡지에 첨부하여 작성하도록 한 후 반송받기도 한다. 회수율을 높이기 위해 보통 인센티브가 주어지는데, 금전적 보상이나 선물 혹은 추첨권 등이 사용된다.

우편 서베이는 응답자가 연구자나 면접원의 안내를 받을 수 없기 때문에 명료하고 구체적이어야 한다. 설문지는 간결해야 하며, 한 페이지에 너무 많은 질문을 싣지 말아야 한다.

우편 서베이는 저렴한 비용으로 광범위한 지역을 포괄할 수 있다. 이 방법은 면접원의 방문이 어렵거나 방문 비용이 많이 드는 먼 지역의 조사 대상자들에게 접근할 수 있는 장점이 있다. 또 우편 서베이는 익명성이 보장되기 때문에, 민감한 질문에 대한 조사에서 대상자들의 솔직한 답변을 기대할 수 있다. 그러나 응답자를 관리할 수 없다는 것이 우편 서베이의 단점이다. 설문지가 한 사람에 의해 작성되었는지, 아니면 주위 사람들의 의견이 반영되었는지에 대한 확인은 불가능하다. 응답자가 질문을 이해하지 못하는 경우, 연구자가 그 자리에 함께 있지 않기 때문에 그 의미와 목적을 설명해 줄 수 없다. 응답률 또한 통제할 수 없다. 우편 서베이는 모든 서베이 방법 가운데 가장 느린 자료 수집 방법이기도 하다. 더욱이 선정된 표본과 실제 응답자가 인구학적으로 다를 가능성도 있기 때문에 모집단을 제대로 나타내지 못할 수도 있다는 단점이 있다.

전화 서베이 전화 서베이 *telephone surveys* 는 교육받은 면접원을 이용하여, 주로 전화 번호부에서 무작위로 추출한 응답자들에게 전화를 해 자료를 수집한다. 전화 서베이는 우편을 통한 설문에 응하지 않을 듯한 조사 대상자나, 정치인, 사업가, 언론인과 같이 개인 인터뷰를 통해 조사하기 어려운 대상에 접근하기가 용이하다.

전화 서베이는 우편 서베이보다 응답자 관리가 용이하여 좀 더 높은 응답률을 보이며, 자료 수집이 신속하게 이루어지기 때문에 짧은 시간 내에 결과를 도출할 수 있다. 전화 서베이는 간결해야 한다. 따라서 심도 있는 조사가 필요한 연구에서는 이 방법을 사용하지 않는다. 또한 전화 면접에서는 질문의 종류와 선택 항목 수가 제한되는데, 예를 들면 여러 항목에 대한 선택을 요구하는 질문들은 선택 항목을 보여 줄 수 있는 개인 면접에 더 적합하다. 전화 면접에서는 질문과 여러 개의 선택 항목을 읽어 주어야 하고, 응답자들은 그 가운데 하나를 선택할 때까지 모든 선택 항목을 기억해야 하기 때문이다. 전화 서베이는 표본이 일반적인 모집단을 나타내지 않는다는 이유로 한때 사용이 제한되기도 했지만, 전화 보급의 확대로 이 점은 더 이상 문제되지 않고 있다.

개인 면접 개인 면접 *personal interviews* 은 연구소나 거리, 혹은 응답자의 집이나 직장에서 이루어질 수 있다. 여기에는 두 가지 기본 형태가 있는데, **구조화** *structured* 된 면접과 **비구조화** *unstructured* 된 면접이다. 일반적으로 구조화된 면접에서 면접원은 사전에 결정된 순서대로 표준화된 질문과 인터뷰를 실시하고, 대부분의 질문들은 응답자가 답변할 수 있는 범위가 정해져 있다. 이에 반해 비구조화된 면접에서는 한층 광범위한 개방형 질문들이 주어지고, 응답자들은 자신의 언어로 응답하게 된다. 이때 면접원은 응답자의 답변을 그대로 받아 적기도 하고, 녹취하여 나중에 옮겨 적는 방법을 이용하기도 한다. 응답자의 반응에 따라 필요한 정보를 더 얻기 위해 어떠한 질문을 더 할 것인가에 대한 결정은 면접원의 재량에 맡긴다.

응답자의 사무실이나 집에서 행해지는 일 대 일 개인 면접은 자료 수집 과정의 통제가 용이하다. 일단 면접이 시작되면 응답자는 답변을 다 끝내기 전에 그만두기 어렵다. 따라서 응답자가 설문에 응하기만 하면 응답률은 100%이다. 또 개인 면접은 1시간 이상 지속 가능하므로 특정 주제에 관한 상세한 자료 수집에 적합하다. 자료 수집 시간은 통상적으로 전화 서베이만큼 신속하지는 않다. 그러나 미리 정해진 질문에 대한 응답자들의 답변이 곧바로 면접원의 휴대용 컴퓨터로 들어가게 되는 컴퓨터 이용 면접이 증대되어 자료 처리의 속도가 현저하게 빨라졌다.

길거리나 쇼핑 센터, 공항 휴게실 등에서 이루어지는 면접은 이동 중인 사람들에게 방해가 될 수 있다. 면접원들은 사람들의 외관으로 그 사람이 조사에 응할 것인지를 식별해야 하고, 몇 가지 질문을 통해 그들이 특정 표본으로 적합한지를 빨리 파악해야 한다. 응답자들은 면접원들로부터 방해받는 것을 좋아하지 않기 때문에, 이러한 개인 면접에서 주의해야 할 점은 면접이 간단해야 한다는 것이다.

집단 조사 *group administration* 는 우편 서베이와 개인 면접을 결합시킨 형태이다. 응답자들은 설문지를 작성하기 위해 특정 장소에서 조사에 참여하게 된다. 이러한 조사는 호텔 회의실이나 극장, 교실 등에서 열린다. 집단 조사 방법은 우편 서베이에 비해 자료 수집이 신속하고 높은 응답률을 보인다. 응답자가 설문을 완성하는 동안 일어날 수 있는 문제는 교육된 면접원이 해결할 수 있다.

▌연구 기간

서베이를 구분하는 세 번째 특징은, 연구가 한 시점에서 시행되었는 가, 혹은 여러 번에 걸쳐 반복적으로 시행되었는가를 고려하는 것이 다. 전자를 **횡단적 연구** *cross-sectional survey*, 후자를 **장기 조사 연구** *longitudinal study* 라고 한다. 횡단적 연구는 현장 연구 *field research* 에서 가장 많이 사용하는 형태이며, 주어진 한 시점에서 대중들의 의견과 지식, 이해, 혹은 행동의 상태를 보여 준다. 이 방법은 모집단의 특성 에 대한 기술적 *descriptive* 설명만을 제공할 수도 있고, 미디어 이용 및 행동 같은 변인들 간의 관계에 대한 설명적인 *explanatory* 분석을 제공하 기도 한다.

장기 조사 연구는 상대적으로 드물게 사용되며, 각기 다른 시점에 서 자료를 수집하는 방법이다. 이때 자료 수집은 여러 표본 집단에서 수집할 수도 있고, 한 집단에서 수집하기도 한다. 장기 연구의 유형은 경향 연구와 동세대 분석, 패널 연구의 세 가지로 구분된다.

▌경향 연구▐ 경향 연구 *trend studies* 는 매스 미디어 연구에서 가장 널리 사용되는 장기 조사 연구 방법이다. 이 연구는 같은 모집단에 있는 서로 다른 그룹의 사람들을 대상으로 서로 다른 시점에서 측정하여 경향성을 밝혀내는 연구이다. 이 분석 형태는 주로 선거 때에 많이 시행된다. 후보자나 정책과 관련된 투표권자의 의도와 태도를 조사하기 위해 선거 캠페인 이전, 캠페인 기간 중, 그리고 캠 페인 이후에 표본 응답자에 대한 조사가 이루어진다. 이러한 연구는 공중의 의견과 태도에 있어서 장·단기간 변화의 패턴을 보여 준다. 연구자들은 시간에 따른 여론의 변화를 추적할 수 있고, 그러한 변화 를 특정 미디어 이벤트나 응답자들의 미디어 이용 정도에 관한 정보 에 연결시킬 수 있다.

경향 연구에서 연구자는 자신이 직접 자료를 수집할 수도 있지만, 다른 목적으로 수집된 자료를 이용하기도 한다. 그러나 그러한 2차 자료를 이용하기 위해서는, 다른 시간대에 얻어진 기초 자료가 같거나 거의 비슷한 질문 양식과 표본에서 나온 것이어야 한다. 질문의 용어를 바꾸거나 표본 구성을 달리하면 전혀 다른, 비교 불가능한 자료가 되기 때문이다.

동세대 분석 동세대 분석 *cohort analysis* 에서 **동세대**란 특정한 기간 동안 어떤 방식으로 서로 관련되어 있거나 중요한 사건을 **동일하게 경험한** 집단을 말한다. **출생 동세대** *birth cohort* 라고 명명된 집단의 경우, 중요한 사건이란 바로 출생이 된다. 동세대는 교육(예를 들면, 특정한 연도에 특정 지역에서 다섯 살에 학교를 다니기 시작한 아이들)이나 결혼 상태(예를 들면, 1990년도에 이혼한 사람들) 등을 조건으로 할 수도 있다. 하나 혹은 그 이상의 동세대 집단을 두 번 이상의 서로 다른 시점에서 측정하는 연구를 동세대 분석이라고 한다. 동세대 분석은 동세대 효과 *cohort effect* 를 찾는 방법이다. 종속 변인의 변화가 연령 때문에 일어나는가, 아니면 표본들이 특정 동세대에 동일하게 소속되어 있기 때문에 발생하는가?

어떤 공동체에 소속된 5세 아이들은 하루 TV 시청 시간이 두 시간이고, 8세 아이들은 네 시간이라고 가정해 보자. 이러한 시청 시간의 차이는 아이들의 연령 때문인가, 아니면 두 표본 사이의 다른 차이로 발생했는가? 이를 알아내기 위한 한 가지 방법은, 그 후 3년에 걸쳐 두 그룹을 추적하여 5세의 아이들이 8세에 가까워짐에 따라 시청 시간이 늘어나는지를 관찰하는 것이다. 만일 TV 시청 시간이 늘어났다면, 그것은 연령과 관련된 TV 시청 패턴을 보여 주는 것이다.

동세대 분석은 태도나 행동의 변화가 연령에 의한 것인지, 혹은 다른 사회 문화적 요인에 의한 것인지를 보여 줄 수 있는 융통성 있는 분석법이다. 이 분석법의 가장 큰 단점은 동세대 자료의 통계적 분석만 가지고서는 연령과 동세대, 분석 시기가 발생시키는 특정 효과를 찾아내기 힘들다는 것이다. 다른 시점에 조사된 집단 간의 차이가 그 시기에 조사된 표본의 자연적인 변화를 반영하고 있을 수도 있다. 그러한 요인의 효과를 통제하기란 매우 어렵고, 특히 연구자가 직접 통제할 수 없는 2차 자료를 사용할 때는 더욱 그러하다.

| 패널 연구 | 같은 표본을 대상으로 여러 다른 시점에서 측정하는 것을 패널 연구 *panel studies* 라고 한다. 패널 연구는 종속 변인의 순수 변화량과 총 변화량을 보여 줄 수 있고, 우편 설문지와 전화 인터뷰, 개인 면접 등을 모두 사용할 수 있다. TV 네트워크와 광고 회사, 마케팅 조사 회사들은 소비자 행동의 변화를 추적하기 위해 패널 연구를 이용한다. 패널 연구는 다른 연구 방법으로 알아낼 수 없는 태도나 행동 유형의 변화를 밝힐 수 있다.

연구 목적에 따라, 연구자는 특정 태도나 행동 유형을 정기적으로 조사할 수 있는 사람들로 구성되는 '**연속적 패널** *continuous panel*'과, 정보가 필요할 때에만 일정한 수의 설문지나 다른 측정 도구(예를 들면, 일기장)를 완성시키기로 동의한 사람들로 구성되는 '**비연속적 패널** *interval panel*' 가운데 하나를 선택하게 된다. 패널 연구는 복잡한 통계 분석에 적합한 자료를 산출하고, 연구자는 이를 통해 인과 관계를 예측할 수 있다.

패널 연구와 관련된 문제점으로는, 사람들이 여러 차례에 걸친 조사에 응하는 것을 꺼리기 때문에 필요한 조사 대상자를 모집하기가 어렵다는 것이다. 패널의 침식 *erosion* 이란 시간이 지나감에 따라 패널 구성원이 탈락되어 변화되는 것을 의미한다. 이러한 감소는 패널의 지속적인 대표성과 관련된다. 또 하나의 단점은 조사를 몇 번 반복하다 보면 응답자들이 측정 도구에 감응되어 표본으로서 적절하지 않게 되는 수가 있다.

2) 실험

실험은 적어도 50년 동안 미디어 연구에 사용되어 왔다. 라디오와 인쇄 미디어에 관한 연구도 있지만, 대부분의 실험 연구는 TV의 효과를 양화한 것과 관련된다. 이론적으로 실험 연구의 방법론은 주로 행동주의 심리학의 영향을 받았다.

실험 연구는 양적 연구의 한 형태이다. 이것은 하나의 사건 또는 일련의 사건에 따른 가능한 결과에 관한 가설이나, 두 개 혹은 그 이상의 양화 가능한 변인들 사이의 관계(들)에 관한 가설로 시작한다. 실험은 주로 특정 상황에서 무엇인가를 수정하고, 그러한 수정을 한 것과 그렇지 않은 것의 결과를 비교함으로써 결론을 얻는다. 미디어 연구의 맥락에서 실험 연구는 한 집단이 미디어 자극에 노출되는 조건을 설정하고 몇 가지 방식으로 응답하게 한다. 그 조건은 미디어의 내용이 수용자에게 특정 반응을 일으킨다는 것을 보여 주는 방식으로 설정된다. 예를 들어, 폭력적인 장면에 노출된 수용자들의 행동적 효과에 대한 가설을 검증하고자 한다면, 수용자 집단이 폭력적이거나 그렇지 않은 장면에 노출될 수 있는 두 가지 상황이라는 최소 조건을 설정한다. 그 후에 두 집단을 폭력적으로 행동할 기회가 있는 상황에 배치한다. 이 연구의 가설은 미디어 폭력에 노출된 사람들이 그렇지 않은 사람들보다 더욱 폭력적으로 행동한다는 것이다. 이러한 가설이 두 집단의 관찰된 행동에 의해 입증되는지를 객관적으로 확인하기 위해서 양적 측정을 사용한다.

그러나 인과 관계를 증명하기 위해서는, 측정된 반응에 다른 잠재적인 원인의 영향은 없었다는 것을 설득력 있게 입증해야 한다. 따라서 실험 연구는 주로 미디어 노출과 미디어 내용, 수용자의 반응 등을 연구자가 통제할 수 있는 인위적인 실험실 조건에서 시행된다.

다른 사회 과학 연구 기술 — 서베이에 의해 구축된 질적 연구와 양적 연구 — 과 비교하면, 실험 연구는 인과 관계를 검증하는 데 가장 적합한 방법이다. 이러한 장점은 연구자가 사람들의 행동이 관찰되는 조건을 조작하고 통제할 수 있다는 점에 기인한다. 응답자의 자기 보고 *self-report* 에서는, 개방형 질문이든 폐쇄형 질문이든 관계없이, 응답자가 보고한 경험들이 일어나는 최초의 조건을 연구자가 결정할 수 있는 가능성이 거의 없다.

실험으로 연구될 수 있는 미디어 연구 주제는 아주 많지만, 연구자들이 조건을 조작할 수 있는 연구 문제들에 적합하다. 따라서 미디어의 행동·태도·인지 효과에 관한 문제도 실험을 통해 연구될 수 있지만, 특정한 미디어 산물의 영향을 검토하려 할 때 특히 실험을 많이 사용할 것이다. 그러한 미디어 산물의 영향은 정보 내용에 따라 완벽하게 분석될 수 있고, 수용자에 대한 노출 조건이 미리 통제될 수 있기 때문이다. 실험 연구는 변인들 사이의 인과 관계를 밝히기 위한 것이다. 이 방법은 (가설로 설정된) 원인이 측정된 결과를 가져오는지를 확인하기 위해 변인들의 시간적 순서를 통제한다. 실험 연구에서 연구자들은 연구 도중 다른 가능한 원인이 되는 변인을 통제할 수 있다.

실험 연구에서 연구자는 연구하고 있는 조건과 변인, 피험자를 통제한다. 실험실 연구는 잠재적으로 원인이 될 만한 요소들을 분리해 낼 수 있다. 특정 상황에서의 개인별 노출의 정도를 통제할 수 있으며, 엄밀한 양적 측정 방법으로 그것의 효과를 체계적으로 측정한다. 실험의 또 다른 특징은, 다른 사람들이 원하면 그 실험을 반복 실행할 수 있도록 실험을 진행하는 조건, 수행하는 조작, 그리고 수량화하는 변인 등을 명확하게 기록해 놓을 수 있다는 점이다.

실험 연구는 여러 단계로 구성된다. 시작 단계에서 연구자는 상황을 만들어 내거나, 진행 중인 상황에 들어가서 그것을 수정한다. 예를 들어, 인위적인 실험실 조건에서 실험을 수행한다면, 연구자는 적어도 부분적으로는 실제 상황을 모방한 환경을 만들어야 한다. 수용자의 기억에 영향을 미치는 TV 뉴스 프로그램 기사의 배열에 대한 연구에서, 연구자는 어떤 기사를 배제하기 위해 미리 녹화해 둔 TV 뉴스 내용의 순서를 특별히 편집할 수 있다. 다른 기사가 배제된 또 다른 뉴스 프로그램도 만들어 낼 수 있다. 이 두 개의 뉴스 순서 각각에 두 집단의 시청자들을 무작위로 배치하고, 보여 준 뉴스 내용을 기억하고 있는 정도를 그 후에 측정한다. 한 집단이 다른 집단보다 더 잘 기억해 낼 수 있다면, 기사들의 순서가 정보 습득을 강화하거나 방해한다는 설명이 가능해진다. 그러나 이러한 해석은 다른 가능한 해석들이 배제될 때만 유효하다. 즉, 한 시청자 집단이 다른 집단보다 똑똑하거나 박식할 수도 있다. 또한 실험자에 의해 조작된 것이 뉴스 내용에 대한 기억에 영향을 미치지 않고, 각각의 집단에 보여 준 두 개의 기사 내용이 달랐기 때문일 수도 있다. 다시 말해 연구자는 두 개의 뉴스 순서에서 생산 과정의 차이를 적절하게 통제하지 않았을 수 있다.

실험 과정에서 인과 관계를 정확하고 타당성 있게 설명하기 위해서는, 엄밀하게 정의되어야 할 요소와 명확하게 따라야 할 절차들이 많이 있다. 실험자가 제일 먼저 정의 내려야 할 요소는 '독립 변인 *independent variable*'이다. 이것은 연구자가 피험자들을 관찰하고 검사하는 환경에서 수정한 것을 나타내는 조건에 대한 실험 처치나 조작이다. 두 번째로 중요한 요소는 '종속 변인 *dependent variable*'인데, 이는 실험 조작에 따른 측정 가능한 결과이다. 그러므로 위의 예에서 독립 변인은 뉴스 순서였고, 종속 변인, 즉 측정된 결과는 각각의 수용자 집단이 떠올린 뉴스의 양과 정확성이었다.

두 집단 사이에 처음부터 존재하는 차이가 결과의 차이를 설명할 수도 있다. 따라서 두 집단에 처음부터 존재하는 차이를 없애기 위해, 연구자는 두 가지 중요한 단계를 거쳐야 한다. 표본을 서로 다른 실험 조건에 배치하는 단계에서, 기본적으로 무선 할당을 해야 한다. 이 절차는 집단이 어떤 속성을 갖게 될 가능성을 줄인다. 피험자를 무선 할당하면, 각 집단에 특정 속성을 가지고 있는 개인들이 비슷하게 포함될 가능성이 커진다. 어떤 연구에서는 특정 속성에 근거하여 개인의 집단 할당 비율을 통제하기 위해 비율을 정하는 '결합 *matching*' 집단이라는 약간 다른 전략을 채택하기도 한다. 예를 들어, 연구자가 각 집단에 같은 수의 여성과 남성을 배치하고자 한다면 각각의 집단에 남성이나 여성을 무작위로 할당하지만, 이러한 무선 할당 절차는 같은 성별 내에서만 실행한다. 남성들을 특정 집단에 무작위로 배치하되 그집단의 50%만을 구성하도록 하고, 나머지는 무작위로 선택한 여성들을 배치하는 것이다.

실험 처치 전에 집단들 간의 차이를 통제할 수 있는 다른 중요한 방법은 '사전 검사 *pre-test*'를 실시하는 것이다. 연구자는 종속 변인들을 한 번 이상 측정한다. 사전 검사는 실험 처치에 노출되기 전에 종속 변인을 측정하는 것이다. 그 후 실험 조건을 실행한 후 종속 변인을 측정하기 위해 '사후 검사 *post-test*'를 실시한다.

실험 연구는 일반적으로 하나 이상의 피험자 집단을 사용한다. 전형적인 실험 설계에서, 하나 혹은 그 이상의 집단이 하나 혹은 그 이상의 실험 처치에 노출되고, 반면에 '통제 *control*' 집단으로 지정된 하나 이상의 집단은 이러한 실험 처치에 노출되지 않는다.

(1) 실험 설계의 유형

실험이 어떻게 진행되는지, 그리고 그 실험이 미디어 연구에 어떻게 적용되는지를 이해하기 위해서는 실험 설계의 주요 유형을 검토하는 것이 유용할 것이다. 실험 설계의 유형은 매우 다양하다. 실험의 본질은 TV 프로그램이나 영화, 잡지 혹은 신문 기사 등과 같은 미디어 자극을 소비하는 집단에 대한 효과를 측정하는 것이다. 이미 앞에서 살펴본 바와 같이 인과 관계를 입증하기 위해서는 '처치 *treatment*' 집단 (즉, 미디어 자극을 받는 소비자 집단)의 반응과 그 자극을 받지 않는 '통제' 집단의 반응들을 비교해야 한다. 가장 단순한 실험 설계에서는, 미디어 자극에의 노출에 따른 실험 집단과 통제 집단의 행동, 태도 혹은 인지적 반응들을 비교한다. 통제 집단은 자극에 노출시키지 않는다.

좀 더 복잡한 설계에서는 실험 집단에 미디어 자극을 노출하기에 앞서, 두 집단의 비판적 인지, 태도, 행동적 반응 상태를 측정하고, 미디어 노출 후에 두 집단을 다시 측정한다. 즉, 단순한 설계에서는 미디어 노출 이후 실험 집단과 통제 집단의 반응을 한번 측정하여 비교한다. 그러나 두 번째 실험 설계에서는 미디어 노출 이전에, 그리고 노출 이후에 다시 측정하여 비교한다. 여기에서 사전 노출 검사는 실험 집단에 미디어 자극을 노출시키기 전 두 집단이 이미 보이고 있는 결정적인 측정치에서의 차이를 알아내는 것이다(Clifford et al., 1995 참조). 실험 설계의 주요 유형은 다음과 같이 요약할 수 있다.

▌고전적 실험 설계

이 설계는 **통제 집단 사전 사후 검사** *pre-test - post-test with control group* 설계로 설명할 수 있다. 이 실험은 피험자를 실험 집단과 통제 집단에 무작위로 배치하고, 각 집단에 사전 검사와 사후 검사를 실시한다. 하나의 예는, 영화의 폭력이 시청자의 태도에 미치는 영향을 연구한 것이다. 여기에서는 무작위로 두 집단을 나누어, 한 쪽에는 폭력적인 영화를 보여 주고, 다른 한 쪽에는 폭력 장면이 없는 영화를 보여 준다. 두 집단은 영화를 보기 전과 후에 폭력에 대한 그들의 태도에 관한 질문에 답한다. 이러한 실험의 목적은 폭력적이지 않은 영화를 본 집단보다 폭력적인 영화를 본 집단이 더욱 큰 태도 변화를 보이는지를 알아보려는 것이다.

▌사전 실험 설계

연구자들이 항상 고전적 실험 설계를 채택할 수 있는 것은 아니다. 상황이 그 실험 설계 구성을 뒷받침해 주지 못할 수도 있기 때문이다. 따라서 피험자를 다양한 조건이나 처리에 무선 할당하는 것이 불가능할 수도 있다. 이때 연구자는 통제 집단을 갖춘 사전 사후 검사 방법의 정확성과 자료 수집이 수행되고 있는 현실 사이를 절충해야 한다. 따라서 연구에서 사전 검사나 통제 집단 사용이 생략되기도 한다.

단일 집단 사후 검사 실험 설계 단일 집단 사후 검사 실험 설계 *one-group post-test-only design* 는 하나의 집단을 선정하여 실험 처치 변인에 노출시킨 뒤 검사하는 방식이다. 하나의 집단에 폭력적인 영화 장면을 보여 준 후 태도 검사를 실시한다. 이 방법에서는 영화 이외의 다른 요소들이 태도에 영향을 미쳤는지의 여부에 대해서는 알 수 없다.

단일 집단 사전 사후 검사 실험 설계 단일 집단 사전 사후 검사 실험 설계 *one group pre-test — post-test design* 는 하나의 집단을 선정하여 사전 검사를 하고, 실험 처치를 한 후 사후 검사를 실시하는 방법이다. 시청자는 초기 태도 검사를 받고, 폭력적인 영화를 본 후 영화 관람과 관련하여 어떠한 변화가 있었는지를 측정하기 위해 태도 검사를 다시 받는다. 위의 사후 검사만을 실시하는 방법은 비교 대상이 없는 반면, 이 방법은 응답자가 자신과 비교되기 때문에 위의 설계보다 더 낫다고 볼 수 있다. 그러나 이 설계는 통제 집단이 없고, 태도 변화가 영화 외에 다른 요인과 관련되었을 수 있다는 가능성을 여전히 남겨 둔다.

┃ 유사 실험 설계

이 설계는 사전 실험 설계보다 인과 관계를 밝히는 데에 더욱 효과적이다. 유사 실험 설계 *quasi-experimental design* 는 고전적 실험 설계가 어렵거나 부적합한 상황에서 인과 관계를 밝히기 위한 것이다. 이 실험 설계는 고전적 실험 설계와 다르기 때문에 **유사 실험** 설계라고 한다. 어떤 실험에서는 무선 할당은 실행되지만 사전 검사가 없고, 또 어떤 실험에서는 두 개 이상의 집단이 사용되며, 하나의 집단을 여러 번 관찰하는 것으로 통제 집단을 대신하기도 한다.

두 집단 사후 검사 실험 설계

두 집단 사후 검사 실험 설계 *two-group post-test-only design* 에서는 피험자를 두 조건에 무작위로 배치한다. 실험 집단은 실험 처치 변인에 노출된다는 점에서 구분된다. 실험 집단을 실험 처치에 노출시킨 뒤, 두 집단 모두 단 한 번 검사한다. 무선 할당 *random assignment* 은 실험 처치 전에 두 집단이 차이를 가질 수 있는 가능성을 줄일 수는 있으나, 사전 검사 없이는 연구자가 이를 확인할 수 없다. 이 실험 설계는 실험 처치 전의 실험 집단과 통제 집단 사이의 차이를 발견하기 위한 단계가 없기 때문에, 사전 검사 단계가 있는 설계보다 더 큰 단점을 지니고 있다. 따라서 실험 처치 후에 발견되는 두 집단 간의 차이는 적어도 부분적으로는 실험 전부터 존재했던 두 집단 사이의 차이로도 설명될 수 있다.

통제 집단 사후 검사 실험 설계

통제 집단 사후 검사 실험 설계 *post-test only with control group* 는 하나의 집단만이 실험 처치를 받고 다른 한 집단은 처치를 받지 않고 통제된다는 점에서 두 집단 사후 검사 실험 설계와 약간 다르다. 여기에서도 사전 검사는 행하지 않는다. 대신 사후 검사 단계에서만 실험 집단의 결과와 통제 집단의 결과가 비교된다.

솔로몬 4집단 설계

사전 검사 실험 설계에서도 측정상의 문제가 발생할 수 있다. 예를 들어, 사전 검사 단계에서 실험의 목적이 되는 단서를 제거할 수도 있고, 피험자에게 관련 기술을 연습시킬 가능성도 있기 때문에, 사전 검사는 실험 처치가 가해지는 동안 피험자가 반응하는 방식에 영향을 미칠 수 있다. 솔로몬 4집단 설계 *solomon four-group design* 는 이러한 효과를 통제하는 방법을 제공한다. 피험자들을 무작위로 네 개의 집단에 배치하여, 그들 가운데 두 집단에는 사전 검사를 시행하고 다른 두 집단에는 시행하지 않는다. 그리고 나서 모든 집단에 실험 처치를 가한다. 여기에서 사전 검사를 시행한 집단 하나와 시행하지 않은 집단 하나에 실험 처치 1번을 가하고, 나머지 두 집단, 즉 사전 검사를 시행한 집단하나와 시행하지 않은 집단 하나에는 실험 처치 2번을 가하거나 통제된 상태로 실험 처치에 노출시키지 않는다. 이후에 모든 집단에 사후검사를 실시한다. 만일 사후 검사에서 사전 검사를 시행한 집단이 사전 검사를 하지 않은 집단의 결과와 다르다면, 연구자는 사전 검사가사후 검사의 결과에 영향을 미쳤다고 결론 내릴 수 있다.

▌요인 설계

요인 설계 *factorial design* 는 하나 이상의 독립 변인이나 '실험 처치' 변인을 조작할 수 있다. 미디어 연구자들은 두 개 혹은 그 이상의 독립변인을 동시에 연구하여, 독립 변인의 서로 다른 효과와 독립 변인들이 상호 작용하는 방식을 조사해 왔다. 예를 들어, 폭력 성향에 영향을 미치는 요인을 연구하기 위해, 어떤 연구자가 누군가를 괴롭히는것이나 폭력적인 장면이 나오는 영화를 보여 주는 것이 사람들에게얼마나 폭력적인 반응을 유발하는지를 찾는 데에 관심을 갖고 있다고하자. 이 경우에 피험자들을 4가지 건에 무작위로 배치한다. 괴롭히고나서 폭력적인 영화를 보여 주는 조건, 괴롭히고 나서 폭력적인 영화를 보여 주지 않는 조건, 괴롭히지 않고 폭력적인 영화를 보여 주는조건, 괴롭히지 않고 폭력적인 영화를 보여 주지 않는 조건 등. 이러한 설계를 요인 설계라고 하며(괴롭힘과 폭력 장면을 보여 주는 것 등), 각각의 독립 변인을 요인이라 한다.

▌반복 측정 실험 설계

지금까지 검토한 실험 설계에서는 피험자를 각각의 처치 변인에 무작위로 할당하였다. 앞서 말한 바와 같이, 하나의 연구에서 여러 개의독립 변인을 측정하려고 하면 실험 대상이 부족할 수 있다. 그러한 문제에 대한 한 가지 해결책은 각각의 경우마다 서로 다른 집단을 채용하는 것이 아니라, 똑같은 구성원의 집단에 다양한 조작을 가하고 그 효과를 측정하는 반복 측정 실험 설계 *repeated measures design* 를 이용하는 것이다. 각각의 실험 처치가 적용될 때마다 피험자의 행동 변화를 관찰하고 수량화함으로써 다양한 조작의 효과를 평가할 수 있다. 각각의 피험자들은 통제 집단으로서의 역할도 하기 때문에 전체적으로 적은 수의 피험자로 실험이 가능하다.

이 설계는 다양한 실험 처치를 적용하여 효과를 찾아내는 데에 효율적이라는 것이 입증되었다. 그러나 전이 효과 *carry-over effect* 를 보인다는 약점이 있다. 즉, 한 조작의 여파가 그 다음의 조작 중에도 나타날 수 있다는 것이다. 또한 피험자들이 여러 실험 처치를 경험하면서 실험의 목적을 알게 될 가능성이 매우 크고, 이러한 목적의 추측은 그들이 행동하는 방식에 영향을 미칠 수 있다.

반복 측정 실험 설계에는 두 가지 형태가 있다. 한 가지는 환경에 한 번의 실험 처치나 조작을 가하고 반복하여 측정하는 것이고, 다른 한 가지는 실험 처치를 반복하면서 그에 따라 반복하여 측정하는 것이다.

단절된 시계열 설계 단절된 시계열 설계 *interrupted time series design* 에서 연구자들은 단일 집단을 대상으로 실험 처치 전에 여러 번 사전 검사를 실시하고, 실험 처치 후의 변화를 여러 번에 걸쳐 측정한다. 예를 들어, 어느 마을에 처음으로 TV가 소개되고, 연구자가 TV의 보급이 여가 활동에 어떤 영향을 미치는지 알고 싶어한다고 하자. 우선 TV가 보급되기 몇 년 전부터 여가를 즐기는 양상을 측정한다. 그리고 나서 그 전과 후를 비교하기 위해 TV 보급 이후 같은 기간 동안 측정한다. 그러나 그 기간 중 TV 출현 외에 다른 변화가 있었는지에 대해서도 알아보아야 한다.

| 등가 시계열 설계 | 등가 시계열 설계 *equivalent time series design* |

는 단일 집단 실험 설계에서 기간을 연장시킨 것이라고 볼 수 있다. 이 실험 설계에서는 한 번의 실험 처치로 끝나는 것이 아니라, 사전 검사 후에 실험 처치와 사후 검사를 하고, 또 다시 실험 처치와 사후 검사를 거치는 등의 형태로 여러 번 측정하는 방법이다. 위의 TV 보급에 관한 예로 돌아가 보면, 처음에는 그 마을에 하나의 채널만이 보급되고, 2년 후에는 두 번째 채널이, 2~3년 후에는 두 개의 채널이 더 늘어났을 수 있다. TV 수상기의 수가 증가함에 따라 그 마을 사람들의 행동이 어떻게 변화하는지를 추적·조사하는 것이다.

(2) 실험 연구의 장단점

실험 연구 방법의 주요 목적은 측정된 변인들 간의 인과 관계를 밝히는 것이다. 사회 현상에서 인과 관계를 명확하게 설명할 수 있는지에 관해서는 논쟁의 여지가 있다. 실증주의 사회 과학의 관점에서는 그러한 관계가 입증될 수 있다고 주장하지만, 비판적·해석적 관점을 취하는 학파에서는 그러한 견해에 맞서고 있다.

실증적 미디어 연구자들조차 서베이나 포커스 그룹, 심층 면접과 같은 '자기 보고식 연구 *self-report studies*'에 의존하는 방법이 인과 관계를 명확하게 밝힐 수 없다는 사실에 일반적으로 동의한다. 이러한 연구 방법들은 전형적으로 연구 환경을 통제하지 않기 때문이다(Baily, 1994; Neuman, 1994; Wimmer & Dominick, 1994). 이러한 연구 방법을 사용할 때 연구자들이 사용하는 자료는 대부분 연구 대상자들이 보고하는 행위나 현상이 발생한 시간과 장소에서 멀리 떨어진 것이다. 그러나 실험 연구는 다르다. 실험 연구자들은 대개 사건의 순서와 사건이 일어나는 환경을 통제하고, 자료가 수집되는 과정을 보여 준다. 연구자들은 조건을 통제함으로써 변인들 간의 단순한 상관 관계가 아니라 인과 관계를 밝히려고 한다. 인과 관계의 명료성과 통제라는 요소는 실험 연구의 두 가지 중요한 장점이다.

그러나 실험 연구가 완벽하고 결점이 없는 연구 방법을 대표하는 것은 아니다. TV와 다른 미디어들이 수용자의 지식과 태도, 행위에 미치는 효과 분석의 내용 측면에서 실험 연구는 여러 면에서 비판받아 왔다(Cook et al., 1983; Stipp & Milavsky, 1988). 이 접근법을 사용하는 연구자들에게 항상 문제가 되는 실험 연구의 단점들이 있다.

이 접근법을 사용하는 연구가 부담해야 하는 실험 연구의 단점은 첫째, 보통 인위적인 상황에서 실험을 실행한다는 것이다. 실험 연구는 실험 대상인 독립 변인과 종속 변인뿐만 아니라 다른 가능한 가외 변인에도 지나친 통제를 가할 수 있는 인위적인 실험실 상황에서 그 변인들을 조작하여 현실 세계의 현상을 밝히려고 한다. 여기에서 문제가 되는 것은, 경험이 발생하는 정확한 상황을 벗어난 상태에서 얻은 결과를 일반화할 수 있는가하는 것이다. 실험실 연구에서 개인이 행동하는 방식은 자연스러운 상태에서의 방식과 매우 다를 수 있다.

따라서 실험 연구에서는 결과의 **외적 타당성** *external validity* 문제가 매우 중요하다. 외적 타당성은 사건과 실험 결과가 실험 그 자체를 벗어나 일반화될 수 있는 가능성이다. 만일 연구가 외적 타당성이 부족하다면, 그 결과는 오직 실험실 상황에서만 진실로 존재할 뿐 그 외의 다른 곳에서는 그렇지 않다는 것이다. 외적 타당성은 다음과 같은 여러 가지 면을 고려해야 한다. 실험 상황이 현실 세계와 같은가? 실험 연구는 얼마만큼 현실에서 동떨어져 있는가? 미디어 연구에서의 자극은 실제 상황에서 개인들에게 노출되는 전형적인 미디어 내용인가? 여러 미디어 실험 연구에서 자극은 연구자에 의해 만들어지거나 혹은 전체 맥락에서 몇 개의 장면만을 취한 것이어서 보통의 미디어 산물을 대표하지 않는다. 미디어 자극은 영화나 TV 프로그램에서 짧은 화면 몇 가지로 구성되기도 한다. 연구자는 시청자들에게서 찾고자 하는 행동 반응을 최대화할 것이라고 생각하는 장면을 선택하여 보여 주게 된다. 그렇게 짧은 장면은 수용자가 자연스러운 시청 환경에서 그 내용을 이해하는 방식에 필요한 본래의 이야기 맥락에서 멀리 떨어져 있을 수도 있다. 연구자들은 주로 비디오 장비나 실험실용 필름으로 그 장면들을 만드는데, 그 장면들은 질이 떨어지고 특정 반응을 유도하기 위해 설계된 왜곡된 사건을 묘사하기도 한다.

또한 실험에서 측정된 행위나 행동들이 현실 세계에서 비슷하게 일어나는가? 예를 들어, 미디어의 행동적 효과 연구에서, 특히 수용자의 공격적 성향에 관련된 미디어 폭력 효과 연구에서, 연구자들은 인위적인 행동을 측정해 왔다. 이런 종류의 절차를 밟는 데에는 건전한 윤리적 이유가 있기는 하지만, 실험에서 측정되는 반응은 일반적으로 '공격적 행동 *aggressive behavior*'이라고 여겨지는 것을 보여 주지는 못한다. 실험실은 특정 방식의 (예를 들면, 공격적인) 행동에 대한 보통의 사회적 제재가 유보된, 특별한 사회 환경을 만들어 낸다.

콤스톡은 다음과 같이 말한다.

실험 연구는 대부분 내용 요소나 (주로 '형식 *form*' 요소라 불리는) 제작 기술에 초점을 맞춘다. 의도된 추론이란 이러한 요소가 주의, 인지, 태도 등에 미치는 영향이 다양하다는 것이다. 이러한 요소를 검토하기 위한 연구 설계의 설명력은 피험자의 주의, 인지, 태도가 독립적으로, 혹은 연구에서 이용되는 특별한 비디오 맥락에서 일어난다는 것을 의미하기 때문에 일반화 문제가 발생한다. 그 효과가 다른 상황에는 없는 상호 작용 때문이 아니라는 확신 또는 다른 맥락에서는 다른 효과를 보이는 상호 작용이 나올 수 있다는 확신은 제한적이다.

실험 연구는 여러 가지 면에서 인위적이고, 보통 TV 시청이 일어나는 상황과는 다른 환경을 이용한다. 노출은 짧은 시간 동안, 다른 비디오 자극과 동떨어져, 피험자가 선택한 곳이 아닌 생소한 장소에서 진행된다. 그 후의 행동 측정은 선택을 제한하기도 한다. 노출 후에 공격성이나 적개심이 표현될 것을 고려해, 보복과 같은 행동을 통제하려는 제한 조치는 효과를 과장할 수 있다(Comstock, 1998: 25).

실험 연구가 직면한 더욱 심각한 문제는 **실험자 편파** *experimenter bias* 이다. 즉, 실험에 참가하는 사람들이 실험의 가설이나 목적에 대한 단서를 얻어, 실험 연구자가 기대하는 것이라고 생각하는 반응을 한다는 것이다. 어떤 실험 연구자가 실험하는 동안 피험자들이 연구자 자신의 예상에 순응하도록 무의식적으로 연구 목적을 밝힐 수도 있다. 실험실 실험은 대체로 사람들에게 일상보다 더 높은 정도로 특정 미디어 내용에 집중하도록 한다. 따라서 일상에서 보통의 미디어 이용 조건에서 보이는 깃보다 실험실 조건에서의 반응이 너욱 뚜렷할 것이다. 이러한 단점은 '이중 불명화 *double-blind*' 절차를 사용함으로써 보완할 수 있다. 이 설계에서는 피험자들을 실험 집단과 통제 집단으로 배치하는 사람과 실험을 운용하는 사람을 달리한다. 후자는 특정 피험자들에게 적용될 실험 처치 조건을 모르게 한다. 연구자는 피험자들이 그 실험 가설에 따라 어떻게 반응해야 하는지 모르기 때문에, 기대에 따른 어떠한 단서도 제공하지 않게 된다.

(3) 방법론적 결함

워드와 그린필드는 실험 설계의 방법론적 결함을 규명하였다(Ward & Greenfield, 1998). 그들은 TV와 성 역할에 대한 연구에 비추어 이것을 설명하였다. 그러나 이러한 결함들은 미디어 효과 연구의 다른 분야에도 동등하게 적용될 수 있다. 7가지 방법론적 결함을 두 연구자가 다음과 같이 언급하였다.

첫째, 실험 연구는 자극으로 사용될 소재를 매우 제한된 범위 안에서 선택하여 연구해 왔다. 자극으로는 유명한 주류 TV 프로그램이 사용되었다. 시트콤과 드라마는 TV 프로그램 가운데 가장 많이 시청되지만 연구의 소재로는 잘 사용되지 않았다. 이것은 TV과 폭력, TV과 성 역할 및 다른 영역의 연구에도 적용된다. 실험실에서 이용되는 장면은 TV의 전형적인 장면과 상당히 다를 수도 있는데, 그러한 장면에 대한 반응으로 측정한 효과가 과연 주류 TV 장면과 관련하여 발견할 수 있는 효과를 대표하는가?

둘째, 피험자들에게 자극으로 노출될 소재를 피험자가 아닌 실험 연구자가 직접 선택하는 경향이 있다. 일상적인 TV 시청 환경에서 시청자들은 그들 각자가 선호하는 프로그램과 좋아하는 캐릭터를 선택한다. 인기 있고 덕망 있는 사람들이 더 유력한 역할 모델임이 연구에서 드러났다. TV 캐릭터들이 현실 세계로 연장되는 한(Meyrowitz, 1985), 이러한 원칙은 TV에도 적용될 것이다. 선호도와 친밀도가 시청자의 인지에 영향을 미친다는 것을 시사하는 연구도 있다(예를 들면, Brown & Schulze, 1993). 그 한 예로서, 밀러와 리브스는 비전통적인 직업의 여성 캐릭터를 좋아하는 3학년과 6학년 학생들이 그러한 캐릭터의 여성이 되려는 갈망이 더 많다는 것을 알아냈다(Miller & Reeves, 1976).

선호도나 친밀도와 같은 변인들은 실험상에서 어떻게 검증되는가? 워드와 그린필드는 다음과 같이 제안한다.

한 가지 접근법은 2요인 변량 분석에서 선호도를 하나의 독립 변인으로 사용하는 방법이다. 남자와 여자의 양육 능력에 관한 전형적 프로그램이 청소년 시청자에게 어떤 영향을 주는지에 관심이 있다고 하자. 처음에 청소년들 사이에서 인기 있는 시트콤 8개를 선택하여 클립한다. 이 클립의 절반은 여성을 양육하는 사람으로 묘사한 것이고(전통적인 이미지), 나머지 절반은 남자가 양육하는 사람이 되는 것이다(비전통적 이미지). 실험 기간 동안, 연구자는 처음에 참가자들에게 좋아하고 싫어하는 것을 나열하도록 요구한다. 프로그램 선호도와 전통적 이미지를 두 요인으로 하는 2×2 설계의 4종류 프로그램에 참가자들을 할당한다. 따라서 1그룹은 그들이 가장 선호하는 쇼에서 양육자의 전통적인 이미지를 묘사하는 4개의 클립을 보게 된다. 2그룹은 그들이 가장 싫어하는 쇼에서 양육자의 전통적인 이미지를 묘사하는 4개의 클립을 보게 되고, 이와 같은 방식으로 3그룹과 4그룹은 각각 그들이 가장 선호하는, 그리고 가장 싫어하는 프로그램에서 양육자의 비전통적인 이미지를 묘사하는 클립을 보게 된다. 같은 실험 집단에서 실제 자극은 사람마다 다양하게 주어진다. 자극에 대한 참가자의 평가 문항은 동일하게 주어진다(Ward & Greenfield, 1998).

실험법으로 장르나 양식, 형식적 특징에 따른 다양한 효과를 연구할 수도 있다. 뮤직 비디오, 만화, 드라마나 시트콤 등에서 일어나는 같은 내용이 다른 효과를 미치는가?

특정 미디어 자극에 미디어 소비자가 반응하는 방식에서 성장에 따른 차이가 영향을 줄 수 있다. 다양한 세대의 시청자들에게 특정한 자극이 어떻게 영향을 미치는지, 즉 성장에 따른 변화를 밝히기 위해 세대 집단 간의 비교가 필요하다. 시청자들은 전형적이거나 비전형적인 묘사의 영향을 특히 받기 쉬운 성장 기간이 있을 수 있다(Durkin, 1985).

다섯 번째 결함은, 다양한 사회 범주의 사람들을 덜 재현하거나 이와 대조적으로 잘못 재현함으로써 생기는 지식의 괴리를 보여 준다는 것이다. 특정 집단에 대한 TV의 재현을 연구하는 여러 패러다임은 전형적인 묘사 대 비전형적인 묘사의 영향에 초점을 맞춘다. 그러나 내용 분석 결과 특정 집단이 잘못 표현될 뿐 아니라 덜 재현되고 있음을 보여 준다(Greenberg & Brand, 1994; Signorielli, 1989, 1993). 실험은 부족한 재현과 잘못된 재현이 목표 집단 target group 에 대한 시청자들의 인식에 서로 다른 영향을 준다는 사실을 검토하기에 아주 좋은 도구이다. 이미 언급된 긍정적 대 부정적 혹은 전형적 묘사의 영향은 다음과 같은 문제와 관련된다. 집단의 구성원이 TV에서 거의 재현되지 않거나, 재현되더라도 부정적·고정 관념적으로 묘사될 때, 사람들은 그들을 중요하지 않고 경쟁적이지 않으며 힘이 없는 집단으로 인식하는가?

여섯 번째 방법론적 결함은 자극이 시청자의 개별적인 본성과 인식에 미치는 영향에 관한 것이다. 문학 작품에 대한 여러 실험 연구는 제시된 내용에서 시청자들이 태도를 채택하거나 행동을 모방할 수 있다고 가정하면서, 효과의 메커니즘으로 문화 계발 cultivation 이나 모방을 연구해왔다. 그러나 그러한 단편적인 것의 영향은 시청자들의 해석에 따라 다양할 수 있기 때문에, 연구자는 시청자들의 개인적인 인식이 어떤 역할을 하는지를 고려할 필요가 있다.

시트콤에서 추출한 네 개의 클립을 본 대학생들이 남성과 여성의 상호 작용을 어떻게 인식하는지 연구한 사례에서 그 증거를 찾을 수 있다(Ward & Eschwege, 1996). 시청한 장면에서 지배적이었던 메시지를 다섯 항목 중에서 선택하도록 했을 때, 어떤 하나의 주제에 동의한 참가자는 40%에 지나지 않았다. 따라서 실제 네트워크 콘텐츠의 복잡함을 고려할 때, 개별 시청자는 대체로 같은 내용을 다르게 볼 수도 있고, 이러한 콘텐츠의 영향은 시청자들의 해석에 따라 다양할 수 있다(Gunter, 1988).

시청자들이 주어진 내용을 같은 방식으로 해석할지라도, 어떤 사람들은 추론된 메시지를 받아들이고, 다른 사람들은 메시지로 인해 기분이 나빠지거나 그 메시지를 거부할 수도 있다. 사람들은 주로 자신이 가지고 있는 시각이나 관점을 강화하는 방식으로 내용을 해석한다. 더욱이 다양한 해석은 다른 변인들을 중재할 수 있기 때문에, 관련된 사회적 태도와 행동에 미치는 영향을 검토하기 위해 연구자들은 피험자의 해석을 중재 변인으로 사용할 수 있다.

워드와 그린필드가 규정한 마지막 방법론적 결함은, 다양한 미디어로 제시되는 TV 내용의 효과를 연구한다는 것이다(Ward & Greenfield, 1998). TV에 관한 대부분의 연구에서는 TV만을 독립적으로 다루지만, TV와 동일한 캐릭터와 스토리로 구축된 슈퍼 시스템을 가진 멀티미디어 환경 전체를 고려해야 한다(Kinder, 1991). 시청자들은 가장 좋아하는 캐릭터를 TV에서만 볼 수 있는 것이 아니라, 그 캐릭터가 등장하는 티셔츠를 구입할 수도 있고, 비디오 게임을 즐길 수도 있으며, 만화책을 읽을 수도, 영화를 볼 수도 있다. 시청자들은 그들이 몇 가지 미디어에서 만난 캐릭터를 믿고 동일시하는가? 그들은 캐릭터를 더욱 실제적인 것으로 보고, 그들을 좋아하는가?

3) 유사 실험 연구

실험실에서 행해지는 실험 연구의 단점은 미디어 자극이 현실 세계의 미디어 소비 경험의 상태와는 다른, 인위적이고 통제된 환경에서 실행된다는 것이다. 이러한 특성은 외적 타당성의 문제, 즉 실험실의 결과를 현실 세계로 일반화시킬 수 있는지에 대한 문제를 야기한다. 일례로, TV 효과 연구와 관련된 방법론적 논의에서, 인과 관계를 밝히기 위한 실험실 연구의 장점은 보다 자연스럽고 생태학적으로 타당성 있는 현장 연구의 장점과 대비되는 경우가 많다. 실험실 실험은 "TV이 시청자에게 영향을 미칠 **수 있는가?**"라는 질문에 답하도록 설계된 반면, 현장 연구는 "시청자들이 일상 생활에서 TV을 이용할 때, TV은 시청자에게 영향을 미치고 **있는가?**"라는 질문에 답하도록 설계된다.

실험실에서 수행되는 실험에 대한 생태학적 타당성의 문제를 해결할 수 있는 한 가지 방법은, 가능한 한 좀 더 자연스러운 환경에서 실험을 실시하는 것이다. 연구자들은 **유사 실험**을 통해 실제 환경에서 미디어 효과를 체계적으로 측정할 수 있다. 실제 환경 속에서의 실험에는 두 가지 기본적인 범주가 있다.

① 연구자가 실제 상황에서 조건을 조작하는 것
② 연구자가 자연스럽게 발생하는 사건이나 상황의 변화에서 측정 가능한 효과 등을 이용하는 것

연구의 첫 번째 유형은 대개 **현지 실험**이라고 하며, 두 번째 유형은 **자연적 실험** *natural experiment* 이라고 한다(MacBeth, 1998 참조).

현지 실험에서 연구자는 기존 집단을 연구하지만, 이 경우에는 다양한 집단(예를 들어, 취학 전 아동들)을 다양한 TV 시청 '다이어트'에 배치한다(예를 들어, '친사회적 프로그램' 대 '만화' 대 'TV 없음'). 각 집단의 동질성을 측정하기 위해 실험 시작 전에 각 집단을 며칠 동안 관찰하고,

자극 노출 기간 후에 다시 관찰한다. 첫 번째 유형의 연구 사례는 TV 프로그램이 시청자의 폭력성에 미치는 영향에 관한 실험일 것이다. 공급자가 사람들의 집에 송출되는 프로그램의 흐름을 통제할 수 있는 케이블 TV 환경에서, 두 개의 서로 다른 집단을 만들 수 있다. 즉, 폭력적인 프로그램을 수신하는 집단과 폭력적이지 않은 프로그램을 수신하는 TV 다이어트 집단. 이러한 실험 처치 전과 도중, 그리고 이후의 일정 기간 동안, 그들 가족 가운데 한 사람이 TV 다이어트 조작의 결과로 발생하는 시청자들의 분위기나 행동 변화를 관찰하게 된다(Gorney, Loye, & Steele, 1977 참조).

자연적 실험에서 연구자는 시청자에 대한 이러한 변화의 효과를 평가하기 위해 TV 수신 통제 가능성과 관련하여 자연스럽게 발생하는 변화를 이용한다. 예를 들어, TV 시청이 가능한 기존 집단이 TV 수신이 불가능한 기존 집단과 비교될 수 있다. 혹은 머지않아 시설을 갖추게 될 하나의 기존 집단을 TV 수신 전에 검사하고, 수신이 가능하게 된 후, 보통 몇 달이나 몇 년이 지난 상당히 오랜 기간 후에 다시 검사할 수 있다. TV를 이용하게 되면서 변화를 경험하는 집단을, 같은 시기에 TV에 노출되지 않은 다른 비슷한 집단과 비교할 수도 있다 (Williams, 1986).

쿡과 그의 동료들에 따르면, 실험이란 "어느 연구자에 의해 통제되거나 신속한 '실험 처치'를 거쳐 가능한 결과들을 경험적으로 측정할 수 있는, 자연스럽게 발생하는 사건"이다(Cook et al., 1990: 492). 실험에는 두 가지 주요 영역이 있다. 무선 할당 실험 *randomized experiment* 에서는 참가자를 무작위로 각 조건에 배치한다. 그러나 "유사 실험은 누가 실험 처치에 노출될 것인가를 결정할 때, 주로 연구자 자신이 선택하거나 행정적 결정에 따른다." 쿡과 그의 동료들은 "인과론적 결론이 필요한 여러 현장 설정에서, 유사 실험을 실행하는 것이 무선 할당 실험보다 일반적으로 쉽다"라고 지적한다. 쿡은 현장 설정을 "연구를 수행할 목적으로 설정된, 그리고 피험자가 인식하지 않는 어떤 것"으로 정의하였다.

연구자의 주요 관심이 인과 관계를 밝히고자 하는 것일 때, 집단에 대한 무선 할당은 선택 사항이다. 그러나 많은 독립 변인을 조작하는 것은 무선 할당 실험에서 불가능할 수도 있다. 따라서 무선 할당 실험은 조작된 변인들의 숫자가 적을 때에만, 변인들 간의 독립적 또는 상호 작용적 효과에 관한 가설을 검증할 수 있다. 실제 생활의 복잡성은 전형적으로 좀 더 많은 요인들, 즉 유사 실험에서 작용하는 모든 요인들을 포함하고 있다.

3. 질적 수용자 연구

양적 연구 방법은 미디어 수용자와 미디어 관련 행동 및 반응, 그리고 미디어의 영향 등에 관한 수량화된 자료를 산출하기 위해 설계된다. 양적 연구에서는 여러 사람들에게서 많은 양의 자료를 수집하거나, 인과 관계에 대한 가설들을 검증하기 위한 절차들을 제공한다. 하지만 양적 연구는 개인들이 자신의 경험을 보고하는 방식에서든 혹은 사람들의 실제 행동을 조작적으로 정의하고 측정하는 방식에서든, 연구 대상자들에 대한 인위적 제한이 필수적이다. 지금부터는 연구 대상자들이 그들 자신의 답변과 그들의 언어와 용어, 그들 자신의 질문조차도 선택하면서 자신들의 미디어 경험에 대해 자유롭게 이야기하도록 하는 연구 방법으로 관심을 돌려 보려고 한다. 또한 여기에서는 연구자들에 의해 어떤 방식으로든 제한되지 않는, 자연스럽게 발생하는 행동에 관한 자료 수집 기술들도 검토할 것이다.

1) 포커스 그룹

포커스 그룹은 1940년대에 처음 사용되었다. 그 당시에 군사 심리학자들과 시민 상담원들이 군인의 사기를 높이도록 기획된 라디오 프로그램의 효과를 알아보기 위해 집단 면접을 실시하였다(Libresco, 1983; Merton, 1987; Morgan, 1988). 그것은 학술적 미디어 연구와는 거리가 멀었지만, 1950년대와 그 이후에 상업적 연구 회사들이 사용하는 마케팅 연구 도구로 확립되었다. 그러나 1980년대에 비판적·해석적 미디어 연구 관점의 등장으로, 수용자가 매스 미디어에 반응하는 방식에 관한 이론적 관점을 표현하는 데 양적 연구 방법보다 포커스 그룹이 더욱 효과적이라는 전통이 마련되어 학계 연구자들이 포커스 그룹을 채택하게 되었다(Merton, 1987; Morgan, 1988).

이 연구 방법은 하나의 집단이나 여러 집단을 모집하고 사회자를 참여시켜 어떤 주제에 관해 토론하도록 한다. 사회자는 토론이 주제에서 벗어나지 않도록 하고, 논점에서 벗어나지 않는 의견이 개진되도록 진행한다. 집단 토론이 진행될 수 있는 환경은 매우 다양하다. 연구자가 채택한 집단의 규모와 구성, 질문 형식, 일관성을 위한 구성, 응답의 솔직함이나 정확함 등에 관한 사항은 자료의 본질과 질적인 면에 영향을 미칠 수 있다. 포커스 그룹은 매우 다양한 방식으로 채택될 수 있다(Lunt & Livingstone, 1996).

포커스 그룹의 등장 초기에, CBS 연구 감독자 라자스펠드는 사회학자 머턴에게 사람들이 라디오 프로그램에 대해 긍정적, 부정적 감정 반응을 나타내는 버튼 누름 방식의 취합 자료를 해석하는 방법을 소개하였다. 연구 대상자들은 프로그램을 들으면서 평가한 후 집단 토론에 참가하여, 자신들의 평가에 대해 스스로의 언어로 상세히 말할 수 있었다.

라자스펠드는 미국 통계청으로부터 사기 *morale* 를 높이기 위한 라디오 프로그램의 효과 연구를 의뢰 받았다. 이 연구에서 사람들에게 전쟁의 의무를 서약하도록 설득하는 수단으로서 라디오를 이용할 때 어떤 반응을 보이는지 알아보기 위해 포커스 그룹을 사용하였다. 머턴은 포커스 그룹 인터뷰가 연구 대상자들의 주의를 특정 논제나 주제에 집중시킬 수 있다는 점에서 감동 받았다. 포커스 그룹 인터뷰 방법에 흥미를 갖게 된 머턴은 그 후 패트리샤 켄들과 함께 이 방법론을 더 깊이 발전시키기 위해 노력하였다(Merton & Kendall, 1946). 이후 머턴은 이제는 고전이 된 ≪포커스 인터뷰 *The Focused Interview*≫라는 기법에 관한 책을 출판하였다(Merton et al., 1956). 이러한 노력에도 불구하고, 1950년대 사회 과학 연구 학계에서는 이 방법을 거의 사용하지 않았다.

학계 연구자들은 사회 과학 연구 실행에서 더욱 광범위한 변화의 일부로서 양적 연구 방법을 주로 채택하였다. 포커스 그룹 인터뷰는 상업적인 시장 연구에서 자리를 잡아 자료 수집의 한 형태로 확립되었다(Bartos, 1986; Hayes & Tathum, 1989; Morgan, 1988; Morrison, 1998). 1970년대와 1980년대에 걸쳐, 사회 과학계 내에서 포커스 그룹의 사용에 대한 태도가 점차 변화하였다. 이 방법은 미디어 수용자 연구에서 양적 연구 방법에 대한 효과적인 대안으로 자리를 잡았다.

머턴 역시 포커스 그룹을 설문지법이나 실험 연구의 보조적인 수단으로 간주하였다. 이러한 질적 연구 방법의 목적은 여전히 정통 사회 과학 연구의 주요한 구성 요소로 간주되었던 양적 연구 방법을 알리기 위한 것이었다. 포커스 그룹은 대규모 서베이를 위한 설문 작성을 도와 주고, 실험 연구에서 연구 자극의 특성이나 효과 측정을 명확하게 하였다. 따라서 포커스 그룹은 양적 연구 방법에 꼭 필요한 보조 수단이었다.

(1) 효과적 적용

포커스 그룹 절차에서는 일반적으로 훈련되고 능숙한 사회자가 적은 인원으로 구성된 집단에 개방형의 질문을 하게 된다. 사회자는 주어진 면접 시간 동안 토론과 대화를 고무시키기 위해 한 사람씩 차례로 질문하는데, 대개 표준화된 질문을 사용한다. 사회자는 면접이 진행되는 동안 똑같은 질문을 사용하여 면접 집단에서 얻어진 다양한 답변을 비교할 수도 있다. 그 질문은 연구의 필요나 연구자의 성향에 따라 어느 정도 표준화된 것이다.

연구자들은 **확장된 포커스 그룹**이라는 절차를 자주 이용한다. 이 절차는 면접이 시작되기 전에 각 참가자에게 설문지를 완성하도록 요구한다. 이 설문지는 일반적으로 포커스 그룹 면접에서 논의할 내용을 포함한다. 이러한 설문에서 얻은 정보는 집단의 구성원과 사회자 모두에게 도움이 된다. 그 질문은 토론을 시작하기 전에 참가자들이 가지고 있던 의견을 개진할 수 있게 해 준다(Sussman et al., 1991). 이러한 사전 설문에서 얻은 정보는 사회자가 지배적인 다수 의견뿐만 아니라 소수 의견까지 이끌어내는 데에 도움이 된다(Wimmer & Dominick, 1994).

사회자에게 가장 어려운 업무 가운데 하나는 지배적인 응답을 통제하는 것이고, 동시에 수동적인 집단을 고무시키는 것이다. 이것은 지배적인 의견을 가진 참가자를 당황하게 하거나 침묵하게 하지 않고 이루어져야 한다. 만일 사회자가 성공적으로 일반적인 집단과 친밀한 관계 rapport 를 확립한다면, 말이 없는 구성원들을 참여시키는 데 도움이 될 것이다.

포커스 그룹 기술을 사용하는 대부분의 연구자들은 집단의 영향이 개인의 의견을 왜곡시킬 수 있다고 생각한다. 집단 효과 때문에 어떤 의견은 한층 과격하게 나타날 수도 있고, 어떤 의견은 다른 의견보다 덜 표현될 수도 있다(Morgan, 1988; Sussman et al., 1991). 면접이 시작되기에 앞서 연구자가 어떤 주제에 관해 사람들이 어떻게 생각하는지를 알아본다면 이러한 집단 효과를 측정할 수 있다. 이것은 면접이 진행되는 동안 얻어진 내용이 왜곡되었다는 것이 아니다. 이와 반대로, 면접이 진행되는 동안 표현된 의견은 비록 그것이 사전 설문을 반박하는 내용이라 하더라도 단지 집단 역동의 영향을 입증해 주는 것이다. 집단 면접이 진행되는 동안 얻게 되는 추가 정보, 믿음에 대한 확인이나 논박, 주장, 논의와 해결 등은 참가자의 생각을 구체화한다. 따라서 그 결과는 집단 면접이 진행되는 동안 논의된 논점에 관한 총체적인 이해에서 비롯된 것이다.

포커스 그룹 자료는 **집단 자료**라는 사실을 잊지 말아야 한다. 그 자료는 집단의 구성원들이 공유하고 협의한 총체적인 개념을 반영한 다. 반면 심층 면접 자료는 특정 문화나 사회에서 사회화 과정을 통해 구체화된 한 사람의 관점과 의견을 반영한다.

토론 환경은 가능한 한 비공식적이어야 한나. 사회자는 보통 토론 의 일정 또는 주요 점검 사항의 목록을 가지고 있다. 토론은 보통 녹 화하거나 녹음하고, 완성된 테이프를 옮겨 적는다. 그러나 대화가 진 행 중이고 여러 응답자가 한 사람씩 엇갈려 이야기한다면, 옮겨 적기 가 매우 어려워진다. 따라서 사회자는 누가 이야기하고 있는지를 꼼꼼 하게 적어 둘 필요가 있다(Bertrand et al., 1992). 일부 연구자들은 면접을 녹화하기도 한다. 주로 집단 면접에는 사회자 외에 노트를 작성할 사 람이 포함된다. 노트 작성자는 녹음된 테이프의 내용이나 녹화된 자료 의 음향 부분을 옮겨 적는 책임을 맡는다. 축어록과 면접 노트는 포커 스 그룹 인터뷰 분석 자료로 사용된다. 이 축어록은 원문 자료를 나타 내며, 내용 분석 전략을 사용하여 체계적으로 분석할 수 있다.

연구자들은 서로 알고 있는 사람들로 집단을 구성할 것인가, 혹은 서로 모르는 사람들로 집단을 구성할 것인가를 결정해야 하고, 집단이 같은 범주의 사람으로 구성되어야 하는가, 혹은 여러 범주의 사람들로 구성되어야 하는가에 대해 생각해야 한다(예를 들어, 모두 남성, 모두 여성 대 남녀 혼성; 똑같은 나이의 집단 또는 여러 나이의 집단). 머턴은 본래 다양 한 사회 경제적 범주의 관련이 없는 사람들을 사용하였다. 다른 연구 자들은 친척이나 친한 친구로 구성된 집단을 선택하였다(예를 들어, Liebes & Katz, 1990). 머턴은 1회 토론 설계를 선호했지만, 다른 연구자 들은 같은 집단을 반복하여 사용하였다(Burgess et al., 1991).

여러 해 동안 포커스 그룹은 서베이의 보조 수단으로 인식되었지만, 점차적으로 학계에서 생생한 독립적 연구 기술로 간주되고 사용되었다(Livingstone & Lunt, 1996). 포커스 그룹은 미디어 분석에 대한 비판적·해석적 사회 과학 학파에 의해 채택되었고, 실증적·경험적 접근법에 대한 수용자 연구의 '새롭고' 대안적인 형태로 인정 받았다(Jensen, 1991). 비판적 접근법은 연구 맥락의 사회적인 면을 강조한다. 연구가 맥락에 묶여 발견된 결과의 관련성 측면에서 연구가 진행된 상황에만 한정적으로 적용된다면 그 연구 자체가 의문시된다.

버거스와 다른 연구자들은 집단 토론에 참가한 사람들 중에서 면접 대상자를 채택하였다. 연구자들은 "자신의 역사, 유머, 선입견, 관심을 가진 집단이 단일한 문화를 창출하게 하기 위해" 같은 집단의 반응을 반복적으로 인터뷰하는 절차를 사용하였다(Burgess et al., 1991: 503). 사실 많은 연구자들은 참여자와 연구 관심 사이에서 균형을 이룬 결과를 얻게 된다(예를 들어, Schlesinger et al., 1992).

포커스 그룹 면접에서 연구자들은 응답을 미리 제한하지 않고 있고, 예상치 않은 논제가 일어날 가능성을 허락한다는 점에서 비판받는다. 대부분의 경우 사회자는 주제나 논점의 목록에 따라 광범위하게 표준화된 형식 안에서 작업한다. 집단 비교의 목적과 이론적 관심의 범위는 채택한 참가자들이 결정하기 때문이다.

매스 미디어 연구에 대한 문화적 연구 접근법의 맥락에서, 포커스 그룹 연구 방법의 재출현과 함께, 몰리가 자주 채택한 질적 연구가 널리 인정받게 되었다(Moley, 1980, 1981). 그는 사회 계층, 교육 수준, 정치적 협력 관계에서 다양성을 포함하는 비교 가능한 설계에서 3명 내지 13명 정도로 27개의 동질적 집단을 사용하였다. 당시의 TV 프로그램 <네이션와이드 Nationwide>에 뒤이은 포커스 그룹 토론 분석은 다양한 사회 경제적 배경을 가진 수용자들이 당시 프로그램을 얼마나 다양하게 '해독 reading'하는지를 밝혔고, 이것은 뒤이어 여러 다른 연구들도 수용의 다양성에 관심을 갖게 하는 계기를 마련해 주었다.

머턴과 라자스펠드 시대와 현재의 연구자들 사이에 매스 미디어 수용자와 그들의 미디어와의 관계 등이 개념화되는 방식은 큰 차이를 보인다. 머턴과 라자스펠드를 비롯한 연구자들은 태도와 의견 형성에 이르는 대중 확산 과정을 이해하기 위해 매스 미디어에 대한 수용자들의 반응을 연구하였다. 당시 수용자 이론은 능동적 수용자들이 협상하고 의미를 구성하는 방식에 관심을 가졌다(Livingstone, 1990). 수용자들은 진공 상태에서 미디어 메시지를 수동적으로 받아들이는 것이 아니다. 수용자들은 미디어 이용과 미디어 내용에 반응하는 방식에서 정신적으로 능동적인 수체로 생각되었다. 시청자, 청취자, 독자들은 그들이 소속되어 있거나 관련을 맺고 있는 사회적 공동체의 영향을 받아 미디어 내용을 해석한다. 같은 내용의 미디어 내용물도 서로 다른 배경 속에서 특정 미디어 텍스트 읽기에 집중함으로써 다양한 분석 틀을 사용하는 미디어 소비자가 여러 다양한 의미를 생산할 수 있다(Lunt & Livingstone, 1996).

질적 접근법의 지지자들은 포커스 그룹을 서베이나 실험과 같은 양적 연구 방법보다 생태학적 타당성을 더욱 많이 가진 것으로 생각하였다. 그들은 포커스 그룹 토론을 자연스런 환경에서 사람들 사이에서 일어나는 자발적인 대화의 모형으로 간주하였다. 이 점은 같은 가족의 성원으로 구성된 집단을 사용한 포커스 그룹 연구로 더욱 지지되었다(Liebes & Katz, 1990).

그러나 포커스 그룹 절차가 서베이나 실험보다 생태학적으로 타당성 있는 자료를 산출하는지에 대해서는 논란의 여지가 있다. 분명 다른 집단의 구성원이 출현하는 것은 응답자들이 각자의 문화적 배경에 의해 정의된 사회적 혹은 실체적 입장에서 말하도록 함으로써, 주제에 관해 다양한 의견이 언급될 수 있게 한다. 집단이 인구 통계학적으로 동일한 구성원으로 구성되어 있을 때조차도 의견의 다양성이 나타난다. 더욱이 시간이 지나면서 참가자들이 어떤 가치와 태도를 공유한다는 것을 깨닫고 일치된 관점이 생기면 집단 동질성이 출현할 수도 있다(Moley, 1980). 그러나 대부분의 포커스 그룹 연구에서 응답자들은 그들이 연구에 참가하고 있다는 것을 알고 있고, 사람들은 설령 잘 아는 사람이라 할지라도 사람들 앞에서 자신의 생각과 감정을 표현하려는 의지가 달라질 수 있다는 사실을 잊지 말아야 한다. 사회자의 능력 또한 집단 토론이 수행되는 방식에 영향을 미칠 수 있다. 사회자는 대화가 진행되도록 해야 하고, 집단 전체가 하나의 힘 있는 개인에 의해 지배되지 않도록 하는 데 중요한 역할을 맡고 있다.

일부 비판적·해석적 사회 과학 연구자들 또한 그들의 동료들이 포커스 그룹을 사용하는 방식에 대해 비판적이었다. 예를 들어, 조르딘과 브런트는 몰리의 연구가 개별 면접 대상자를 (현실 세계의 사회 집단으로서가 아니라) 실제 사회 집단의 대표자로 보고, 집단 내에서 표현된 의견을 집단 이론의 사회적 범주와 연결시키면서 '서베이 연구 모델'에 따라 포커스 그룹을 사용한 사례라고 비판하였다(Jordin & Brunt, 1988).

몰리에게 집단 상황은 그들의 사회적 정체성을 상기시키는 것이었지만, 래드웨이는 좀 더 광범위한 '해석적 공동체 interpretive community'를 연구하기 위해 포커스 그룹을 사용하였고, 그 연구의 주요 관심은 참가자들의 일상적인 사회 해석에 있었다(Radway, 1984). 그녀는 집단을 분류하지 않고 총체적인 것으로 보았다. 래드웨이는 비조직적인 공동체에 대한 포커스로 기능하는 한 서점을 지정하여 그 서점에 집중된 공동체 구성원의 네트워크를 통해 인기 있는 문학 작품에 대한 비판적, 사회적 반응이 어떻게 전달될 수 있는지를 보여 주었다. 래드웨이는 이러한 해석적 공동체를 상세하게 설명하기 위해, 그리고 텍스트에 대한 비판적 반응의 교환과 한 사회의 네트워크 구성을 보여 주기 위해 포커스 그룹 인터뷰를 사용하였다.

TV 토론 프로그램에 대한 수용자 반응 연구에서 어떻게 주장이 개진되고 서로 반감을 갖게 되는지를 보여 주기 위해 포커스 그룹을 사용하였다(Livingstone & Lunt, 1996). 포커스 그룹은 하버마스(Habermas, 1989)의 공공 영역이라는 개념(공공의 이익에 영향을 미치는 주제에 대해 공정하게 논의하기 위한 공중들의 공간)이 알려짐으로써, 사람들이 그들의 사회적 정체성으로부터 추출된 논점에 대해 논의하도록 하는 장치로 보였다. 이와 같이 포커스 그룹은 여론 형성 과정을 자극하기 위해 사용되었고, 이러한 맥락에서 여론은 개인들 태도의 총집합이 아니라 이성적, 비판적 논의 혹은 협의의 결과로 이해된다(Fraser, 1990). 이런 점에서 사람들은 담론의 순환과 관련하여 계속해서 자신들을 재배치한다고 볼 수 있다.

> 현재 포커스 그룹을 사용하는 대부분의 연구자들은 연구 대상자가 주어진 논제에 집중하도록 하며 유효하고 풍부한 자료를 제공하는 기술이라고 칭찬하는 머턴의 생각에 동의할 것이다. 그러나 많은 연구자들은 머턴이 포커스 그룹 연구 방법을 서베이와 실험에 대한 부차적인 것으로 격하시킬 수 있다고 생각할 것이다(Lunt & Livingstone, 1996: 89).

확실히 포커스 그룹은 인과 관계를 검증하거나 입증할 수 없다. 더욱이 포커스 그룹은 일반적으로 적은 인원으로 구성되기 때문에 대표성이 부족하다고 할 수 있다. 이는 그 결과가 모집단 전체로 일반화될 수 없음을 의미한다. 따라서 일부 연구자들은 포커스 그룹을 연구 초기의 탐색 단계에 속한 것으로 간주한다. 그러나 이러한 관점이 보편적으로 지지되는 것은 아니다. 포커스 그룹이 서베이 결과에 상응하는 자료를 산출할 수 있다는 것이 입증되었기 때문이다(Morrison, 1998 참조).

그러나 포커스 그룹 자료의 타당성에 관한 비판은 의심의 여지가 있다. 일부 연구자들은 포커스 그룹이 커뮤니케이션의 사회적 본질을 강조하고 사회 과학 연구를 개인 연구로 축소시키지 않는다고 믿는다. 이것은 미디어 효과의 물리적 개념들보다 사회적이고 기호론적이고 확산적인 미디어 과정의 개념이 미디어 연구 맥락에서 중요해짐을 뜻한다(Lunt & Livingstone, 1996).

포커스 그룹의 자료는 어떻게 해석되는가? 연구자들은 주로 내용에 집중하는 문학 비평 접근법을 채택하여, 축어록에서 인용된 내용을 지지하고 체계적으로 정돈된 설명을 만들어 낸다. 이러한 접근법은 집단 토론에서 개진된 여러 발언들이 특정 질문에 대한 응답이나 조언을 대표하지 않는다는 단점을 지니지만, 몇 가지 주제가 동시에 논의될 수 있는 자유로운 대화의 일부를 형성한다.

호이저는 미리 정해진 것을 표현하기 위해 사례를 선택하는 분석적인 접근법을 비판하였다(Hoijor, 1990). 이러한 사례들은 체계적인 계획이나 방법론을 통해 선택되지 않으면, 제안된 모든 관점을 대표하지 않을 수도 있다. 호이저는 집단 토론의 축어록에 적용되는 내용 분석의 사용을 옹호하였다.

커렌은 해석적 분석이 전형적으로 분석적인 주제 *analytic themes* 분포에 대한 빈도를 암묵적으로 나타낸다는 데 주목했다(Curran, 1990). 그는 분석적인 주제는 해석과 양적 기술의 융합을 통하여 명확해지고 검증되어야 한다고 주장하였다. 연구자들은 점차 설명적 감성을 담고 있는 축어록을 체계적으로 부호화하여 종합적인 주제 분석을 발전시키려고 하였다(Hoijor, 1990; Kepplinger, 1989; Liebes & Katz, 1990; Livingstone & Lunt, 1996). 또한 결과로 나온 자료를 처리하기 위해 컴퓨터화된 민속지학적 부호화의 새로운 형태가 개발되고 있다(Bertrand et al., 1992; Fielding & Lee, 1991).

2) 관찰 연구

다른 질적 연구 방법들은 언어로 표현된 반응에 주로 의존하는 데 반해, 관찰 연구 *observational research* 는 비언어적 행동에 관한 자료를 수집한다. 관찰 연구는 '질적' 연구에 속하지만 양적 자료도 수집한다. 예를 들어, 비언어적 행동들을 분류하여 개인적으로 정의하고 발생 빈도를 계산하는 것이다. 그러나 비언어적 행동들은 연구자에 의해 제한된 것이 아니라 자연스럽게 발생하는 반응이다.

(1) 관찰 연구의 유형

관찰 연구는 세 가지 중요한 기준에 따라 여러 가지 다른 유형으로 분류될 수 있다. ① 관찰 대상에 관찰자가 참여하는가, 참여하지 않는가, ② 구조화된 관찰인가, 비구조화된 관찰인가, ③ 관찰 활동이 자연스러운 상황에서 발생하는가, 인위적인 상황에서 발생하는가 등이다.

관찰 연구의 좀 더 깊은 측면은, 연구자가 관찰하는 환경에 부과한 구조의 정도에 관한 것이다(그림 2–1 참조). 따라서 연구자는 관찰한 사건에 선험성을 부여하거나 부호화 과정을 삽입함으로써 어떤 행동이나 어떤 정해진 것들의 빈도를 측정할 수 있다. 다른 한 가지 방법은 행동들을 분류하거나 특정 행동을 정의하지 않는 비구조화된 절차이다. 여기에서는 발생하는 행동을 기록한다.

절차에 근거한 분류로서, 관찰 연구는 참여와 비참여로 구분된다. 참여 관찰자는 관찰하는 활동에 정기적으로 참여한다. 사람들이 TV을 이용하는 방법을 연구하려는 연구자는 피험자의 가정에서 시간을 보낼 수도 있다(예를 들면, Lull, 1982, 1985). 그러나 연구자는 연구의 목적을 밝히지 않는 것이 관행이다. 이렇게 하여 연구자의 존재는 연구 대상자의 행동에 영향을 덜 미치게 된다. 비참여 관찰자는 관찰하는 활동에 참가하지 않는다. 이 경우에는 다른 사람의 행동을 관찰하는 동안 숨어 있거나, 숨겨진 카메라로 찍은 사진 또는 비디오 녹화 테이프

표 2–1. 관찰 연구의 분류

		관찰 상황의 구조화 정도	
		자연스러운 상황	인위적인 상황
관찰자에 의해 부과 되는 구조 화의 정도	비구조화	완전 비구조화된 현장 연구	구조화되지 않은 실험실 연구
	구조화	구조화된 현장 연구	완전 구조화된 실험실 연구

출처: Bailey, 1994: 247.

로 행동을 분석할 수 있다(예를 들어, Gunter et al., 1995). 결국 관찰되는 사람들은 자신이 관찰되고 있다는 사실을 모를 수도 있고, 관찰자가 분명하게 노출되어 그 사실을 알 수도 있다.

구조화된 관찰 연구에서 관찰자는 사전에 결정된 절차에 따라 행동들을 분류하고 양화한다. 그는 자신 앞에서 발생하는 행동에 주의를 기울이면서, 발생한 행동의 다양한 유형, 연루된 사람들의 유형과 숫자, 그리고 관찰되는 사람이 한 장소에서 다른 장소로 이동할 경우 그들이 있었던 환경에 관한 세부 사항을 효과적으로 기록하여 내용 분석을 실시한다. 비구조화된 관찰 연구에서 관찰자가 사전에 결정된 분석틀에 제한되지 않고 발생한 사건에 관한 의견을 적어 둔다.

관찰 연구는 보통 현장에서 실시된다. 다시 말하면, 그것은 사람들이 자연스러운 상황에서 행동하는 방식을 관찰하고 분류한다는 것이다. 실험실 상황에서의 행동을 분석하기 위해 관찰 방법을 사용한 연구가 있었다. 이 연구는 주로 미디어 내용이 노출되는 동안이나 그 후의 연구 대상자의 행동을 측정해 왔다. 또 다른 연구에서는 관찰 방법이 미디어 효과에 대한 자료를 수집하는 실험 방법의 도구로서 사용되었다(예를 들면, Bandura et al., 1963a, b).

자연스러운 환경에서 연구를 숨기려는 연구자는 참여자로서 행동해야 한다. 만일 연구자가 참여하지 않는다면, 연구자가 실제 참여자에게 노출되었을 때 그들의 행동에 영향을 미칠 수 있고, 결과적으로 자연스러운 상황을 그렇지 않은 것으로 바꿀 수도 있기 때문이다. 참여 관찰자로서의 연구자가 낮에 발생한 일에 참여하여 이를 기억하고 밤에 개인적으로 일반적인 인상을 기록하는 덜 구조화된 연구와는 달리, 구조화된 관찰은 빈도의 측정을 요구한다. 이 숫자들은 일반적으로 즉시 기록되어야 하기 때문에, 의심받지 않고 참여 관찰이 이루어지기는 힘들다. 따라서 자연스러운 상황에서 구조화된 연구는 보통 비참여 연구인 경향이 있다.

비참여 관찰은 인위적인 상황에서 더욱 쉽게 실행될 수 있다. 비참여 연구자가 옆방에서 연구 대상자를 관찰할 수 있도록 인위적 실험실의 대부분은 한쪽이 유리로 되어 있다. 관찰 분석의 이러한 형태는 아이들과 TV에 대한 연구에서 주로 사용되는데, 아이들이 스크린에 집중하는 정도 또는 영화나 TV가 묘사하는 특별한 내용 시청의 행동적 효과에 관한 것이다. 이런 경우의 관찰 분석은 실험 연구의 일부가 된다.

(2) 간접 관찰

관찰 연구는 대체로 진행 중인 행동의 직접적인 관찰을 포함한다. 연구자는 사건이 발생할 때 직접 그 사건을 관찰하기 때문에, 행동에 대한 2차 설명에는 의존할 필요가 없다. 그러나 이것이 불가능한 상황에서도 사건은 일어날 수 있다. 연구자들은 사건에 영향을 미치는 것을 피하기 위해 사건이 일어나는 장소에서 벗어날 수도 있다. 이런 경우에 간접 관찰 방법을 사용할 수 있다. 이 방법은 주로 사건을 기록하기 위해 몰래 카메라를 사용하는 형태를 취한다. 그리고 나서 비디오로 녹화된 것은 연구자가 편리한 시간에 분석할 수 있다.

이런 유형의 연구에서 가장 좋은 사례는 사람들이 가정의 TV 앞에서 행동하는 방식을 연구한 것이다. 사진과 비디오 증거물을 사용하는 일부 관찰 연구는 1960년대 중반 이후에 시행되어 왔고, TV가 켜져 있는 동안 사람들이 TV 앞에 앉아 있는 시간과 다양한 프로그램에 기울이는 관심의 정도에 대한 증거를 제공해 왔다(Allen, 1965; Bechtel et al., 1972; Collett & Lamb, 1986; Gunter et al., 1995).

(3) 관찰 연구의 장단점

관찰 연구는 비언어적 행위에 대한 자료를 수집한다는 점에서 서베이, 실험 연구 및 포커스 그룹보다 상위의 기술이다. 포커스 그룹과 서베이는 사람들의 다양한 의견에 관한 자료를 얻는 데는 유용하지만, 특정 상황에서 개인들이 실제로 어떻게 행동하는지를 나타내는 데에는

Box 2-1. 관찰 연구의 유형

완전 비구조화된 현장 연구 *completely unstructured field studies*

이 연구는 자연스러운 상황에서 이루어지며, (대부분의 경우) 참여 관찰을 이용하고, 관찰자는 환경의 구조를 조작하지 않는다. 관찰자는 자신이 연구하는 문화나 하위 문화의 일부가 되려고 한다. 이 방법은 주로 민속지학적 방법으로 불린다. 민속지학적 방법의 목적은 간단히 말해서 특정 문화를 기술하는 것이다. 그것의 목적은 환경과 언어, 전통, 규범 등에 대해 광범위하게 기술적으로 설명하는 것이다. 일반적으로 이 방법에서 연구자들은 참여 관찰자가 된다.

완전 구조화된 관찰 *completely structured observation*

이 연구는 자연스러운 환경이 아니라 실험실 상황에서 진행된다. 이러한 형태의 구조화된 관찰 연구는 가설을 검증하기 위해 시행된다. 측정 도구는 질문이 아니라 관찰될 항목의 일람표이다. 다양한 시간대에 관찰된 다양한 집단을 관찰 범위의 조건에서 비교할 수 있게 하기 위해서는, 이 집단들은 가능하면 동일해야 한다. 이 관찰은 실험실을 표준화하여 실행하기 때문에 실험실 조건은 항상 동일하다. 어떤 관찰 연구에서는 사람들을 무선 할당하는 것이 가능하지만, 보통 시행되지 않고 있다.

반구조화된 연구 *semi-structured study*

구조화된 연구에서는 가능한 한 정확히 양화할 수 있기를 원하지만 그에 따른 인위성을 원하지 않는 연구자는 구조화된 관찰 도구를 사용하면서 자연스러운 환경에서 연구할 수 있다. 이러한 구조화된 현장 연구 방법은 다른 방법들의 장단점을 모두 가지고 있다. 어떤 연구자들에게 가장 큰 장점은 관찰자가 관찰하는 문화에 참여할 수 있다는 것이다. 그러나 자연스러운 환경 그 자체에서 분석하는 것이 아니라, 인위적인 구조를 부과함으로써 자연스러운 환경을 변형하게 된다. 또한 연구에서 관찰되는 사람들이 자신이 관찰되고 있다는 것을 알고, 평소와 다르게 행동할 수 있다는 반응성 *reactivity* 의 염려가 있다. 관찰자의 출현은 그들의 반응을 왜곡할 수 있다.

비구조화된 실험실 연구 *unstructured laboratory study*

구조화되지 않은 환경에서 시행되는 관찰 연구의 주요 장점 가운데 하나는, 관찰되는 사람들이 상황을 구조화하도록 하고, 관찰자는 그 사람들의 관점에서 세상을 보게 된다는 것이다. 그러한 구조화되지 않은 관찰은 자연스러운 환경에서 매우 유용하나, 비교적 오랜 시간이 필요하다. 만일 한쪽이 유리로 되어 있는 방과 같은 인위적인 환경에 사람들을 배치한다면, 그들은 확실히 그들의 문화에 대한 단서를 제공하는 평소와 같은 활동을 하지는 않을 것이다. 더욱이 그들은 오랫동안 제한된 장소에 머무를 수 없다. 몇몇의 비구조화된 연구들은 실험실 상황에서 이루어지기도 한다. 여기에는 아이들이 통제된 놀이 환경에서 자유롭게 놀도록 하는 연구들이 포함된다.

부정확하다. 실험 연구는 미디어와 행동 사이의 인과 관계를 분석하는 데에는 유력한 방법이 되지만, 종종 행동의 측정이 사람들의 일상 생활에서 보여지는 전형적인 행동과 동떨어져 인위적으로 만들어지기도 한다. 그러나 관찰 연구자는 현장에서 진행 중인 행동을 알아낼 수도 있고, 행동의 돌출 장면을 기록하는 현장 노트를 작성할 수도 있고, 비디오 테이프에 전체 행동을 녹화할 수도 있다.

서베이의 질문은 사전에 선택되며 비교적 적은 수로 한정되는 다소 인위적이고 제한된 도구지만, 관찰 연구 방법은 개인에 대한 심층 연구가 가능하다. 연구자들은 사전 조사에서 관찰 연구 방법을 자주 사용한다. 연구자들은 자주 서베이를 계획하지만, 서베이는 응답자에게 생소한 것이며, 어떤 질문이 응답자들에게 더욱 적절하고 필요한지 확신할 수 없다. 사전 관찰 연구를 수행함으로써, 연구자들은 응답자들이 모르고 있을 수도 있는 행동을 비롯하여 연구에 적절한 특성들을 발견할 수 있다.

관찰 연구의 또 다른 중요한 장점은 행동이 자연스러운 환경에서 발생한다는 점이다. 관찰 연구의 일부 지지자들은 관찰 연구가 다른 자료 수집 기술에 비해 피관찰자들이 연구에 대한 반작용을 덜 보인다고 생각한다(Johnson, 1975). 실험 연구와 서베이는 연구 대상자의 반응을 일반화하기 위해 사용하는 기술로 인하여 그들이 측정한 자료를 왜곡할 수 있다. 그러나 관찰 연구는 제한적이지 않다.

다른 방법들과 마찬가지로, 관찰 연구 또한 여러 가지 단점을 가지고 있다. 먼저, 연구자는 관찰하는 사람들의 행동과 행동이 발생하는 장소를 통제할 수 없다. 이 사실은 관찰된 행동의 양상이 때로는 가시적이고 때로는 비가시적인 여러 요인들에 의해 유발되었을 수 있음을 의미한다. 따라서 관찰된 행동이 일어난 이유와 시각, 그리고 방식을 설명하기가 어렵다.

관찰 연구에는 측정의 문제가 있다. 행동을 분류하고 양화하기 위해 미리 정해 놓은 틀을 사용하는 비참여 관찰은 자료 수집을 용이하게 하는 행동 분석 구조를 제공한다. 이에 비해 참여 관찰자가 더욱 빈번하게 채택하는 비구조화된 접근법은 정확도가 떨어진다. 더욱이 참여 관찰자는 자신의 익명성을 지키기 위해 피관찰자들에게 현장 노트를 작성하는 것을 보여서는 안 된다. 따라서 참여 관찰자는 자신이 참여하는 현지 관찰이 종료된 후 관찰 내용을 기록해야 한다. 관찰이 즉시 기록되지 않을 때, 자료에 대한 부정확성의 여지는 더욱 커진다.

관찰 연구는 일반적으로 서베이에 비해 적은 표본을 사용하지만, 포커스 그룹이나 실험 연구보다는 더 많은 표본을 사용한다. 하지만 확률 표집법 *probability sampling* 이 거의 실행되지 않기 때문에, 이는 관찰 연구에서 대부분의 표본이 연구 대상인 모집단을 대표하지 않는다는 것을 의미한다.

관찰 연구를 실행할 때 겪는 어려움은 연구에 적합한 환경 속에 들어가는 것이다. 미디어 맥락에서 관찰 연구는 주로 미디어 생산 과정을 연구하기 위해 사용되어 왔다. 이런 종류의 연구는 미디어 조직, 뉴스 룸, 또는 제작 장소 등에 대한 입장 허가를 얻어야 한다. 그러나 조직 내에서 어떤 조직이나 부서는 연구자들의 무제한적인 접근을 꺼린다. 따라서 접근이 제한되는 장소에서는 연구자들이 그 조직의 내부 운영에 관해 얻을 수 있는 세부 내용 또한 제한되기 마련이다.

4. 결론

미디어 **수용자** 연구의 역사에서 방법론적 유행이 여러 번 바뀌어 왔는데, 이것은 미디어에 대한 수용자의 관여도, 그리고 수용자에게 미치는 미디어의 효과에 관한 이론적 모델과 설명이 변화해 온 양상과 잘 들어맞는다. 당대의 지배적인 인식론과 관련된 사회 정치학적 이데올로기에서 도출되는 이론들의 세밀화와 정교화의 노력은 시대별로 다양한 방법들을 유행시켰다.

20세기 초, 신문·라디오·영화 등과 같은 매스 미디어가 일반 공중에 강한 영향을 미칠 수 있다는 관점은, 미디어 메시지와 여론과의 상관 관계를 밝히려는 연구자들이 방법론을 사용하는 계기가 되었다. 그러나 질문에 바탕을 둔 서베이를 사용한 연구에서 유래된 강한 미디어 효과의 경험적 증명에서는 실패를 거듭하였다. 대신, 다른 관점이 제시되었는데, 그것은 미디어가 공중에게 직접 영향을 미치는 것이 아니라 의견 지도자라는 중재자를 통해 간접적인 영향을 미친다는 것이다(Katz & Lazarsfeld, 1955; Lazarsfeld et al., 1944). 다른 학계에서 각광받았던 또 다른 연구 방법은, 미디어는 수용자에게, 특히 어린이 수용자들에게 직접적인 효과를 발휘할 수 있음을 밝히는 데 사용되었다.

1960년대 버코위츠와 밴두라와 같은 행동주의 심리학자들이 이어온 일련의 실험 연구들은, 아이들이 영화 장면을 직접적으로 모방하도록 부추겨진다는 사실, 그리고 실험실 조건에서 젊은이들이 폭력적인 장면에 노출된 후에 다른 사람들에게 고통스럽게 생각되는 자극을 줄 수 있다는 사실을 소개하는 논문을 내 놓았다. 그러나 이러한 미디어 효과는 실험실의 외부에까지 일반화시키기 어렵다. 다른 인식론 학파는 경험적 연구가 미디어 효과의 실제 잠재력 — 즉, 지배 이데올로기의 공표와 유지 — 이 발견될 수 있는 영역을 무시하고 있다고 비판하였다(Barker & Petley, 1997; Gauntlett, 1995; Murdock, 1989). 이러한 관점과 관련하여 일부 실증적 경험주의자들조차 행동체계를 바꾸는 것이 아니라 기존의 태도를 강화할 수 있는 것으로서 미디어의 개념을 내세웠다 (Klapper, 1960).

1980년대를 넘어서면서 질적 수용자 연구를 수행해 오던 비판적 사회 과학자들의 '발견 discovery'은 새로운 방법론을 유행시켰다. 심층 면접이나 포커스 그룹과 같은 질적 연구 방법은 1940년대 라자스펠드와 머턴의 주요 연구에서 이미 소개된 것이었다. 머턴은 그 후 20년간 그 방법론들을 계속 사용하였지만, 양적 서베이와 실험 방법들이 지배적인 양식으로 자리잡고 있었기 때문에, 대부분의 학계 미디어 연구자들은 포커스 그룹 연구 방법을 받아들이지 않았다. 약 30년 이후, 양적 방법론은 미디어 효과에 대해 만족할 만한 설명을 하지 못하고, 대안 이론에 대한 모색을 자극하였다. 새로운 이론은 수용자와 미디어의 관계, 그리고 미디어에 대한 수용자의 반응을 양적 연구보다 심도 있게 분석할 수 있는 연구 방법을 갖추고 있었다. 수용자들이 그들의 용어로 미디어 내용에 대한 생각과 감정을 표현해야 한다는 인식과, 질적 연구 방법이 이러한 연구에 가장 적절하다는 인식이 대두되었다. 양적 연구자들조차 미디어 영향에 대한 순수한 행동주의적 설명에서 수용자들이 미디어 내용을 해석한다는 견해를 갖는 인식론적 모델로 개념과 이론의 변화를 보였다. 이는 미디어 관련 내용과 미디어 영향에 대한 연구를 일반화하기 위해서 수치상의 데이터뿐만 아니라 텍스트를 기반으로 한 자료 역시 필요하다는 것을 의미했다. 미디어 '텍스트'와 미디어 관련 경험을 그들의 언어로 기술하도록 했을 때, 수용자들이 생산한 '텍스트'의 체계적인 분석을 용이하게 할 수 있는 분석 방법이 필요했다(Hoijer, 1990). 이 접근 방법을 사용하는 연구자들의 과제는, 규칙과 절차가 명백하고 다른 사람들이 반복 사용할 수 있는 분석 기술을 고안하는 것이었다. 그렇게 하지 않으면, 결과는 미디어에 대한 더욱 개인화된 '해독'이나 혹은 미디어에 관해 수용자들이 담화식으로 나눈 이야기를 적용한 것에 지나지 않을 것이다. 결국 양적 연구 방법과 질적 연구 방법을 연합하여, 수용자의 언어적, 신체적 행동이 가능한 한 자연스러운 상태에서 발생할 수 있도록 하고, 미디어와 수용자에 관한 특정 이론을 검증할 수 있는 체계적이고 신뢰할 수 있는 절차로 그것을 평가할 때 발전이 이루어질 수 있다.

미디어 연구 방법론 개관: 미디어 산물

이 장에서는 주제를 수용자에서 미디어로 바꿔 본다. 우리는 지금까지 미디어 학자들이 수용자 분석에 적용해 온 방법론을 살펴보았다. 수용자 연구는 "수용자가 미디어를 이용하는 방식, 미디어를 접할 때의 몰입 정도, 미디어 내용에 대한 수용자의 인지적, 감정적 반응, 그리고 궁극적으로 미디어가 수용자에게 미치는 장기적 또는 단기적 효과"를 포함한다. 연구자들은 많은 사례를 분석하며 미디어 내용의 본질을 고려해야 할 필요성을 느끼게 되었다. 몇몇 수용자 연구는 미디어와 미디어 내용의 본질을 단지 광범위한 유행 속에서 다루었다. 또 다른 연구에서는 연속적으로 제공되는 미디어 내용에 대한 수용자들의 반응을 고찰하기도 했다. 어떤 연구자들은 여러 다른 유형의 미디어 내용에 대한 미디어 소비자들의 반응을 비교하기도 했다. 그러나 이 경우, 단지 두세 가지 서로 다른 유형의 미디어 자극들 간의 구분만이 이루어진 것이었다. 따라서 내용의 구분과 분류 체계를 정교화하기 위해 더 야심찬 수용자 연구가 행해져 왔는데, 이는 특히 수용자 자신이 미디어의 보고, 서술 및 묘사에 대해 매우 세련되고 정교하게 구별할 수 있다는 사실이 알려진 후 지속적으로 이루어져 왔다(예를 들어, Gunter, 1995a; Hodge & Tripp, 1986). 그러나 미디어 산물의 전 영역에 걸친 복잡성과 다양성을 모두 다루는 수용자 연구는 드문 편이었다. 미디어 산물을 완전하게 인식하고 설명하는 유일한 방법은 미디어 내용이 전할 수 있는 모든 형태의 의미들을 보여 줄 수 있도록 미디어 내용에 직접 다가갈 수 있는 연구 방법을 발전시키는 길뿐이다. 이 장에서 우리는 미디어 산물의 분석 방법들을 살펴본다.

1. 내용 분석

내용 분석은 2차 세계 대전 당시 연합군 정보 기관이 유럽의 라디오 방송에 사용된 대중 음악의 수와 그 유형을 조사했던 때로 거슬러 올라갈 수 있다. 위머와 도미니크에 따르면, "독일과 독일군 점령지에서 방송된 음악들을 각기 비교함으로써, 연합군은 유럽 대륙에서의 부대 배치와 이동을 비교적 정확하게 측정할 수 있었다"고 한다(Wimmer & Dominick, 1994: 163). 이와 유사한 활동이 태평양 전쟁에서도 나타났는데, 미국 정보 기관은 일본과 주변 섬 기지들과의 통신 상황을 감시하였다. 이와 같은 특정한 군사적 용도 외에도 사회적, 경제적 동향을 감지하기 위해 내용 분석과 유사한 방법들이 20세기 전반에 이용되었다(Beniger, 1978). 일찍이 1910년에 막스 베버는 사회적, 정치적 이슈들에 대한 인쇄 미디어의 보도에 이어 여러 이슈에 대한 공중들의 의견을 조사하는 초기 의제 설정 연구 형태를 제안한 바 있으나, 이 계획은 실현되지 못하였다. 또 다른 초기의 내용 분석은 역사 자료의 신빙성을 검증하는 데 사용되었다. 이러한 연구들은 주로 출처가 불분명한 자료 속에서 단어들을 세거나, 이미 신빙성이 확인된 자료들에 나타나는 동일한 단어들의 출현 빈도와 유형을 비교하는 데 관심을 두었다.

1940년 이후 내용 분석은 방법론적으로 발전하게 되어 학문적 연구자들이 폭넓은 미디어 이슈들을 연구하는 데 사용되었다. 내용 분석이 독립적인 연구 기법으로 적용되어 왔을 뿐만 아니라, 서베이나 실험, 그리고 관찰 연구나 포커스 그룹 녹취록 분석과 같은 질적 방법론과도 함께 사용되어 왔다. 이러한 기법을 정의하려는 첫 시도는 내용 분석을 "겉으로 표현된 커뮤니케이션 내용을 객관적, 체계적, 양적으로 기술 *description* 하기 위한 조사 방법"이라고 보았다(Berelson, 1952:18). 내용 분석에 대한 이러한 관점은 널리 확산되어 이후 약 30년 동안 지속되었다. 하지만 베럴슨의 정의는 다음과 같은 이유로 비판받는다.

- 이는 순수한 양적 분석으로 제한된다.
- 이는 겉으로 표현된 내용에만 관심을 둔다.
- 이는 사회 현실에 대한 수용자의 인식에 미디어 내용이 어떤 영향을 미칠 수 있는지를 추론할 수 있게 하는 자료를 제공하는 대신, 단순히 기술하는 데 그친다.

이후의 저자들은 이러한 방법론과 그 목적에 대해 보다 깊은 차원의 정의들을 내놓았다. 월라이저와 비에너에 따르면 내용 분석은 기록된 정보의 내용들을 연구하기 위해 만들어진 일종의 체계적 절차이다(Walizer & Wienir, 1978). 크리펜도르프는 내용 분석을 '데이터로부터 상황에 반복 가능하고 타당한 적용틀을 만드는 연구 기법'이라고 정의하였다(Krippendorf, 1980). 커린저는 내용 분석이란 변인 측정을 위해 체계적이고 객관적이며 수량화할 수 있는 방식으로 커뮤니케이션을 연구하고 분석하는 방법이라고 주장하였다(Kerlinger, 1986).

커린저의 정의는 좀 더 면밀히 살펴보아야 할 세 가지 개념을 담고 있다. 첫째, 내용 분석은 **체계성**을 지닌다는 점이다. 이는 분석 대상이 되는 내용이 명확하고 일관성 있게 적용되는 규칙에 따라서 선택되어야 한다는 것을 의미한다. 부호화와 분석 과정에 통일성이 있어야 한다. 연구 끝까지 한 세트의 지침들만을 사용해야 하며, 모든 코더들이 이를 지켜야 한다.

두 번째로, 내용 분석은 **객관적**이어야 한다. 다시 말해 조사자 개인의 특성이나 편견이 조사 결과에 개입되어서는 안 된다는 것이다. 따라서 다른 연구자가 반복한다 하더라도 그 분석 결과는 동일해야 한다. 조작적 정의와 변인 분류를 위한 기준은 다른 조사자들이 반복할 때에도 같은 결과·결론이 나올 수 있도록 명확하고 용이해야 한다. 표집과 범주화를 완벽하게 설명할 수 있는 뚜렷한 기준과 절차가 마련되지 않을 경우 그 조사는 객관성을 충족시키지 못함은 물론 조사 결과의 신뢰성 또한 떨어뜨린다.

세 번째로, 내용 분석은 **수량화**가 가능하다. 내용 분석의 목적은 총체적인 메시지를 정확하게 나타내는 것이다. 물론 수량화가 가능하다는 특징이 꼭 중요한 것은 아닐 수도 있다. 좀 더 질적인 요인들이 미디어가 전하는 의미를 더 많이 알려 줄 수도 있기 때문이다. 비판적, 해석적 패러다임이 경험적 연구에 제기한 문제들과 같은 맥락에서, 수량화를 강조하는 것은 실증주의자가 도입한 가치와 관점이라는 점에서 끊임없이 비판받아 왔다. 내용 분석은 가치 판단으로부터 온전히 '객관적'일 수 있는가? 미디어 내용의 본질을 이해하는 데 순수한 양적 계산이 가장 유용한 방법이라 할 수 있는가?

미디어 산물 연구가 미디어를 단순히 묘사하거나 피상적 사건들을 세는 것 이상의 작업이 되어야 한다는 논의가 점차 증가하고 있다. 즉, 어떤 학자들은 미디어 텍스트를 통해 전달되는 의미를 검증하거나 (Fowler, 1991, Krippendorf, 1980), 개인이나 집단, 혹은 전체 사회에 가해지는 잠재적인 영향에 대해 경험적으로 검증 가능한 추론을 이끌어 내는 방법을 통해 자연스럽게 더 중요한 가치가 얻어진다고 믿고 있다 (Gunter, 1985a; Hodge & Tripp, 1986). 수량화 작업은 수용자에게 미치는 잠재적 영향과 관련된 미디어 메시지의 비중을 정의할 수 있는 해석적 과정을 거쳐 보완되어야 한다는 것이다. 어떤 사회 집단이나 사회적 행위가 나타나는 빈도를 확인하는 것은 일정 수준에서 미디어 생산자의 동기나 의제, 또는 수용자의 문화 계발 효과에 대한 중요한 정보를 제공한다고 할 수 있다. 그러나 그것이 전부는 아니다. 때때로 빈도는 낮지만 매우 의미심장한 사건들이 수용자에게 가장 큰 영향을 미칠 수 있는 것이다.

이러한 논쟁의 연장선상에서 머튼은 내용 분석에 대한 두 가지 문제점을 제기하였다(Merten, 1996). 첫째, 내용 분석은 사회 현실을 조사하는 장치로서 기능할 수 있는가? 둘째, 반응성 *reactivity* 에 의해 내용 분석은 어느 정도까지 영향을 받을 수 있는가? 반응성이란, 코딩 형식을 미디어 내용 분석에 적용할 때 각 분석자들의 관점의 차이에 의해 발생하는 효과를 의미한다. 이 문제는 더 주관적, 평가적인 측정치를 얻을 때, 특히 두드러지게 나타난다.

관찰과 인터뷰는 사회 현상을 분석할 때 일상적으로 사용되는 방법이다. 이를 통해 조사자는 사회 환경 내에서 일어나는 사건들을 기록·분류하고, 일어난 행동을 언어적 설명이나 수량적 측정으로 변환시키는 것이 가능해진다. 이렇게 해서 사회 현상이 상징적 재현 *representation* 으로 창조된다(Merten & Teipen, 1991).

이 접근법은 사회 현상의 적절하면서도 중요한 요소를 가지고 있다고 간주되었다. 그러나 이에 대한 완벽한 재현은 사실상 이루어지지 않는 것일지도 모른다. 예를 들어, 사회 현상에 대한 있는 그대로의 재현이 실제적인 **자료**로 이용되기 위해서는 다소의 변형이 필요하다. 텍스트 형태라 할지라도 사회 현상은 실제로 텍스트 자체에 의해 재현되는 상징적 현실로 전환되는 것이다. 사회 현상의 상징적 재현이 객관적 자료로 전환되기 위해서는 좀 더 심화된 진행 단계가 필요하다. 내용 분석은 관찰과 인터뷰를 통한 분석 방법에 이어지는 2차적인 사회 현실의 기록 장치이다. 즉, 우리가 시작하는 사회 현상에서부터 모델이 만들어진다. 관찰 분석과 심층 면접을 거쳐 상징적 현실(텍스트)로 이전되는 것이다. 상징적 현실은 내용 분석을 통해 심화되어, 일련의 자료로 전환된다(Merten, 1996).

인터뷰 상황에서는 언어적인 문답 과정을 통해, 그리고 관찰 상황에서는 관찰자와 피관찰자의 즉각적인 해석 활동을 통해 사회 현상의 기록이 이루어진다. 두 상황 모두에서 필연적으로 언어적 혹은 비언어적 커뮤니케이션이 이루어진다. 우편 서베이 방법을 사용할 때에는 면접자가 현장에 없기 때문에 면접자의 반응적 영향은 받지 않는다. 그러나 답안 작성시 질문의 의미 구조에 대한 설명과 지시가 부족해질 수도 있다. 그러한 경우 응답자는 자신이 임의로 생각한 답(질문자의 의도에 정확하게 부합될 것으로 생각하는 답)을 구상할 것이다. 이러한 기대가 발생하는 상황에서는 서로간에 사회적 상호 작용(Horton & Whol, 1956), 혹은 방법론적 용어로 반응성이 나타날 것이다.

면접과 관찰을 통한 연구 방법에서 반응성의 문제는 잘 알려져 있으며, 이와 관련하여 많은 연구가 이루어졌다(예를 들어, Jabine et al., 1984; Loftus et al., 1985). 대조적으로, 내용 분석은 그 텍스트들이 일종의 화석화된 현실로 이해됨으로써 여전히 비반응적인 수단으로 여겨지고 있다. 이는 내용 분석이 "명백한 커뮤니케이션 내용에 대한 객관적, 체계적, 양적 기술"(Berelson, 1952: 18)이기는 하지만, 이러한 관점에 따르면 내용 분석은 단지 매력적인 희망 사항에 불과할지도 모른다(Merten, 1996).

텍스트는 확실히 그 자체로서 사회적 실재 *reality* 일 수도 있다. 이는 부호화 작업시 텍스트로 인해 해독자들이 부호화 방식을 편향시킬 수 있는 신념이나 태도를 떠올릴 수 있음을 의미한다. 이러한 문제를 명확히 구분해 주는 세 가지 기호학적 수준이 존재한다(이후 Peirce, 1931).

· 구문적 *syntactic*: 어떤 신호(S)는 표현 수단(M)과의 관계 속에서만 정의된다.
· 의미론적 *semantic*: S는 M과 어떤 대상(O)을 가리키는 이중적 관계 속에서 정의된다.
· 실용적 *pragmatic*: S는 M, O와 그 신호를 사용하는 사람(해석자, I)의 3자 관계 속에서 S=(M, O, I)로 정의된다.

이때 사회적 실재는 텍스트에 기록된 것이므로, 텍스트 고유의 변인들이 코더, 즉 해석자의 사회적 변인을 방해한다면 반응적이 될 수 있다. 머튼은 내용 분석시 이처럼 서로 다른 수준들이 어떻게 반응성을 촉진시키는 기능을 하거나 상호 작용하는지를 도식으로 나타내었다(Merten, 1996)(표 3-1 참조).

·Cell 1에는 순전히 구문적 *syntactic* 인 내용 분석의 모든 방법들이 포함된다. 가령, 문자나 단어, 문장의 빈도를 분석하는 유형이 이에 해당된나(Zipf, 1932).
·Cell 2는 구문에 기초하기는 하지만 단어 분석 등 의미적 방법을 필요로 하는 모든 내용 분석이다(Johnson, 1944).
·Cell 3은 고전적인 외연적 *denotative* 수준을 포함한다. 여기서의 내용 분석은 순전히 의미론적인 것이다. 코딩 절차는 단지 사전적인 방식으로 의미론적 용어나 범주에 따라 텍스트(주제) 혹은 텍스트 일부(키워드)의 의미적 확인을 필요로 할 뿐이며, 따라서 아무런 반응성을 일으키지 않는다. 예를 들어, 주제 분석은 여기에 속하는 가장 일반적인 내용 분석

표 3-1. 미디어 텍스트 분석 관점의 도식적 표현

		코더		
		구문적	의미적	실용적
텍스트	구문적	1 문장론	2 구문적 의미적	4 구문적 실용적
	의미적		3 외연적 의미적	5 내포적 실용적
	실용적			6 실용적 실용적

출처: Merten, 1996: 69.

형태이다(Berelson, 1952).

· Cell 4에는 응답자가 문장 구조를 이용하는 과정이 포함된다. 문장의 길이에 기반을 둔 독이성 분석이 그 대표적 사례이다(Flesch, 1951). 응답자의 실용적 활동으로 인해 이 과정은 반응성을 일으킨다. 즉, 응답자들마다 제각기 다른 독이성을 진술할 수도 있다.

· Cell 5는 가치 분석의 예에서처럼 내포적 의미를 확인할 수 있는 해독자의 의사 소통 능력이 필요한 내용 분석을 포함한다(Osgood et al., 1957). 이는 해독자의 가치 체계를 염두에 두고 반응성이 일어날 수 있도록 특정 유형의 사회 구조를 활성화시킴으로써만 가능하다.

· Cell 6은 텍스트 발신자의 의도나 텍스트가 응답자에게 미치는 효과에 관한 순수 화용론적인 모든 분석법을 포함한다. 이러한 유형의 내용 분석은 어떤 의미에서 코더가 "다른 사람의 역할을 수행하도록"(Mead, 1934) 하는 작업을 요구한다. 그리하여 의도나 효과에 관한 정보를 얻기 위해 사실상 또 한 번의 커뮤니케이션 과정이 촉발된다. 모든 유형의 커뮤니케이션 효과 분석이 여기에 속하며, 동시에 대부분의 반응성을 담고 있다(Merten, 1996: 68~9).

해독자의 평가나 반응이 일어날 수 있는 조건에서 행해지는 내용 분석은 객관적일 수 없다. 올바른 내용 분석이 이루어지기 위해서는 적절한 측정 수단이 발달해야 한다. 머튼은 케플링거와 스탑이 개발한 행위-평가 분석법을 비판적으로 본다. 이 기술은 한 사람의 정치적 행위가 다른 사람들이나 언론에 의해 어떻게 평가되는지를 분석하기 위해 고안되었는데, 이는 행위-평가 매트릭스를 통해 논의 속의 행위와 평가 과정을 표준화함으로써 이루어졌다.

내용 분석법의 관점에서 볼 때, 위와 같은 방법은 두 가지 폐쇄적인 범주 체계를 가지고 있다고 할 수 있는데, 이는 베일스의 상호 작용 분석 과정(Bales, 1950)과 유사성을 지닌다. 이에 따르면 코딩 절차는 매우 간단하다. 코더는 우선 이미 기록된 행동을 9가지의 가능한 행동 조건에 따라 분류하고, 그런 다음 다른 두 번째 사람이나 기사 작성자, 또는 TV 보도의 중개자에 의한 평가를 코딩하는 것이다.

　그런데 자세히 보면 이 과정에는 몇 가지 결점이 있음을 알 수 있다. 베일즈의 상호 작용 과정 분석이 이론적으로 파슨스의 구조－기능주의 이론으로부터 도출된 범주 체계를 이용한 것인 반면, 케플링거와 스탑은 아무런 이론적 배경이 없이 오직 간편함만을 위한 범주를 고안해 냈다. 그러나 여기에는 많은 의문이 따른다. 어떤 근거로 평가 항목을 반드시 12개라 정의할 수 있는가? 긍정적 평가 항목과 부정적 평가 항목의 수가 같지 않은 이유는 무엇인가? 또한 몇 가지 행위 항목들 ― 가령, '성공에 대한 정보'와 같은 ― 은 어떤 이유로 자기 중심적이라고 할 수 있는가? 그러나 이 방법에 대한 주된 반론은 코더가 반드시 평가를 수행해야 하기 때문에 실용적 수준에서 행동하여 높은 반응성을 유발시키게 된다는 데 있다. 예를 들어, "배우 X는 그의 행동 Y를 정당화한다"라는 진술은 이 매트릭스의 전제에 따르면 긍정적인 것이다. 그러나 "고발된 배우 X는 그의 사기 행위를 정당화했다"는 진술은 전혀 긍정적이지 않다. 케플링거와 스탑의 모델에서 머튼은 이 항목들이 정치적 논쟁을 평가하기 위해 적용되었을 때 일관된 결과를 산출하지 않는다는 것을 발견하였다(Merten, 1996). 이 코딩 계획을 적용한 방식에 따라 정치적 입장이 편향된 코더들로부터는 서로 다른 내용이 산출될 수밖에 없었던 것이다.

1) 내용 분석은 어떻게 사용되는가

내용 분석의 특징은 미디어 텍스트(예를 들어, TV 프로그램, 광고, 신문 기사, 잡지 기사)들이 담고 있는 내용에 대한 기술적 *descriptive* 설명을 제공하고, 다른 사람들에 의해서도 재생산 가능한 방식으로 이루어질 수 있다는 데 있다. 따라서 순수한 양적 측면에서 내용 분석은 객관적이고 체계적이며 반복될 수 있어야 한다. 그러나 내용 분석의 적용은 단순한 서술 이상의 의미를 갖는다. 일찍이 내용 분석은 미디어 내용 생산자의

목적이나 의도, 그리고 수용자의 잠재적 자극에 대한 통찰력을 제공해
줄 수 있을 것으로 여겨졌다(Berelson, 1952). 후에 위머와 도미니크는 내용
분석의 주된 목적을 다섯 가지로 분류하였다(Wimmer & Dominick, 1994).

① 미디어 내용에 있어서의 양식 또는 경향의 기술
② 미디어 생산자의 목적이나 정책에 관한 가설 검증
③ 미디어 내용과 현실 세계와의 비교
④ 특정 사회 집단의 재현에 대한 평가
⑤ 미디어 효과에 관한 추론

순수한 기술적 내용 분석 그 자체의 효과에 대한 논쟁은 차치하
더라도, 내용 분석은 다양한 맥락의 범위를 뛰어넘어 조사 기술로서
광범위하게 지속되고 있다. 다음 절에서 방법론의 다양한 적용 사례가
자세히 논의될 것이다.

(1) 미디어 내용의 양식과 경향 기술

미디어에 나타나는 특정 범주들, 예를 들어 폭력의 묘사, 성적 행위,
건강, 정치, 성 역할 등과 같은 사회 문제들에 대한 많은 연구들이 이
루어져 왔다. 어떤 연구들은 미디어 전반에 걸쳐 이러한 사회 문제들
이 드러나는 방식을 개괄하려 했는가 하면, 이와 대조적으로 특정한
종류의 미디어를 선정해 그 안에서 사회 문제들이 묘사되는 데 초점
을 맞춘 연구도 있다.

모든 내용 분석은 기술 대상을 선택하는 것에서부터 시작한다. 이
는 어떤 내용을 얻을 것인가 하는 미디어에 대한 기초적인 결정과, 분
석 대상이 되는 미디어 산물을 고르기 위한 표집틀의 구성을 수반한
다. 이 표집틀에는 특정 시점의 출판물이나 방송 활동이 포함되기도
하며, 좀 더 자세한 분석을 위해 이러한 미디어 산물의 세부적인 모습
이나 내용을 다루기도 한다. 특정 신문의 토픽을 분석하기 위해 조사

자는 어떤 신문을 다룰 것인지, 몇 번째 판 *edition* 을 선택할 것인지, 그리고 토픽을 어떤 방식으로 조사할 것인지 등을 결정해야 한다. TV 내용의 분석을 위해서는 기본적인 분석 단위를 정의해야 함(가령, 프로그램의 내용을 단위로 분석할 것인가 프로그램 그 자체를 단위로 분석할 것인가)은 물론, 조사 내에서 관심이 되는 내용의 속성을 좀 더 깊이 분류하기 위한 분석틀도 만들어야 한다.

　대상 미디어가 정해진 후 주제와 전송 날짜 등이 선택된다. 이때 분석 기간과 주제, 전송 날짜는 토픽의 특징이나 그와 연관된 조사 질문들을 고려하여 선택된다. 주된 관심은 이전의 몇 주 혹은 몇 개월에 걸친 정치적, 경제적, 산업적 이슈들이 미디어 상에서 일반적으로 다루어지는 비율이 되기도 한다. 이런 경우 미디어 내용의 분석을 위한 표집틀은 거의 무작위로 설정되며, 그 기간 동안의 보도량을 평가하기 위한 코팅틀이 적용된다(예를 들어, Glasgow Media Group, 1976). 이와 달리, 전쟁(Morrison, 1992a; Morrison & Tumber, 1998)이나 대형 산업 사고(Rubbin, 1987), 선거(Siegelman & Bullock, 1991), 또는 시민 폭동(Halloran et al., 1970)과 같은 특정 사건들을 보도하는 방식과 관련된 연구가 이루어지기도 한다. 이런 경우 미디어 내용의 표집은 그러한 사건이 발생한 제한된 기간에 집중적으로 이루어진다.

▎ TV 폭력에 대한 기술적 분석

폭력 묘사는 이제까지 가장 비중 있게 연구되어 온 미디어 주제 중의 하나이다. 이와 관련한 작업은 대부분 TV에서 보여 주는 폭력의 방식에 초점을 맞추어 왔다. TV에 대한 연구는 1950년대에 시작되었다(Smythe, 1954). TV 속의 폭력을 측정하는 데 내용 분석을 이용하는 것은 폭력의 의미에 대한 '객관적' 진술을 설정하는 것으로부터 시작한다. 폭력은 대개 광범위한 용어로 정의된다. 이 정의에 이어 프로그램 평가에서 어떻게, 그리고 어디에 이 정의가 적용되어야 하는지를 명시하는 참조틀이 뒤따른다. TV에서 기록된 프로그램 표본을 시청하는 훈련된 코더 팀에 이 참조틀을 지시문으로 제시하고, 분석의 목적에 맞게 그려진 폭력의 정의에 잘 부합되는 사건들의 수를 센다. 이런 과정을 통해 조사자들은 코더에 의해 분류된 폭력 사건, 사고들의 수량적 측면에서 TV 폭력의 '양'을 평가할 수 있다.

이와 같은 분석의 목적은 TV 프로그램에 나타난 특정 부류의 사건이나 사고가 어느 정도로 어디에서 발생하는지를 알려 주는 지표를 산출하는 데 있다. 이 연구 방법은 TV에서 보여 주는 폭력적인 장면에 대한 주관적 판단 요소를 가능한 한 배제하려 한다. 모든 폭력은 프로그램의 유형이나 폭력이 발생하는 극적인 상황 맥락과는 상관없이 내용 분석에 의해 같은 방법으로 취급되는 경향이 있다. 따라서 만화 폭력 같은 것들도 드라마 시리즈에서 나타나는 폭력과 다르게 취급되지 않는다. 전통적으로, 내용 분석 연구자들도 사건의 본질적 측면보다는 그 숫자에 따라 프로그램의 폭력성을 정의해 왔다. 물론 이러한 유형의 측정 방법은 시청자들이 TV 폭력에 반응하는 방식을 반영하지는 못한다.

TV 폭력에 대한 시청자들의 인식 조사 결과는 시청자들이 폭력적 내용이 나타나는 상황 맥락과 폭력 장면의 형태, 그리고 폭력 가해자와 피해자를 포함한 캐릭터 유형 등을 구분하고 있음을 보여 준다(Gunter, 1985a). 그러나 내용 분석의 주목적은 코더의 차이를 초월한, 평가의 일관성과 신뢰성에 있다(Krippendorf, 1980; Wimmer & Dominick, 1994).

내용 분석 관점 안에서도 서로 다른 틀의 정의를 활용하는 것이 가능하다. 내용 분석 방법은 폭력에 대한 정의나 프로그램을 표본화하는 방식, 그리고 TV 폭력의 상세화 정도에 따라 다양하다. 그러나 대부분의 내용 분석은 프로그램 내용의 개요와 구조에 대해 상술할 것을 강조한다. TV 폭력의 측정에 관한 한, 이 방법이 적용될 때의 공통점은 한 가지의 규정된 폭력 정의에 부합하는 사건들을 객관적 수치로 계산하는 데 있다.

내용 분석을 목적으로 하는 폭력의 정의는 공통 주제를 둘러싸고 변화해 왔다. 1960년대 말부터 1980년대 중반까지 거브너와 그의 동료들이 행한 폭력에 대한 최장기간의 연구 속에서 폭력의 정의는 다음과 같은 규범적 정의였다. "다치거나 죽을 때 혹은 남을 해치거나 살해할 때의 고통에 대해, 자기 의지에 반해 강제적으로 행동하게 되는, 자신이나 타인에 대한 (무기가 있든 없든) 물리적 힘의 공공연한 표출"이 그것이다(Gerbner, 1972: 31). 좀 더 상세하게는, 사건의 개연성이 있어야 하며, 억지스런 위협은 포함되지 않는다고 규정하였다. 하지만 극적 구성상 폭력적 사건이나 자연 재해가 필요하다고 여겨질 때는 예외적으로 포함되었다(Gerbner & Gross, 1976).

캐나다에서 윌리엄스와 그 동료들이 작성한 한 연구는 거브너의 정의를 사용하되 좀 더 상세한 항목들을 추가하였는데, " …… 그럴 듯하고 신빙성이 있어야 하며, 억지 위협이 아니고, 욕 혹은 믿을 만한 폭력적 결과를 수반하지 않는 코믹한 행동을 포함한다. 폭력적 사건이나 재해, 자연 현상은 의도적이건 아니건 포함된다"라는 내용이었다(Williams et al., 1982: 366). 좀 더 최근 연구에서는 셀 수 있는 사건의 종류를 한층 세부적으로 명시하고 있다.

핀란드의 한 연구는 TV 폭력을 "은근한 위협, 비언어적 행위, 동물이나 무생물에 대한 분노의 폭발을 포함한, 자신이나 타인에게 해를 끼치는 물리적, 심리적 행동"이라 정의하였다(Mustonen & Pulkkinen, 1997: 173). 이 연구자들은 또한 폭력적 행위와 희생자의 연계가 확실한 경우, 폭력의 경미한 피해자에 대한 내용도 포함시켰다. 그러나 절도나 사기처럼 공격성을 띠지 않는 반사회적 행위, 혹은 물리적 위해가 없는 단순한 부정적, 적대적 반응들, 그리고 폭력에 대한 언어적 보고는 제외되었다.

TV 폭력에 대한 영·미의 주요 연구들은 폭력의 정의에서 물리적 위험을 강조하는 반면, 해를 끼치는 가해자의 의도 측면에서 고의로 공격 행동을 한 결과가 아니라면 자연 재해로 인한 사고의 폭력은 제외하는 방향으로 폭력에 대한 정의를 한정시켰다.

'전국 TV 폭력 연구 National Television Violence study'는 NCTA(National Cable Television Association 전국 케이블 TV 연합)에서 1994년부터 1997년까지 3년 동안 시행되었다. 이 연구는 단지 미국 TV에 묘사된 폭력의 양에 대한 평가뿐만 아니라 폭력 발생의 상황과 원인까지 연구하는 정교한 방법을 발전시켰다(Potter et al., 1996; Wilson et al., 1996).

이 연구는 폭력의 정의를 세 가지 개념으로 발전시켰는데, 신빙성 있는 폭력 위협의 인식, 공공연한 폭력 행위의 발생, 그리고 보이지 않는 폭력으로 인한 위험스런 결과의 유발이 그것이다(Box 3-1 참조). 신빙성 있는 위협이란 폭력 행위의 의지가 있는 뚜렷한 가해자의 존재와 함께, 폭력이 수반될 수 있는 방법으로 한 개인이 다른 개인을 위협하는 상황을 말한다. 보이지 않는 폭력으로 인한 위험스런 결과란 누군가가 심리적, 물리적 고통을 당함으로써 사실상의 신체적 피해를 입은 장면이나, 폭력의 희생이 되는 단서가 등장하는 장면을 말한다.

폭력이 일어나는 맥락을 중요시하게 되고, 더욱 정교한 분석틀이

Box 3-1. TV **폭력의 정의**

전국 TV 폭력 연구, 미국(1994～7)
폭력은 생명이 있는 개체 혹은 집단에 물리적 해를 가할 의도로 물리적 힘을 사용하거나 혹은 사용하려는 위협이 겉으로 드러난 상황으로 정의된다. 또한 폭력은 보이지 않는 폭력적 수단의 결과로서 살아 있는 개체, 집단에 물리적으로 해로운 결과가 발생하는 것을 확실히 보여 주는 묘사도 포함한다.

셰필드 대학 TV 폭력 연구, 영국(1995～6)
폭력은 생명체나 그 집단에 해를 끼칠 의도로, 무기를 사용하든 사용하지 않든, 물리적 힘을 실제로 사용하거나 사용하려는 신빙성 있는 위협이 명백히 묘사되는 것으로 정의된다. 이는 실제로 행해질 수도, 단지 시도에 그칠 수도 있으며, 상처를 줄 수도 주지 않을 수도 있다. 또한 폭력은 보이지 않는 폭력 수단에 의해 생명체에 물리적으로 해로운 결과가 발생함을 보여 주는 묘사도 포함한다(Gunter & Harrison, 1998: 52).

만들어지면서 폭력의 속성에 따른 종합적인 분류화가 가능해졌는데, 이 속성들이란 극적 구성, 동기 유발적 상황, 생동감, 상벌 체계, 희생자에 대한 결과의 잔혹성, 신체적 형태, 그리고 가해자와 피해자의 본성 등이다. 이 모든 요소들은 미디어 효과에 대한 연구 자료가 출판됨으로써 알려지게 되었는데, 미디어 폭력 묘사에 대한 수용자의 반응에 작용하는 중개자로서의 역할에 중요성이 있다(Wilson et al., 1996).

▌분석 단위

분석 단위는 내용 분석의 수량화를 위해 필수적이다. 가장 작은 요소이지만 가장 중요한 요소이기도 하다. 문자로 된 내용에서 분석 단위는 단어 하나, 그림 하나가 될 수도 있으며, 하나의 주제 또는 전체 기사나 이야기가 될 수도 있다. TV나 영화 분석에서는 분석 단위가 인물, 행위, 혹은 프로그램 전체가 될 수도 있다.

어떤 연구자들은 미디어 내용을 단순히 특징적인 주제들에 대해서만 분석해 왔다. 앨런과 그의 동료들은 1945~91년까지 영국에서 상영된 영화에 대한 조사를 실시했는데, 영화를 줄거리에 따라 10가지 장르(서부, 범죄, 전쟁, 로맨스, 판타지, 섹스, 코미디, 모험, 드라마, 기타)로 구분하였다. 이 분석은 2부로 나뉜다. 각 줄거리에 범죄 내용이 있는지는 범죄나 범죄자, 또는 형법 체계에 대한 언급이 있는지에 의해 평가된다. 그리고 각 영화 장르는 10개의 범주로 분류된다. 예를 들어, 범죄 영화의 경우 이 항목은 "서사 구조의 주요 초점이 불법 행위의 원인이나 결과, 범죄자와 희생자를 비롯하여 법 체제와 관련된 중심 인물들(탐정, 경찰, 법정, 갱스터 등)에 맞춰져 있는지를 뜻한다(Allen et al., 1997: 92).

전국 TV 폭력 연구에서, 분석 단위는 하나의 수준 이상으로 정의되었다. 이전의 TV 폭력 내용 분석이 폭력 행위의 빈도를 계산하는 데 집중되었던 반면, 이 연구는 이를 뛰어넘어 폭력의 상황적 특징을 효과적으로 나타내는 보다 포괄적인 폭력의 수단들을 담고 있었다. 여기서는 세 가지 측정 수준이 고안되었는데, ① PAT, ② 장면, ③ 프로그램 등이다. PAT란 가해자 *Perpetrator* 와 행위 *Act*, 그리고 목표 *Target* 의 상호 작용을 의미한다. PAT의 시퀀스는 연속적인 컷이나 장면 전환에 의해 분리되건 분리되지 않건 간에, 폭력적 장면을 구성함으로써 분절된 행동 사이의 관계를 연구할 기회를 제공한다. 결국 연구자들은 프로그램 내에서의 전반적인 폭력 유형에 의해 더욱 큰 의미가 전달될 수 있으며, 이것을 효과적으로 해석하려면 프로그램에 나타나는 상황과 결부시켜 해석해야 한다고 주장하였다.

사건이나 행위의 수를 세는 것 이외에 자주 코드화되는 분석 단위는 뉴스 상황에서 극적 정보를 유발하는 행동을 하는 행위자이다. 뉴스의 경우 인용구의 출처나 코멘트, 혹은 또 다른 자료들을 분석하는 것이 도움이 된다(Lasorsa & Reese, 1990). 가령 허구의 미디어 내용 속에서 행위자나 캐릭터의 특성을 분석해 보면, 서로 다른 사회 집단들이 실제 구성비에 맞게 재현되었는지에 관한 증거를 얻을 수 있다. 뉴스와 같은 사실 보도물에서는 서로 다른 유형의 정보원을 이용하여 분석함으로써 보도의 균형, 중립성, 엄격함, 불편 부당함을 보일 수 있다. 이러한 분석 형태는 사용된 정보원의 범위를 연구할 수 있게 한다. 그들이 어떤 집단, 조직, 또는 기관을 대표하는지, 그리고 그것들이 나타나는 상황(인터뷰, 공식 회합, 기자 회견 등)을 보여 준다. 이 분석은 또한 서로 다른 출처에서 찾아 얻은 정보들의 종류, 그리고 정보원의 지위를 나타내는 단서의 존재 유무를 알 수 있게 해 준다(Ericson et al., 1991).

뉴스와 논픽션 프로그램에 대한 분석에서는 이들이 의지하는 정보원들이 편향되어 있는 경우가 흔하다. 대부분 공식적 정보원에 의지하는데, 특히 국내외의 중요 뉴스를 다룰 때 더욱 그렇다(Brown et al., 1987; Giffard, 1989; Herman & Chomsky, 1988). 뉴스 미디어는 상황 맥락 속에서 사건이 어떤 위치를 차지하는지를 알아내기 위해 소규모 전문가 집단에 의지하는 경향이 있다. 이들은 주로 남성이며, 학계, 언론계, 두뇌 집단 출신이거나, 혹은 관련 분야의 전직 교수인 때가 많다(Cooper & Soley, 1990).

▌표집 문제

주된 분석 내용이 구체화되었으면, 연구자는 얼마나 많은 내용을 분석할지 결정해야 한다. 어떤 경우는 모집단이라 해도 그 전체를 분석할 수 있을 정도로 충분히 작은 모집단일 수도 있다. 대체로 연구자들은 모집단 전체를 조사하기에는 너무나 규모가 큰 모집단에서 부분 집합을 택해 표집한다.

내용 분석의 표집 작업은 보통 1단계 이상으로 이루어진다. 첫 번째 단계는 어떤 내용원을 표집할지 구체화하는 작업이다. 가령, 신문 보도를 연구한다면 첫 단계는 어떤 신문을 분석할 것인지 결정하는 일이 된다. 그런 다음 각 신문마다 얼마나 많은 판을, 어떤 기간 동안 분석할 것인지 결정한다. 그 다음 단계는 내용의 양을 결정하거나 신문의 어느 부분을 분석할지 결정하는 것이다. 이때 연구자는 얼마나 많은 양의 내용을 어떻게 확인할 것인가를 고려해야 한다. 마지막으로 분석자는 측정에 필요한 특정한 이야기 재료가 있는지 살펴야 한다.

표집에 대한 대략적인 지침이 있다. 스템플은 신문에서 각각 6, 12, 18, 24, 48개의 기사를 표집하여, 단일한 주제 범위 아래 각 규모별 표본의 평균적 내용을 그 한 해 동안의 모든 내용과 비교하였다(Stempel, 1952). 그는 이러한 다섯 가지의 표본 규모는 모두 적절한 것이었으며, 표본을 12개 이상으로 늘려도 정확성이 유의하게 향상되지 않는다는 사실을 발견하였다. TV에서 거브너와 그의 동료들은 폭력 행위의 측정을 위해서는 가을 프로그램 한 주의 표본과 그 해 전체를 통틀어 추출된 다양한 날짜의 표본들이 있어야 비교할 만한 결과를 낳는다고 주장하였다(Gerbner et al., 1978). 그러나 일반적 규칙에 따르면 표본이 클수록 당연히 더 좋은 결과가 나온다. 날짜가 너무 부족하면 대표성이 떨어지는 표본이 나올 가능성도 커질 것이다. 무작위로 선택한 큰 표본은 불규칙한 결과가 나올 위험을 감소시킨다.

영국의 TV 폭력 묘사에 대한 연구에서는 두 가지 구분되는 표집 틀을 채택하였다. 내용 분석 초기에는 8개 채널의 보도에 대한 4주의 표본이 추출되었다. 프로그램은 월요일부터 일요일까지 한 주에 네 번에 걸쳐 비디오로 녹화되었다. 두 번째 연구에서는 10개의 채널에 대한 28일의 표본이 추출되었는데, 7주에 걸쳐 첫 주에는 월요일, 둘째 주에는 화요일의 순으로 7번째인 일요일까지 4개의 복합적인 주일로 표본을 구성하였다. 첫 번째 연구에서는 5개월 동안 4주간의 자료를 얻은 데 비해, 여기에서는 9개월 동안 28주에 걸친 비디오 녹화 자료를 얻었다(Gunter et al., 1996; Gunter & Harrison, 1998).

내용 표집의 문제는 전국 TV 폭력 연구에서 매우 자세하게 연구되었다. 이 연구는 이전에 미국에서 행해진 어떤 연구보다도 많은 수의 채널에서 많은 프로그램 표본을 분석하였다. 그 프로그램 표본은 종일의 방송을 모두 다루었다. 그러나 이 연구의 독특한 점은 해마다 20주 동안의 분석용 프로그램을 무작위로 추출하여 사용했다는 점이다. 프로그램들은 수정된 동일 확률 표집법으로 수집되었다. 각 채널에 대해 30분 동안(하루의 어느 시간, 그리고 1주일의 어느 하루에), 두 개씩의 시간대가 표집을 하는 각 주 동안 무작위로 선택되었다. 일단 시간대가 선택되면, TV 시간표를 참조하여 그 시간대의 프로그램이 방송되기 며칠 전에 미리 짜여진 기준 틀 *grid* 에 넣었다. 이 절차는 각 채널의 프로그램이 쌓여 완전한 조합을 이룰 때까지 계속되었다.

(2) 메시지 생산자에 대한 가설 검증

어떤 내용 분석 연구는 미디어 산물의 표면적 묘사에 그치지 않고 어떤 특성이나 동기, 혹은 생산자의 이데올로기, 그리고 내용 이면에 있는 조직을 추론해 왔다. 예를 들어, 어떤 유형의 내용은 여론을 조작·형성한다는 면에서 의제 설정 기능을 하는 것으로 추정되기도 한다. 따라서 이러한 내용 분석은 주로 미디어 산물의 지배적 특징을 분류하고 수량화하는 데 초점을 둔다. 여기서는 미디어 조직이 자신들이 취급하는 뉴스 내용에 대해 스스로의 정치적 의제를 갖고 있는 것으로 가정된다. 그러나 오락 영역에서의 내용 분석 연구는 상업적 선전과 연계된 감춰진 의제를 검증하기 위해 실시되어 왔다. 파생 상품을 위한 상업적 매개물 이상의 의미는 거의 갖지 않는 인물들이 프로그램에 포함되기도 한다.

레이시, 피코, 사이먼은 신문에 나타난 서로 다른 정치적·이데올로기적 의제를 예시하면서, 이른바 대중지에 비해 권위지가 비교적 논쟁의 양면을 자주 싣는다는 것을 발견하였다(Lacy, Fico & Simon, 1991). 상업적 맥락에서, 이튼과 도미니크는 장난감이 되어 팔리는 (G. I. 조 같은) 만화 캐릭터들은 좀 더 큰 비중의 배역을 맡고 있으며, 장난감으로 판매되지 않는 캐릭터들보다 많은 폭력을 행사한다는 것을 밝혔다(Eaton & Dominick, 1991). 방송 뉴스에서 소더랜드와 그 동료들은 캐나다의 국영·민영 방송국 앵커와 기자들을 비교하여 국영 방송국에서의 여성 앵커의 비중이 월등함을 보여 주었다(Soderland et al., 1989).

(3) 미디어 내용과 실제 세계와의 비교

이 주제에 대한 내용 분석 연구는 매스 미디어가 묘사하는 특정 집단이나 현상, 사물이 실제 세계에서 나타나는 빈도와 그 본질에 부합하는 정도를 비교하기 위해 수행된다. 이와 관련하여 몇몇 연구자들은 TV와 신문의 범죄 기사 같은 주제를 연구하였다. 신문에 보도되는 범죄는 실제 세계에서 빈번히 발생하는 각종 범죄를 제대로 반영하는가?(Davis, 1951) TV 내용에 나타나는 서로 다른 사회 집단들의 범죄 연관 비율은 실제 세계의 그것을 반영하고 있는가? 가령 미국에서 프라임 타임에 대한 TV 내용 분석은 범죄와 연루되어 있는 집단들이 일정한 유형을 이루고 있음을 보여 주었는데, 이에 따르면 어떤 인구 통계학적 집단은 상대적으로 자주 범죄의 희생자로 나타나는 경향이 있었다. 게다가, TV에 나타나는 범죄와의 연관성은 실생활에서 희생되는 양상보다 훨씬 높은 비중을 차지한다(Gerbner & Gross, 1976; Gerbner et al., 1977, 1978, 1979). 다른 연구는 실재와 TV에서 나타나는 직업 세계(De Fleur, 1964) 및 산업 장면(Trujillo & Ekdom, 1987)의 묘사를 비교하여, 현실 속에서 그것들이 어떤 양상으로 나타나는지를 분석하였다. 가령, 드플러는 어떤 직업은 TV에 과장되어 나타나고, 어떤 직업은 사실상 존재하지 않는다고 주장하였다.

(4) 특정 집단의 이미지 평가

많은 내용 분석 연구는 미디어에 나타난 사회 집단들의 겉모습을 설명하는 데 초점을 두었다. 이 실험은 주로 그들이 TV에서 나타나는 빈도와 실제 인구 속에서 나타나는 비율을 비교함으로써 이루어졌다. 따라서 연구는 남자와 여자, 서로 다른 연령 집단의 멤버들, 소수 인종 집단, 장애인 집단, 혹은 직업적 집단이 중심적인 역할 또는 특정한 사회적 역할을 맡는 상대적 빈도를 실제 인구 속의 비율과 비교하여 연구하였다.

가령, 이러한 유형의 연구는 남성과 여성이 동등한 주도권을 갖지 않는다거나, TV 드라마에서 동일한 유형의 역할을 공유하지 못한다는 것을 시사해 왔다. 몇몇 작가에 의해 남성과 여성이 주로 등장하는 방식을 통해 성과 관련된 고정 관념들이 심화된다고 여겨지기도 했다 (Furnham & Bitar, 1992; Furnham & Voli, 1989; Livingstone & Green, 1986; Long & Simon, 1974; 개관을 위해서는 Gunter, 1997b 참조). 또한 실생활과 비교해 볼 때 TV에서는 노인들이 더 적게 등장한다는 사실이 밝혀졌다(Gunter, 1998; Harris & Feinberg, 1977; Kubey, 1980).

많은 경우 이런 종류의 연구들은 이 집단들에 대한 미디어 정책의 변화를 평가하기 위해, 특히 미디어 산업에 종사하는 다양한 사회 집단 구성원들에게까지 영향을 주는 정책들을 평가하기 위해 이루어졌다. 또한 이러한 연구는 겉으로 나타나지는 않지만 매스 미디어에 의해 전달될 수 있는 잠재적이고 불분명한 메시지를 연구하는 역할을 수행하였다.

(5) 효과 연구의 기반으로서의 내용 분석

내용 분석은 그 자체로는 미디어 효과를 설명하지 못한 채 단순한 기술적 형태로 그치게 되지만, 수용자에 대한 자극을 측정하기 위해 고안된 다른 연구 방법과의 조합을 통해 보완되어 왔다.

1970년대와 1980년대 초반에 걸친 거브너의 이른바 TV의 문화 계발 효과에 대한 광범위한 작업은 아마도 이런 종류의 연구 가운데 가장 유명한 예가 될 수 있을 것이다. 이 연구는 주요 시간대의 TV 네트워크에 대한 내용 분석과 함께 2차적으로 여론에 대한 서베이 자료를 분석하여 TV와 현실 사회 여론과의 연관성을 증명하려 하였다. 내용 분석은 드라마틱한 오락 프로그램으로 제한되었고, 뉴스나 다큐멘터리, 쇼, 퀴즈 프로그램, 스포츠 등은 제외되었다. TV 산물에 대한 1주일 분량의 표본이 해마다 분석되었고, 날마다 저녁 7시 30분에서 11시까지, 그리고 주말에는 오전 8시에서 오후 2시 30분까지의 시간대가 설정되었다. 이 연구에서 사용된 폭력의 정의는 이 장의 전반부에 나와 있다. 그것은 상처와 고통을 수반하는 사건을 강조하고, 사건이 발생하는 상황 맥락을 대체로 무시하였다. 이 정의를 이용하여 훈련된 분석가들은 폭력 행위의 빈도와 성격, 가해자와 피해자, 그리고 행위가 일어나는 시공간적 배경과 같은 특징들을 기록하였다. 이러한 측정 결과들을 조합하여 거브너는 '폭력 프로파일(분석 자료) *violence profile*'을 이끌어 냈는데, 이는 TV 드라마에 나타나는 폭력의 양에 대한 객관적이고 의미 있는 지표를 보여 주기 위한 것으로 알려져 있다.

폭력 프로파일은 '폭력 지수 *violence index*'와 '위험 비율 *risk ratios*'의 두 가지로 구성되어 있다. TV에 나타난 폭력의 양은 '폭력 지수'로 기록되는데, 이것은 각 프로그램, 각 시간대에 폭력적 에피소드가 나오는 빈도와 비율, 그리고 가해자건 피해자건 폭력과 연관된 주요 인물들의 수 등과 같이 폭력적 내용을 담고 있는 프로그램의 비율을 보여 준다.

'위험 비율'은 TV 드라마에 나타나는 폭력과 연관된 행동을 인물들이 할 수 있는 기회, 그리고 이로 인해 나타나는 긍정적, 부정적 결과 등을 뜻한다. 위험 비율은 또한 하나의 척도 이상으로 구성되는데, '폭력 – 피해자'의 비율은 가해자와 피해자가 될 기회를 표시하며, '살인자 – 살해당한 자'의 비율은 살해할, 혹은 살해당할 기회를 표시한다. 이 두 비율 모두 극적이고 인구 통계학적인 범주 내에서 목록화되어, 넓은 분포의 캐릭터 유형의 스펙트럼을 만든다.

거브너는 서로 다른 사회 집단의 폭력 연관 유형, 그리고 보다 정확하게는 이 집단들에서 나타나는 결과들 간의 연관 유형을 비교하였다. 서로 다른 집단들이 가해자 혹은 피해자로 그려지는 상대적 비율은 수용자에게 사회적 집단들 간의 권력 분배에 관한 메시지를 전달한다. 그리고 실제 세계 속에서 차지하는 이 집단들의 상대적 위치를 수용자가 어떻게 인식하는지에도 영향을 준다. 이에 더하여, 폭력에 대한 'TV 세계'의 통계와 '실제 세계'의 비교를 통해 거브너는 TV 세계가 훨씬 폭력적이며, 과도한 폭력에 지나치게 노출되는 환경은 일상적 실제 세계에서의 폭력을 과장된 인식하도록 할 수 있다고 결론지었다.

1980년대 중·후반의 조사 결과를 기록하면서, 거브너는 요즘 아이들이 상징적 세계 속에 살고 있으며, 그것은 부모나 학교, 혹은 교회에서 배우는 것과는 사뭇 다를 수 있는 것들을 가르치는 TV 때문이라고 주장하였다(Gerbner, 1985, 1992). 이야기를 통해 경험된 세계는 TV를 통해 전달되고, 곳곳에 편재한 미디어는 젊은이들의 중심 의제를 결정한다.

2. 미디어 산물에 대한 실험 연구

미디어 산물에 대한 몇몇 연구는 수용자에게 자극을 일으키는 미디어의 특성에 초점을 맞춘다. 예를 들어, 신문과 잡지에 대한 연구에서는 독자들이 그것을 이해하고 즐기는 데 영향을 주는 인쇄, 레이아웃, 조판 같은 요소들이 명료하게 분석된다. TV에서는 프로그램 내용에 대한 수용자 반응의 복잡성을 밝히기 위해 형식 특성에 대한 분류법이 마련되어, 장면 지속 시간, 편집 속도, 장면 전환, 카메라 앵글, 특수 효과, 대화 등이 분석되기도 한다. 각각의 경우 미디어 소비자들에 대한 효과와 관련된 특성들을 검증하기 위해 내용 분석이 이루어진다. 이들 연구는 종종 미디어 산물에 대한 순수한 기술적 분석 이외에 실험적 패러다임을 적용한다.

1) 인쇄와 조판 연구

인쇄 미디어에 대한 내용 연구 유형에는 독자층이나 구독 선호도, 기사 이해에 영향을 미치는 뉴스 디자인 요소들 — 특히, 활자체나 지면 조판 — 의 효과에 대한 측정이 수반된다. 이러한 접근을 통해 연구자들은 서로 다른 미디어의 인쇄나 조판 요인들 — 여백의 양, 소제목의 유무, 글자 크기와 스타일, 칼럼이 차지하는 넓이의 변화, 그리고 수직적, 수평적 조판 등 — 을 검증해 왔다.

  이러한 실험적 방법은 빈번하게 사용된다. 피험자들을 하나 혹은 그 이상의 실험 처지 집단에 할당하고 전형적으로 모사 신문 또는 잡지의 페이지와 같은 실험 자극에 노출시킨 후, 다양한 종속 변인의 측정을 위해 피험자들이 본 것을 평가하도록 한다. 이런 연구에서 이용된 종속 변인 측정치들에는 출판물의 정보 가치, 구독에 대한 흥미, 페이지의 이미지, 텍스트 내용 회상, 가독성, 그리고 특정 페이지의 선호도 등이 있다.

  시스킨드는 '지저분한 – 깔끔한,' '정보적인 – 비정보적인,' '불쾌한 – 유쾌한,' '쉬운 – 어려운'과 같은 형용사 쌍 20문항으로 이루어진 9점 척도를 사용하였다(Siskind, 1979). 그녀는 피험자에게 각 신문 면을 평정하게 하고 20개 항목에서의 반응을 합하여 일반적인 독자 선호도를 구했다. 다른 연구들은 평가 척도 기법 또는 0부터 100까지의 '감정 온도계'를 이용하여 독자의 흥미를 측정하였다. 내용의 이해와 회상은 전형적으로 평가되는 내용에 대한 예/아니오 문답이나 다지선다형 문항으로 측정된다.

해스킨스와 플린은 신문의 여성 섹션에서 독자들이 관심을 갖고 있는 서로 다른 활자체의 효과를 시험하기 위해 다소 전형적인 연구를 실시하였다(Haskins & Flynne, 1974). 그들은 좀 더 여성적인 활자가 있고, 그러한 활자로 쓰인 헤드라인이 있는 페이지에 더 많은 독자들이 관심을 가질 것이라는 가설을 세웠다. 그들은 150명의 여성 주부들에게 특별히 실험을 위해 마련된 신문 복사물을 보여 주었는데, 한 집단은 게라몬드 이탤릭체 Garamond Italic(전문가들이 여성적이라 평가하는 서체)로 인쇄된 여성 섹션의 헤드라인을, 두 번째 집단은 스파르탄 블랙체 Spartan Black(남성적인 것으로 여겨지는 서체)로 인쇄된 헤드라인 페이지를 보게 되었다. 세 번째 집단에게는 흰 카드에 타이핑된 헤드라인만을 보여 주었다. 이 외에도, 각 여성들은 10개의 활자체를 본 후 16개의 형용사 쌍으로 이루어진 의미 분별 척도에 평점하였다.

이들은 그러한 활자체들이 독자들의 관심 유발에 아무런 자극이 되지 않는다는 것을 발견하였다. 흰 카드에 타이핑된 것이나 인쇄된 헤드라인이나 관심 유발 지수는 동일했던 것이다. 이러한 활자체 평점 분석은 독자들이 활자체들의 차이를 구분할 수 있는 능력을 갖고 있다는 것을 보여 주었다. 전문가들이 판단한 것처럼, 게라몬드 이탤릭체는 두 번째로 여성적인 활자체라 평가된 반면, 스파르탄 블랙체는 가장 남성적인 서체로 평가되었다.

페이지의 레이아웃에 대한 연구는 잡지 편집자들이 편집과 조판을 결정하는 데 도움을 주기 위한 목적으로 사용되었다. 클릭과 배어드는 이 분야의 연구를 잘 요약하여 보여 주었다. 그들의 결론은 다음과 같다(Click & Baird, 1979).

① 큰 그림은 작은 그림보다 독자의 눈길을 쉽게 끌 수 있다.

② 비정상적인 모양의 사진은 독자를 짜증나게 한다.

③ 첫 페이지에서 텍스트의 양을 적게 하고 큰 사진을 실으면 구독력을 증가시킬 수 있다.

④ 독자들은 이탤릭체로 된 기사를 읽기 싫어 한다.

⑤ 독자들은 간단하고 친숙한 활자체로 된 제목을 선호한다.

⑥ 어떤 것이 우수한 활자 디자인을 구성하는지에 대해 독자들과 그래픽 디자이너 사이에 거의 의견이 일치하지 않는다.

⑦ 로마체는 다른 활자체에 비해 좀 더 빨리 읽힌다.

최근에는 기술과 조판의 혁명이 이 분야 연구에 대한 관심을 새로이 증가시켰다. 구체적으로 말해, 일러스트레이션과 컬러를 사용한 <USA 투데이 *USA Today*>의 등장으로 인해 몇몇 연구들이 촉진되었다. 거라치는 <USA 투데이>의 사진이나 그림 및 일러스트레이션을 전통적인 신문들과 비교하였다(Geraci, 1984a, b). 클릭과 스템플은 <USA 투데이>에서 선호되는 4색 컬러의 변형적 페이지에서부터 전통적인 흑백 포맷에 이르는 일곱 가지의 앞면 포맷을 분석하였다(Click & Stempel, 1982). 응답자들은 각 페이지의 슬라이드를 15초 동안 본 후 20항목의 의미 분별 척도로 평정하였다. 이 결과 독자들은 컬러로 된 변형적 페이지를 선호한다는 것이 알려졌다.

이러한 연구 경향이 최근까지 지속되어 왔다. 스미스와 하자시는 30개 일간지에 사용된 그래픽들을 내용 분석하였는데, <USA 투데이>에는 평균 한 페이지에 1.3개의 그래픽이 있는데 비해 일반적으로 다른 신문들은 17페이지당 하나의 그래픽을 사용한다는 것을 알아냈다(Smith & Hajash, 1988). 이에 따라 그들은 <USA 투데이>의 영향이 그때까지 압도적이었던 것이 아니라고 결론지었다. 우트와 파스터낵은 확실히 <USA 투데이>의 영향이 미국 일간지들의 표지 디자인에 영향을 미쳤다고 주장했는데, 그 근거는 대부분의 신문들에서 컬러와 사진, 그리고 정보와 관계된 그래픽을 이용한 표지 디자인이 증가해 왔다는 것이었다(Utt & Pasternak, 1989). 보올과 그레이셔는 신문 디자인에서 컬러 망판 인쇄와 부분 컬러 인쇄에 대한 독자 반응을 측정하기 위해 실험법을 사용하였다(Bohle & Gracia, 1987). 그들의 결론은 컬러를 이용하면 신문 지면이 한층 유혹적이고 즐겁고 강력해지지만, 신문의 중요성이나 가치, 도덕적 질 등에 대한 평가에는 거의 영향을 미치지 않는다는 것이었다.

독자들의 이해에 미치는 그래픽의 영향도 계속 연구되어 왔는데, 이러한 연구들은 분명히 일관된 결론을 유지하고 있다. 켈리는 예쁘게 장식된 그래픽 자료(<USA 투데이>에서 주로 사용되는)가 그렇지 않은 그래픽에 비해 독자들이 정보를 기억하는 데는 별로 도움될 것이 없다는 사실을 발견하였다(Kelly, 1985). 워드는 뉴스 스토리에 따라 옆줄을 사용한 그래픽 일러스트레이션이 기사를 이해하는 데 도움을 주는지를 연구하였다(Ward, 1992). 그는 이해에 도움을 주는 데는 차트나 도표, 그리고 예쁘게 장식한 막대 그래프와 같은 것들은 주된 내용에 함께 사용되는 스트레이트 막대 그래프에 비해 덜 효과적이라는 것을 알아냈다. 파스터낵과 우트는 독자들이 내용과 디자인 모두를 위해 '정보 그래픽'을 본다는 사실, 그리고 비록 그것들이 눈길을 끌기는 하지만 상당한 비율의 독자들은 그것들을 이해하는 데 어려움을 겪고 있다는 사실을 발견하였다(Pasternak & Utt, 1990).

2) 독이성 조사

신문 기사는 얼마나 쉽게 독자들에게 읽힐 수 있는가? 독자들이 그들이 읽는 것을 이해할 수 있는지, 흥미를 느끼는지, 그리 큰 노력 없이도 읽을 수 있는지 등은 그들이 그 출판물을 다시 읽게 될 것인지에 영향을 준다(Dale & Chall, 1948). 신문이나 다른 인쇄물의 독이성 조사는 독자들이 얼마나 이해하기 쉽게 쓰여졌는지를 입증하기 위해 행해졌다. 텍스트의 독이성을 객관적으로 결정하기 위해 몇몇 공식이 개발되기도 했는데, 이는 사용된 언어의 이해도 및 텍스트의 문법 구조와 연관된 명료성 측정을 목적으로 시도되었다. 가장 잘 알려진 공식 가운데 하나는 플레시 독이성 Flesch Reading Ease 공식이다(Flesch, 1951). 여기에서는 조사자가 텍스트에서 100개의 단어를 체계적으로 선택하여 단어들의 총 음절 수(wl), 한 문장 당 평균 단어 수(sl)를 결정하여, 다음과 같은 식에 따라 계산한다.

독이성 $= 206.835 - 0.846wl - 1.015sl$

점수는 ('매우 쉽다'와 같은) 문체 묘사 표, 혹은 잠재적 독자의 학년 수준과 비교된다.

또 다른 독이성 측정은 거닝에 의해 개발된 포그 지수 Fog Index 이다(Gunning, 1952). 이를 산출하기 위해 조사자는 100개의 단어 표본을 체계적으로 선택하고, 단어 수를 문장 수로 나눠 평균적인 문장의 길이를 결정한 다음, 3개 혹은 그 이상의 철자를 가진 단어의 수를 세어, 거기에 평균적인 문장의 길이를 더한 다음 0.4를 곱하였다. 플레시 지수 Flesch Index 에서처럼, 거닝의 공식도 텍스트 이해에 필요한 교육 수준을 고려하였다. 이 공식의 주된 장점은 철자 수와 전체적인 계산이 더욱 간편하다는 것이다.

맥러플린은 SMOG 지수(Simple Measure for Gobbledygook)라 불리는 세 번째 독이성 지수를 제시하였다(McLaughlin, 1969). 이는 계산이 쉽고 빠른데, 연구자는 단지 텍스트 시작 부분과 중간 부분, 끝 부분에서 각각 10개의 연속적인 문장을 선택한 후 3개 이상의 철자로 된 모든 단어의 수를 세고, 그 제곱근을 구하면 된다. 이에 따라 구해진 숫자는 그 텍스트를 이해하기 위해 필요한 구독 등급을 나타낸다. 맥러플린의 지수는 쉽게 측정되는 소규모 표본을 이용하여 빠르게 계산할 수 있다. 과정상 포그 지수와 연관이 있기는 하지만 SMOG 지수가 일반적으로 더 낮게 나타난다.

그 전에 이미 테일러는 괄호 과정 *cloze procedure* 이라 불리는 또 다른 독이성 측정법을 개발하였다(Taylor, 1953). 이 기술은 사실상 단어나 철자의 계산이 필요하지 않다는 점에서 위에 언급한 다른 공식들과 다르다. 대신에 조사자는 약 250~300개의 단어로 이루어진 한 절의 문장을 골라 무작위로 시작 지점을 정해 다섯 번째 단어를 모두 지운 후 괄호로 대신함으로써, 독자들에게 그 절의 주제를 제시하고 올바른 것으로 생각되는 단어로 괄호 안을 채우게 하여, 정답이 기입된 괄호의 숫자를 계산한다. 네스트폴드는 괄호 과정 점수가 독자들 스스로 느끼는 내용 난해도와 높은 상관 관계를 갖는다는 것을 알아냈다(Nestvold, 1972). 괄호 과정은 또한 몇몇 다른 일반적인 독이성 테스트보다 더 효과적인 예측 수단임이 밝혀졌다.

이러한 방법들이 인쇄 미디어의 연구에서 널리 사용되지는 않지만, 독이성 연구는 가치 있는 정보를 제공해 줄 수 있다. 가령, 포울러와 스미스는 1904, 1933, 1965년의 표본을 이용하여 신문의 텍스트는 독이성이 일정하지 않지만 잡지의 텍스트는 독이성을 일정하게 유지하고 있음을 알아냈다(Fowler & Smith, 1979). 각 해당 연도의 모든 연구에서, 잡지는 신문보다 쉽게 읽혀졌다.

호스킨스는 통신사인 AP와 UPI의 독이성 수준을 분석했는데, 두 서비스 모두 이해를 위해 플레시 지수 13번째 내지 16번째 등급의 교육이 필요하다는 '어려운' 수준을 나타냈다(Hoskins, 1973).

포울러와 스미스는 <타임>과 <뉴스위크>에서 '보상이 지연되는'의 내용(국가적 문제, 과학, 의약, 비즈니스와 경제)과 '즉각적인 보상'이 발생하는 내용(스포츠, 인물, 뉴스메이커, 영화)을 분석했는데, 일반적으로 전자의 항목들은 후자보다 더 읽기가 어렵다는 것이 밝혀졌다(Fowler & Smith, 1982). 또한 스미스는 신문 내용의 범주들 간에 독이성 차이를 분석하여 특집 기사나 오락 기사가 국제-국내 기사 또는 도시와 지방에 대한 뉴스보다 읽기 쉽다는 것을 발견하였다(Smith, 1984). 또 그의 표본에서는 3개의 인기 있는 독이성 공식들이 항상 같은 수준의 난이도 지수를 보이지는 않았다고 언급하였다.

포터와 스티븐스는 유타주의 경영 편집자들이 5종의 신문에서 고른 5개의 다른 기사에 관한 플레시 독이성 등급 측정을 일관성 있게 과소 평가한다는 것을 알아냈다(Porter & Stephens, 1989). 또 기자들이 표지 기사를 8번째 등급 수준으로 쓴다는 일반적인 주장이 일종의 신화였음을 밝혀냈으며, 딱딱한 뉴스 기사는 보통 12번째 등급으로 쓴다고 분석하였다.

3) TV에서의 서사 분석

미디어 내용에 대한 이해와 기억을 연구하는 실험자들은 내용 분류 수단을 고안·이용하였다. 이 수단들은 수용자와 내용 정보 이해에 영향을 줄 수 있는 서사의 핵심적인 특성을 찾아내기 위해 마련되었다. 많은 미디어 효과 연구는 미디어 내용을 광범위한 관점에서 특성화한다. 따라서 연구는 관찰된 효과를 일으키는 데 비판적이었던 작품 내의 세부 특성을 구별하지 않은 채 TV 프로그램의 영향을 조사하기도 한다.

어떤 연구자들은 실험 연구틀의 요구 조건 안에서 프로그램 내용을 체계적으로 특성화하기 위한 절차를 발전시켜 왔다. 콜린스는 TV 프로그램에 나타나는 '사건 분석 event analysis'을 시도했는데, 이는 그 내용과 각 내용들 사이의 관계를 밝히기 위한 것이었다(Collins, 1983). 사건 분석 결과는 프로그램의 시청률을 확보하는 데, 그리고 이해도 측정에 필요한 항목을 만드는 데 사용되었다.

사건 분석은 프로그램 플롯에도 사용되었는데, 이를 통해 구성상 필수적인 내용의 항목들과 그들 간의 관계를 밝힐 수 있었다. 사건 분석은 서사 내용을 이상적인, 그리고 예정된 이야기 구조에 맞추기 위해서라기보다는 서사 구조를 추론할 목적으로 고안되었다. 이러한 분석 형태를 사용할 때 연구자들은 원숙한 시청자 집단에 주어질 사건의 목록을 준비한다. 그런 다음 이 시청자들은 플롯을 효과적으로 재현하는 데 꼭 필요한 결정적인 사건들을 선택하게 된다.

좀 더 자세한 수준의 분석을 행한 연구자들도 있다(Gibbons et al., 1986; Lorch et al., 1987). 명제적 분석을 기본으로(Kintsch & van Dijk, 1978), 그들은 이야기를 '생각 단위 *idea units*'로 분석했는데, 여기서 각 단위는 단일한 생각이나 행위를 표현하는 것이었다. 이렇게 하여 정보량을 관심 변인과 혼동되지 않게 하면서, 서로 다른 유형의 단위들에 대한 기억을 비교할 수 있었다.

4) TV 포맷 분석

서사 구조 분석 이외에도, TV 제작물의 제시 특성 측면에서 프로그램을 분류하기 위해 여러 분류 체계들이 고안되었다. 와트와 크럴은 '정보 이론'(Shannon & Weaver, 1949)을 적용하여 프로그램 포맷 분석을 검증·발전시켰다. 그들의 연구에서 구체적인 제작 형식 특성들을 많이 정의해 놓았는데, 나중에 이것이 수용자의 이해와 반응에 대한 실험 연구에 사용되었다(Krull & Watt, 1975; Krull, Watt, & Lichty, 1977; Watt & Krull, 1974, 1975, 1976). 이 포맷 분석 체계는 몇몇 주요 변인들을 밝혀냈다.

숏 복잡성 *shot complexity* 은 카메라와 피사체 간에 보이는 거리의 무법칙성을 의미한다. 코더들은 카메라가 보여 주는 클로즈업, 미디엄, 혹은 롱 숏을 평가하고, 각 장면이 지속되는 동안 특정 버튼을 누르고 있어야 했다. 코더의 반응 숫자를 기록하고 코딩이 완료된 후 복잡한 계산을 수행하기 위해 소형 컴퓨터가 사용되었다. 각 숏의 복잡성 수치의 범위는 카메라가 단지 한 종류의 숏만을 보여 준다는 것을 나타내는 0단계에서부터 카메라가 롱 숏, 미디엄 숏, 클로즈업 숏을 골고루 보여 주는 것을 의미하는 1.5단계까지 분포되었다. 이 변인의 목적은 카메라 장면 전환의 효과를 결정하기 위한 것이었다.

세트 복잡성 *set complexity* 은 프로그램 안에서 한 물리적 위치가 시각적으로 지속되는 기간의 무법칙성을 의미한다. 코더들에게는 어떤 위치(또는 배경)가 프로그램에서 보여지는가를 결정하고, 각 위치에 따라 할당된 버튼을 누르도록 했다. 원자료에서 복잡성 정도를 산출하는 절차는 숏 복잡성과 비슷하다. 프로그램이 세트를 많이 가지고 있지 않으면 세트 복잡성 점수는 낮아지고, 많은 세트를 가지고 있어 각 세트가 비슷한 시간만큼 보여진다면 세트 복잡성 점수는 높아진다. 이 변인의 목적은 행위에 장소가 추가됨으로써 나타날 수 있는 효과를 알아보기 위한 것이다. 세트가 증가함에 따라 시청자들의 시청 부담도 증가한다.

시각적 상호 작용의 복잡성 *visual interaction complexity* 은 등장 인물들이 소리를 내는 데 있어서의 무법칙성을 의미한다. 코더들은 특정 등장 인물이 (단지 대사뿐만 아니라) 소리를 내는 동안 버튼을 누른다. 이때 상호 작용의 복잡성은 엔트로피 계산으로 결정된다. 이 변인의 목적은 많은 등장 인물 사이에서 이루어지는 대화(그리고 대화 이외의 다른 소리를 내는 행위)의 효과를 알아보기 위한 것이다.

양식의 복잡성 *modal complexity* 은 시각적 또는 언어적 변화에 수반되는 프로그램 메시지의 무법칙성을 뜻한다. 코더들은 언어화되는 양을 평가하여 언어적 상호 작용의 복잡성에 점수를 주는 버튼을 누른다. 양식의 복잡성은 코더의 반응을 각기 다른 방법으로 지수화함으로써 결정된다. 양식의 복잡성은 각 등장 인물의 언어량을 따르기보다는 모든 등장 인물들이 보이는 소리 내는 행위를 합산하고, 그것을 말이 나오지 않는 동안의 시간 양과 비교하여 산출한다. 이 변인의 목적은 시각적, 언어적으로 정보를 제시할 때의 효과를 알아보기 위한 것이다. 만일 TV 프로그램이 시각적으로 보이기만 한다면, 시청자들은 인물의 행위를 시각에 의해서만 이해할 수 있을 것이다. 반면 행동이 청각적으로만 나타난다면 시청자들은 듣는 것만을 통해 이해해야 할 것이다. 아니면 두 양식 사이를 번갈아 가며 이해할 수도 있다.

화자의 시각적 존재 *visual presence of speakers* 는 말하는 사람이 화면

에 보이는 정도를 말한다. 코더들은 화자가 많이 등장하는 경우, 한 사람만 등장하는 경우, 한 명의 화자가 화면 밖에 있는 경우, 많은 수의 화자가 화면 밖에 있는 경우를 나타내는 4개 가운데 하나의 버튼을 눌러 프로그램의 등급을 매긴다(Husson & Hughes, 1981). 많은 화자가 화면에 등장할 때 높은 점수를 얻게 된다. 많은 수의 화자가 화면 밖에 있을 때 점수는 낮아진다.

시각과 언어의 조화 *visual-verbal congruence* 는 언어적으로 지칭된 사물이 일정한 시간 단위마다 실제로 화면에 나타나는 빈도를 의미한다. 코더들은 언어적 부분이 화면에 보이는지, 지시물이 구체적인지를 평가하고 버튼을 눌러 그러한 언어화의 발생을 기록한다. 이러한 조화는 주로 등장 인물들이 물리적인 대상에 대해서 이야기할 때 증가하고, 보이지 않는 추상적 개념들을 말할 때는 감소된다.

이러한 변인들을 사용하여 연구자들은 TV 프로그램의 복잡성을 측정하였다. 많은 경우 이 연구는 어린이들을 위해 제작된 <세서미 스트리트 *Sesame Streets*> 나 <로저 씨의 이웃 *Mister Roger's Neighborhood*> 과 같은 교육용 프로그램을 다루어 왔다(Watt & Welch, 1983). 이러한 분석은 프로그램의 시각적, 청각적 복잡성을 분류한다. 이 자료들은 따라서 프로그램의 교육적 내용을 이해하고 배울 수 있는 어린이들의 능력과 연관되기도 한다.

5) 아동용 TV 포맷 분석

TV 포맷 분석은 종종 실험적 패러다임 내에서 이루어져, 어린이용 TV 프로그램에 적용되는 다양한 포맷들에 초점을 두기도 한다. 많은 경우 연구자들은 어린이용 TV 프로그램에서 가장 효과적인 교육적 포맷을 설정하려는 목적으로, 수용자의 관심을 유발하고 유지하는 데 중요하다고 여겨지는 프로그램을 구성하는 형식적 특징을 밝혀내는 데 관심을 기울여 왔다.

휴스턴과 그의 동료들은 미국의 어린이 TV 프로그램의 형식적 특징들을 분석하였다(Huston et al., 1981). 그들은 활기가 넘치는 프로그램과 그렇지 않은 프로그램의 특성, 예상 수용자 혹은 제작 의도(가령, 교육용 혹은 오락용)에 따라 형식적 특징이 달라지는 방식을 비교하였다. 주로 공영 방송을 통해 토요일 아침부터 주중 주요 시청 시간대와 낮 시간에 방송되는 교육 프로그램 중에서 두 가지 어린이용 프로그램의 표본이 설정되었다. 이 포맷 분석은 각 프로그램에서 묘사되는 물리적 행위의 속도와 범위, 그리고 장면 전환의 수와 그 속도를 목록화하였다. 또한 이 분석은 시청각적인 특수 효과의 사용과 음악 및 음향 효과의 사용을 코딩하였다. 이러한 특징들은 '지각적으로 두드러진' 것으로 분류되었는데, 이는 어린이 시청자들의 주의를 화면으로 이끄는 데 영향을 주는 주요 요소임을 의미하는 것이었다.

비록 몇몇 교육적 프로그램들이 이러한 기술을 모방하기는 했지만, 이처럼 지각적으로 두드러진다는 특징은 오락용 TV 프로그램의 특성이 되었다. 그러나 교육용 프로그램 내에서 이러한 형식적 특징들이 교육적 목적을 향상시킨다는 점은 대단히 중요하다. 어린이 대화를 사용하는 것은 어린 시청자들의 집중도를 유지시키는 데 유용하고, 또한 노래는 어떤 교육적 메시지의 학습을 촉진시키며, 특정 분야의 내용에 주의를 끌기 위해 카메라 작업을 사용할 수도 있다. 카메라 줌 시간을 길게 하여 대상을 느리게 나타냄으로써 중요 내용을 강조할 수 있으며, 이는 어린 시청자들이 정보를 처리하는 데 충분한 시간을 주는 역할을 하기도 한다.

6) 아동용 프로그램 내에서의 언어적 코드

제작 기술 및 비언어적 내용이 포함된 형식적 특징에 더하여, TV 프로그램에 사용되는 언어의 성격이 수용자의 학습과 인상 형성에 중요하다. 예를 들어, 어린이용 프로그램에 사용된 언어 분석은 TV의 언어 관례와 그것들이 어떻게 상호 작용하는지를 이해하는 데 도움을 준다. 이런 종류의 분석은 또한 프로그램을 통해 어린이들이 얼마나 효과적으로 학습할 수 있는지를 이해할 수 있다는 점에서 중요하다. 형식적 특징들에서 볼 수 있는 것처럼, 프로그램에 쓰이는 언어적 코드의 유형은 서로 다른 유형의 수용자들 혹은 서로 다른 제작 목적에 부합되도록 조정될 수 있다.

어린이용 프로그램의 언어적 구조에 관한 파일럿 연구에서 라이스는 6개 프로그램에 나타난 25가지 범주의 언어적 특징들을 분석하였다(Rice, 1979). 이 프로그램들은 다수의 혹은 적당한 수의 생기발랄한 이야기를 포함하여 무언극, 시트콤, 그리고 예상 수용자의 연령대에 따라 다른 교육용 프로그램(<로저 씨의 이웃>이나 <전기 회사 *The Electric Company*>와 같은)들을 포함하고 있었다. 이를 통해 세 가지 형태의 언어적 기술 요소가 코딩되었다. **의사 소통 흐름** *communication flow* 은 길이와 다양성, 비율, 발화의 반복에 대한 측정으로 구성되어 있다. **언어 구조** *language structure* 는 문법적 완결성과 묘사적 수식어, 그리고 한 단어에 대한 강조를 담고 있다. **의미 내용** *meaning content* 변인들은 언어의 특별한 특성에 주어진 선택적 우월성, 문자화되지 않은 의미들, 명확한 교훈, 소설의 단어, 즉각적인 참조 가능성 등을 포함한다.

두 교육용 프로그램에서 독특한 언어 용례의 유형이 나타난다. 취학 전 아동들을 위한 교육 프로그램인 <로저 씨의 이웃>은 적절한 양의 대화를 이용하였으며, 문자화되지 않은 의미를 가진 단어들의 사용을 피했고, 어린 시청자들에게 그 의미를 이해시키려는 목적에서 하나의 중심 단어를 강조하기 위한 특별한 방법을 사용하였다. <전기 회사>는 저학년 아동을 대상으로 한 프로그램으로, 하나의 중심 단어를 강조했을 뿐만 아니라 다소 많은 양의 대화를 사용하였고, 소설에 나오는 단어와 몇몇 문자화되지 않는 단어를 사용하였다. 이는 어린이에게 일정한 문법적 형태들을 교육하기 위한 것이었다. 이 프로그램은 어린이들의 독해 능력을 향상시키는 데 관심을 두었고, 이러한 목적을 수행하기 위해 강조적 형태의 언어 표현을 사용하였다.

　교육 프로그램과는 달리, 보다 많은 오락 지향적 프로그램들은 그들의 언어 코드를 어린이 시청자들의 수준에 맞추려는 시도를 거의 보여 주지 않았다. 이 프로그램들에서 종종 대화의 복잡성은 비교적 낮은 경향을 보이지만(비록 어떤 경우에는 많은 언어적 발화가 이루어진다 하더라도), 행위나 표현의 속도, 장면 전환 빈도, 시청각적 특수 효과의 사용, 그리고 카메라 숏의 변화 등의 측면에서는 복잡성 점수가 높았다. 이들 프로그램은 어린이들을 꾸준히 화면에 잡아둘 수 있도록 작용하는 '지각적으로 두드러진' 특징들을 통해 어린이 시청자들의 관심을 끌고 유지시키기 위해 만들어졌던 것이다.

7) 코더의 인식과 수용자의 인식

내용 분석은 연구자에 의해 고안된 규정 형식에 따라 사건·사고들을 목록화하는 훈련된 코더들을 이용한다. 수용자 효과 연구의 출발점으로 내용 분석을 사용할 때 주된 문제는, 코더들에 의해 코딩된 특징적 내용들이 반드시 가장 중요한 내용 요소들을 나타내는 것은 아니라는 점이다.

　예를 들어, TV 폭력에 관한 내용 분석 연구는 특정 사건의 발생 빈도를 수량화한다. 그러나 코드화된 폭력이 시청자에게 그 프로그램의 중요한 특징을 나타내느냐 하는 것은 다른 문제다. 이미 수용자들에 의해 인지되고 해독되어 기존 지식 체계에 동화된 '메시지'를 검증하는 기술이 항상 수용자 연구로 산출되는 것은 아니다.

　내용 분석이 미디어 효과에 관한 추론들에서 만들어지는 것이므로, 사실상 그것은 수용자 반응에 대한 빈약한 지표에 불과할 수도 있다(Ceulemans & Fauconnier, 1979; Perloff et al., 1982). 내용 분석을 통해 특정 사건에 대한 신뢰할 만한 코딩 작업이 이루어진다 하더라도 이러한 코딩 작업은 단지 애초의 코더들하고만 관계된 것일 수 있으며, 이 코

딩 방법을 교육받지 않은 일반적인 대중들에 대한 여타의 실제 의미
는 정작 부족해질 수도 있는 것이다.

문제는 TV 내용이나 그 상징적 메시지가 인식되고 이해되는 방식
에 대한 묘사나 진술을 일반화할 때 발생한다. 코더에 의해 정의된 프
로그램의 의미들과 일반 시청자들에 의해 정의된 의미들 사이의 균형
정도를 설정하는 작업이 필요한 것이다. 내용 분석에 의해 정의된 이
미지와 메시지들이 시청자와 동일한 보편적 의미를 공유할 수 있는 것
은 어느 범위까지인가? 총격전이나 격투 같은 사건의 경우, 그 내용이
코딩 체계에 의해 **이미** 정의된 프로그램 구조와 수용자의 내용 인식
사이에 일치가 되는 것이 비교적 쉬울 수도 있다. 그러나 시청자들로
부터 직접적인 정보가 주어지지 않는다면, 규범이나 관계에 대한 의미
있는 메시지를 정확하게 추론하는 것은 그리 쉬운 일이 아니다(Gunter,
1981, 1985a).

수용자 연구는 내용 분석 안에서 모니터되는 구조들을 수용자들
이 항상 프로그램의 중요한 속성으로 인식하고 있지는 않다는 것을
보여 준다. 폭력 장면은 내용상 중요한 것이 아닐 수도 있으며, 폭력
행위를 담고 있는 영화를 대강 보고 난 후 그에 대한 토론을 할 때도
시청자들은 특별히 폭력에 대해 질문을 받는 경우가 아니면 폭력에
대해 이야기하지 않을 수도 있다.

영국 공영 방송 BBC(British Broadcasting Corporation)에 의해 실시되었
던 수용자에 대한 현장 조사에서, 수용자들은 특정 프로그램을 간단히
보고 난 후 폭력에 대한 반응과 그 밖의 여러 내용들에 관한 질문에
답을 하게 되었다(Shaw & Newell, 1972). 조사 결과, '폭력적'인 것으로
인식된 프로그램들은 실제로 폭력 장면의 숫자와는 상관이 없는 것으
로 나타났으며, 프로그램을 폭력적인 것으로 인식하는 것과 언어적으
로 기록된 감정 분출과의 상관 관계 또한 그리 강하지 않은 것으로 나
타났다. 그러나 폭력은 정당하지 않은 것으로 평가되므로, 폭력의 평가
는 프로그램에 대한 부정적 평가와 관련이 있다. 또한 뉴스나 다큐멘

터리에서 묘사되는 실제적 사건이 그와 유사한 허구적 프로그램들에서의 폭력보다 더 폭력적으로 인식되는 것과 마찬가지로, 대부분의 응답자들은 '현실성 *realism*'이 인식에서 중요한 요소라고 주장하였다.

성인과 아동이 거의 동일하게 TV 폭력에 대한 세련된 판단 능력을 갖고 있다는 것을 보여 주는 연구도 있다. 시청자들은 사건의 심각성을 결정하는 데 있어 그들 자신의 척도를 갖고 있으며, 연구자의 폭력 범주에 늘 동의하는 것은 아니라는 것이다.

건터는 12개의 실험 연구를 보고했는데, 사람들을 집단으로 나누어 영국 범죄 연속극, 미국 범죄 연속극, 서부극, SF 연속극, 만화에서 발췌한 장면들을 각각 보여 주었다(Gunter, 1985a). 시청자들은 각 장면에 대해 다양한 개인적 판단을 질적 평점 척도에 표현할 수 있었다. 장면들은 단독으로, 또는 비교 판단을 위해 짝을 지어 제시되었다. 이 장면들의 지각에 관한 변인들은 많은 요소들 — 그 장면이 나온 프로그램의 유형, 폭력에 사용된 무기나 도구의 유형, 행위의 물리적 구성, 그리고 각 장면에서 폭력의 희생자에게 발생한 피해의 정도 등 — 과 관련해 연구되었다. 그 결과, 이처럼 TV에서 연출하는 다양한 속성들이 시청자들의 TV 폭력에 관한 개인적 의견에 큰 영향을 줄 수 있음을 알게 되었다.

친숙한 주변 환경은 시청자의 TV 폭력에 대한 인식에 영향을 주는 가장 강력한 요인 가운데 하나이다(Gunter, 1985a; Gunter & Furnham, 1984). 폭력이 나타나는 장소나 시간이 집에서 가까울수록 폭력은 더 심각하게 여겨진다.

어떤 결과들은 한층 더 복잡한 양상을 보인다. 그 하나의 예는 법집행자의 폭력과 범죄자의 폭력, 남자의 폭력과 여자의 폭력에 대한 일련의 역설적인 의견들인데, 이는 프로그램 유형에 따라 다양하게 나타난다. 가령, 영국의 범죄 연속극에서 추출된 장면들에서는 남자가 여자에게 가한 폭력에 시청자들이 주로 관심을 보였으며, 반면 미국 범죄 연속극에서는 여자가 남자에게 폭력적이 되는 부분에 좀 더 관심을 보였다(Gunter & Furnham, 1984). 미국 상황에서는 범죄자의 폭력이 법 집행자(보통 경찰)의 폭력보다 심각한 것으로 인식된 반면, 배경이 영국일 경우 시청자들이 더 부담을 느낀 것은 법 집행자에 의한 폭력이었다(Gunter, 1985a).

어린이들도 TV에 나타나는 서로 다른 폭력의 형태를 구분할 수 있다. 어린 시청자들에게 어른의 원숙함이 없을지는 몰라도, 그들은 다양한 프로그램 장르를 구분하는 법, 그리고 프로그램에서 보이는 것들 중에 그들이 지켜야 할 관습이 어떤 것인지는 충분히 배운다.

약 30년 전 미국 공중 위생국의 'TV와 사회적 행위'에 대한 연구 프로그램의 일부로 실시된 두 연구는 TV 폭력에 대한 어린이들의 인식 평가를 목적으로 하였다. 두 연구 모두 주요 시청 시간대의 미국 오락 프로그램을 녹화하여 간략하게 보여 준 다음 어린 시청자들의 반응을 얻었다. 11세와 14세의 소년 집단에 각각 4개는 폭력적이고 2개는 그렇지 않은 6개의 다른 장면을 개별적으로 보여 주었다. 또한 모든 소년들에게 8개의 서로 다른 폭력 장면들을 보여 주고 반응을 관찰하였다. 각각의 폭력 장면은 치명적이지 않은 재산상의 피해와 타인에 대한 폭력, 총격으로 인한 살인, 그리고 다른 수단에 의한 두 번째 살인 등으로 구성되었다(Greenberg & Gordon, 1972b)

각 폭력 장면은 폭력 언식의 양, 호감, 현실성, 그리고 관찰된 행동의 수용 측면에서 평가되었다. 연구자들은 폭력 내용의 본질에 따른 평정 차이보다는 다양한 사회 경제적, 인종적 표본 집단 사이의 평정 차이에 더 초점을 두었다. 그런 후에, 그들은 8개의 장면 각각에 대한 반응의 평정 점수 평균치를 보여 주는 결과표를 제시하였다. 이 점수들은 총격으로 인한 죽음을 특징으로 하는 장면이 11세와 14세의 소년들 모두에게 가장 폭력적인 것으로 지각된다는 것을 보여 주었다. 그 다음으로 폭력적인 장면은 14세 집단에게는 교통 사고에 의한 죽음을 묘사한 것, 11세 집단에게는 질식사에 의한 죽음이었다. 두 집단 모두에게 가장 폭력적이지 않은 것으로 보인 장면은 현대적인 격투 장면 혹은 누군가가 가구를 힘껏 치는 장면들이었다.

비록 프로그램상의 사건에 대한 객관적 목록이 일정한 범주 내에서의 사건 발생 빈도를 나타내는 데는 믿을 만한 수치를 제공하고 이를 통해 유용하게 사용된다 하더라도, 수용자가 받아들이는 사건의 의미나 관계는 오로지 수용자의 인식을 통해서만 적절히 확인될 수 있는 것이다. 이러한 관점은 시청자 자신들로 하여금 가장 심각하게 받아들이게 되는 프로그램이 무엇인지를 확인할 수 있도록 해 준다. 적어도 TV의 분석에서는 순수한 객관적 접근보다 오히려 주관적인 접근 방식이 추천되는 이유가 여기에 있다.

8) 양적 내용 분석의 한계

양적 내용 분석은 미디어 산물의 특징을 순수하게 기술하고, 제작 이념 혹은 미디어 내용이 수용자에게 미치는 영향과 관련하여 그 연구가 지니고 있는 잠재적인 중요성에 대한 추론은 거의 하지 않는 경향을 보인다. 미디어 과정과 효과에 대한 의미 있는 통찰을 얻기 위해서는 분석·분류되어야 할 미디어 내용에 관한 올바른 판단이 필요하다. 따라서 연구자가 미디어 작용이나 수용자의 인식, 감정적·행동적 반응에 관한 어떤 이론적 틀 내에서 내용 범주들을 추출한다면 가장 유익한 내용 분석이 될 수 있을 것이다. 예를 들면, TV 폭력 분석 상황에서, 서로 다른 종류의 폭력 묘사에 수용자가 어떻게 달리 반응하는지에 대한 분석이 보강되지 않는다면, 프로그램 내용의 순수한 기술적 자료들은 거의 아무런 가치가 없을 수도 있다. 연구자는 폭력 행위에 대해 수용자가 적용하는 정의에 따라 여러 가지 다른 방식으로 정의를 내릴 수도 있다. 폭력의 속성은 화면에 나타나는 행위에 대한 수용자들의 지각적 반응이 얼마나 중요한지에 따라 달라질 수 있고, 이때 폭력의 속성은 분절된 별개의 속성들로 간주된다. 양적 형태의 내용 분석에는 일종의 환원주의가 존재하는데, 특히 모든 장면들에 같은 비중을 적용할 때 그렇다. 이 과정에서 미디어 내용의 의미가 제작자의 의도나 수용자가 이해하는 것과는 다르게 해석되는 결과를 낳기도 한다(McQuail, 1994).

양적 내용 분석의 더욱 심각한 한계점은 "코딩 과정 속에서 명확한 의미들이 할당될 수 있다고 가정된다"는 점이다(Bentele, 1992: 170). 이는 내용 분석이 미디어 텍스트 구조에 대해 지나치게 간소화된 방법으로 접근한다는 점을 반영한다. "단어나 문자, 단편적인 텍스트, 이미지, 행동 시퀀스와 같은 일정한 인지적 기호들, 그리고 카메라 회전 촬영법이나 줌 등과 같은 기술적 특성으로 명백히 드러날 수 있는 것은 당연히 주어진 것으로 본다"(Bentele, 1992: 170). 실제로, 분석 결과의 타당성 측면에서 크리펜도르프가 중요시했던 재생 가능성 측면은 텍스트의 의미가 고정적이며 양화量化될 수 있다는 가정을 반영한다. 그러나 연구자들이 측정하려 했던 미디어 내용의 중요한 측면은 미디어 내용의 속성이 분명히 고정적이지 않으며, 분석자들의 개인적 태도가 중요한 역할을 하고 있다는 것이다.

3. 질적인 내용 분석

해석적인, 그리고 해석학적인 스타일과 방법론을 사용하는 미디어 연구가 성장해 왔다. 이 방법들은 관찰, 심층 면접, 그리고 다양한 형태의 질적 내용 분석을 포함한다. 질적 내용 분석의 절차는 웨버, 블루머, 레비스트로스의 저작들로부터 영향을 받았다(Weber, 1907; Blumer, 1933; Levi-Strauss, 1963).

미디어 텍스트 분석 방법은 양적 내용 분석과는 다른 인식론적, 이론적 관점에서 등장하였다. 문학 비평, 영화 연구 등에서 도출된 분석적 방법이 텍스트 구조 조사와 의미 생산에 적용되었다. 이러한 미디어 분석 접근의 성장은 1980~95년 동안 질적 내용 분석 방법을 사용하여 280개의 연구를 발표한 히만스의 연구에 잘 나타나 있다(Hijmans, 1996).

　질적 그리고 양적 연구 방법 사이의 기본적 차이는 미디어 텍스트에서 의미가 어디에 존재한다고 보느냐에 있다. 양적 내용 분석은 같은 분석 구조를 사용하는 다른 독자에게서 반복적으로 확인할 수 있는 미디어 텍스트의 고정된 의미를 강조한다. 반면 질적 내용 분석 절차는 수용자에 따라 다양한 의미를 나타낼 수 있는 텍스트의 가능성을 강조한다.

　크리펜도르프는 내용 분석에서 **틀** *framework* 과 **논리** *logic* 라는 두 가지 기본 개념을 구분한다(Krippendorf, 1980). 내용 분석의 틀은 주요 연구 문제, 데이터의 종류, 데이터와 연관된 상황, 그리고 데이터로부터 추론되어 명명되는 일정한 양상의 상황이나 추론의 목표를 포함한다. 다시 말해, 이러한 추론을 실행하기 위해 연구자들은 데이터의 기능적 이론, 즉 상황 관련성을 가질 필요가 있는 것이다. 논리는 타당도와 신뢰도의 평가를 포함하여 데이터의 선택과 생산, 데이터 수집 과정, 추론과 분석의 방법을 수반하는 절차를 다룬다.

　히만스는 질적 내용 분석을 몇 가지 유형으로 구분한다(Hijmans, 1996).

① 구조주의적 – 기호학적 분석 *structural-semiotic analysis*
② 담론 분석 *discourse analysis*
③ 수사적 분석 *rhetorical analysis*
④ 서사 분석 *narrative analysis*
⑤ 해석학적 분석 *interpretive analysis*

1) 구조주의적 - 기호학적 분석

이 접근은 메시지의 심층적 의미와 관계가 있다. 이 방법은 겉으로 드러나는 내용과의 관련성 아닌, 텍스트에 재현되는 구조적 관련성에 관심을 두는데, "어떤 체계에서 의미를 결정하는 것은 내용이 아니라 관계"이기 때문이다(Berger, 1993: 7). 메시지의 창조적 본질과 상징적 의미가 분명히 분석의 주제로 선택된다. 의미 생산은 관례, 코드, 문화적 동의에 기반을 둔다. 근대의 기호학적 분석은 스위스 언어학자 소쉬르 Ferdinand 와 미국 철학자 찰스 샌더스 퍼스 Charles Sanders Peirce 의 작업에 뿌리를 둔다.

커뮤니케이션 과정은 코드라 불리는 체계로 조직화된 신호로 간주된다. 코드는 그 의미와 신호를 연결하는 약속이며, 동의이다. 코드의 종류에는 문화적 코드, 이데올로기적 코드, 재현적 코드, 언어적 코드 등이 있다. 기호학적 분석은 대체로 서술적이다. 신호 체계, 의미화, 재현, 그리고 관습의 의미 등이 예컨대 이데올로기적 복합체로서 확인·해석된다.

소쉬르는 '신호'를 '기표 signifier'와 '기의 signified' 두 가지로 구분하였다. 전자는 소리 이미지나 발화된 혹은 쓰여진 단어의 시각적 이미지를 뜻하며, 후자는 그것이 언어학적으로 나타내는 대상이나 개념을 뜻한다. 퍼스는 신호의 측면을 아이콘적 iconic, 색인적 indexical, 상징적 symbolic 인 세 가지 형태로 구분한다. 아이콘적 형태는 눈에 보이는 것들로 구성된다. 지시적 형태는 관계의 인식 혹은 질병과 징후, 불과 연기의 관계와 같은 현상들 간의 인과적 연결에 대한 인식으로 구성된다. 신호의 상징적 측면은 언어적 형태(예를 들어, 단어와 같은)와 관련하여 학습된 의미들로 구성된다. 신호의 소리 이미지와 개념 사이의 관계는 자의적이다(Berger, 1993).

미디어 내용에 대해 기호학은 영화나 TV 프로그램과 같은 미디어 텍스트들에서 어떻게 의미가 만들어지는지에 관심을 둔다. 기호학은 상징과 그들 사이의 관계를 연구한다. 이를 통해 형태로부터 내용을 분리해 내고 텍스트를 구성하는 상징 체계에 초점을 맞춘다. 상징에 의해 나타난 의미를 결정하는 데 있어서 소쉬르는 또 다른 비판적 개념을 제시했는데, 상징들 간의 관계는 본질적으로 대조의 경향을 보인다는 점이다. 만일 어떤 것이 '뜨겁다'고 서술되었다면 그것의 진정한 의미는 '차갑다'고 여겨지는 것들과의 비교를 통해 만들어진다는 것이다. 슬프다는 것을 의미하는 개념이 없다면 행복에 대한 어떤 이해도 있을 수 없다.

따라서 미디어 내용에 의해 전달되는 의미를 해석하는 데 있어 기호학자들은 상징에 대한 기표와 기의 양상, 그리고 특정 텍스트 안에서 나타나는 이러한 두 국면 사이의 관계를 찾아낸다. 버거는 TV SF 시리즈물 ＜스타 트랙 *Star Trek*＞에 대한 언급을 통해 어떻게 이러한 형태의 분석이 수행될 수 있는지를 설명한다(Berger, 1990: 136~7).

프로그램을 본 사람은 누구든 그것이 우주 모험 / SF 시리즈라는 것을 안다. 각 이야기가 시작될 때 그렇게 '들었기' 때문이다. 우주선 엔터프라이즈호가 '전에 아무도 가보지 못했던' 새로운 세계를 탐험하고 새로운 문명을 찾기 위해 우주로 떠났을 때 우리는 공상 과학 모험은 일반적인 '기의'라고 말할 수 있으며, 이를 보여 주기 위해 많은 수의 기표가 주어진다. 예를 들어, 우리는 우주선, 미래의 유니폼, 레이저 총, 발달된 컴퓨터 기술, 외계인, 초능력, 그리고 마술 / 과학 등을 발견한다.

이러한 것들은 우리가 접촉하는 새로운 텍스트를 해석하기 위해 우리가 배우고 사용하는 모든 연합물이다. 그러나 기표들은 의미를 변화시킬 수 있다. 시간이 지나면 기표에 새로운 연합들과 의미들이 붙을 수 있다. 미디어의 기호학적 분석에서 주된 관심은 어떻게 의미를 만들며, 이야기나 서사를 통해 어떻게 커뮤니케이션 하는지를 밝혀내는 것이다. 상징들은 미디어 텍스트 안에서 검증될 수 있으며, 상징들 간의 관계에 대한 분석을 통해 의미가 창출될 수 있게 된다.

기호학적 분석의 더욱 중요한 특성은 **공시적인** *synchronic* 것과 **통시적인** *diachronic* 것의 차이에 있다. 미디어 텍스트의 공시적 연구는 다양한 요소들 사이의 관계를 살피는 반면, 통시적 연구는 이야기가 발전되는 방식을 연구한다. 공시적 분석은 텍스트(혹은 담론 체계) 안에서 서로 반대되는 쌍의 유형을 연구하는 반면, 통시적 분석은 서사를 형성하는 사건의 연결(의미론적 구조)에 초점을 맞춘다.

의미는 연속적인 것이다. 그리고 의미론적 분석은 서사 구조를 형성하는 연속적 사건으로서의 텍스트를 연구한다. 블라디미르 프로프는 민담을 분석했는데, 그는 텍스트의 '기능' 분석에 관심을 가졌다(Propp, 1975[1928]). 여기서 기능이란 행위 과정이 중요하다는 입장에서 정의된 캐릭터들의 행동을 나타낸다. 그는 민담 속 캐릭터들의 기능을 31가지로 유형화했는데, 이 각각의 기능들은 이야기 속 캐릭터들의 행위 유형과 관련이 있다. 그는 이 기능들이 이야기의 기반을 구성한다고 믿었으며, 이야기 안에서 항상 동일한 연결 방식으로, 혹은 동일한 순서대로 발생한다고 생각하였다. 따라서 모든 동화들은 구조상으로는 하나의 전형을 갖는다는 것이다. 이러한 프로프의 생각은 영화나 TV 프로그램 같은 미디어 산물의 분석에 적용될 수 있다. 드러나지 않은 채 의미를 발생시키는 숨겨진 대립 방식을 찾아내는 분석 작업이 그 대표적인 예이다. 양극화된 대립을 찾아내는 작업이 중요한 이유는 의미가 '관계'를 기반으로 발생하기 때문이며, 또한 언어적 의미의 생산에서 가장 중요한 관계는 '대립 관계'이기 때문이라는 것이다. 기호학자들이 텍스트 내의 대립 관계 분석을 통해 찾아 낸 의미들에 대해서는 약간의 논란이 있어 왔다. 이를 비판하는 사람들은 그러한 대립 관계는 텍스트 내에 사실상 존재하지 않으며, 기호학자들 자신에 의해 만들어질 뿐이라고 주장한다. 그러나 의미가 기본적으로 대립적 관계에 의존하고 있다면 대립은 분명 텍스트 내의 어딘가에 존재해야 하며, 그렇지 않을 경우 의미가 어떻게 받아들여지는지를 알아내는 것은 어려워질 것이다.

단어들과 (단어 이상의 의미를 지니는) 개념들 사이의 관계는 학습되어야 한다. 의미는 언어를 통해, 혹은 다른 신호 체계에 의해 만들어지고, 의미를 만들어 내는 방식을 결정하는 구조 체계나 코드는 각각의 사례마다 학습되어야 하는 것이다. 미디어는 인쇄 미디어, TV, 영화 등과 관련된, 혹은 특정한 서사 구조의 장르들의 속성과 관련된 많은 코드들을 담고 있다. 이러한 코드들에 대한 지식은 문화적 · 사회적으로 생산되며, 인간이 언어를 사용할 때와 마찬가지로, 미디어를 구성하는 코드들도 경험을 통해 학습된다(Bentele, 1992).

기호학은 코드를 수용하는 데 개인차가 있을 수 있다는 점, 그리고 다른 의미의 코드들(가령, 계급이나 성, 인종 집단 등과 관계된)이 미디어 메시지의 이해에 영향을 미칠 수 있다는 점을 인정한다. 따라서 동일한 미디어 내용에 대해서도 수용자 구성원들마다 다양한 해석이 나올 수 있다. 홀은 이러한 반응을 선호, 협상, 저항의 세 가지로 넓게 범주화하였다(Hall, 1980). '선호 *preferred*'는 수용자가 내용 안에서 제시된 사건의 해석을 받아들이는 경우, '협상 *negotiated*'은 해석의 일부만을 선호하고 일부는 거부하는 경우, '저항 *oppositional*'은 수용자가 모든 해석을 받아들이지 않는 경우를 말한다.

기호학 내에서 의미가 고정적이지 않고, 텍스트들이 다양하게 해석될 수 있다면, 내용 분석은 특별한 해석을 드러내지 못한다. 내용은 '선호된 읽기'를 생산하는 방식으로, 또는 수용자가 받아들이도록 텍스트 생산자가 의도한 의미를 만들어 내는 방식으로 구조화된다고 홀은 주장했다. 기호학적 내용 분석이란 생산자가 **코드화**한 메시지에 대한 평가이며, 내용 속에 감추어진 이데올로기적 가정을 나타내는 것이다. 기호학자들은 미디어 — 특히, 뉴스 — 내에서 사용되는 코드들을 연구하는데, 이는 여기에 나타나는 일종의 표현 방식에 따라 이데올로기적 입장이 반영되기 때문이다. 홀 같은 이론가들은 일반적으로 뉴스 미디어의 전문화된 코드들, 예컨대 뉴스의 표현 방식 · 포맷에 대한 결정이나 구성원의 선택, 이미지 선정, 논쟁 구성 방식 등이 특정한 지배 이데올로기의 재생산을 목적으로 이루어진다고 믿고 있다(Hall, 1980).

구조주의는 메시지 서사 구조의 기반에 깔려 있는 신화를 겨냥한다. 신화란 인간 본성과 사회의 본질을 나타내는 심층적 구조라고 알려져 있다. 따라서 구조주의는 신화의 사회적 기능에 주목한다(Levi-Strauss, 1963). 서사 구조 분석은 종종 구조적 분석의 초기 단계와 같은 모습을 보이는데, 이는 연대학적, 논리적 구조와 형태 면에서 서사 구조 분석과 구조적 분석이 밀접한 관계를 갖기 때문이다. 그러나 이들은 주로 캐릭터들과 그 위상, 그리고 상호 대립 관계와 관련된 상징 체계들을 해독하는 데 있어서는 차이를 보인다.

연구는 일반적으로 광고나 TV 드라마, 다큐멘터리와 같은 시대에 따른 문화적 현상들을 분석하고, 그 안에 숨겨진 의미를 밝혀내는 것을 목적으로 한다. 골드만과 팹슨은 광고 안의 이데올로기적 복합물 해독을 분석 대상으로 삼았다(Goldman, 1992; Goldman & Papson, 1994). 맥러플린은 TV 연속극에 등장하는 창녀들의 이미지를 연구하였으며(McLaughlin, 1991), 페리가일스는 북아일랜드 문제를 다룬 다큐멘터리를 분석하였다(Parry-Giles, 1994).

이러한 유형의 내용 분석은 이론적으로 구상되어 미디어 메시지의 잠재적 의미를 밝히는 데 그 목적을 둔다. 이 분석은 일차적으로 서사 구조의 요소들을 분석하고, 그 다음으로 심층적인 의미를 찾는 단계적 특징을 갖는다. 때때로 신화나 코드 같은 개념들이 사용된다 하더라도, 그 과정에서 그것들이 암시하는 바는 불분명한 채로 남아있다. 즉, 방법론적 측면에서 연구의 근거는 상세히 드러나지 않는다. 다른 형태의 질적 연구와 마찬가지로, 분석 결과는 전적으로 유능한 문화 구성원으로서의 연구자의 능력에 달려 있다.

구조주의 분석은 광고에 적용되곤 한다. 레이모어는 4년 남짓한 기간 동안 250개 이상의 미국 TV 광고를 표본으로 분석 보고한 바 있다(Leymore, 1975). 경쟁 상품에 대해 6개의 광고가 선정되었는데, 각 상품은 규격화되고, 대량 생산되며, 값싼 것들이었다. 포장 식품, 쇠고기 카레, 잡채, 닭고기 카레, 파엘라와 같은 상품 범주를 포괄하는 모사 광고를 만들었는데, 이 상품들은 가격이나 이용도, 실용성 면에서 서로 유사했다.

세계의 본질과 그에 대한 인간의 인식에 관해 구조주의자들이 가정하는 것이 있다. 여기에는 세 가지 주요 측면이 있다. 첫째, 인식된 세계는 A와 A가 아닌 것(A / not-A)의 이원적 대립쌍으로 구성될 수 있다. 둘째, 개인에게 발생하는 사건이나 사고의 근본을 이루는 심층적, 보편적인 법칙이 존재한다. 셋째, 이러한 요소들 사이의 법칙이나 관계들은 하나의 닫혀진 전체로서 학습될 수 있다. 우리가 이미 알고 있듯이, 이원적 가정은 언어 속의 의미가 대립에 바탕을 두고 있다고 믿었던 소쉬르의 인어직 접근에 기반을 두고 있다(Saussure, 1966[1915]). 또한 언어 사용의 토대를 이루는 심층적이고 보편적인 법칙이 존재한다는 사실은 문화적, 사회적 맥락과 관련된 언어 용례상의 변인들과는 상관없이 유지된다. 다시 말해, 개인들이 소유한 언어 능력이 보편적인 조화를 이룸으로써 모든 언어의 토대를 조성한다는 것이다(Chomsky, 1965). 따라서 언어는 사회적으로 통용되는 언어 사용상의 변인들과의 관계 이외에, 그 토대를 이루는 심층적 법칙의 측면에서도 분석될 수 있다.

레이모어의 분석은 각 광고 안에서 무슨 일이 일어나는가를 묘사하면서 시작되었다. 한 포장 음식 광고에서는 부모가 아이들을 재운 후 X라는 브랜드의 상품을 이용하여 둘만의 낭만적인 저녁 식사를 준비하는 장면을 묘사했는데, 곧 아이들이 깨어나 분위기를 망쳐 놓는다.

이 광고에 구조주의 분석을 적용할 때, 연구자는 우선 이원적 대립쌍을 찾아낸다. 즉, X라는 상표는 둘만의 오붓한 만찬, 뭔가 특별한 일을 한다는 것, 그리고 이국적인 분위기를 만들어 낸다는 아이디어(이 상품은 향긋한 외국 음식이었다) 등과 연관이 있다. 그 반대편에서는 'X 브랜드가 아닌 것'의 개념들, 이를테면 가족을 보살핀다든지, 일상적인 무언가를 한다든지, 평범한 음식들을 준비한다든지 하는 행위들이 연관되어 떠오를 수 있다. 이러한 이원적 대립쌍을 찾아낸 다음, 조사자는 다음 단계로 넘어가 명백한 메시지의 토대를 이루는 보편적이고 근본적인 주제를 다루게 된다. 이 광고에서의 주제는 일상적인 것과 그렇지 않은 것의 대립이다. 즉, 다른 브랜드의 상품들을 소비하는 것이 다소 일상적이거나 평범한 것으로 그치는 데에 비해 상표 X는 비일상적이다. 이러한 전략은 일상을 주제로 삼는 다른 광고에도 얼마든지 적용될 수 있다. 레이모어는 이러한 접근을 통해 자기가 표집한 광고에서처럼 공통된 주제들을 잘 찾아낼 수 있다고 주장하였다. 이처럼 그녀의 구조주의적 해석 전략은 일차적으로 광고를 관찰한 후 그것에 대한 가설(일상 대 비일상이라는)을 세우고, 다른 광고들을 대상으로 이 가설을 검증하는 것이다.

2) 담론 분석

담론 분석은 기호학적인 관점으로 볼 수도 있고, 비판 언어학 형태로 볼 수도 있다(Fower, 1991). 담론은 문서 텍스트를 지칭하는 것으로 사용되어 왔지만, 시청각 미디어를 접하는 것도 담론이라고 한다. 담론을 미디어에 적용시킨 것은 언어의 의미를 암묵적인 이데올로기적 가정 측면에서 평가하려는 기호학적 연구에서 나왔으며, 담론 분석은 미디어에서 사용하는 언어의 언어학적 구성 요소에 주목한다.

　담론 분석은 "뉴스는 언어로 세상을 재현하는 것이다…… 뉴스는 애초부터 뉴스가 재현하는 모든 것에 가치 체계나 사회·경제적 구조를 부여한다. 뉴스는 구성적 의미에서의 재현이다. 즉, '결과'를 몰가치적으로 반영하는 것이 아니다. 텍스트 안에서 사용되는 언어적 표현의 특정 형태 — 단어, 구문론적 선택 등 — 는 나름대로의 이유를 지니고 있다. 같은 사물을 말하는 방법에도 여러 가지가 있으며, 그것들은 무작위적이거나 우연적으로 선택된 것이 아니다. 표현의 차이는 이데올로기의 차이(곧 재현의 차이)를 의미한다"(Fowler, 1991: 4).

　이 방법은 따라서 근본적인 이데올로기적 입장, 권력 관계의 인식, 그리고 생산자의 이해 수준과 권위가 미디어 내용의 텍스트적 구조에서 결정될 수 있다고 주장한다(van Dijk, 1983). 한 연구자에 따르면,

신문의 내용은 세상에 관한 사실이 아니라 아주 일반적인 의미의 '생각'이다. 그러므로 미디어 담론 분석은 언어를 통한 '재현의 이데올로기적 실천'을 평가할 수 있다(Fowler, 1991: 5).

나이트와 딘은 두 개의 신문에 보도된 동일한 사건을 분석·비교하였다(Knight & Dean, 1982). 젠슨은 미국 TV 네트워크의 뉴스 프로그램을 분석하여 미국 경제 체제에 대한 특정한 이데올로기적 관점을 보여주고, 그것을 '뉴스 이데올로기'라고 지칭하였다(Jensen, 1987). 원젝은 TV에서 보도되는 뛰어난 흑인 농구 선수에 대한 미디어의 인종 차별에 초점을 맞추었다(Wonsek, 1992). 하우드와 질스는 TV 시리즈 <골든 걸 *The Golden Girls*>에서 보인 유머러스한 상황에서 연령 상징자들의 역할을 부각시켰고(Harwood & Giles, 1992), 그리핀, 해킷, 자오는 걸프전 동안 뉴스 사설을 통해 평화 운동이 나타나는 모습을 조사하였다 (Griffin, Hacket & Zhao, 1994).

이런 유형의 분석 예로 ≪인종 차별과 언론 *Racism and the Press*≫을 들 수 있다(van Dijk, 1991). 이 책은 인종을 주제로 한 뉴스 기사들을 분석하는 몇 개의 부분으로 구성되어 있다. 반 딕은 의미론적 거시 구조에 대한 분석, 혹은 소수 민족과 관련한 의미의 전체적인 특성에 대한 분석으로 논의를 시작한다. 거시 구조는 전통적인 '뉴스 짜임 *news scheme*' 혹은 뉴스 아이템 범주의 계층적 조직으로서의 상부 구조로 이루어져 있다. 여기에서 소수 민족은 반 딕이 기술적 범주에 따라 묘사한 대로 '문제성 있는 그룹'으로 기술되고 있다. 이에 따라 그들의 근본적인 이데올로기적 관점을 재구성하기 위해 사설들이 분석되었다. 여기서 초점은 구성과 구조, 즉 그 상황에 대한 정의, 해석상의 특성과 기사의 윤리성에 맞춰졌다.

대부분의 담론 분석 과정은 여러 방법이 계층적으로 결합되어 구성된다. 특정한 언어적 분석('무질서'란 단어 대신에 '폭동'이라는 단어를 선택하거나, 혹은 텍스트의 유형을 찾아보는 것)과 수사학적 전략은 주제 분석을 수반한다. 이것이 한 텍스트 내에서 주요 주제를 결정하는 일반적인 내용 분석 형태인 것이다. 전체는 아니지만 대부분의 담론 분석 과정은 거시 구조 분석을 수반하며, 텍스트 내 주제들 간의 상호 관계는 도표 형식으로 제시한다. 그러므로 담론 분석은 일반적이면서도 동시에 세부적일 수 있다. 세부적 분석은 본질적으로 수사적 특성을 갖는다. 담론 분석의 문제점은 담론 분석을 사용하는 연구자들의 비판적인 자세로 인해 그 분석 형태가 편파적일 수 있다는 것이다.

3) 수사학적 분석

수사학적 분석에서 중요한 것은 메시지가 외양상 또는 원문상 어떻게 재현되는가 하는 문제이다. 넓은 의미로 이것은 메시지의 재현뿐만 아니라 조직과도 관련된 문체 분석의 일종이라고 할 수 있으며, 이러한 유형의 분석에서 화자의 선택은 매우 결정적이다. 또한 수사학적 분석은 은유의 구성, 형식, 사용, 그리고 논의와 추론의 구조와 같은 특이한 특징에 주목한다.

　　뉴스에서의 정보 공급이나 최근 프로그램은 수사학적 분석의 인기 있는 주제이다. 피티엘라는 <핀란드 Finnish> 신문에서 뉴스 단신을 분석하였다(Pitiela, 1992). 소렌슨은 <아프리카의 뿔 Horn of Africa>에서 아프리카의 기근 현상에 대해 뉴스에 수사학적 기술이 사용되었음을 발견하고 연구에 착수하였다(Sorenson, 1991). 포터와 웨더렐, 그리고 포터와 그의 동료들은 암 연구에 대한 영국의 다큐멘터리에서 계량적 연구에 수사학적 기술을 사용한 것에 대해 의문을 가졌다(Potter & Wetherell, 1994; Potter et. al., 1991). 캐플런과 듀랜드는 의견을 개진하는 데 있어서 시각상의 은유가 있음을 간파하였다(Kaplan, 1992; Durand, 1987).

　　수사학적 분석은 텍스트의 단편이나 일정 단위를 세심하게 읽어냄으로써, 직접적으로 관찰 가능하고 인지 가능한 메시지의 구성이나 조직을 재구성함을 암시한다. 또한 이 분석은 사용된 언어와 이미지의 형식적·외적 특성을 풀어낸다. 때로는 구성이 강조되어 텍스트의 구문적 특성을 연구하고, 때로는 언어 사용의 실용적 측면이 강조되어 화자의 선택, 실천 및 전략을 연구한다. 수사학적 분석의 진행 과정은 주로 단순한 텍스트의 질에 그 초점을 맞춘다.

텍스트의 수사학적 분석은 메시지 광고 분야에서도 수행되어 왔다. 광고에 사용된 수사학적 장치를 점검함으로써, 몇몇 연구자들은 상업적 광고 메시지의 설득 목적이 어떻게 작동되는가를 더 잘 이해하기 위해 그 내용을 여러 부분으로 나누는 것이 가능하다고 주장해 왔다. 그러한 연구는 광고 해석의 5법칙과 동일하다고 간주되었다. 이러한 분석틀 속에서, 상업 광고의 메시지는 상품과 서비스를 사용하거나 사도록 장려하기 위해, 그리고 인간과 관련된 다른 장치를 사용하여 소비자가 광고 중인 브랜드를 선택하도록 설득시키기 위해 연구되었다. 이에 더하여, 단어, 문구, 이미지가 미묘하게 사용된 광고 텍스트를 읽어내기 위한 가이드라인이 제시되기도 하였다(Andren et al., 1978). 이 연구에서는 연구자들이 미국의 주간, 월간 잡지 가운데에서 300개의 광고를 표본으로 선정하였다. 그들은 이 광고들에서 수사학적인 장치를 찾았다. 이러한 분석은 광고가 사람들에게 상품이나 서비스를 구입하도록 간곡히 권고한다는 관점에서, 그리고 그들은 목적을 달성하기 위해 특별한 생산 기술이나 언어적 장치를 사용한다는 관점에서 이루어졌다.

4) 서사 분석

이 또한 형식적 구조에 그 초점을 맞추고 있으나 서사적인 관점에 준한다. 서사는 시작과 끝이 분명히 있는 이야기를 나타내기 때문에 다른 텍스트와는 명확히 구별된다. 인물, 구성(플롯), 그리고 결말의 양상을 다루는 것까지 서사 자체에 포함된다. 이러한 유형의 분석에서, 서사 분석은 등장 인물의 행동, 난관, 선택, 일반적 전개뿐만 아니라 인물 그 자체가 중요시되어, 단순한 텍스트의 특징 이상의 의미를 지닌다.

영화나 TV 시리즈, 다큐멘터리, 뉴스와 같은 미디어 작품과 미디어 내용의 모든 종류는 서사적 관점으로 기술될 수 있다. 뉴콤은 미국 TV의 저녁 프라임 타임 동안의 프로그램 전체를 분석하였다(Newcomb, 1981). 데밍은 잘 알려진 <힐가의 블루스 *Hill Street Blues*>라는 시리즈물의 혁신적인 인물을 분석하였다(Deming, 1985). 리브스와 리빙스턴은 영국과 미국 드라마에서 서사적 구조와 가족적 연대 또는 친족 구조 사이의 상응성을 연구하였다(Liebes & Livingston, 1994).

이러한 서사 분석에서 텍스트는 이야기로 간주된다. 메시지는 일련의 사건 과정을 재현하거나 이를 편집하여 나타내기도 하는데, 이때 그 요소는 구조의 특징을 나타내거나 기술하는 것이어야 한다. 그리고 그 과정은 인물의 행동, 선택, 난관 그리고 인물에게 발생하는 사건들에 기반을 둔 서사적 구조를 재구성하고 서술하는 데 초점을 맞춘다. 서사 분석에는 엄격한 형식의 서사 분석도 있고(Bucke, 1969; Chatman, 1978), 인상에 기반을 둔 서사 분석도 있다.

5) 해석적 분석

이러한 형태의 질적 내용 분석은 주로 사회 과학적 기원을 갖는데, 이는 그 설계와 절차의 요소들에 나타난다. 연구 방법이 명확하게 기술되고, 코딩 과정도 분명히 설명된다. 또한 이론과 방법 사이에는 종종 분명한 관계가 설정되곤 한다.

연구 주제는 다른 방법에서와 전혀 다르지 않다. 리브스는 (이스라엘 TV의) 인티파데[1] 관련 기사들을 (미국 TV에 나타난) 걸프전 기사들과 비교하였다(Liebes, 1992). 댈런 또한 TV 뉴스를 연구했으며(Dahlgren, 1980),

---

1. 이스라엘이 점령한 요단강 서안·가자 지구 팔레스타인 인들의 시위·봉기. ─옮긴이

화이트 부부는 오스트레일리아 신문에 나타난 베트남 난민의 이미지를 분석하였다(White & White, 1982). 웨버와 록스는 미디어에서의 '스트레스'라는 단어의 사용을 분석하였고(Weber & Laux, 1985), 알렉산더는 어린이들이 광고에 활용되는 경향을 연구하였다(Alexander, 1994). 앨데이드는 일반적인 사건을 다루는 뉴스·미디어와, 미디어를 통해 공공연히 유죄를 고백하는 등의 특별한 사법적 제재를 다룬 뉴스·미디어 사이의 관계를 연구하였다(Altheide, 1992). 앨데이드는 또 뉴스 상품의 몇몇 양상을 조사하였다(Altheide, 1985, 1987). 그리핀과 동료들은 인도와 미국의 광고에 나타난 문화적 고정 관념들을 비교하였다(Griffin et al., 1994).

해석적 내용 분석을 사용하는 연구자들은 이론의 발견과 정립을 목적으로 기술적인 연구 문제를 던진다. 분석 절차는 누적적이며 비교적이다. 연구자가 이론적 개념이 없이 현장에 뛰어든다거나, 이론적 개념의 입증이 연구 목적이 될 수 없다는 것을 뜻하지는 않는다. 두 경우 모두 가능하다. 자료에서 새로운 발견을 할 수도 있고, 이로 인해 나중에는 처음보다 더 많은 것을 알게 되는 과정이다. 자료와 개념 사이의 관계는 근본적으로 열려 있다. 즉, 개념들은 충분히 새로운 방식으로 자료를 정리하고 이해하는 데 필요하다. 이론적으로 표집에 대한 정보가 주어진다. 연구자들은 전략적인 이유로 사건을 선택하는데, 그것들이 특정한 방식으로 연구되는 현상들을 나타내기 때문이다. 열린 시작, 관찰과 분석을 이끄는 민감한 개념, 경험적 자료에 대한 이론적 통찰의 검증, 개념의 수정과 일시적 가설들의 확인 등으로 누적된 분석은 해석적 내용 분석의 특성들이다. 이러한 해석적 절차를 거쳐 방법론은 항상 명료하게 드러난다.

4. 결론

이 장에서는 미디어 산물의 분석과 관련된 방법론들을 다루었다. 미디어 수용자 연구에서 양적·질적 연구 방법 사이에는 커다란 차이가 존재한다. 양적 내용 분석은 미리 정의된 별개의 요소들을 세고 분류하여 미디어 내용을 기술적으로 설명하려 한다. 주제의 확인, 혹은 특정 범주 내의 행동이나 사건, 인물 유형 — 개인이건 집단, 혹은 기관이건 — 의 발생 빈도가 기본적인 분석 단위가 된다. 또 이러한 분석 대상에 대한 한층 심화된 기술적 특성들이 목록화되기도 한다. 최종 결과는 미디어의 위치에 관한 몇몇 추가 정보와 더불어 얼마나 자주 특정한 양식이 발생하는지에 대한 분석이다(가령 신문에서의 위치, 프로그램의 유형 등).

미디어 내용을 질적인 형태로 분석할 수도 있다. 이 경우에도 여전히 어느 정도의 계산이 수반될 수 있으나, 평가된 미디어 텍스트의 깊이가 다르다. 질적 내용 분석 연구는 수용자에게 재현하기 위해 미디어 생산자가 선택한 언어 사용의 미묘함, 서사의 구성 및 정보의 유형을 알아보려는 분석 기법을 사용한다. 하지만 이러한 분석의 관심은 어떤 주제, 정보원, 행위자와 사건의 범주 등에 의해 만들어진 모습이 아니라 그들이 등장하는 방법과 선택 과정, 그리고 주제나 정보원 혹은 행위들이 병행되는 방식이다. 따라서 순수한 내용 요소들의 양적 빈도만으로는 즉각적으로 나타낼 수 없는 의미를 드러내기 위해, 언어 및 생산 포맷의 다양한 양식들을 분석할 수 있는 것이다.

내용 분석이 종종 미디어 효과에 대한 추론을 이끌어 내거나 또는 수용자 연구와 병행하여 수용자의 반응을 이해하기 위해 사용되기 때문에, 미디어 내용이 전달하는 모든 범위의 잠재적 의미를 밝혀낼 만한 분석 형식을 사용하는 것이 필수적이다. 비록 양적 기술을 통해 어떤 것이 다른 것보다 많은 수를 차지하는지, 또는 좀 더 우월한 위치를 점유하는지를 연구하는 것 역시 중요하기는 하지만, 이 정보는 어떤 유형의 메시지가 수용자에게 이해될 확률을 알려 줄 수 있기 때문에, 메시지 그 자체를 확인하는 데에는 질적 과정이 요구되기도 한다.

4장

미디어 이용과 노출의 측정

미디어와 관련하여 연구자들이 던지는 기본적인 질문은 미디어가 어느 정도 사용되는가, 수용자가 얼마나 자주 또는 얼마나 많이 미디어에 노출되는가 등이다. 미디어 노출에 관한 이러한 질문은 여러 이유에서 꼭 필요하다. 만일 미디어가 어떤 영향을 가지려면 무엇보다도 그 미디어를 경험해야 한다. 즉, 독자들이 전혀 읽지 않은 신문, 시청자들이 보지 않는 TV 프로그램은 어떤 영향력도 갖지 못할 것이다. 그러므로 미디어의 영향력을 증명하고 체계화하려면 미디어 노출에 대한 측정이 있어야 한다. 둘째, 미디어가 보여 주는 사회 현상은 단순히 학문적 관심에서 생겨난 사회적, 심리적 영향만을 의미하는 것이 아니라 동시에 상업적 실체이기도 하다. 이는 미디어가 보호 없이는 생존할 가능성이 거의 없다는 것을 의미한다. 심지어 공적으로 지원을 받는 미디어 서비스도 만일 그들이 목표로 삼은 소비자들로부터 어떠한 관심도 끌지 못한다면 유지될 가능성이 상당히 줄어들 것이다. 그들의 사회, 문화, 심리적 영향뿐만 아니라 그들의 재정적 생존 능력을 키우기 위해서라도 미디어 수용자의 규모와 형태, 그리고 미디어 사용 패턴에 대한 증거들을 수집하는 것은 중요하다.

미디어의 이용과 그 소비자 시장의 규모, 수용자 등에 대한 정보에 정기적으로 접근할 수 있는 다양한 기득권 집단이 있다. TV 프로그램 혹은 영화 제작자, 방송 편성 담당자, 신문이나 잡지 편집자들은 자신들이 만드는 미디어 산물들이 소비되는 범위를 알아야 한다. 수용자 데이터는 이러한 미디어 전문가들의 수행을 평가하는 방법 가운데 한 형태이다. 미디어 소유주들은 향후 사업 전략의 지침을 마련하기 위해, 피고용인들의 자격을 결정하기 위해, 그리고 광고주나 스폰서 같은 사업 고객들에게 그들의 조직과 서비스를 팔기 위해 그러한 정보를 필요로 한다. 광고 구매자나 미디어 산물의 스폰서들은 특정 미디어 채널이 자신들이 기대했던 만큼 시장에 제대로 노출되었는지를 평가함으로써 자신들의 돈이 잘 쓰였는지 알아야 한다.

프로그램 제작자, 방송 편성 담당자, 출판 편집자들은 그들의 미디어 산물이 수용자나 독자의 관심을 끌기 위해 어떻게 하고 있으며, 다른 미디어 산물과의 경쟁에서 시장 점유율을 어느 정도 얻고 있는지를 알아야 한다. 새로운 출판물, 채널, 또는 방송 프로그램이 나왔을 때, 미디어 생산자들은 그것들이 얼마나 좋은 성과를 거두었는지 알아야 한다. 프로그램 편성을 예로 들면, 시청자들이 얼마나 자주 채널을 돌리는지, 그들이 언제 채널을 돌리는지, 그 프로그램이 방송될 때마다 다시 돌아오는지, 그들이 주중에 규칙적인 시간대에 시청하는지 등을 포함하는 시청자 행동에 대한 상세한 정보가 필요하다.

미디어 소유주들은 두 개의 각기 다른 시장에서 영향을 끼친다. 첫 번째 시장은 특정 미디어의 공공 소비자 시장이다. 두 번째 시장은 광고주가 제공하는 상품과 서비스의 구매자 혹은 잠재 구매자와 의사 소통할 기회를 사려는 광고주들로 구성된 시장이다. 미디어 소유자들은 그들의 특정 미디어가 크기와 구성 면에서 수용자에게 도달할 수 있고, 상품 인지도가 향상됨으로써 생산 시도와 실제 구매가 결과적으로 증가할 것이라는 것을 잠재적 광고주들에게 확신시켜야 한다.

수용자와 의사 소통할 기회를 구매하기 위해 광고주와 후원자들은 어떤 미디어 혹은 여러 미디어들 가운데 어떤 미디어들을 조합해서 사용할 것인지, 어떤 채널·방송국·출판물을 사용할 것인지, 얼마나 많이 지출할 것인지, 어떤 메시지 혹은 무슨 내용을 전달할 것인지, 언제, 어디서, 얼마나 자주 그러한 메시지들을 전달할 것인지를 결정해야 한다. 미디어, 출판물, 채널을 선택하기 위해 광고주들은 수용자와 독자층의 크기, 구조에 대한 정보를 파악해야 한다. 이는 수용자와 독자(성, 나이, 사회 경제적 계층, 결혼 상태, 아이들의 수 등)의 인구 통계적 구성에 대한 측정 혹은 일상 생활, 가치관, 심리학적 분류에 관한 측정을 포함한다. 이러한 정보는 잠재적 소비자와 의사 소통하는 데 비용 대비 효율성이 가장 높은 수단을 결정할 수 있는 광고 비용과 관련된다. 광고주와 후원자를 대신해, 모든 미디어에 대한 상세한 정보를 가지고 있는 광고 대행사, 미디어 컨설턴트, 그 밖의 다른 전문가들이 업무를 수행한다. 결과적으로 이들은 광고주와 후원자의 목적을 이루는 데 부합되도록 여러 미디어들의 효율성을 고객들에게 조언할 수 있다.

1) 주요 수용자 측정

미디어 이용 행동의 핵심 개념은 영화 관람, TV 시청, 라디오 청취, 신문이나 잡지 읽기 같은 행동들을 포함한다. 일반적으로 이러한 행동들이 어떤 결과를 가져오는지에 관한 상식적인 개념은 자세히 고려할 가치가 없어 보일 수 있지만, 사실 이 행동들은 다양한 방법으로 설명될 수 있는 복잡한 개념을 내포하고 있다. TV를 '시청하는 것'은 단순히 화면만 보는 것, 또는 TV에 전혀 집중하지 않을 때도 '시청한다'라고 할 수 있는가? 실용적 또는 조작적 정의의 관점에서, 시청자 혹은 특정 지면을 본 사람으로 간주되려면 얼마나 오랫동안 그 행동을 해야 하는가? 신문 독자는 어떻게 정의해야 하는가? 특정 신문을 날마다 읽는 사람인가, 가끔 읽는 사람인가? 신문을 '읽는다'는 사람으로 간주하기 위해서는 처음부터 끝까지 철저히 읽어야 하는가, 혹은 그 일부만을 읽어도 되는가? 만일 어떤 사람이 사진이나 헤드라인의 일부를 얼핏 보면서 신문을 간단히 '본다'면 그 사람을 여전히 그 출판물의 '독자'로 간주할 수 있는가? 정의와 관련된 이러한 문제들은 모두 연구자들에게 복잡한 질문들을 던진다. 이러한 질문들이 해결되어야 하는 중요한 이유 중 하나는 미디어 이용이 실제로 어떻게 이루어지는지에 대한 결정적 의미를 내포하기 때문이다.

TV 수용자가 '시청한다'는 것은 간단히 TV가 켜진 방에 있다는 것을 의미할 수도 있고, 혹은 방에 있다는 것을 의미할 수도 있고, 수용자가 화면에 집중하면서 얻을 수 있는 일기장이나 전자 기록 장치가 나타내는 것을 의미할 수도 있다. 어떤 측정 시스템은 특별한 프로그램을 보고 있다는 시청자의 주장에 대한 증거로서 받아들여질 수도 있다. 다른 시스템의 경우 시청자들은 최소 몇 초, 몇 분 동안 지속적으로 TV를 시청해야 할 수도 있다. 라디오 프로그램 청취자는 일 대일 직접 인터뷰에서 프로그램의 절반 이상을 청취했다고 주장하는 사람일 수도 있고, 특정 기간 동안 어떤 것이라도 청취한 사람을 지칭할 수도 있다. 신문을 '읽는다'는 것으로 간주될 가능성도 마찬가지로 다양하다.

1. 데이터 수집 기법

수용자와 독자에 대한 정보는 데이터 수집과 분석의 산물이다. 체계적인 방법으로 데이터를 얻기 위해 많은 방법들이 고안되었다. 결론으로 도출된 데이터는 말, 구문, 논평, 이야기, 본문으로 구성된 질적인 것일 수도 있고, 측정 과정의 숫자들로 나타나는 양적인 것일 수도 있다. 전통적으로 큰 규모의 수용자 측정에서 세 가지 주요 측정 방법들이 사용되어 왔다.

① 설문지
② 일기법
③ 전자 기록 장치

이러한 측정 장치들은 수용자에 대한 믿을 만한 양적 데이터 수집을 필요로 하는 산업 연구자들이 가장 자주 사용하는 기법이다. 다른 연구 기법들도 미디어 수용자 분석에 적용되어 왔는데, 이는 비판적 사회 과학자들이 더 높이 평가하는 질적 수용자 연구법들을 포함한다. 다른 기법들은 다음과 같다.

④ 경험 표집
⑤ 관찰
⑥ 심층 면접

특정 적용 분야를 살펴보기 전에 이러한 기법에 대해 간단히 검토하면 다음과 같다.

(1) 설문지

이 연구 방법은 두 가지의 일을 수행한다. 첫째, 연구자들이 각 응답자에게 하고자 하는 모든 질문들을 목록화한다. 둘째, 응답들을 기록하기 위해 공간이나 혹은 몇 가지 장치들을 제공한다. 설문은 구조화되는 범위가 다양하다. 비구조화 설문은 응답자 스스로가 응답을 작성할 수 있게 공간을 주는 개방형의 질문들이라 할 수 있는데, 이로써 질적인 텍스트 형태의 자료가 생산된다. 한편 완전히 다른 방법으로 매우 구조화된 설문이 있으며, 이것은 질문할 필요가 있는 모든 질문들을 나열하고 그것들을 논리적으로 정열하여 사용될 단어들을 정확히 명시하고 응답을 기록할 범주들을 미리 정의하여 제공한다.

그러한 설문의 장점은 모든 질문들이 표준화되고, 같은 방법으로 질문한다는 것이다. 그 결과 각기 다른 개인들의 반응을 합계할 수 있고, 비교할 수 있다. 설문에는 종종 구조화, 반半구조화, 비非구조화된 요소들이 혼합되어 있기 때문에 질적 자료를 내놓는 질문은 몇 개 되지 않는다. 비구조화된 질문에서는 응답자들이 특정 정보를 작성하고, 인터뷰가 끝난 후 이렇게 얻어진 정보들을 연구자가 분류하고 코드화하여 연구실에서 다시 분석한다.

구조화의 정도가 어떻든 설문에는 두 종류가 있다. ① 응답자가 완성하는 질문들, ② 응답자 대신 면접자가 완성하는 질문들이다. 자기 완성 설문은 응답자들에게 우편으로 보내진다. 면접에 기초한 설문은 일 대 일 면접이나 전화로 이루어진다.

(2) 일기법

이 방법은 소비자 행동 자료를 장기적으로 수집한다는 사실, 즉 시간을 두고 개별적인 개인에 분석 토대를 둔 장치라는 사실이 특징적이다. 더욱이 응답자는 일기가 언급한 기간 동안 어떤 행동이 발생할 때마다 기입 사항을 완전히 채워야 한다. 일기란 것은 항상 자신이 완성하는 것이다. 일기는 면접자가 응답자에게 개인적으로 주거나 혹은 우편으로 보낸다. 일기들을 직접 수거할 수도 있고, 우편으로 반송할 수도 있다. 시간이 많이 걸리는 일기가 독서 행동을 포함한 모든 종류의 행동에 대한 자료를 수집할 수 있지만, 일기는 특히 TV / 라디오 수용자 조사와 가장 밀접한 관련성을 지닌다.

미디어 일기 중에는 모든 채널과 방송국 심지어 시장에서 수용되는 프로그램을 목록화함으로써 미리 사전에 완전히 구조화하거나 코드화한 것도 있다. 반면, 기입 사항을 구조화하지 않은 일기법도 있다. 미디어 일기들은 1일 단위 아래 시간 구분으로 기입 사항을 배열한다. 시간 구분은 페이지의 왼쪽에 위에서 아래 방향으로 15분 혹은 30분 간격으로 나눈다. 채널, 방송국, 프로그램들은 맨 위쪽에 배열된다. 응답자는 청취와 시청이 발생하는 모든 칸을 기입해야 한다.

이러한 일기는 잠재적 오류의 가능성을 지니고 있다. 일기를 쓰는 사람이 시청 혹은 청취 기록하는 일을 잊을 수도 있다. 많은 응답자들은 시청 혹은 청취 행위가 일어난 2~3일 후, 혹은 주말에 자신들의 모든 주간 시청이나 청취를 회상하려 하거나 미디어와 관련된 세부사항을 기억하려고 할 것이다. 여기서 불완전한 기억이나 잘못된 기억 때문에 오류가 발생한다. 어떤 미디어 이용을 생략하거나 상상적인 이용을 포함시킴으로써 고의로 일기를 왜곡시킬 수도 있다. 일기가 부정확할 수 있는 또 다른 요인은 일기 작성자가 다른 가족 구성원들 때문에 미디어 사용 또는 행동을 지각하지 못할 때 일어나게 된다.

(3) 전자 기록 장치

이 미디어 이용 측정법을 다른 미디어에도 적용해 보려는 시도가 있었지만, 대개 TV에 한정되는 경향을 보인다. 라디오와 인쇄 미디어, 포스터 그리고 다른 미디어에서 이 방법을 사용하려는 시도는 해당 미디어가 이용되는 각기 복잡한 환경으로 인해 제한된다.

TV 수용자 연구에서 전자 자료 수집 방법의 초기 형태는 수상기 사용 측정에 한정되었다. 미터기는 TV가 켜져 있는지, 채널이 맞추어져 있는지를 측정한다. 하지만 이것으로는 시청자의 행동을 측정할 수 없다. 시청자들은 TV 앞에서 그들이 본 시간대와 프로그램을 표시하면서 일기를 완성한다. 자료는 TV에 부착된 미터기에 저장된다. 미터기로 측정된 자료를 담고 있는 테이프, 그리고 수용자가 실제로 TV를 시청했다는 출석 증거 자료를 담고 있는 일기는 매주 수집해야 하며, 따라서 시간이 오래 걸리는 과정이다.

이런 방법론의 향상은 피플 미터 *people meter* 라 불리는 TV 수용자 측정 장치의 소개와 함께 1980년대에 도입되었다. 미터기가 전화 시스템에 연결되어 있어도 TV 수상기 전자 자료 수집 구성 요소들은 계속 유지된다. 수용자들로부터 자료를 수집할 때, 페이퍼 일기 대신 시청자들이 버튼을 누르며 TV 앞에서 그들의 존재를 알리도록 하는 리모

콘으로 교체되었다. 그래서 오늘날 시청자 자료와 수상기 자료가 모두 집 전화 시스템과 연결된 셋탑 기록 장치에 전자적으로 저장되어 있다. 자료는 다음날 수용자 측정을 위해 밤 사이에 이 저장 장치로부터 빠져나간다.

(4) 경험 표집

이것은 단지 미디어 이용만을 측정하기 위해 발달되어 온 방법은 아니다. 경험 표집은 주어진 시간 중에 개인 시간을 차지하는 어떤 행동을 측정하기 위한 기법이다. 하지만 이러한 상황에서 이 기술은 개인들이 언제 매스 미디어를 이용하는지 알아내기 위해 사용될 수도 있다. 경험 표집 방법에는 깨어 있는 시간 동안 아무 때나 하게 되는 개인 자기 보고를 통해 자료를 수집하는 것도 포함된다. 이러한 자기 보고의 일정은 일방향의 무선 커뮤니케이션으로 통제된다. 각 연구 피험자는 자기 보고 형태의 노트뿐만 아니라 한 주까지의 기간 동안 포켓크기의 전자 호출 장치를 가지고 다닌다. 무선 신호는 미리 결정된 무작위 일정에 의해 발송된다. 이것은 송신자로부터 50마일 반경까지 작동이 가능하다. 무선 신호는 들을 수 있는 소리를 내는 호출기가 피험자들로 하여금 자기 보고 형식의 문안을 작성하도록 자극을 준다. 그 문안은 특정 시점에 하고 있던 그 피험자의 행동에 대해 많은 질문들을 한다. 이 방법을 사용한 한 연구에서 대략 두 시간마다 신호들이 피험자들에게 전송되었다(Kubey & Csikszentmihalyi, 1990).

(5) 관찰 측정치

2장에서 관찰 측정은 참여 관찰과 비참여 관찰로 나누었다. 참여 관찰에서 연구자들은 물리적으로 동일한 환경에서 개인들 간의 상호 작용이 일어나는 동안에 피험자들의 행동을 관찰하여 기록한다. 비참여 관찰에서는 연구자들이 관찰 상황에 물리적으로 존재할 수도 있고 그렇지 않을 수도 있지만, 어떤 식으로도 피험자와 상호 작용하지는 않는다. 어떤 연구에서는 관찰이 멀리에서 시청각 기록 장치의 도움으로 행해진다. 피험자의 행동이 비디오로 녹화되고, 녹화 테이프 결과는 나중에 연구자들이 분석한다.

TV 사용에 대한 참여 관찰 연구들은 가구의 표본에서 관찰자의 위치를 정해야 한다. 종종 연구자들은 관찰 가구와 일시적 혹은 파트 타임으로 함께 사는 동료가 된다. 이러한 상황에서 연구자는 참여자와 함께 식사하고, TV를 보는 동안 그들이 어떻게 시청하며 그들이 무엇을 볼 것인지를 어떻게 결정하는지 등을 관찰하면서 저녁 시간을 그들과 함께 보낸다(예를 들면, Lull, 1978, 1980).

TV 시청에 대한 비참여 관찰 연구 가운데 몇몇 연구들은 TV 화면 앞에서 어떤 일이 발생하는지를 포착하기 위해 사진 혹은 비디오 장치를 사용한다. 카메라는 가족들이 TV를 보는 동안 그들의 시간 경과 사진을 찍는 데 사용된다(Allen, 1965). 이러한 시각적 증거들은 단지 TV가 켜져 있을 때 누가 실제로 있었는지, 그리고 얼마나 자주 시청하는 방이 비어 있었는지 등의 지표만을 제공하기 때문에 상당히 제한적이다. 다른 연구자들은 TV 앞에서 보이는 시청자의 행동 기록을 시각적으로 포착하기 위해 비디오 카메라를 사용한다(예를 들면, Anderson et al., 1985). 비디오 카메라 장비의 장점은 소리를 포함해 지속적인 비디오 필름을 얻는 것이다. 이런 방법으로 단지 TV 앞에 시청자가 있다는 물리적 증거를 측정하는 것뿐만 아니라, 프로그램에 대한 시각적 집중의 다양한 변화와 시청시 오고가는 말들을 측정할 수 있다(예를 들면, Bechtel et al., 1972; Collett & Lamb, 1986; Gunter et al., 1995).

(6) 심층 면접

심층 면접 방식으로 미디어 수용자 자료를 수집하는 방법은 사회 과학 연구의 비평적, 해석적 방식을 고수하는 미디어 학자들이 많이 사용하였다. 심층 면접은 TV 시청 가족의 집에서 이루어진다. 몰리는 이와 같은 방법으로 18가족을 면접하였다(Morley, 1986). 부모들을 먼저 면접한 후, TV에 대한 폭넓은 토론에 아이들이 합류하였다. 인터뷰는 한 두 시간 계속되었고, 테이프로 녹음하여 나중에 더 완전한 분석으로 해독되었다. 연구는 가족들이 무엇을 보며, 그들이 어떤 과정을 거쳐 시청에 대한 결정을 하는지를 조사하는 것이다.

　이러한 것들은 수용자 측정에 초점을 둔 미디어 수용자 연구에서 주요하게 사용된 자료 수집 방법들이다. 이 장의 나머지 부분은 수용자 측정법의 두 적용 분야, 즉 인쇄 미디어 연구와 전자 미디어 연구를 다룰 것이다.

2. 인쇄 미디어 연구

잡지와 신문에 관한 연구는 매스 미디어 연구의 선두 영역 가운데 하나이다. 예를 들어, 미국의 경우 전문대학과 대학교에서 처음 관심을 보였다. 1924년에 미국 학교 연합회와 저널리즘학과에서 <저널리즘 회보 *Journalism Bulletin*>를 발행하였다. '연구 문제와 신문 분석'에 관해 윌리엄 블레이어 William Bleyer 가 쓴 기사는 저널리즘에서 가능한 연구 주제의 목록을 나열하였다. 그 중에는 형태와 글씨체가 신문의 독이성과 읽는 속도에 끼치는 효과, 신문 내용이 발행 부수에 끼치는 효과, 그리고 신문의 내용 분석 등이 포함되었다(Bleyer, 1924).

　영국에서 인쇄 미디어 연구는 1920년대에 시작되었다. 1928년 런던 조사국(the London Research Bureau: LRB)의 출판 발행 부수 분석, 1930, 1931, 1932년 광고 실무자 조직(Incorporated Practitioners in Advertising: IIPA)에서, 런던 조사국의 발행 부수 관련 조사, 1932년 렙포즈 Repfords 의 <인쇄 발행 부수 Investigating Press Circulations> 조사 보고서, 1936년 영국 광고주 협회(Incorporated Society of British Advertisers: ISBA)의 <신문과 정기 간행물 독자 연구 Readership of Newspaper and Periodicals> 등이 있었

다. 개인 독자에 대한 초창기 영국의 가장 공식적인 연구는 1932년에 J. 월터 톰슨 J. Walter Thompson 이 갤럽을 통해 행하였고, 1934년 런던 언론 거래소(The London Press Exchange)의 조사가 잇따랐다(Brown, 1994).

2차 세계 대전 동안 신문 읽기는 사회학자나 연립 정부에게 똑같은 관심이었다. 그 기간에 앨런과 언윈이 간행한 ≪전쟁 3년째의 신문 구독 Newspaper Reading in the Third Year of the War≫, 1943년 정보 담당 중앙 부서가 간행한 ≪신문과 공중 Newspapers and Public≫이 있고, 1941, 1942, 1944년 대중 관찰에 의한 조사 연구가 있었다. 1947년에는 IIPA 가 행한 ≪'신문 독자층'에 관한 조사 연구 Survey of Press Readership≫를 애트우드 통계 Attwood Sratistics 에서 출판하였고, 헐튼 출판사 Hulton Press 의 ≪헐튼 독자층 연구 Hulton Readership Surveys≫라는 책도 최초로 출판되었다. 일련의 헐튼 시리즈는 IIPA가 디자인, 검열, 정기적 서베이의 출판을 위한 책임을 인수받은 1954년까지 계속되었다. 2차 세계 대전 중 IIPA에 의해 시작된 이 조사는 영국에서 오늘날 전국 독자층 서베이(National Readership Survey: NRS)로 성장하였다. 수년에 걸쳐 수많은 방법론적 작업이 수행되었다.

아주 초창기의 인쇄 미디어 연구는 질적인 조사였다. 그것은 언론 법제, 역사, 윤리와 같은 주제에 초점이 맞춰져 있었다. 양적 연구는 1930년대에 시작되었다. 이것은 신문, 잡지의 내용에 대한 독자의 관심과 관련이 있었다. 1930년대에는 인쇄 미디어 광고의 결과를 측정하기 위해 고안된 많은 연구가 나왔다. 이것은 응용 연구로 이어졌다. 몇몇 출판물들은 그들 자신의 독자층 조사를 후원하기 시작했는데, 이런 연구는 독점적인 경향이 있었다.

윌버 슈람은 <계간 저널리즘 Journalism Quarterly>에 출판된 그의 20년간 연구를 개관하는 논문을 <계간 공공 오피니언 Public Opinion Quarterly>에 실었다(Wilbur Schramm, 1957). 그는 1937년과 1941년 사이에 양적인 분석과 관계된 논문은 101개 가운데 10%였다는 것을 발견하였다. 1952~6년에는 143개 논문 가운데 절반이 양적인 것이었고,

15년 동안 5배 증가하였다. 양적 연구가 이렇게 증가하게 된 명백한 이유는 ① 기초 자료의 이용성 증가, ② 좀 더 많은 세련된 조사 기술의 발전, ③ 연구를 위한 조직적 지원의 증가이다.

1960년까지 신문·잡지들은 수용자 태도와 광고주 투자를 놓고 TV·라디오와 경쟁하였다. 미국에서 이것은 사적으로 이루어지는 연구의 증가를 가져 왔다. 미국 신문 발행인 협회(American Newspaper Rublishers Association: ANPA)의 광고 사무소는 출판과 수용자의 모든 면에 대한 연구를 수행하기 시작하였다(현재는 신문 광고 연합이라 불린다). 1970년대에는 연구 결과를 편집자에게 보고하는 뉴스 연구 센터를 설립하기에 이르렀고, 잡지 출판인 협회는 같은 시기에 연구를 후원하기 시작하였다.

1976년에 '신문 독자층 프로젝트 the Newspaper Readership Project'는 발행 부수와 독자층의 감소 문제를 연구하기 위해 조직되었다. 500만 달러의 비용으로 6년 동안 실행된 이 연구의 주요 부분은 신문 구독 습관에 대한 조사였다. 뉴스 연구 센터는 300개 이상의 사적 및 공적 연구의 결과를 요약하고 종합하기 위해 시러큐스 대학에 설립되었다. 신문 광고 연합은 많은 연구 보고서들을 내놓았고, 다양한 포커스 그룹 연구를 수행하였다. 이에 더하여, 연구의 한계점과 유용성을 편집자에게 설명하기 위해 다양한 지역 워크숍이 전국에서 개최되었다. 독자층 프로젝트가 중단되었을 때, 많은 편집자들은 연구를 거래의 필수 도구로 받아들였다(Bogart, 1991). 신문 산업에서 연구 활동은 1970년대에 급격히 증가하였다. 1977년에 75명의 구성원들로 신문 연구 협의회 (Newspaper Research Council: NRC)가 조직되었다. 1992년까지 이 협의회는 그 구성원들을 200명 이상으로 확대시켰다. 1990년대 동안 NRC는 어떻게 하면 일요 독자를 일간 신문 독자로 전환시킬지에 대해 국제 신문 마케팅 협회와 함께 연구하였다.

1) 인쇄 미디어 연구의 유형들

인쇄 미디어 수용자 연구의 두 가지 기본 유형은 ① 독자층 연구, ② 발행 부수 연구로 구분된다. 독자층 연구는 그들이 신문이나 잡지를 어떻게 사용하는지 알아내기 위해 독자들을 조사하는 데 관심을 둔다. 발행 부수 연구는 미디어 출판물의 판매와 배포를 조사한다(Brown, 1994를 보라).

(1) 독자층 연구

초창기 많은 독자층 연구들은 2차 대전 이전과 2차 대전 중에 이루어졌다. 조지 갤럽 기관(the George Gallup organization)은 이러한 연구 방법 — 응답자들에게 신문을 보여 주고, 그들이 읽었던 기사를 확인하도록 요구하는 개인 면접 — 을 발달시키는 데 개척자 역할을 하였다. 신문 독자층에 대한 가장 완전한 연구는 미국 신문 발행인 협회에 의해 이루어졌고, ANPA의 ≪신문의 지속적 연구 *Continuing Studies of Newspapers*≫는 1939~50년 사이 130개 일간 신문 독자들을 대상으로 한 5만 번 이상의 면접 내용을 담고 있다(Swanson, 1955).

수도권 지역의 발행 부수 비율이 감소하기 시작함에 따라 독자층 연구는 1960년대와 1970년대에 경영에서 중요한 위치를 차지하였다. 독자들의 관심을 붙들기 위해 편집인과 발행인들은 출판물의 내용 구상에 필요한 상세한 수용자 정보 조사에 더욱 의존하기 시작하였다. 1990년대 초기의 경제 불황 및 다른 미디어들과의 심화된 경쟁은 오늘날 독자층 조사를 더욱 중요하게 만들었다.

미국에서 시작된 가장 오래된 방법은 '책 전체 읽기 *Through-the-Book*' 기술이다. 오늘날 이 방법은 제한적으로 사용되며, 지금까지 신문이나 잡지 독자층 측정에 사용되어 왔다. 그 역사는 <라이프 *Life*>의 몇몇 호가 신문 가판대에 진열되자마자 빨리 팔렸던 1936년으로 거슬러 올라간다. 그것들을 읽고 싶었던 사람들은 어쩔 수 없이 이미 구매한 사람들에게서 얻을 수밖에 없었다. 그러므로 발행 부수는 <라이프>의 총독자층을 반영할 수가 없었다.

한 방법이 개발되었는데, 이는 모집단에서 표본을 추출하여 사람들에게 하나의 특정 이슈를 보여 주고, 페이지마다 그 특정 이슈에 대해 확인해 가며 그들이 주요 기사를 읽었는지 그렇지 않은지 질문하는 것이었다. 그러나 사람들이 잘못된 주장을 할 수도 있고, 또 사람들에게 보여진 적은 있지만 읽지 않은 이슈와 그들이 '읽었던' 다른 유사한 것 사이에 혼동을 일으킬 수도 있다는 점이 지적되었다. 그래서 '혼동 통제 confusion control' 수정이 도입되었다. 아직 출판되기 전의 이슈들을 표본의 사람들에게 보여 주었고, 출판이 되지 않았는데도 그것들을 읽은 적이 있다고 주장하는(발생 불가능한) 비율을, '생생한' 이슈에 대한 책 전체 읽기(TTB) 점수에 적용시켰다.

'혼동 통제'는 어려운 논리학과 함께 비용이 많이 드는 조사 기술을 요구하였다. 반면에 수정되는 정도는 좀처럼 책 전체 읽기 수준의 1% 또는 2% 이상에 이르지 못했다. 그것은 책 전체 읽기식 접근에 대한 '편집자 관심' 변인의 하나로 완전히 계승되었다. 여기서 사람들은 전처럼 특정 이슈를 받고 그 특정 이슈가 다양한 중요 아이템 각각과 관련하여 "재미있어 보이느냐"라는 질문을 받게 된다. 여기서 면접자들은 기록을 위해서라며 조사 대상자들에게 전에 분명히 이 이슈를 읽었는지 안 읽었는지, 그것에 대해 확신하는지 질문함으로써, 이 방법을 완성시켜 나간다. 이러한 방식이 처음 도입되어 얻어진 '예'와 '물론'이라는 응답의 단계는 혼동 통제 수정 후의 원래 책 전체 읽기 주장에 매우 가깝다.

몇 년에 걸쳐 이런 조사 기술에 다른 변화가 일어났다. 그때까지 연구자들은 단 하나의 출판물에 대한 독자층을 측정하곤 했다. 나중에는 이 기술이 변형되어 한번에 하나 이상의 출판물에 대한 독자층을 측정하기 시작하였다. 전체의 모든 이슈 또는 다양한 출판물을 사용하는 접근을 채택하기보다는, 뼈대가 되는 이슈들을 단서로 제시하였다.

물어 본 이슈의 수가 줄어들었음에도 불구하고 독자들이 얼마나 많이 읽었는지에 대한 충분한 정보를 얻을 수 있었다. 오늘날 이용할 수 있는 수많은 출판물들이 있기 때문에, 원래 접근에서 더욱 변화된 방법은 초기에 필터 질문들을 사용하여 범위를 좁힌 다음 더 자세한 질문을 하는 방법이 될 것이다.

다른 방법은 1950년대에 영국에서 발전한 기술인 '최근의 읽기 *Recent-reading*' 조사이다. 이 방법은 앞서 보았던 '책 전체 읽기' 기술의 경우처럼 특정 이슈를 보았는지 찾아내는 것이 아니라, 특정 출판물에서 어떤 이슈들을 읽었는지 회상하는 데 의존한다. 이 방법에서 사람들은 단지 타이틀만, 또는 로고를 접함으로써 수많은 잡지, 신문들 각각을 제시받게 된다. 전형적인 혹은 최근 호 앞 표지의 모양과 같은 것들이 제시되기도 한다. 각 출판물에서 어떤 사람이 어떤 이슈를 가장 최근에 보거나 읽었다고 주장할 때 핵심 질문(들)이 제기된다. 이슈들이 현재의 것이건 아니건 그것은 문제가 되지 않는다. 읽는 행동은 어디서든지 발생할 수 있고, 읽은 이슈들이 독자의 개인적 특성을 나타낼 수도 있고 그렇지 않을 수도 있다. '최근의 읽기' 조사법에서 평균적인 이슈를 본 사람 수에 대한 비편파적인 측정치가 얻어지는 방법은 발간 간격 ── 주간지의 경우 1주일 ── 이내에 면접일 전까지 읽은 이슈의 수를 묻는 것이다.

이러한 방법에는 두 가지 문제점이 있다. 우선 그 평가의 정확도는 독자들이 마지막으로 특정 출판물의 이슈를 본 시점을 정확히 보고할 수 있는지에 달려 있다. 하지만 그 신문 또는 잡지를 자주 보지 않거나 불규칙하게 볼 때는 제대로 평가하기 어려워진다. 둘째, 그 방법에 내재되어 있는 편파가 있을 수 있다. 어떤 독자는 발간 기간보다 더 긴 간격으로 하나의 이슈를 읽고 또 읽을 수도 있다. 주간 잡지의 한 이슈를 계속 가지고 있으면서 몇 주에 걸쳐 그것을 볼 수도 있다.

'최근의 읽기 기술'에 내재된 문제점들을 극복하기 위해 '전날 처음 읽기(First Reading Yesterday: FRY)'라 불리는 다른 방법이 고안되었다.

이것은 응답자들이 어제 본 신문과 잡지에 초점을 맞춘다. 즉, 이 '전날 처음 읽기' 방법은 인터뷰 전날, 그리고 그날 독자들이 마주친 각각의 출판물에 대해, 어제 응답자가 본 그 이슈가 어제 최초로 접한 것인지 아닌지를 알아본다. 그리고 나서 어제 처음 본 독자들의 수에 발간 기간 내의 날짜 수를 곱하면 평균 이슈 독자층에 대한 측정이 가능해진다고 주장한다(실제로 사용되는 계산 방법은 이것과 조금 다를 수도 있다).

전날 처음 읽기를 사용하면 어제보다 더 먼 과거로 시간을 추적해 가지는 않음으로써 기억 긴장을 최소화하고 회상의 정확성을 최대화한다. 반면 독자에 대해 과대 혹은 과소 평가할 가능성은 제거된다. 한 독자에 있어 그리고 어떤 한 이슈에 있어, 하나의 출판물이 여러번 선택되고 하나의 출판물이 오랫동안 읽히더라도 첫 번째 구독은 오직 한 번일 수밖에 없기 때문이다. 전날 처음 읽기 방법이 발전된 나라는 네덜란드와 덴마크인데, 이들 나라에서는 전날 처음 읽기 기법을 사용할 때 자료 수집 방법에서 컴퓨터 지원 전화 인터뷰(Computer Assisted Telephone Interviewing: CATI)를 채택하였다.

자료 수집과 인쇄 미디어 이용 연구에서 보다 복잡한 방법은 독자층 일기이다. 응답자들은 그들이 보는 출판물들에 대해 하루하루의 기록을 유지하도록 권유된다. 이러한 기록은 일반적으로 1~2주 동안 계속되는데, 그럼에도 불구하고 어떤 독자 연구는 응답자에게 훨씬 더 오랜 기간 동안 그들의 읽기 습관을 지속적으로 기록하도록 요구한다. 일기 형식과 일기가 할 수 있는 일은 다양하다. 신문과 잡지의 목록을 각 일기 페이지에 인쇄하거나 혹은 출판물의 검색 디렉토리를 일기 쓰는 사람에게 각 타이틀 옆에 코드와 함께 제공할 수 있다. 이 코드는 읽기가 발생할 때 적당한 공간에 기입되어야 한다. 하루 혹은 하루의 일부 시간을 일기에 미리 기입하거나, 또는 읽기가 발생할 때 그 시기와 대상을 응답자들이 기록하도록 요구한다. 각 읽기에 대해 다양한 양의 보조 정보가 필요할 수도 있다. 그리고 그것은 '첫 번째 읽기'이든 아니든, 읽은 날짜나 읽혀진 이슈의 수 혹은 읽기가 어디서 발생했는지 등을 포함한다. 독자층 일기는 두 가지 구별되는 특성을 지닌다. 첫째, 그것은 어떤 기간 동안 개인의 구독 행위에 대하여 장기적인 기록을 제공한다. 반면에 회상 방법은 어떤 시간에 하나의 포인트에 초점을 맞추는 경향이 있다. 둘째, 일기는 (이론상으로는) 읽기가 발생하는 바로 그 시간 혹은 그때와 가까운 시간에 이루어진 읽기 행위를 포착할 수 있게 한다.

방법의 장점과 단점

위에 기술된 인쇄 미디어 사용 측정 방법들은 각각 장점과 단점을 지닌다. '책 전체 읽기' 기술은 원래 형태대로 하면 완벽한 방법이다. 많은 수의 출판물 구독에 대한 좀 더 경제적인 조사를 위해 필터 문항들 *filter questions* 을 사용한 변형된 방법들이 나중에 등장했는데, 이런 방법은 응답자 기억에 많이 의존하고 단지 몇몇 출판물에 대해서만 상세한 질문들을 한다는 제한점을 지닌다. 주간지의 경우 5~6주 정도 지난 이슈들, 또는 월간지의 경우 10~12주 정도 지난 이슈를 사용하는데, 여기에 또 다른 문제가 있다. 한 출판물 읽기를 이제 막 시작한 독자들은 그러한 이슈들의 구독에 대해 회상할 것이 없을 것이다. 특히, 출판물의 발간 날짜가 그 출판물의 관찰 시점을 훨씬 앞설 경우에 더 그렇다.

　'최근의 읽기' 기술은 '책 전체 읽기' 기술의 약점을 극복한다. 그럼에도 불구하고 어떤 기간에 어떤 이슈를 본 사람들의 수는 그 이슈를 접했던 수의 평균치에 대한 비편파적인 측정치라 할 수는 없다. 같은 것을 '본 사람이 또 본' 그리고 '동시에 보는' 독서가 일어날 수 있지만 — 편파 효과가 반대 방향으로 작동한다 — 항상 똑같지는 않다. '최근의 읽기' 측정은 독자들이 한 출판물을 가장 최근에 읽거나 보았을 때를 정확하게 말할 수 있을 경우에 가능하다. 게다가 '멀리 보기 *telescoping*'의 증거 — 오래 전의 구독은 그 일이 실제 있었던 것보다 훨씬 더 면접 날짜에 가깝게 일어났었던 것으로 지각된다 — 는 독자층 추정치에 불균형적인 효과를 가져 올 수도 있다.

'전날 처음 읽기' 접근은 '멀리 보기' 현상에서 일어나는 많은 문제들을 제거해야 하며(회상 기간이 짧기 때문), 모든 '모델 편향 *model bias*'를 제거해야 한다(첫 번째 구독은 어떤 한 사람의 특정한 이슈와 관련된 하나의 독특한 사건을 구성하기 때문). 그러나 이 기술과 관련된 다른 문제들이 있다. 첫 구독은 연구자에게만큼 응답자에게도 명백한 현상이 아니다. 그것은 상당히 미묘한 개념이다. 그리고 '처음 구독'과 '처음 구독이 아닌 것' 사이에서 잘못 범주화하면 독자층 추정치에 결정적인 영향을 끼칠 수도 있다. 둘째, '전날 처음 읽기' 서베이 표본을 통해 '어제' 발생한 사건을 읽는 정확한 숫자는 적을 것이다. 구독 사례에 대한 분포는 비교적 긴 시간 간격으로 출판되는 출판물과 비교적 발행부수가 적은 출판물에서는 특히 빈도가 적을 것이다. 결과적으로 적절하고 정확하기 위해서는 자료를 상당 기간 동안 측정하거나, '유사한' 타이틀을 하나의 출판물 그룹 내에 통합시켜 확률을 추정하는데, 이것은 실재하는 차이를 잘못 덮어 버리는 효과를 가져올 수도 있다. 셋째, 이슈 간격보다 더 짧은 시점에 근거한 평균 이슈 독자 수의 측정은 통계적 문제들을 일으킬 수 있고, 마지막 추정치에서 오류를 증가시킬 수 있다.

독자층 일기법에서 일기를 계속 쓴다면 회상에는 어떤 문제도 없어야 한다. 자기 완성 일기에서 응답자들이 항상 철저한 것은 아니다. 모든 타이틀이 똑같이 다루어지지는 않는다. 제시된 목록 *prompted lists*이 충분히 사용되지 않을 수도 있다. 일기 쓰기는 종종 미디어를 사용하는 시점에서 동시에 이루어지지 않는다. 게다가 집 밖에서의 구독은 집 안에서의 구독처럼 완전히 포착되지 않고 이것은 어떤 주제에 대해 편견을 갖게 할 수도 있다.

독자 프로파일

독자 프로파일은 특정 출판물의 독자에 대한 인구 통계학적 요약을 보여 준다. 이 정보는 출판물에 초점을 두어 사용될 수도 있고, 광고 유치 협상을 준비하고 구독을 증가시키는 데에도 사용될 수 있다. 또한 이러한 정보는 새로운 출판물을 발행하고자 할 때도 유용하다. 그러나 같은 인구 통계학적 특징을 가지고 있는 개인들도 신문 구독의 양식에는 상당한 차이가 있기 때문에, 최근 연구자들은 독자 프로파일을 알기 위해 심리학적 연구와 일상 생활 스타일 연구를 하게 되었다.

항목 선택 연구들

신문 독자층 연구의 이러한 형태는 신문의 특정 부분을 누가 읽는지를 알기 위해 사용된다. 특정 항목의 독자층은 보통 보조 회상이라는 방법으로 측정된다. 면접자는 응답자가 기억하는 이야기를 알기 위해 응답자에게 신문을 보여 준다. 이 기술의 한 변형된 형태는 면접원이 수집할 독자층 자료와 관련된 항목들을 미리 선택하여 그 항목들에 대한 질문만 하는 것이다.

이런 자료를 수집하는 더 저렴한 방법은 전화 서베이를 하는 것이다. 전화는 신문이 나온 같은 날 이루어진다. 면접원은 응답자에게 전화로 신문을 가져오라고 요구하고 이에 따라 응답자들은 각 페이지를 훑어보며 응답한다. 이 후 면접원들은 그들이 읽었던 목록을 응답자와 함께 확인한다. 비록 이런 방법이 돈을 절약하기는 하지만, 이 방법은 제출할 신문을 가지고 있지 않는 독자들을 연구에서 배제시킨다.

다른 경제적인 기술은 응답자가 직접 관장하는 '독자층 서베이'를 우편으로 붙이게 하는 것이다. 여기에는 두 가지 변형이 있다. 첫째, '전체 복사 *whole copy*' 방법은 응답자에게 설명서 및 설문지와 함께 전날 신문 전체를 우편으로 보낸다. 설명서에는 응답자들에게 신문을 읽어가면서 그들이 읽었던 항목에 밑줄을 그어 표시를 하라고 되어 있다. 회신용 우표가 붙어 있는 회답 봉투가 제공된다. 두 번째는, '오려내기 *clipping*' 방법이다. 이 절차는 응답자가 모든 신문이 아니라 특정 항목의 기사만을 선택적으로 오려내어 보낸다는 점에서 첫 번째와 다르다. 우편 요금을 절약하기 위해 오려내기 방법에서는 한 페이지에 오려 낸 기사들을 붙인 다음 25% 축소 복사한다(Haistendahl, 1977). 이 방법을 사용함으로써 67%의 회신률을 얻을 수 있었다.

전체 복사와 오려내기 방법은 비록 어떤 항목에 대한 독자층 수가 오려내기 방법이 사용될 때 약간 더 높게 나오기는 했지만, 거의 동등한 결과를 보였다. 스탬과 그의 동료들은 그들이 '추적하기 *tracking*'라 부르는 더욱 상세한 항목 관련 분석 방법을 제안하였다(Stamm et al., 1980). 그들은 응답자들에게 색깔 있는 펜을 골라 주었고, 그들이 새로운 기사를 읽을 때마다 다른 색깔의 펜을 사용하여 그들이 읽었던 기사의 부분에 표시하도록 요구하였다. 연구 결과, 항목을 구성하는 요소의 독자층이 매우 다양하다는 것을 알게 되었다. 즉, 27%는 헤드라인을 읽고, 32%는 텍스트, 36%는 설명 문구를 읽는다. 길이와 기사의 형태 역시 다양하다.

항목 선택 연구에서 분석의 단위는 화제를 다루는 첫 면과 같은 '구체적인 뉴스 기사'나 범죄 뉴스, 스포츠 뉴스와 같은 '구체적인 내용 범주'이다. 항목이나 범주의 독자층은 수용자의 인구 통계학적 혹은 심리학적 특성과 관계가 있다. 이 방법을 사용해서 라킨과 헤치는 지방 일간 신문의 독자들은 지방 사건에 대한 뉴스를 가장 많이 읽고, 전국 사건에 대한 뉴스는 가장 적게 읽는다는 것을 알아냈다(Larkin & Hecht, 1979). 다른 서베이에서 린과 베네트는 그들의 표본을 거주지에 따라 도시와 농촌 지역으로 나누었다(Lynn & Bennett, 1980). 그들의 조사는 농촌과 지방에 거주하는 사람들이 읽는 뉴스의 내용에는 거의 차이가 없지만 도시 거주자들은 편집자에게 보낸 편지, 사회란, 지역 뉴스를 더 읽는 경향이 있다는 것을 알아냈다.

1991년 연구에서 미국 성인의 전국 표본 중에서 일반적 뉴스와 신문의 오락 섹션이 가장 많이 읽혀지고 '가정' 면이 가장 덜 읽혀지는 것으로 분류되었다. 항목 분류 연구는 종종 신문이 어떤 독자 그룹에 도달하는 것을 돕는 데 사용된다(Simmons Market Research Bureau, 1991).

어떤 항목 분류 연구는 많은 신문 시장을 포함하는 상당히 포괄적인 조사를 하였다. 예를 들어, 신문 연구 협의회가 후원하는 서베이에서 약 8만 개 신문 항목에 대하여 선택 패턴을 조사하였다. 1984년 행한 이 연구는 전국적인 항목 독자층이 상당히 다양하다는 것을 알아냈다. 두 번째 연구에서 버군 등은 10개 신문 시장에서 독자에게 관심을 끄는 주제와 항목의 집단을 분류하기 위해 6500명 성인을 조사하였다(Burgoon et al., 1983). 응답자들은 그들이 신문에서 보통 다루는 약 30개의 주제에 관한 항목을 얼마나 자주 읽는지를 대답하도록 했는데, 자연 재해 혹은 국가 경제에 대한 이야기를 가장 많이 읽은 것으로 나타났다.

▎독자 대 비독자 연구

신문 독자 조사의 세 번째 형태는 독자 대 비非독자 연구 *reader-non-reader study* 라 부른다. 이 연구 형태는 개별 면담, 전화, 약간 수정된 우편 서베이를 통해 수행된다. 이 연구에서의 중요한 문제는 '비독자'라는 용어에 대한 조작적 정의를 내리는 것이다. 이 연구에서 비독자는 "당신은 일반적으로 신문을 읽습니까"라는 질문에 '아니오'라는 대답을 한 사람들로 결정된다. "당신은 어제 혹은 오늘 신문을 읽었습니까"라는 좀 더 구체적인 질문이 사용되기도 한다. 여기에 사용되는 원리는 응답자들이 신문을 절대로 읽지 않는다고 응답하기보다 어제나 오늘 읽지 않았다고 응답할 가능성이 더 높다는 것이다.

이 질문의 세 번째 형태는 다양한 응답 범주를 사용한다. 응답자들은 "얼마나 자주 일간 신문을 읽느냐"라는 질문을 받고 그들에게 '매우 자주,' '종종,' '때때로,' '좀처럼,' '결코'라는 다섯 가지 응답지가 주어진다. 비독자들은 '결코'에 체크를 한 사람들로 정의된다. 혹은 어떤 연구에서는 '좀처럼'과 '결코'에 응답한 사람들 모두 비독자이다.

질문의 형태에 따라 얼마나 많은 사람이 비독자로 분류되는가가 결정된다. 비독자가 가장 많은 비율을 차지하는 경우는 조사자가 "어제 혹은 오늘 신문을 읽었느냐"라고 물었을 때 발생한다(Penrose et al., 1974). 비독자의 수가 가장 적은 경우는 복수 응답지 중에서 '결코'라는 반응을 보인 사람들의 수를 합하여 얻어진다(Sobal & Jackson-Beeck, 1981). 일단 비독자로 확인되면 연구자들은 전형적으로 전통적인 인구 통계학적 변인들로 그들을 설명하려고 시도한다.

몇몇 비독자 연구는 신문을 읽지 않는 이유를 확인하고자 하였다. 이러한 주제에 대한 자료는 일반적으로 왜 그들이 읽지 않는지를 그들 나름의 용어로 면접원에게 말하도록 함으로써 수집된다. 이러한 응답들을 분석하여 가장 빈번히 나타난 이유를 보고한다. 포인덱스터에 따르면, 비독자가 가장 흔히 이야기하는 세 가지 이유는 시간의 부족, 다른 뉴스 미디어(특히 TV) 선호, 그리고 비용의 문제였다(Poindexter, 1978). 보거트는 네 가지 이유를 말했다(Bogart, 1991). 우울한 뉴스, 비용, 관심의 부족, 집에서 보낼 충분한 시간의 부족이었다. 립슐츠는 비독자들이 뉴스를 얻는 데 라디오나 TV에 더 의존한다는 것을 발견하였다(Lipschultz, 1991). 신문은 매우 비싸고, 재미있지도 유용하지도 않다고 여기며, 신문을 읽는 데는 많은 시간이 필요하다고 생각하였다.

▎독자층 빈도

일단 어떤 사람이 한 출판물의 독자인지 비독자인지 설정하는 것이 필요하다고 보았다. 미디어 시장이 발전함에 따라 출판업자와 광고주가 사람들이 정규 독자인지, 아니면 정규 독자는 아니지만 자주 읽는 독자인지 아는 것이 중요해졌다. 구독 빈도에 대한 정보는 여러 가지 이유 때문에 중요하다.

첫째, 광고주는 한 번 발행되는 간행물보다는 오랜 기간에 걸쳐 한 종류의 출판물에 시리즈화된 광고를 싣는 데 관심을 두는 경우가 많다. 캠페인 기간 동안 두 가지 수치가 광고주들에게 특별한 관심사이다. 얼마나 많은 사람들이 광고에 접촉할 기회를 가졌는지, 그리고 얼마나 자주 보통 독자가 광고를 볼 기회를 가질 것인지이다. 이 두 가지 수치 사이의 '균형'은 전적으로 사람들이 관심을 두는 제목을 보는 규칙성에 의해 결정된다. 총독자 가운데 정규 독자의 비율이 더 클수록 광고의 유효 도달 범위는 더 좁지만 도달 빈도는 더 높다.

둘째, 규칙성은 독자층의 다른 물질적 특성과 매우 밀접한 관련이 있다. 예를 들어, 신문이나 잡지를 그냥 한 번 사거나 혹은 구독해 자기 것으로 가지는 사람은 단지 다른 사람에게 빌려보는 사람보다도 더욱 정기적인 독자일 것이다. 첫째 그룹의 독자들은 그들이 접촉한 이슈들을 비교적 더 철저하고 심도 있게 읽을 수 있을 것이다. 셋째, 구독의 빈도에 대해 사람들이 이야기하는 바를 기초로, 평균적인 이슈 독자층 규모를 알아내는 것이 사실상 가능하다.

독자층 그 자체와 관련하여 구독 빈도를 편견 없이 평가한다는 것은 쉽지 않다. 이와 관련한 네 가지 대안적 접근을 구분할 수 있다. 첫째, 한 출판물의 두 가지 다른 이슈들에 대해서 동일 집단의 사람들이 주장하는 것, 둘째, 몇 가지 이슈들에 대한 행동의 직접 관찰, 셋째, 표본 응답자들을 직접 대면하여 그들이 주장하는 구독의 규칙성을 묻고 응답을 듣는 것, 넷째, 주장되는 구독층에 관한 질문을 하고, 답변을 구독 확률 추정치로 전환시키는 이른바 간접적인 방법을 사용하는 것이다.

책 전체 읽기 기술을 여기서 사용할 수 있다. 응답자들을 두 번째 인터뷰에서 다시 접촉하여, 그들이 처음 접한 같은 출판물의 다른 이슈에 대해 그들의 구독 태도가 어떤지 질문한다. 그들의 응답에서 수용자 태도 '전환' ─ 이슈 I을 읽은 사람 중에서 이슈 II를 읽었거나 읽지 않은 사람의 비율 ─ 을 계산하는 것이 가능하다. 또한 연속적인 이슈를 통해 독자 구독층 추정에 수학적 모델을 사용하는 것도 가능하다.

연속적인 이슈들에 대한 구독 행동을 직접적으로 보려면 계속적인 측정이 필요하다. 이 경우 일기 방식은 통찰력을 제공하지만 그것은 구독에 관한 모든 것을 포착하지는 않는다. 하지만 일기를 철저히 쓴다면, 일기는 구독자가 얼마나 많은 이야기들을 읽고 있는지, 신문과 잡지의 어떤 이슈가 각 경우에 읽혀졌는지에 대한 지표를 제공할 수 있다. 그러나 읽힌 이슈와 그에 관련된 기입 사항에 차이가 있거나, 양자 사이에 시간 지연이 존재할 수 있다는 사실은 일기 자료를 주의 깊게 다룰 필요가 있음을 말해 준다.

▌ 이용과 충족 연구

이 접근은 모든 미디어 내용 연구에 이용된다. 또한 신문에서 신문 구독을 일으키는 동기, 그리고 거기서 얻게 되는 개인적·심리적 보상이 무엇인지 알아보는 데 사용된다. 이용과 충족 관점의 방법론은 직접적이다. 응답자들은 가능한 이용과 충족의 목록을 받는다. 그리고 이러한 것들이 그들이 구독하게 된 동기인지 질문을 받는다. 몇몇 연구들은 독자층을 설명하기 위해 이 접근을 택한다.

　매콤은 신문 구독을 일으키는 3개의 주요 심리학적 동기들을 발견하였다(McCombs, 1977). 최근에 일어난 일을 알고자 하는 욕구, 정보에 대한 욕구, 오락에 대한 욕구이다. 정보를 위해 읽는다는 것은 일반적으로 가장 커다란 동기 요인인 것 같다. 위버와 그의 동료들은 보통 미디어 이용을 설명하는 데 가장 일반적인 세 가지 동기들이 '주위에서 일어나는 일을 알아야 할 필요성,' '오락의 필요성,' '시간을 보낼 필요성'이라는 것을 발견하였다(Weaver et al., 1979). 또한 이들은 이러한 욕구들 가운데 어떤 것이 신문으로 가장 잘 충족되는가와 관련하여, 인구 통계학적 집단들 간에 차이가 있다는 것도 알아냈다. 예를 들어, 젊은 여성, 젊은 남성 그리고 중년 남성들은 주위에서 일어나는 일을 알아야 할 필요성을 충족시키려고 신문을 이용한다고 말할 가능성이 높지만, 그들은 오락과 시간 보내기를 위해서는 다른 종류의 미디어를 선호한다.

엘리엇과 로젠버그는 파업 동안 그리고 파업 후에 독자의 충족을 조사하기 위해 필라델피아에서 일어난 1985년 신문 파업을 이용하였다(Elliott & Rosenberg, 1987). 그들은 신문이 없는 사람들이 감시와 접촉 기능을 충족하기 위해 다른 미디어를 이용한다는 것을 알았다. 그러나 연구자들은 신문 구독과 관련하여 오락과 '시간 보내기,' 그리고 광고 기능에 대해서는 어떤 보상적 미디어 행동 증거도 발견하지 못했다. 페인과 그의 동료들은 잡지 독자층의 지표로서 이용과 충족 연구를 이용하였다(Payne et al., 1988). 그들은 충족의 세 가지 주요 유형으로 감시, 오락, 상호 교감을 발견하였다. 게다가 이 세 가지 범주에 관한 독자들의 점수는 그들이 읽으려고 선택한 잡지와 일치하는 것으로 나타났다.

▌편집자와 독자 비교

신문 독자 조사의 마지막 분야인 편집자 – 독자의 비교는 일군의 편집자들에게 특정 주제에 관한 질문을 하고 그들의 대답을 독자의 대답과 비교하여, 그들 집단 사이에 일치점이 있는지 찾아보는 것이다. 보거트는 그러한 조사의 두 가지 예를 들었다(Bogart, 1989). 어떤 연구에서는 수백 명의 편집자를 하나의 집단으로 하여 그들에게 23개에 달하는 고급 신문의 속성에 대해 등급을 매기도록 한다. 편집자들은 '자사 기자가 쓴 기사가 통신 기사보다 높은 비율을 차지하는 것'을 첫 번째로, '광고가 없는 내용'을 두 번째로, '뉴스 해설이 현장 뉴스 보고보다 높은 비율을 차지하는 것'을 세 번째로 꼽았다. 그러나 같은 것을 독자들이 목록화할 때는, 편집자의 세 가지 상위 속성은 각각 7번째, 11번째, 12번째에 불과하였다. 독자들은 칼럼을 첫 번째, 스포츠와 특집 및 종합 뉴스를 두 번째, 그리고 뉴스 요약과 각 이슈마다 편집자에게 보낸 편지를 세 번째로 놓았다. 간단히 말해 높은 질의 신문 속성에 대한 편집자 집단과 독자 집단의 인식에 일치하는 부분이 거의 없다.

이와 관련된 연구로 보거트는 1991년 구독자들에게 그들 자신의 신문을 디자인할 기회를 주었다(Bogart, 1989). 면접원들은 34개의 주제를 제시했고, 그들에게 그들 자신의 관심에 맞게 디자인한다면 각 주제가 들어갈 공간을 얼마만큼 할애할 것인지를 물었다. 뉴스의 주요 범주는 편집자들이 조절할 수 있는 주제가 거의 없기 때문에 목록에서 생략되었다. 결과를 도표화할 때, 편집자가 만든 공간 배분이 공중의 관심과 일치하는지 알아보기 위해 표본 신문의 내용을 분석한다. 자료 분석 결과는 독자들이 얻고 있는 것보다 더 많은 내용을 원하고 있음을 보여 주었다(소비자 뉴스, 건강, 영양, 의료, 가정 의학, 여행). 그리고 그들은 어떤 주제에 있어서는 그들이 바랐던 것보다 더 많은 것을 얻고 있었다(스포츠 뉴스, 인간적 관심을 둔 이야기, 학교 뉴스, 낱말 맞추기, 별자리 운세).

▌잡지 독자층 조사

잡지 독자 조사는 기본적으로 신문을 위해 수행되는 것과 유사하다. 그러나 세부적인 측면에서는 다른 경향이 있다. 어떤 잡지 조사는 개인 인터뷰에 의해 이루어진다. 응답자에게 잡지를 보여 주고 4개의 척도, 즉 '모두 읽다,' '대부분 읽다,' '약간 읽다,' '읽지 않다'로 각 기사를 평가하라고 요구한다. 우편 서베이 방법도 자주 사용되는데, 첫 번째 기사 자료를 보낸 후 곧 두 번째 기사 자료를 보낸다. 서베이용 기사 자료에 구독을 나타내기 위해 어떻게 표시해야 하는지에 대한 설명서를 포함시켜 보낸다. 예를 들어, 응답자들에게 그들이 대충 훑어본 기사에 체크하고, 완전히 읽은 기사에는 X를, 부분적으로 읽은 기사의 제목에는 밑줄을 치라고 한다.

미국에서 대부분의 소비자 잡지들은 시몬스 시장 연구소(the Simmons Market Research Bureau: SMRB)와 미디어마크 연구 회사(Mediamark Research Inc: MRI)에 의해 수행된 수용자 자료를 이용한다. 두 개의 회사들은 무작위로 가구 표본을 선택하여 구독자들을 인터뷰한다. 회사 면접원들은 응답자들에게 프린트된 잡지 로고가 있는 카드를 보여 준다. 그리고 응답자들이 그 특정 잡지를 읽거나 보았는지 묻는다. 만일 응답이 '예'이면, MRI는 최근 독자를 가려내는 더 구체적인 질문을 한다. 반면에 SMRB는 응답자들에게 잡지의 최근 이슈를 보여 주고 그들이 무슨 기사를 읽어 보았는지 가리키라고 요구한다. 두 연구 회사들이 다른 기술을 사용하기 때문에 그들의 독자 데이터가 항상 똑같지는 않다. 그리고 이러한 불일치는 잡지 산업에서 중요한 자료로 사용된다.

많은 잡지들은 미리 결정된 기간 동안 참가하도록 선택된 25~30명의 독자 패널들을 유지한다. 패널들은 관심도, 구독의 용이성, 유용성을 포함한 수많은 척도로 기사를 평가하기 위해 잡지의 각 이슈들에 나타난 모든 특집 기사들을 받는다. 상당 기간에 걸쳐 성공적인 기사를 평가하기 위한 지침을 마련하고, 미래의 기사들은 그런 기준에 맞추어 측정할 수 있다. 이러한 패널 조사의 주요 장점은 적절한 비용으로 수용자 반응 정보를 제공할 수 있다는 것이다.

2) 발행 부수 조사

인쇄 미디어 수용자 조사의 두 번째 주요 형태는 발행 부수 조사이다. 발행 부수 조사는 신문이나 잡지 연구라는 두 가지 다른 형태에 적용된다. 발행 부수 조사의 첫 번째 형태는 분석의 단위로서 특정 집단의 독자를 이용한다. 이것은 특정 시장의 전반적인 특징과 관련하여 발행 부수를 측정하려고 한다. 예를 들면, 주어진 시장 영역 안에서 특정 신문이 배달되는 가구의 비율을 알아보거나 어떤 인구 통계학적 그룹 사이에서 나타나는 잡지의 발행 유형을 알아보는 것이다. 틸링허스트는 미국을 4개 지역으로 나누고 신문 발행 부수의 변화를 분석한 결과, 가장 많이 감소한 곳이 동부와 남부였다는 것을 알았다(Tillinghast, 1981). 또한 그는 지역의 도시화 정도가 발행 부수와 밀접한 관계가 있다고 하였다. 69개의 캐나다 일간 신문 시장 연구에서 앨퍼스테인은 신문의 발행 부수는 신문사가 소재하고 있는 도시 내의 구독 가구수 비율과 관계가 있다는 것을 알아냈다(Alperstein, 1980). 게다가 일간 신문 발행 부수는 주간 신문 발행 부수와 반비례한다는 것도 알아냈다. 레이시와 피코는 신문의 내용 질의 측정이 발행 부수 수치와 긍정적인 관계가 있다고 서술하였다(Lacy & Fico, 1991). 레이시와 손은 대도시 신문의 경우 특정 내용의 섹션에 주어진 공간의 양이 교외 지역에서의 발행 부수와 연관이 있을 것이라는 가정을 제한적이나마 확인할 수 있었다(Lacy & Sohn, 1990). 초창기, 블랑켄버그는 시장 구조의 변인을 분석하고 인구 규모와 출판 지점과의 거리가 발행 부수를 알려 주는 선행 지표라고 하였다(Blankenburg, 1981).

발행 부수 조사의 또 다른 경향은 발행 부수를 예측하기 위해 컴퓨터 모델을 사용하는 것이다. 예를 들어, <플레이보이 *playboy*>는 판매 부수와 해당 호의 가격, 최근 실업 통계, 증편 비용, 판매일 수, 편집자의 표지 평가, 전체 페이지 배열의 수, 그리고 몇몇 다른 변인들과 관련된 <플레이보이> 출판물 가운데 52개의 이슈에 대한 자료를 수집하였다. 각각의 요인이 총 판매 예측에 어떤 관계가 있는지를 결정하기 위해 회귀 분석을 하였다. 배포된 사본의 수, 이슈 판매일 수 그리고 표지 평가는 총 판매량을 잘 예측했지만 증편에 든 비용의 정도는 판매량에 거의 영향을 주지 않음을 발견하였다.

블랑켄버그는 신문 합병 후 발행 부수를 예측하기 위한 회귀 방정식을 만들었다(Blankenburg, 1987). 거스리와 그의 동료들은 회귀 방정식을 발전시켰고 거대 도시 지역 내에서의 발행 부수를 예측하기 위해 그것을 이용하였다(Guthrie et al., 1988). 그들은 두 개의 가장 주요한 예측 변수가 잡지 발행 부수의 지표와 각 주의 지역 신문 경쟁 지표였다는 것을 알아냈다.

발행 부수 조사의 두 번째 형태는 배달과 가격 시스템이 개인 독자에게 주는 효과를 측정하기 위한 분석 단위로서 개인 독자를 이용하는 것이다. 예를 들어, 매콤과 그의 동료들은 1974년 사람들이 왜 신문 구독을 취소하는지를 연구하였다(McCombs et al., 1988). 그들은 주요 이유가 불규칙한 배달, 읽을 수 없는 상태의 배달과 같은 유통상의 문제가 내용보다 더 주된 이유라는 것을 알아냈다. 잡지 발행인들은 유통 과정에 관한 조사를 자주 행하는데, 다른 지역의 구독자들을 표본으로 뽑아 자사 출판물이 배달되는 날짜와 받았을 때의 물리적 상태를 검토하는 식으로, 이러한 유형의 유통 과정에 관한 조사를 하였다. 출판사에 따라서는 구독을 연장하지 않는 구독자에게 연락하여 구독 취소를 막기 위해 어떻게 조치해야 할 것인가를 알아냈다. 최근 몇 년간 신문사들은 구독료 인상이 발행 부수에 어떤 영향을 미치는가를 연구했으며, 구독료 청구서를 받았을 때 바로 대금을 지불하지 않는 이유를 알아보려는 연구들도 이루어져 왔다.

3. 전자 미디어 이용

▌역사

1920년대 방송 초기에는 수용자 조사 연구에 대한 관심이 거의 없었다. 라디오 방송인들은 그저 미디어의 기술적 측면에만 주로 관심을 둔 열광자들 혹은 취미로 하는 사람들이었다. 당시로서는 라디오에 대한 인기의 전망이 미지수였기 때문에 청취자의 규모에 관심을 둘 이유가 없었다. 1930년대 동안 이러한 상황은 변했다. 라디오는 정보나 오락을 위한 인기 있는 매스 미디어가 되었고, 라디오 청취자가 늘어감에 따라 라디오에 대한 재정 지원을 어떻게 해야 할 것인가에 대한 관심이 생겨났다. 미국에서 가장 실현하기 쉬운 대안으로서 광고가 결정되었다. 영국과 같은 다른 나라에서는 재정 확보는 정부 지원으로 이루어졌다. 상업 방송 체제에서 광고가 라디오에 등장하기 시작했다. 광고주들은 그들의 상업 메시지들이 수용자에게 어느 정도까지 도달하는지를 아는 데 관심이 있었다(Beville, 1985를 보라).

방송 조사 연구를 처음 시작한 사람들은 방송인이 아닌 광고주들이었다. 상업 광고가 일단 방송을 타기 시작하자 광고주들은 그들 메시지에 노출된 청취자가 과연 얼마나 되며 메시지는 과연 얼마나 효력이 있는지 궁금해지기 시작했다. 방송인들은 그들 청취자의 규모와 특성에 대한 경험적 증거를 제시하지 않을 수 없게 되었다. 광고주들은 청취자의 규모에 대한 정보뿐만 아니라 사람들의 행동 양식에 관심을 갖게 되었다. 이것은 심리학적 속성으로 알려진 연구 분야의 발전을 가져 왔다. 그런 자료들은 항상 정확한 것은 아니다. 생활 양식 패턴과 그것이 미디어 이용 및 구매 행동에 어떤 영향을 미치는가를 연구하기 위해 연구 절차가 설계되었다. 그와 같은 정보는 광고 캠페인을 설계하는 데도 귀중한 것이다. 만일 광고주들이 그들의 상품을 구매하는 사람들의 생활 양식 패턴을 알게 된다면 그 같은 생활 양식에 알맞은 상업 광고를 설계할 수 있기 때문이다.

1) 라디오 청취율 연구

라디오가 처음으로 인기를 얻고 광고주들이 라디오가 소비자들을 끌어들일 수 있는 가능성이 있다는 사실을 알게 되면서 방송 종사자들은 청취자의 규모를 증명해야 하는 문제에 직면하였다. 인쇄 미디어는 발행 부수 같은 확실한 자료를 수집할 수 있었지만 방송인들은 그에 상응하는 확실한 정보를 얻을 수 없었다. 청취자 측정의 초창기 시도는 정확한 자료를 제공하는 데 실패하였다. 청취자가 자진해서 보내주는 편지를 일차적 자료로 사용했지만, 자발적 참여자들이 일반 청취자를 대표하는 것이 아니라는 사실은 자명한 이치이다. 광고주들과 방송인들은 좀 더 정확한 정보가 필요하다는 사실을 깨달았다.

미국에서 1930년부터 방송 분석 연구진(Cooperative Analysis of Broadcasting)이 최초로 청취자 조사를 실시한 이후 일부 연구자들과 회사들은 수용자에 관한 정보를 얻으려고 노력하였다. 그러나 라디오와 TV 방송국, 케이블 TV 등 방송사에 제공된 정보는 두 개의 주요 조사 회사에서 만들어진 것이었다. 즉, 지역 시장과 네트워크 TV, 케이블 TV은 닐슨 Nielsen 과 아비트론 Arbitron 사가, 그리고 라디오 지역 시장은 아비트론사가 제공하였다. 전국이 200개 이상의 시장으로 나뉘었고 한 개 이상의 시장에 포함된 도시는 없었다. 한편 제3의 청취율 조사 회사인 버치 라디오 Birch Radio 는 아비트론과 경쟁하기 위해 라디오 조사를 시작했으나 1991년 12월 31일 사업을 그만두었다.

비록 아비트론이 라디오 지역 시장과 전국 네트워크 둘 다에 대한 정보를 제공해 왔지만 현재는 전국 네트워크 정보는 제공하지 않는다. 아비트론은 라디오 평가 자료를 수집하기 위해 일기를 이용하고, 다양한 라디오 시장 보고서를 만든다. 유일한 네트워크 라디오 청취율은 통계 조사 회사(Statistical Research Inc.)가 모으는데, 이는 레이더 (Radio's All-Dimension Audience Research: RADAR) 보고서를 만들기 위해 네트워크들이 용역을 준 것이다.

(1) 라디오 수용자 측정

라디오는 청취자의 측정에 있어 다양한 문제점을 가진 방송 미디어였다. 타이먼은 라디오 청취자 측정에 대한 다음과 같은 문제들을 열거하였다(Twyman, 1994).

· 라디오 청취의 회상은 다른 미디어보다 더 어렵다.
· 라디오는 일차적 집중이 요구되는 미디어라기보다 부차적인 동반자로서 이용된다.
· 청취자들은 주로 움직이면서 라디오를 듣는데, 운전을 하거나 집 안에서 다른 일을 하며 청취를 한다.
· TV와는 달리 라디오 프로그램은 독특한 단일 방송의 연속이라기보다는 지속적인 흐름을 갖는 경향이 있다.
· 라디오는 매우 세분화되어 있고 TV보다 더 많은 방송국이 있다.

·TV보다 더 열악한 미디어로서 라디오는 청취자 연구에 덜 투자하는 경향이 있다.

이러한 많은 요인들은 라디오 청취 경험의 회상에 함께 영향을 준다. 청취자들은 그들이 어디서 청취했는지를 기억함으로써 언제 청취했는지를 기억해야 한다. 만일 그들이 청취할 때 이동하고 있었다면 이것은 입증하기가 어렵다. 많은 수의 라디오 방송국들이 존재하는 상황으로 인해 응답자가 어떤 시점에서 청취한 하나의 특정 방송국을 기억해 내는 것이 매우 어려워질 수도 있다.

(2) 조사 기법

연구 기법은 여러 가지 주요 차원에 따라 다양하다.

·부과한 '청취'의 기준
·얼마나 협력 편파를 줄였는지, 그리고 전체 모집단을 표집했는지
·도움과 단서 없이 기억해 낸 정도에 얼마나 의존하는지
·자료 수집 양식

이러한 관심 가운데 첫 번째로, 다음과 같은 질문을 한다. "내가 얼마나 진지하게 비중 있는 청취를 하는가?" 예를 들어, 어떤 사람들은 그들의 청취가 다른 사람들이 그 프로그램을 선택했을 때 중요성이 떨어진다고 생각한다. 잠재적으로 협력하게 되는 편파의 문제는 중요한 것이다. 오늘날 모든 미디어 연구에서, 연구하기 쉬운 미디어에 더욱 접근하기 쉬운 경향이 있다. 사람들은 그들이 많이 하지 않는 것에 대한 조사에는 참여하지 않으려는 경향이 있다. 그래서 미디어에 많이 연관되지 않은 사람들도 일정 부분 연구에 참여할 필요가 있다. 사람들에게 그들의 청취에 대해 물을 때, 도움 없이 단순히 어떤 프로그램을 그들이 들었는지 회상하도록 요청 받았을 때와 비교하여, 그들

이 사는 지역에서 방송될 예정이거나 이미 방송된 프로그램 목록을 받았을 때 매우 다른 결과가 도출될 것이다. 제시된 목록들은 응답자들이 그들의 청취에 대해 말하는 것을 한층 풍부하게 한다. 응답자들을 돕기 위한 이러한 심도 있는 시도는 마치 응답자들의 하루를 재구성하는 것과 같은 양상을 띤다(Twyman, 1994).

자료 수집 양식에 따라 어떤 종류의 라디오 청취를 많이 한다고 응답하는지가 상당히 달라진다. 주요 범주는 다음과 같다.

- 체계적인 회상
- 일기
- 일반적 습관 질문
- 동시 인터뷰
- 기록 장치

▌체계적인 회상

여기에는 사람들에게 과거 기간을 재구성하도록 요구하고, 어떤 것을 청취하는지 보고하도록 요구하는 과정이 포함된다. 이것은 인터뷰의 초기 혹은 며칠 전에 이루어질 수 있다. 일반적으로 이 방법은 하루후 회상(day-after recall: DAR)이다. 응답자들은 전날을 되짚어본다. 그리고 어제 일어났던 라디오 청취의 내용과 때를 확인한다. 인터뷰는 전화로 이루어지지만 영국에서는 일반적으로 면 대 면 인터뷰를 한다.

▌일기

응답자들에게 일정 기간 라디오 청취에 관한 일기를 계속 쓰도록 요청한다. 1주일 혹은 그 이상의 자료를 하나의 인터뷰로 끌어낼 수 있다. 거기에는 이용할 수 있는 다양한 기술들이 있다. 일기는 개인적으로 평가하고 수집한다. 혹은 이러한 두 가지 모두가 우편으로 이루어질 수 있다.

일기들은 설계에 따라 상당히 다양하다. 여기에 표시된 시간 척도가 있고 청취의 시작과 끝 시간을 기입하도록 요구한다. 방송국을 표시할 때 시청자를 위해 인쇄되어 있거나 자신이 들었던 방송국을 직접 쓸 수도 있다. 결과적으로 회상 연구처럼 일기 연구는 실재와 같지 않을 수도 있다.

비록 많은 것이 일기를 언제 완성했는지에 달려 있기는 하지만, 일기는 기억에 대한 의존도를 최소화하는 장점이 있다. 만일 측정된 행동이 일어난 시점에 완성되지 않는다면, 기입 사항들은 기억 정확도에 의존할 것이다. 일기에는 들었을지도 모르는 프로그램이나 방송국의 이름이 나와 있어서 기억을 잘 하도록 자극한다.

▌ 일반적인 습관 질문

응답자들은 그들이 주로 언제 들었고, 그들이 보통 무엇을 듣는지에 대해 질문을 받는다. 이것은 다른 시점에서 다른 방송국을 청취한 빈도 추정치로 표현된다. 많은 라디오 청취가 습관에 기초하지 않는다는 데 주된 문제가 있다. 심지어 응답자가 할 일은 하루를 재구성하는 문맥이나 내용 실마리가 제공됨 없이, 모든 일상 사건을 요약하는 것이다. 그래서 이러한 종류의 분석은 일상적인 청취가 전체에서 매우 높은 비율을 차지하는 곳에서는 라디오 청취를 과소 평가할 위험이 있다.

▌ 동시 인터뷰

이것은 인터뷰 시점에서 라디오를 청취하고 있는 사람들을 인터뷰한다. 이것은 가정에서 일어나는 청취를 측정하는 척도로서 가장 적당하다. 하지만 북미 연구에서는 많은 노력을 들여 청취 조사와 관련해 자동차 운전자들을 대상으로 표본을 추출하기도 했다. 동시적 접근 방식은 규칙적인 측정을 위해서는 엄청나게 많은 비용이 든다.

▌ 기록 장치

미터기 이용은 사실 TV에 응용되기 전까지 라디오에서 오래 채택되었다. 첫 번째 라디오 미터 특허는 미국에서 1929년에 접수되었다. 닐슨 라디오 지표는 1936~64년까지 활용되었다. 그리고 이 지표는 ① 라디오 세트 표본의 채널이 어디에 맞추어져 있는지를 기계로 측정하는 방법과 ② 한 세트당 청취자들 및 그들의 인구 통계학적 특성들을 측정하는 일기법을 결합한 것이다. 닐슨 서비스사가 사라지게 된 것은 주로 자동차 라디오의 지속적 증가, 휴대 라디오 수의 폭발적 증가, 그리고 멀티 세트 소유자의 증가 때문이었다. 기술적으로 이러한 문제들은 극복될 수 있었지만 그러기에는 비용이 너무 많이 들었다.

(3) 기법들의 비교

조사 기법의 효과를 비교하기 위한 연구가 실시되었다. 라디오 방법론 연구(All Radio Methodology Study: ARMS, 1967)가 수행한 초창기 연구는 1965년 광고 연구 재단을 위해 진행되었다. 2800건의 전화 동시 인터뷰에서 추출해 낸 가정 내 라디오 청취 표준에 반反하여 이것은 5개의 일기와 3개의 회상 방법을 비교하였다.

핵심 결론은 다음과 같다.

· 하루 후 회상 기법을 사용하면 청취 수준이 낮게 나타난다.
· 동시간대에 다른 미디어가 커버하고 있는 경우 보고된 라디오 청취 수준이 낮아진다.
· 사람들의 개인적인 위치와 수집에 관한 내용이 포함된 주 단위의 라디오 일기는 표준에 가까운 결과를 보여 준다.

미국 조사국(American Research Bureau: RKO) 방송의 또 다른 북아메리카 연구에 따르면(1965), 비록 동시 인터뷰를 통해 추출한 표준과 가장 잘 맞아떨어진 것은 멀티미디어 일기였지만 멀티미디어 일기, 라디오 일기, 전화 인터뷰 및 전화 동시 인터뷰와 가정 내 청취 비교에서 대체로 상당히 유사한 결과가 나왔다.

프란츠가 보고한 독일에서의 조사는 회상이 매우 완벽하게 일어나서 그 청취 수준이 일기에 나타난 것과 유사한 특별한 예이다(Franz, 1991). 응답자들은 라디오 청취를 포함한 모든 행동들을 회상하면서 매우 자세하게 그들의 전날을 재구성하였다. 이런 '일과적' 접근은 회상과 일기를 이용한다. 이 둘은 전통적인 라디오 일기보다 더 높은 청취수준을 보인다. 이 연구는 만일 기억을 재구성하는 데 충분한 관심을 기울인다면 라디오 청취의 회상은 사람들이 그 행동을 기록하는 일기를 통해 얻어낸 수준과 일치할 수 있음을 보여 준다.

캐나다 방송 측정 사무국(The Bureau of Broadcast Measurement, 1973, 1974~5)에서는 라디오와 TV를 합친 기존의 두 미디어에 관한 일기 *two-media diary* 를 일기의 개정판 및 라디오 일기와 비교하여 그 테스트 결과를 보고하였다. 기존의 일기에 비해 수정된 두 미디어에 관한 일기에서는 가정 내 라디오 청취 수준이 약간 낮게 나왔다. 그러나 라디오 일기에서는 청취 수준이 높게 나왔다. 라디오 청취 수준에 대한 전화 동시 체크는 라디오 일기 회답자들이 비회답자들보다 라디오 중청취자 *heavier listener* 라는 것을 드러냈다. 그리고 라디오 일기 작성자들은 정확하게 그들의 청취 수준을 기록하고 있었다.

2) TV 시청률 조사

시청률 측정은 TV 조사의 기본이다. TV 산업 내에서의 수용자 측정은 프로그램의 성과를 판단하고, 프로그램 편성 결정을 도우며, 광고 계획과 거래에서도 중요하다. TV 시청률의 정확한 측정은 TV 시청과 여론, 또는 사회적 행동 사이의 관계를 조사하는 것과 관련된 보다 학술 지향적인 연구 맥락에서 중요성을 갖는다. TV 수용자 측정은 네 가지 기본적 측정 접근으로 구분된다.

첫째, 설문지와 인터뷰

둘째, 자기 완성 노트 일기와 전자 녹화 기록

셋째, 피플 미터 기술

넷째, 수동적 관찰 또는 기타 행동 녹화 시스템

▌설문지와 면접

이 방법은 이미 4장의 앞부분에서 소개하였다. 여기서는 TV의 이용에 관한 시청자의 자기 보고법을 논의한다는 데 특별한 점이 있다. 사람들은 시청에 대해 질문을 받으면 요구된 질문의 종류에 따라 다양한 대답을 들려 준다. 초점이 더욱 정확할수록 평가된 시청량은 적다. 예를 들어, 하루 평균 얼마나 많이 TV를 시청하는지에 대해 사람들에게 묻는 것은 어제 시청한 것에 대해 묻는 것보다 더 높은 시청률 추정치를 나타낸다. 이 차이를 가져오는 한 가지 원인은 응답자들이 그들의 평균 시청량을 판단할 때 비시청일을 계산에 넣지 않는 것이다(Robinson, 1969). 시청한 프로그램에 관해 혹은 그 날 특정 시간대 TV 시청에 대해 보고하게 함으로써 시청 정보를 얻는 것은 여전히 더 낮은 시청 추정치를 가져올 수 있다.

▌간단한 전자 미터

가장 초창기 TV 수용자 연구는 다음날 혹은 주간 일기가 채워졌을 때 시청에 대한 기억에 의존한다. 일기에 기반한 시청 평가는 일반적으로 주어진 날 15분 단위 시청 여부를 보고하거나 혹은 각 채널마다 시간 순으로 목록화한 프로그램들의 시청 여부를 기입함으로써 제공된다.

전자 미터는 일기에 의해 대략적으로 개인적인 시청을 측정하는 가운데 채널이 바뀌는 정확한 타이밍을 측정하기 위해 개발되었다. 우리가 뒤에 보게 될 피플 미터는 누름 버튼을 추가하여 시청자들이 그들의 시청에 대한 기록을 동시에 할 수 있었고, 이는 이론적으로 채널이 바뀌는 것이 동시에 측정됨을 뜻한다(Twyman, 1984). 수년 동안 TV 수용자에 대한 산업계의 측정은 별개의 두 원천에서 나온 정보의 결합 — 즉, TV 수상기를 통한 행동에 대해 데이터를 기록하는 전자 수상기 미터와 TV 수상기 앞에 시청자들이 존재하는지에 대한 데이터를 수집한 종이 일기 — 으로 이루어졌다. 이 시스템에서 전자 미터는 TV 수상기가 켜지는 순간과 맞춰져 있는 채널을 등록한다.

심지어 전자 미터 시스템은 시간이 흐름에 따라 진화하였다. 미국에서 닐슨사가 소개한 초기 버전은 움직이는 두루마리 종이에 라디오 사용을 기록했던 도구를 포함하고 있었다. '오디미터 *audimeter*'라 불린 이것은 1936년에 소개되었다. '즉각 저장 미터'라 불리는 현대 버전은 가정에서 각 수상기가 켜지거나 꺼지는 시간, 채널이 고정된 방송국, 켜진 경과 시간, 돌려 본 채널을 기록하는 매우 복잡한 장치이다. 데이터는 자동 전화 데이터 회수 시스템을 통해 각 가구에서 가져온다.

두 번째 TV 수용자 측정 시스템은 아비트론사에 의해 미국에서 등장하였다. 이 시스템은 닐슨 시스템과 매우 유사한 지각 장치인 TV 미터(TVM)를 통해 측정된 데이터를 수집한다. TVM은 TV 세트의 켜짐 / 꺼짐 상태와 수상기에 고정된 채널의 상태를 기록한다. 그러나 시청자 수에 대해서는 정보가 전혀 수집되지 않는다. 시청자에 대한 인구 통계학적 정보도 없다. 아비트론사는 저녁에 TVM에 직접 부착된 전화선으로 각 가정의 미터화된 데이터를 회수한다.

이런 형태의 데이터 수집의 두 번째 경우는, 시청자들이 보는 채널이나 들은 라디오국, 시청취 기간, 각 프로그램을 시청취한 사람의 수, 주시청 시간대(프라임 타임 *prime time*, 8:00 pm∼11:00 pm EST)와 같은 방송 시간대의 구분을 일기에 기록하도록 요구한다.

산업계 안에서 진행된 TV 수용자 측정의 또 다른 경우는 '전화 동시 서베이'라 알려진 것으로, 이는 미터화된 시청 데이터의 정확성을 체크하기 위한 전화 서베이의 이용을 말한다. 이러한 절차는 주어진 시간에 미디어 수용자의 규모를 측정한다. 즉, 실제 시청 시간과 일치하는 서베이를 말한다. 기본적으로 이 방법에는 무작위로 가구의 표본을 선택하여 관심 있게 시청하고 있는 동안 시청자들에게 전화하는 과정이 포함된다. 개인들에게 그들이 그 순간 무엇을 보고 있었는지 간단한 질문을 던진다. 응답자들에게 전화를 할 때 특정 수상기의 스위치가 켜져 있는지 체크하도록 요구한다. 집에서 각 수상기가 켜져 있을 때 응답자들은 누가 시청하고 있는지 표시하라고 요구받는다. 이 방법은 전날의 정보를 회상해야 할 필요가 없다. 동시 서베이는 상당히 저렴하며, 특별 편성이 성공적인지에 관한 즉각적인 피드백을 받기 위해 방송국 운영상 자주 사용된다.

▎피플 미터

시청률 데이터를 수집하는 가장 최근의 TV 산업 방법인 피플 미터는 1980년대 중반부터 세계의 여러 지역에서 TV 수용자 측정의 표준 방법으로 광범위하게 이용되었다. 피플 미터는 북아메리카, 유럽, 동아시아, 오스트레일리아, 심지어 남아메리카에서도 이용되고 있다. 이 방법은 높은 빈도의 시청률 정보를 얻고, 조사 회사들이 TV 시청률 데이터, 인구 통계학적 데이터, 심지어 어떤 시간에 구매 행동을 하는 가구 구성원을 모집하는 곳에서 단일 소스 데이터를 얻을 수 있다. 전통적인 세트 미터는 TV 수상기가 켜져 있는지, 꺼져 있는지, 그리고 세트가 어느 채널에 맞춰져 있는지만을 말할 수 있었을 뿐 누가 시청하고 있는지에 대한 데이터는 없었다. 전통적으로 그런 정보는 자기 완성 일기에서 얻어지는 가구 정보와 간단한 전자 TV 미터 데이터를 합함으로써 얻어졌다. 피플 미터는 시청을 기록하는 기계 장치에 있는 특별한 버튼을 누르도록 방문객들뿐만 아니라 가구의 각 개인들에게도 요구함으로써 이런 데이터 수집 임무를 단순화하려고 하였다. 집에 있는 개인에게 미터에 있는 버튼이 할당된다. 미터는 가구에 있는 사람들이 얼마나 많이 시청하고 있는지에 대한 정보와 각 시청자의 신상 정보를 즉시 기록한다. 사실, 피플 미터는 실제 '시청'을 기록하는 것이 아니라 TV 수상기가 켜져 있을 때 사람이 방에 있다는 사실을 기록한다. 저녁 시청에 대한 데이터는 날마다 전화로 수집된다.

이론적으로 피플 미터는 간단하다. 사람이 TV 보는 것을 시작하거나 멈출 때 행동을 기록하기 위해 버튼을 누른다. 버튼은 핸드세트 *handset* 장치에 위치하거나 TV 수상기 위에 놓인 작은 상자 안에 들어 있다. 그러나 실제로 이 시스템은 어렵게 작동된다. 피플 미터 방법은 가구에서 누가 TV를 보고 있는지를 과연 정확하게 측정할 수 있는지에 대해 비판 받는다. 피플 미터와 연결된 패널들의 집은 TV 수상기가 켜져 있을 때의 시청 상황에 그들이 있다는 사실을 표시하기 위해 핸드세트에 있는 버튼을 누르는 작업을 실재보다 덜했다는 사실이 발견되었다. 피플 미터에 대한 이런 단점은 항상 버튼을 누르도록 시청자들에게 요구하지 않고 TV 시청을 수동적으로 측정하는 방법을 연구하는 동기를 제공하였다.

1980년대 후반, 미국 TV 네트워크, ABC, CBS, NBC에 의해 재정 지원을 받은 서베이는 피플 미터가 특히 토요일 아침의 어린이 프로그램 참가자들을 옆길로 빠져나가게 만든다는 것을 알아냈다. 1991년에 피플 미터가 실제보다 더 낮은 TV 시청자 수를 나타낸다는 데 대한 추가 비판이 나왔다. 비판은 가라앉지 않았다. 영국에서 커크햄과 월콕스는 사람들이 보고 있었다는 것이 무엇인지, 타당성 체크를 할 수 있는 화면 표집 기법을 기술하였다(Kirkham & Wilcox, 1994). 각 가정에서 기본 원칙은 각 TV에 나타나는 화면들의 표본을 제작하는 것이고, 조사에서 방송 채널들을 위해 유사 표본들을 저장하는 것이다. 그들은 보통 한밤중 전화 접속으로 가정에서 표본을 가져온다. 그리고 나서 일치가 발견될 때까지 차례대로 방송 채널에 저장된 것들을 가정에서 온 표본들과 비교한다. 이것은 어떤 채널이 주어진 시간에 시청되고 있었는지를 결정한다. 추가 정보가 실제로 무엇이 일어났었는지를 알려 주는지 판단하기 위해, 이 정보를 같은 가정에서 나온 피플 미터와 비교한다.

피플 미터에 대한 주된 걱정은 참가자들이 그들이 시청할 때 기록하기 위해 버튼을 누르는 것에 싫증을 느낀다는 것이다. 아이들은 그들이 수상기를 켤 때 필요한 버튼을 누를 수 없다. 응답자들이 겪고 있는 정확한 시스템 이용의 어려움은 방송인과 광고주들에게 걱정의 원인이다. 가정의 시청자들이 TV 수상기가 켜져 있을 때 방에 있었는지 없었는지 나타내기 위해 피플 미터에 있는 버튼을 계속 누르도록 기대하는 것이 합리적이라는 데 증거가 있는가?

한 개관 논문에서 8개의 타당화 연구 결과를 피플 미터 시스템과 비교하였다. 이 연구들은 패널들의 승낙을 테스트하기 위해 유사한 방법과 기준을 사용하였다. 각 경우에 버튼을 누르는 피플 미터 패널들에게 전화가 왔을 때 그 순간에 시청하는 것을 보고하도록 한다. 이것은 다운로드된 피플 미터 데이터에 나타난 시청자의 버튼 위치를 실제 시청 상태와 비교하는 것이다. 이 분석을 통해 전화 예 / 아니오 반응과 피플 미터 예 / 아니오 반응으로 이루어지는 2×2 교차표가 나온다. 전화 '예'(나는 보고 있다) 반응이 미터 '예'(시청한다고 눌렀다) 반응과 일치한 정도는 전화와 미터의 '아니오' 반응 수와 함께 피플 미터 데이터의 신뢰도를 구하는 데 쓰였다. 전형적인 일치도의 수준은 90%였다(Purdye & Harvey, 1994).

심지어 패널들이 부지런히 버튼을 누를 때조차도 피플 미터가 TV 시청을 정확히 측정하는가? 예를 들어, 피플 미터는 페이퍼 일기와 시청 측정을 어떻게 비교하는가? 1985년에 피플 미터를 완전히 채택하기 전, 시험적인 패널 데이터에 대해 방송 시청자 연구위원회(Broadcaster's Audience Research Board: BARB)가 영국에서 수행한 예비 연구는 피플 미터가 페이퍼 일기 15분 기록보다 더 짧은 시청 기간을 나타냈다는 것을 알았다. 피플 미터 사전 조사 패널의 13%가 시청률 측정 8시간 중 15분 동안 시청한 것으로 나타난 반면, 페이퍼 일기 응답자의 8%만이 같은 시청률을 기록했다. 피플 미터 패널의 11%가 4시간 이상 동안 시청했다고 나타난 반면, 페이퍼 일기 응답자는 15%가 4시간 이상 시청했다고 응답했다(Twyman, 1994).

수용자 평가에서 각 절차는 비판 받을 점이 있다. 간단한 전자 미터는 그들이 특수한 수용자 정보를 제공하지 않기 때문에 크게 비판 받는다. 일기는 참가자들이 시청과 청취가 일어나는 순간에 기록하지 못하고, 그 주 마지막에 일기를 완성하려고 회상에 의존한다는 단점을 지닌다. 게다가 많은 비평가들은 일기가 특별한 표시에 찬성하거나 반대하는 '투표'에 이용되고, 실제 시청이 기록되지 않는다고 주장한다. 전화 데이터 수집에 대한 비평은 그 방법이 전화로 더욱 기꺼이 말하는 젊은 사람들에게 유리한 방법이라고 말한다. 나이 든 응답자들은 일반적으로 그들의 시청, 청취 습관에 대한 질문에 참을성 있게 대답하지 않는다. 결국, 피플 미터는 그들이 TV를 시청할 때 요구된 버튼 누르기를 기억해야 하기 때문에 참석자들이 피로를 느끼고 잘 누르지 않는다는 점에서 비난 받는다.

(1) 미국에서의 TV 수용자 측정

아비트론과 닐슨의 연구 방법들은 복잡하다. 각 회사는 특별한 절차를 위해 염두해야 할 방법들과 절차를 기술한 몇 가지 텍스트를 발간한다. 시청률 서베이의 데이터는 일기와 전자 미터(일반적으로 피플 미터라 불림) 두 가지의 방법으로 모아진다. 각 방법은 특별한 장단점을 가지고 있다.

닐슨의 전국 표본은 전국 센서스를 이용하여 표집되며, 표본이 실제 인구 분포를 반영하도록 보증하는 다단계 지역 확률 표집 방법을 사용한다. 만일 LA가 미국 내 TV 가구의 10%를 차지한다면 표본에서도 LA 가구가 역시 10%를 차지하도록 선정된다.

닐슨은 표집에서 4가지 단계를 이용한다. 전국 내에서 주 *county* 를 선택, 주 내의 블록 그룹 선정, 그룹 내에서 특정 블록 선택, 블록 내에서 개인 가구를 선정한다. 닐슨은 가구 수가 4000인 NTI 표본의 20%인 약 200가구를 매달 새로 교체시키고 있다고 보고한다(Nielsen, 1992).

방송의 시청취율을 위한 표본을 얻기 위해서 아비트론과 닐슨은 전화 번호부에 등재된 것과 등재되지 않은 모든 전화를 포함시킨다.

비록 모든 시청률 조사 회사가 전화 번호부에서 표본을 추출한다 할지라도 각 회사는 전화 번호부에 등재되지 않은 번호를 포함시키는 통계적인 절차를 이용한다. 이것은 전화 번호부에 기재된 어떤 사람이나 가구만을 방송 수용자 측정에 사용했을 때 야기되는 편파를 제거할 수 있다.

지역별로 수용자를 측정하기 위해 목표로 하는 표본 크기는 시장에 따라 다양하다. 각 시청률 조사 서비스는 통계적 효율성을 특수한 수준으로 끌어올리기 위해 최소 표본 크기를 만들기 위한 공식을 사용하지만, 그 숫자의 대상자가 실제로 나올 것이라는 보장이 없다. 많은 사람들이 수용자 서베이에 참가하겠다고 동의한다 할지라도 그들 모두에게 주어진 일기를 완전하게 작성하도록 강요할 수 있는 방법이 없고, 전자 미디어를 정확히 이용하게 할 방법도 없다. 게다가, 완성된 일기도 상당 부분 읽을 수 없거나, 부정확하다는 이유로 폐기되기도 한다. 회사들은 종종 그들의 지역 시장 측정에서 50%의 응답 비율만 얻어도 행운이라고 할 수 있다.

이에 대하여 각 회사는 수용자 조사에서 소수 인종의 집단으로부터 평균 이하의 응답을 얻는다. 그래서 그들은 이들 집단으로부터 자료를 수집하기 위해 전화로 연락하든가, 일기를 완성하도록 노력을 기울인다.

(2) 유럽에서의 TV 수용자 측정

유럽에서 TV 발달의 특징은 정부 경영 TV 채널의 지배와 독점이라 할 수 있다. 만일 상업 채널들이 운영된다 해도 이는 극소수였다. 그래서 수용자 측정에 그리 큰 정확성이 요구되지는 않았다. 그러나 TV는 모든 사람들에게 중요했다. 광고를 실은 채널의 수가 적다는 것은 그런 채널들이 모두 팔릴 가능성이 큼을 의미한다. 그래서 다시 광고주들 사이에서도 수용자 측정이 중요하지 않게 되었다.

광고 소득으로 지원되는 좀 더 많은 상업 채널이 등장하자 수용자들이 무엇을 보고 있는지, 언제 보고 있는지에 대해 더 많이 알고자 하는 욕구가 생겨났다. 1950년대에는 영국이 처음이었고, 1960년대 이후 다른 유럽 국가들이 뒤를 이었다. 더 많은 상업 채널이 등장했기 때문에 수용자에 대한 더 좋은 자료를 얻고자 하는 욕구가 생겼다. 심지어 최근까지 상업 채널을 가지지 않았던 나라에서도 TV 수용자 측정 시스템은 상업 채널을 가진 나라의 것들을 모방하여 나타났다. 미터 시스템들은 1980년대와 1990년대 사이에 대부분의 유럽 국가에 소개되었다. 유럽에서 1980년대 중반까지 TV 수용자 측정 시스템은 양립할 수 없는 미터 시스템과 일기 그리고 회상 방식의 조합이었다. 데이터 수집 방법과 정확성은 아주 다양했고, 결과의 구조와 형식도 상반되었다.

영국의 초창기 수용자 조사는 '하루 후 회상' 방법을 사용하는 BBC에 의해 수행되었다. 상업 TV의 시작에 이어 첫 번째 미터화된 패널은 1956년에 나타났다. 이 미터 패널은 닐슨사와 애트우드 통계사가 합작으로 소유한 회사인 TAM(Television Audience Measurement Ltd. 텔레비전 수용자 측정 회사)에 의해 운영되었다. 1968년에 이런 서비스의 공급을 위한 계약은 AGB(Audits of Great Britain 대영제국 감사)로 바뀌었다. 이런 두 개의 유사한 시스템은 BBC가 수용자 측정을 위해 미터 패널을 사용하는 상업 TV 네트워크와 합친 1981년까지 운영되었다. 이 수용자 조사 패널은 BBC와 독립 TV가 공동 소유한 BARB(Broadcasters Audience Research Board 방송 시청자 연구위원회)라 불리는 새로운 회사의 후원 아래 경영되었다.

초창기 미터 패널은 두 종류의 병행되는 자료 수집 방법을 이용하였다. 수상기 미터는 수상기의 스위치가 켜지고 채널이 맞추어졌을 때 기록하였다. 데이터는 테이프에 저장되었다. 게다가 시청자들은 날마다 전송 시간 내내, 15분의 방송 시간 구분을 포함하는 페이퍼 일기를 1주일에 걸쳐 완성하였다. 미터 테이프와 일기는 각 주 마지막 날 수용자 측정 계약자에게 되돌려 보낸다. 영국에서는 1980년대 중반안에, 다른 유럽 국가들에서는 다음 몇 년 이내에 피플 미터 시스템이 시작되었다.

영국에 소개된 시스템은 수상기와 시청자 데이터를 좀 더 효과적으로 합칠 수 있게 해 주었다. 그것은 데이터 분석 과정을 더욱 빠르게 하였다. 패널 가구의 각 TV 수상기에는 수상기와 관련된 데이터를 기록하는 미터 디스플레이 단위(Meter Display Unit: MDU)가 갖추어져 있었다. 각 셋톱 장치에는 보완적으로 원격 조정 핸드세트가 공급되었다. 게다가, 거기에서부터 중앙 자료 저장소(Central Data Storage Unit: CDSU)가 있는 TV 소켓에 연결되었다. MDU는 16문자 디스플레이를 가진 프론트 패널을 가지고 있으며 디스플레이는 패널 구성원들에게 메시지와 정보를 보여 줄 수 있다. 그것은 또한 수상기가 켜져 있는지 꺼져 있는지, 채널에 맞춰져 있는지에 대한 정보를 저장한다. 그것은 원격 조정 핸드세트를 통해 패널 구성원들이 입력한 시청자 정보를 저장한다. 버튼은 그것이 켜져 있을 때 수상기 앞에 신체가 존재함을 신호하기 위해 핸드세트에 낮추어 부착된다. CDSU는 각 MDU에서 정규적으로 날마다 응답을 구한다. 그리고 세트와 모든 가구에 대한 시청자 정보를 가져간다. CDSU는 가구에 있는 전자 파워 회로로 MDU와 커뮤니케이션한다. CDSU에 저장된 데이터는 날마다 저녁 전화 시스템으로 1시부터 5시 사이에 빠져나간다.

피플 미터 기술을 개척하는 데 주된 역할을 한 두 회사가 있다. The AGB 4800은 1981년에 영국과 이탈리아(1984), 아일랜드(1985)에 초기 장비를 설치하였다. 스위스 방송 연합(Swiss Broadcasting Corporation: SRG)에 링크된 스위스 기술 회사 텔레컨트롤 Tele-control 은 스위스와 독일(1985)에 시스템을 설치하였다.

이러한 시스템들은 일반적으로 두 가지 중요한 기술적 발전을 이룩하였다. 첫째, 장비가 설치된 가구로부터 데이터의 회수는 전화로 이루어진다. 과거의 미터는 종이 테이프, 압축 카세트, 목적에 따라 만든 모듈 등 다양한 저장과 수집 방법을 이용하였다. 새로운 시스템하에서 조사 회사 컴퓨터는 가구의 전화 번호에 연결되었고, 자동적으로 미터 데이터를 회수하기 위해 한밤중에 가정에 전화를 하였다. 비용이 절약되고, 한층 빠른 수행과 보고를 가능하게 하는 것과는 별도로, 이 방법은 '비접촉' 수준을 감소시킴으로써 데이터의 질을 향상시켰고, 또한 가정 시스템의 작동에 대한 진단에 도움이 되는 정보의 생산을 가능하게 하였다. 둘째, 가구 구성원의 시청 행동에 대한 기록은 전자 적으로 이루어졌다. 각 TV 수상기는 스테이션을 구성하는 셋톱 장치, 채널 선택 모니터, 디스플레이 스크린, 휴대용 원격 조정 핸드세트를 포함한 미터에 설비되었다. 패널 구성원들은 핸드세트에 미리 표시된 버튼을 누름으로써 그들의 시청을 나타낸다. 적외선 혹은 자외선의 신호는 셋톱 장치에 의해 받아들여지고, 미터 시스템에 기록되고, 문자와 숫자는 화면에 표시된다. 그것은 매우 복잡하고 수많은 요인이 고려되어야 한다.

· TV 시청 모집단의 특성들을 추적하고 확립한다.
· 패널 설계와 통제를 통해 피플 미터 패널이 모집단을 대표하도록 한다.
· 누가 시청자이고 무엇이 시청으로 간주되는지를 결정한다.
· TV 수상기의 사용과 주변 장치를 기록한다.
· 개인적 시청 행동을 포착한다.
· 사용을 준비하는 편집, 조직, 처리를 통해 원자료를 얻는다.
· 결과에 접근할 수 있도록 보고하고 허락한다.

시청 모집단의 특징들은 기반 조사에 의해 확립되고 모니터된다. 이것들은 미디어 장비와 인구 통계학적 정보를 수집하기 위해 모집단 전체에서 얻어지는 매우 큰 서베이다. 개인적인 인터뷰에 의해 수행되기 때문에 새로운 구성원을 모집하는 수단으로도 사용된다.

다른 중요한 요인은 무엇을 '시청'이라고 할 수 있는지에 대한 정의, 그리고 측정 기간에 '시청자'로 간주되기 위해서는 사람들이 특정 기간 안에 얼마나 많은 '시청'을 해야 하는지에 대한 정의이다. 시청률의 정의는 각 나라마다 다양하다. 시청이 이루어지고 있다고 간주되는 수많은 단계가 있다. 가장 낮은 단계에 해당하는 것은 수상기가 켜져 있을 때 방에 응답자가 있는 상태인데, 응답자에게는 어떤 제한도 주지 않는다. 수상기가 작동할 때 같은 방에 있다는 것으로 충분하다. 그러나 이러한 정의에는 문제가 있다. 어떤 방은 열려 있는 평면이거나 경계가 불명확하여, 문 밖에서 시청하는 사람도 있을 수 있다. 좀 더 엄밀한 정의는 '방 안에 있고 시청할 수 있는'이다. 비록 이 정의가 완전한 정의는 아니지만 그것은 응답자가 신체적으로 TV 수상기와 관계 있는 위치에 있기 때문에 볼 수 있다는 것을 의미한다. 설득력 있는 가장 높은 단계의 시청은 그들이 화면에 집중하고 있는 것을 의미한다.

실제로 시청하는 개인들을 측정할 때 모든 형태의 피플 미터는 유사한 방법으로 작동한다. 첫째, 리모콘에 있는 특별한 버튼이 가구의 각 구성원에게 할당된다. 버튼을 누를 때 그 수가 셋톱 디스플레이어에 나타난다. 그리고 개인 시청의 시작은 그 시점에서 기록된다. 한 번 더 버튼을 누르면 불이 꺼지고 미터에는 시청이 끝났다고 기록된다. 그러므로 이런 방법으로 실시간 시청을 측정하는데, 측정 과정에서 '요청'은 제거되지 않지만 회상은 제거된다. 그 시스템은 여전히 개인 행동에 달려 있고, 따라서 피플 미터 서비스는 수상기 측정의 관점에서만 실제로 '미터' 역할을 한다.

(3) TV 수용자의 수동적인 측정

한때는 모든 미터화된 TV 수용자 패널들은 미터화된 가정 또는 별도의 표본에서 개인 TV 시청 자료를 수집하기 위해 페이퍼 일기를 사용하였다. 1980년대 중반부터 패널 구성원들이 시청 상태를 나타내기 위해 작은 데이터 기입용 피플 미터에 있는 버튼을 개인이 누르도록 하는 변화가 있었다. 또한 TV가 이용되고 있는 방에서 그들의 존재를 나타내는 개인적 전자 인식표를 수용자들이 휴대할 수도 있다는 제안이 있었다. 이러한 방법들은 모두 미터화된 가정에서 사람들이 보이는 행동의 기초 위에 적극적 협력을 요구하고 있기 때문에, 잠재적으로 협력 편파를 가지고 있다는 문제점이 있다.

이러한 패널 편파 효과를 계산하기 위해 TV 수용자 연구자들은 패널 구성원들의 작업 부담을 제거한 대안적 방법론을 찾기 시작하였다. TV를 이용하고 있는 사람들의 수를 세고 인식하기 위한 많은 수동적인 방법들이 탐구되고 있다. 이러한 초창기의 것들 가운데 하나는 TV 가까이에 카메라를 장치하는 것, 주기적으로 시청자를 찍는 것, 분석자들이 녹화 화면을 나중에 보면서 수용자의 수를 세고, 누가 시청하는지를 정하고, 얼마나 주의 집중하여 보는지를 판단하는 방법도 있다(Currey & Freeman, 1962). 앨런의 사진 카메라를 비디오 카메라로 대체한 벡텔과 그의 동료들(Bechtel et al., 1972), 콜레트와 램(Collett & Lamb, 1986)은 이 분야에서 초기 출간된 앨런(Allen, 1965)의 작업을 확장시켰다. 비록 이런 방법들이 적극적인 시청자 참가를 거의 요구하지 않는다 할지라도 사람들의 싸움과 사랑 장면을 살펴본 조사자들의 보고는 잠재적인 표본들이 가정에 장비를 설치하지 않겠다고 거절할 정도로 개인적인 침해가 있었다는 충분한 확신을 주었다.

TV를 시청하는 사람을 알기 위해 방의 이미지를 분석하려 컴퓨터를 사용함으로써 화면 밖의 분석 과정을 자동화시키는 것도 가능한 대체 방법으로 논의되어 왔다. 방송인과 광고주들이 해결책으로 수용할 만한 방법을 제시하려면 지금보다 더 진보된 컴퓨터 기술이 필요하다. 누구인지는 알 수 없더라도 수용자의 수만을 세는 좀 더 약한 목표가 제시되기도 하였다. 이러한 종류의 조사 시스템은 일기 혹은 피플 미터 시스템과 연계하여 구상되었다.

▎소나

소나 Sonar 시스템은 날씨 레이더 화면에서 사람들이 보던 것과 유사한 결과를 만들어 낼 수 있다. 이러한 경우, 기계적 혹은 전자적으로 부채꼴 모양의 방의 섹터를 가로지르는 하나 혹은 더 많은 초음파 변환기를 스캐닝함으로써 친숙한 소리를 만들어 낸다. 방의 물체들에서 되돌아오는 반사음은 수용자 구성원들과 다른 물체들의 위치를 나타내는 지도를 만들어 낼 수 있다. 실내의 벽, 가구, 커튼 등에서 오는 반사음은 다양한 신호 처리 방법들을 사용하여 제거함으로써, 수용자 구성원들을 나타내는 신호만을 남길 수 있다.

루와 키위트는 소나를 이용하여 시청자 수를 세고, 각 사람들의 위치를 알아내는 연구를 하였다(Lu & Kiewit, 1987). 그들은 시스템의 절대적인 정확성을 테스트하지 않고, 연구실이나 가정의 몇몇 시도가 약 80% 정확도를 보인다고 주장하였다. 이러한 기술을 사용한 측정에는 몇 가지 근본적인 오류가 있다. 먼저 만일 시청자가 스캐닝하는 동안 자리에서 일어났거나 방에서 나갔다면 그 사람을 세었을 수도 있다. 반면에 그들이 앉아 있는 의자가 시청자로 세어질 수도 있고 세어지지 않을 수도 있다. 둘째, 만일 5~6명 이상이 있는 경우 스캐너는 더 적은 수를 보고한다. 셋째, 천정에 있는 선풍기는 수용자 수를 증가시킨다. 넷째, 보통과는 달리 딱딱한 대상물은 다른 사람으로 셀 수 있는 반사음을 만든다. 다섯째, 특이하게 부드러운 대상물은 반사음을 흡수하거나 시청자 수를 감소시킬 수도 있다.

▌열 적외선

정상 온도에서 모든 물체는 그 온도에 민감한 작용을 하는 많은 적외선 에너지를 대량으로 발산한다. 그들이 시청하는 화면의 온도에서 변화에 반응하는 초전기 탐지기는 그들의 시청 영역에 있는 사람을 탐지할 수 있다. 부채꼴 모양의 원호에 초전기 탐지기를 지나가게 하면서 방 주위의 온도보다 더 따뜻한 모든 사람들과 다른 물체를 검침하는 것이 가능하다. 이 기술의 약점은 주로 적외선 검출기가 어떤 사람이 일어나거나 방을 떠날 때 의자의 쿠션에 남은 온기 혹은 전기 램프와 같은 뜨거운 물체를 포착할 때 사람 수를 초과하여 세는 것이다.

4. 수용자에 대한 질적 접근

지난 20년 동안 미디어 수용자와 그들이 미디어에 몰입하는 것을 이해하기 위한 질적 접근은 꾸준히 증가되어 왔다. 수용자 연구에 대한 질적 연구 방법은 비판적·해석적 사회 과학 학파에 의해 인식론적으로 지지되어 왔다. 이는 일상 생활의 맥락에서 미디어 사용을 자리 매김 하기 위해 민속지학적인 방법을 이용한다. 이러한 시각은 대개 비개입적 관찰 기술을 이용한다. 종종 수용자와의 심층 면접을 함으로써 보충되기도 한다.

경험적 사회 과학 접근들은 심리학과 사회학 안에서 발달한 양적 방법론에 상당히 많이 기초를 두고 있는 반면, 민속지학적 방법은 인류학에서 나왔고 원래는 주로 참여 관찰법을 사용하여 특정 문화나 사회적 집단의 일상 생활을 상세히 설명하는 데 관심을 두었다. 이 접근은 미디어 수용자 연구 쪽으로 방향을 돌렸다. 특히 자생적 환경에서 수용자 집단을 장기간 참여 관찰하는 연구들이 많이 등장하였다 (Lull, 1988, 1990; Morley & Silverston, 1990). 수용자들이 어떻게 특정 장르나 미디어를 읽어내는지를 이해하려는 시도는 어쩔 수 없이 다른 문화적 결정 요인들을 소홀히 하는 결과를 낳는다고 한 연구자가 주장하였다. 그러나 TV를 보는 것과 같은 어떤 하나의 레저 실행은 필연적으로 다른 실행이나 그들의 자생적 삶과 교차한다(Radway, 1988). 그래서 TV가 가정에 물리적으로 통합되는 방법(Lindlofetal, 1988), 그리고 가족들이 시간을 조직화하는 방식(Byrne, 1978)과 관련하여 TV가 하는 역할을 조사하기 위해 관찰법이 사용되었다.

우리가 이미 보아 온 것처럼 비디오 카메라를 이용하는 관찰법은 수상기가 켜져 있는 동안 발생하는 광범위한 행동들을 기록하였다 (Collet & Lamb, 1986; Gunter et al., 1995). 이러한 종류의 접근은 아이들이 공연하는 작은 화면 앞에서 다른 종류의 행동들을 기록하는 데에도 사용되었다(Palmer, 1986).

몰리는 미디어 수용자와 TV의 사용을 이해하기 위한 민속지학적 접근을 주장하였다(Morley, 1992). TV는 일상 생활의 일부분이라고 주장한다. 시청자들에게 일상 생활의 일부로서 TV의 중요성을 이해시키기 위해 그들의 집 안에서의 폭넓은 활동 범위 안에서 일상 생활의 일부로 TV를 파악하고 그 사용을 연구하는 것이 필수적이다. 사실 가정 생활은 그 자체가 보다 넓은 사회 문화적 환경에 포함된다. 이처럼 보다 광범위한 환경도 관찰법으로 분석되어야 한다. 사람의 자연적 환경에서 일어나는 활동들과 관련된 커뮤니케이션을 조사하기 위해 특별한 종류의 연구 방법, 주로 민속지학적 방법이 필요하다.

가정에서 TV 시청은 하루를 구성하는 다른 기존 가구 활동의 존재 여부에 따라 형성된다. 이러한 활동들은 잠자는 시간, 깨어 있는 시간, 먹는 시간, 일하러 가고 오는 시간을 포함한다. 사람들의 자연스런 생활 속에서 실제 행동 현상을 검토하기는 쉽지 않지만 그러한 것이 적절히 다루어진다면 가치가 있다(Lindolof & Meyer, 1987).

룰은 민속지학적 방법이 계속적으로 유행함에 따라 데이터 수집의 표준이 간과될 수도 있다는 경고를 했다(Lull, 1988). 그런 질적 접근을 통한 데이터 수집도 양적 조사의 형태처럼 엄격하고 체계적일 필요가 있다. 한 연구자는 민족지학적 특징을 지닌 개방형 접근이 표준 미디어 수용자 조사의 보완적 접근 방법으로 간주될 수도 있다고 주장한다(Ang, 1990). 앙에 따르면 어떤 '시청 행동'의 표현을 일반적인 범주의 한 예로 감소시키기보다는 시청 행동을 구체적인 특수성 안에서 다루고 일반적인 범주의 다른 예들과 구별한다. 그럴 경우에만 우리는 많은 의미 없이 통계적 유의도 수준을 넘을 수 있다(Ang, 1990: 160).

비판적 이론가들은 TV 시청을 조사하기 위한 통계적 기반의 양적 서베이 기술이 제한적이라고 믿는다(Ang, 1990; Morley, 1992). TV 시청은 가정 내 다른 활동의 범위와 섞여 있는 매우 복잡한 행동이다. 따라서 그러한 상황 안에서만 적절하게 이해될 수 있다(Silverston, 1990).

양적인 경험론적 조사가 수용자 조사를 지배해 왔다. 실증주의 전통에 있는 조사자들은 다른 환경 아래서 효과적으로 볼 수 있거나 혹은 서로 다른 집단의 사람들에게 효과를 가지기 위해 커뮤니케이션 과정에서 양적인 경험적 요소들을 따로 떼어내려고 하였다. 몰리에 따르면, "수년 동안 발전되어온 거대한 조사 노력은 기본적인 영향에 대한 질문에 기껏해야 중간 정도의 정보량을 제공했을 뿐이다. 방법론적 분리와 추상화의 과정이 상당 부분 포함된 현장 경험주의에 순응하는 수용자 조직은 지나치게 맹목적인 미디어 연구를 낳았다. 그것은 지속적으로 이해를 위한 엄밀성이라고 잘못 생각되어 왔다(Morley, 1992: 174)."

앙은 시청자들과 그들 간의 차이를 몇 개의 일반화·표준화된 시청 행동 변인들로 설명할 수 있다고 주장하였다(Ang, 1990). TV 시청이 시청자들에게 무엇을 의미하든, TV 시청 행동을 TV가 켜진 상태에서 관찰 가능한 행동으로 나누어, 단일 행동이 모든 사람에게 같은 의미를 지니는 것으로 가정한다. 필요한 것은 서로 다른 유형의 시청자들이 무엇을 하는지 단순히 측정하는 것이 아닌, 향상된 방법뿐만 아니라 왜 그들이 그렇게 하는지, 그리고 그 결과가 무엇인지를 우리가 이해하는 것이다.

양적 조사는 수용자 크기를 측정하는 데 똑같은 값의 단위인 숫자들로 시청자를 취급한다. 몰리는 "TV를 시청하는 사람들"이 수용자 측정의 기본 단위로 여겨져 왔다고 생각하였다(Morley, 1992: 175). 그러나 그것은 TV 수용자가 측정 시스템에서 "TV 수상기가 켜져 있을 때 그 앞에 사람이 있었는지" 하는 것보다 더 기본적인 측정 단위다. TV 앞에 있는 사람들이 실제로 시청하고 있는지 아닌지는 논쟁의 여지가 있다.

방송 수용자의 머릿수 세기 전통은 TV 시청에 대한 일차원적 관점을 제공한다. 그것은 TV 시청이 TV 수상기 앞에 사람이 있다는 것, 또는 그들이 실제로 그것을 보고 있다는 사실에 기초를 둔 것만을 의미하는 것이 아니라, 처음에 TV를 켜는 행동과 관련된 미묘한 의미는 산업적 수용자 측정 체계로 잡아 낼 수 없다는 것을 의미하기도 한다.

TV 시청은 개인의 결정보다 집단의 결정일 수가 있다. 시청되는 프로그램들은 종종 그룹의 선택이다. 그래서 과거 행동으로부터 미래 행동을 예측하기 위해 특정한 시청 행동 결정에 어떻게 도달하는지를 이해하는 것이 중요하다. 게다가 같은 프로그램을 각기 다른 이유로 서로 다른 시청자가 시청할 수도 있다(Ang, 1990).

TV 시청률은 개인 생활 안에서 TV의 중요성을 이해하기 위해 광범위한 상황 속에 투입될 필요가 있다. 사람을 그냥 세는 것은 시청이 아닌 것과 시청인 것의 이원적 코드로 운영된다. 만일 시청이 실제 다양한 행동을 구성한다면 다른 행동들과 뒤섞인다. 그러나 이 간단한 모델은 TV 시청의 진정한 본질을 나타내지 못한다(Ang, 1990). 비판적 이론가들은 여러 다른 프로그램, 다른 시간대, 시청이 일어나는 다양한 사회적 상황 등과 관련 있는 시청의 여러 다른 형태들 간의 질적 구분이 필요하다고 주장해 왔다. 시청 상황이 일상 생활의 한 측면으로서 강조될 필요가 있다(Scannel, 1988).

앙은 TV 시청의 현실성을 조명하기 위한 전통적인 경험적 조사의 한계에 대해 걱정해 왔다(Ang, 1990). 그리고 어떤 결과의 타당성은 관찰된 것들에 대해 조사자가 얼마나 가까이 근접할 수 있는지에 달려 있다고 하였다. 실제 세계는 결코 진실되게 알 수 없다. 경험적 데이터에는 양적이건 질적이건 항상 어느 정도 요구되는 해석이 있기 때문이다. 몇몇 연구가들은 경험적 조사의 가치를 의심하거나 그 이상이다(Feuer, 1986; Hartley, 1982). 앙은 경험적 방법은 실증주의가 마땅히 답을 제공해야 하는 만큼 답을 제공하지 않는다고 말했다. 답은 해석의 형태로 구성되어야 한다(Ang, 1990: 106).

미디어에 대한 비판적 해석의 이론적 개념에 의한 질적 접근이 가치를 가지고 있는 동안 이들은 '미시적,' '거시적' 사이에서 낯익은 긴장의 고통을 겪는다. 앤더슨이 관찰했듯이(Anderson, 1987), 예를 들어 미디어 이용법을 구분하는 용어 등의 형태에서, 상세한 질적 자료를 보다 일반적인 이론적 틀 안에 무리하게 넣으려고 할 때 종종 어떤 의미의 긴장이 유발된다. 하지만 그런 조사가 순전히 기술적이거나 연구하고자 하는 현상을 전혀 설명하지 못할 수도 있다는 우려도 있다.

1) 미디어 이용에 관한 질적 연구의 예

미디어 연구에 대한 민속지학적 접근은 대개 TV나 다른 전자 미디어가 어떻게 가족의 하루 일상 생활의 하부 구조에 통합되는지에 관심을 가졌다. 몇몇 조사자들은 TV 사용의 규칙, 방송된 내용의 의미 협상, 혹은 어떻게 TV를 보는지와 같은 TV에 한정된 행동들에 그들의 초점을 제한하였다(Lull, 1982). 그 초점 안에서 전형적인 민속지학자들이 연구에 자발적으로 지원한 가족들과 제한된 시간을 보냈다. 상황 밖에서의 가족 구성원들을 알려고 하는 노력은 거의 없었다. 몇몇 연구들이 주로 가족 구성원과의 심층 면접 자료에 의존하는 동안(예를 들면, Morley, 1986) 다른 연구들은 면접과 가정에서의 관찰을 병행하여 실시했다(Lull, 1980, 1982; Silverston et al., 1989).

다른 조사자들은 단지 하나 혹은 몇몇 가족들과 시간을 연장하여 보냈고, 가족의 다른 구성원처럼 가족 구성원을 알아가는 데 초점을 두고 있었다(Lindolof et al., 1988; Meyer & Meyer, 1994; Traudt & Lont, 1987). 이러한 접근은 조사자들이 관찰하는 가족의 하루 일상 생활 내에서 TV가 하는 상세한 역할을 목격할 수 있도록 해 주었다. 또한 그러한 연구들은 기본적 TV 시청뿐만 아니라 가정 비디오 녹화기의 사용도 관찰하였다.

그런 가족의 민속지학적 연구는 서베이 설문지, 인터뷰 및 일기에서 얻어지는 전통적 조사에만 의존하는 조사자들을 통상 벗어나는 인간 행동 기저의 복잡한 현상을을 드러낼 수 있다. 연장된 기간 동안 측정된 심층 관찰은 TV 사용이 가족 구성원들 사이에서 어떻게 타협되는지에 대한 통찰력을 제공하고, TV에서 끌어낸 다른 의미들과 시간의 흐름에 따라 의미들이 변화하는 방식도 알아낼 수 있다.

　질적 수용자 조사 연구에서는 개방형의 자기 보고 증거를 전적으로 신뢰한다. 몰리는 런던에 사는 18가족의 구성원과 함께 심층 면접를 했다(Morley, 1986). 각 가구는 2명 혹은 그 이상의 아이들과 2명의 부모로 구성된다. 이 실험의 목적은 그들의 일반적인 여가 활동 안에서 TV의 역할을 이해하는 것이다. 가족들은 그들 집에서 인터뷰하였다. 각 인터뷰는 두 부분으로 이루어져 있다. 먼저, 부모들이 인터뷰하고 나중에 아이들이 토론에 초대된다. 인터뷰는 구조화되지 않았고, 1~2시간 동안 계속된다. 누가 TV 이용을 조절하는지, 시청 스타일, TV에 대한 토의, 비디오의 사용, 시청 상황, 프로그램 우선권 그리고 TV 뉴스에 대한 견해 등을 물었다. TV 시청과 관련하여 성별의 중요성에 대한 특별한 흥미거리가 있다.

　몰리는 이런 가구에서 TV 수상기를 남성들이 지배함을 보고하였다. 엄마나 아이들은 아빠가 리모콘을 독점하고 물리적으로 계속 수상기를 사용한 것에 대해 불평하였다. 지각된 시청의 기능과 태도에도 성별의 차이가 있었다. 남성들은 그들이 조용한 상태로 보는 것을 좋아한다고 한 반면, 여성들은 시청이 이루어지는 동안 대화를 하는 사회적 활동으로 TV를 간주한다. 종종 대화는 TV와 관련된 주제들이다. 남자들은 여자들보다 미리 계획하여 시청하며 여자들은 좀 더 자유 방임적 자세로 시청하는 성향이 있다. 남성은 비디오 녹화기를 사용하는 것으로 보여지나 여성은 그들 스스로 VCR을 작동시키지 않고 남편이나 아이들에 의존한다. 남성과 여성이 보이는 프로그램 선호도도 다르다. 여성들은 드라마에서 즐거움을 얻는 반면 남성들을 사실에 입각한 프로그램을 더 좋아한다. 몰리는 이런 결과에 주의할 것을 충고한다. 그들의 연구는 대표성이 떨어지는 작은 크기의 가구 표본을 바탕으로 했고, 정상적인 시청에 대해 완전히 정확한 수치를 예외없이 제공한다고는 볼 수 없는 가족 구성원들의 자기 보고 증거를 토대로 삼았기 때문이다.

뒤이은 영국의 연구에서 TV 사용은 광범위한 가정 내 기기 사용의 범위 안에 놓여 있음을 알아냈다(Silverston et al., 1989). 16가족이 일기, 인터뷰, 민속지학적 관찰, 가정에서의 공간을 그리는 것을 포함한 다양한 절차를 통해 얻어진 상세한 자료로 연구되었다. 이런 연구의 한 부분은 개인적 구성 방법론을 사용하는 가족 구성원들과의 심층 면접을 포함한다(Kelly, 1955). 이러한 기법은 가족 구성원들이 가정 기법에 대한 그들의 이해를 표현할 수 있는 방법을 통해 (기술적 단어나 구절의 형태로) 주요 구성과 생각을 이끌어 내도록 응답자들을 독려한다(Livingstone, 1990). 전형적인 개인 구성 접근은 응답자들에게 1시간 내에 셋 중 둘은 비슷하고 하나는 다른 세 아이템을 찾아보도록 요구하는 것이다. 이 연구에서 응답자들은 이런 방법으로 가정 기기들을 분류한다. 가정에 있는 기기들을 보고하는 데 성차가 있다는 사실에 특별히 주의를 기울였다. 하나의 재미있는 결과물은 통제의 개념이다. 남녀에 의한 통제가 가정 기기들의 핵심이었다. 그러나 원래 통제는 다른 방법으로 인지되었다. 여성들에게 주어지는 현대 가정 기기들에 대한 통제는 그들에게 가정의 영역 안에서 질서를 유지하게 해 준다. 남성에게 있어서 가정 기기는 특히 비디오, 가정용 컴퓨터, 전자 도구 등과 같은 아이템들을 통해 전문 기술을 표현할 수 있고 그 이상의 통제를 가능하게 한다.

관찰 연구 시리즈는 1970년대 말에서 1980년대 초까지 2～3일 동안 각 가구에서 가족을 알아가며 같이 먹고, 자질구레한 일까지도 같이 하면서, 저녁에 TV를 보는 동안 그들과 시간을 함께 보내며 참여 관찰을 한 제임스 룰에 의해 수행되었다. 이러한 자연스러운 유사실험 *quasi-experiment* 에서 룰은 아버지들이 '가족 투표' 절차를 거쳐 무엇을 볼 것인지 결정하는 가족 토론에서 가장 큰 영향력 있는 존재로 간주된다는 것을 알았다(Lull, 1978). 또한 연구 결과는 아버지, 어머니, 손위 형제가 아이들보다 가족 시청을 선택하는 데 있어서 프로그램 우선권을 가짐을 보여 주었다. 뒤이은 연구에서 룰(Lull, 1980), 채피 등

(Chaffee et al., 1973)에 의해 초창기 발전된 가족 커뮤니케이션 패턴의 모델에 따라 관찰 가족들을 분류하였다. 그들은 사회 지향적 그리고 개념 지향적 가족 커뮤니케이션 조직을 구별하였다. 사회 지향적 형태의 가족에서 부모들은 자녀들에게 인간 관계를 원만히 하고, 화 내는 것과 논쟁의 여지가 있는 형태의 표현과 행동을 피하라고 강조한다. 개념 지향적 가족에서 아이들은 심지어 그들이 논쟁 중이라도 그들의 생각이나 느낌을 표현하고, 다른 사람의 신념에 도전하라고 한다. 룰은 인터뷰 자료에 기초하여 사회 지향적, 개념 지향적으로 분류된 가족에 대한 관찰 결과는 TV 이용에서도 다른 패턴을 나타낸다고 말했다(Lull, 1980). 사회 지향적 가족은 TV를 많이 보았고, 대인간의 목적에 도달하기 위해 TV를 이용하였다. 개념 지향적 가족은 TV를 같은 정도로 대화의 소스로 간주하지 않았지만, 그 가치를 설명하고 행동하며 수상기 조절을 통해 권위를 실행하는 데 사용하였다.

이 시리즈에서 더 나아간 연구는 아버지가 가정 TV 시청에서 지배적 영향을 미친다는 사실을 지적하였다(Lull, 1982). 아버지들은 채널을 바꾸기 전에 그들이 무엇을 보기를 원하는가에 대해 가정의 다른 사람들에게 거의 묻지 않는 경향이 있었다. 이 연구에서 90명 이상의 관찰자들이 가정에 배치되어, 가족들이 어떻게 TV를 켜고, 채널을 바꾸고, 그들의 주 TV 수상기를 어떻게 끄는지에 초점을 맞추도록 특별히 교육 받았다. 훈련 받은 모니터들은 가족들이 TV 보는 것을 관찰하는 데 이틀을 보내고 각 가족 구성원들과 인터뷰하기 위해 3일째 되는 날 돌아온다. 관찰자들은 가족들의 다른 활동에도 참여하는데, 그 결과 연구의 주목적은 덜 명백해진다.

결국 이 연구에서 양친 부모가 있는 74가정이 포함된 93가정이 조사된다. 아버지들은 TV 프로그램의 선택을 조절하는 사람 혹은 사람들 중 하나로 불린다. 아이들과 어머니들에게 아버지는 그 자체의 아버지보다는 주로 TV 수상기의 통제를 유지하는 아버지로 간주되는 것처럼 보인다. 아버지들은 그들의 파트너들이 다른 가족 구성원들보다는 프로그램 선택 결정에 더 책임이 있다고 믿는다. 그러나 다른 가족 구성원들은 엄마보다 아이들 중 한 명이 수상기에서 무엇을 볼 것인가를 결정한다고 말한다. 아이들은 종종 자신 혹은 그들의 형제들 중 하나를 수상기의 주요 통제자로 인지한다. 가족 합의는 많은 가족들이 언급하는 또 다른 결정 절차이다.

이러한 인식은 가족들과 시간을 함께 보낸 관찰자가 기록한 TV 수상기 조절 관찰의 예에서 지지된다. 관찰자들은 누가 수상기를 켜는지, 누가 채널을 바꾸는지, 누가 수상기를 끄는지를 기록한다. 또한 그들은 이런 행동들이 시청한 어떤 결정과 함께 일어나는 행동인지 아닌지도 기록한다. 이러한 관찰은 아버지들이 다른 가족 구성원이나 그들의 조합보다도 더 많은 프로그램 결정을 통제한다고 지적한다. 아버지들은 가족의 여성 파트너가 결정하는 것보다 2배 이상 결정한다. 게다가 그들은 이러한 결정을 90% 이상 혼자서 한다. 다음으로 아이들 중 한 명이 수상기를 켜고 그것을 끄고 채널을 바꾼다. 아이들은 이러한 행동들 중 30%를 차지한다(아버지의 36%와 비교하여). 그리고 아이들은 토론 없이 그러한 행동을 하는 것처럼 보인다(혼자 하는 행동이 93%).

어머니들은 실제로 남편이나 아이들보다 수상기를 상당히 적게 조작하는 것으로 관찰된다. 어머니들은 이런 행위의 15%만을 혼자서 한다. 그녀들은 아버지와 아이들과 협상지 않고 혼자 하는 행위가 적다. 모든 TV수상기의 채널을 바꾸는 내용 변경의 3 / 4은 가족 간의 협상 없이 가족 구성원들에 의해 이루어진다.

이후 미국에서 가족 시청 연구를 위해 질적 수용자 조사 방법을 적용한 연구가 이루어졌다. 그러나 비디오 녹화기의 역할을 더욱 강조하는 쪽으로 가닥을 잡게 되었다. 린드로프와 그의 동료들은 VCR을 소유한 6가정에 대한 연구를 보고하였다(Lindlof et al., 1988). 각 가정 안에서 가족들이 미디어 사용을 관리하는 미디어 습관이나 규칙에 대한 미디어 아이템과 지표의 목록을 만들기 위해 인터뷰할 때 많은 방문이 이루어진다. 게다가 TV와 관련된 가족 행동을 직접적으로 관찰하기 위해 방문이 이루어진다. 가족 구성원들이 TV 시청 공간에서 그들 자신이 어디에 위치하는지에 대한 세부 사항을 포함하여 TV 시청과 관련된 언어적, 비언어적 행동에 관한 데이터가 수집된다. 조사자들은 가구 주위를 자유롭게 이동할 수 있도록 허락된다. 심지어 그들이 가구를 움직일 때, 특정 가정 구성원들을 따라다닐 뿐만 아니라 TV를 시청하거나 VCR을 사용하는 행동을 하는 동안 구성원들과 가까운 곳에서 그들을 관찰한다.

메이이는 6가정의 TV와 비디오 사용에 대한 장기적인 연구를 수행하였다(Meyer, 1995; Meyer & Meyer, 1994). 연구는 TV 사용이 VCR의 도입에 어떻게 영향을 받는지, 그리고 비디오 게임기, CD-롬과 관련된 개인 컴퓨터 및 인터넷 연결과 같은 다른 가정 기술 생산품에 어떻게 영향을 받는지와 관련이 깊다. 이러한 조사는 시간이 많이 걸리는 미디어 이용의 역동성 추적을 가능하게 하였고, 단 한 번의 양적인 경험적 방법론에서 올 수 있는 의미와 이용의 패턴에서 벗어날 수 있음을 지적한다. 예를 들어, 메이어의 조사 연구는 비록 가족들이 처음에는 시간 변경을 위해 VCR을 사용했다 할지라도 결국은 잠잠해졌다는 것을 보였다. 녹화된 자료를 볼 시간이 없거나, 녹화 프로그램에 때로 오류가 생기거나, 원했던 프로그램이 녹화되지 못했을 때 좌절을 겪기도 한다. 게다가 시간 변경 녹화를 위해 VCR을 효과적으로 프로그래밍할 수 없는 많은 가족 구성원의 무능력 때문에 문제가 일어나기도 한다. 종종 VCR을 어떻게 가장 잘 운용하는지 아는 사람은 아이들이다. 언제 어떻게 VCR이 사용되어야 하는지에 대해 가족 논쟁이 계속 일어난다. 부모들은 아이들의 지나친 VCR 사용에 관해 걱정한다. 가정 비디오 도서관의 인기 있는 간행물에 관한 증거는 거의 없다. 많은 이용자들이 그런 방법으로 저장할 만큼 가치 있는 TV 프로그램은 그리 많지 않다는 견해에 도달하였다.

5. 결론

미디어 이용 연구는 데이터 수집을 위한 미디어 산업의 필요성과 매우 밀접한 관계를 갖고 있다. 이것은 소비 시장과 이 시장을 끌어들일 만한 출판물과 생산물의 수행에 관련된 사업 목적과도 관계가 있다. 그래서 많은 조사 노력들은 기술적으로 능숙한 큰 규모의 수용자 측정과 미디어 소비 측정 방법의 발전으로 확장되었다. 그들의 정상적인 미디어 행동을 효과적으로 보고하지 못하거나, 협력에 실패하지 않도록 하는 과정 중에, 미디어 소비자와 미디어 관련 행동에 대한 충분히 정확하고 상세한 자료를 얻고자 하는 욕구, 그리고 응답자들에게 지나치게 많은 요구를 하지 않으려는 욕구 사이에는 항상 긴장이 있었다. 조사자들의 요구가 지나치다고 간주되기 때문이다. 그래서 많은 조사는 미디어 소비자들에 대한 데이터를 수집하는 분야에서 자동적으로 혹은 최소한의 가능한 노력만을 요구하는 조사 방법이 발달되어 왔다. 발전된 조사 연구는 TV 시청 행동을 수동적으로 기입함으로써 수행되는 연구와 맥을 같이 한다.

그러나 미디어 산업의 또 다른 필요성은 수행의 정밀한 측정치를 다음날 혹은 1주일 안에 이용할 수 있도록 만들기 위해, 빠르고 효과적으로 많은 양의 자료를 얻고 처리하는 것이다. 이러한 필요성은 전자 데이터 수집 방법의 혁명을 가져왔다. 미디어 소비에 대한 자료는 그것이 발생할 때 자동적으로 입력된다. 심지어 손으로 수집될 때에도 (반응자의 자기 보고 혹은 면접자의 자료 입력), 차후의 처리와 분석을 위해 즉각적으로 준비된 컴퓨터 데이터베이스에 직접 자료가 들어갈 수 있도록 기술이 사용된다.

학계에서 미디어 사용에 집중적으로 관심을 두고 있는 미디어 연구자들은 산업 미디어 수용자 조사에 도전하였다. 이 도전은 두 단계로 이루어진다. 기술적 단계에서의 의심은 미디어와 관계된 행동의 정확한 측정을 위해 산업 수용자 조사 기술의 능력이 있는지에 관한 의심이다. 예를 들어, TV 수용자 조사의 내용에서 'TV 시청률'의 측정은 사실 시청자가 TV 수상기가 켜져 있을 때 방에 있었는지에 대한 측정이라는 것이 일반적으로 알려져 있다. 그러나 더 깊은 단계는 산업 수용자 조사 자료가 사람들이 미디어를 이용하는 방법에 대한 광범위한 이해에 별 도움이 되지 않는 것으로 인식되게 하는 부분이다. 산업 연구 비평가들은 질적 수용자 연구 방법의 적용이 미디어 소비자의 생활에서 TV와 기타 가정에서 소비되는 미디어의 의미에 더 깊은 통찰을 제공한다며 중요시한다.

마지막으로 양적, 질적 수용자 조사 방법은 모두 무엇인가를 제공한다. 양자는 똑같이 사실적이다. 그것들은 또한 그들 각각의 사용자들이 깨닫고 알아야 할 필요가 있는 제한 또한 가지고 있다. 미디어 수용자에 대한 큰 규모의 양적 평가는 많은 사람들로부터 수집된 많은 양의 데이터를 관리할 수 있는 기술을 채택해야 한다. 데이터는 사업 조직이 효과적으로 거래할 수 있는 통화를 제공해야 한다. 그러나 이러한 데이터는 개인 미디어 사용자들을 위한 표면적인 자료만 제공해 준다. 대부분의 소규모 질적 연구는 지금까지 선택적으로 조사되어 왔다. 이것은 대표성이 없는 가구 표본과 자기 보고에 의존하는 방법을 사용하여, 대규모 수용자 조사에서 수집한 자료 또는 관찰자가 물리적으로 가정에 있어야 하는 민속지학적 자료만큼 의심을 받는다. 관찰자의 개입 자체로 인해 관찰된 행동이 진실로 정상적인 자연스러운 행동을 나타내지 못할 정도로 사회적 환경을 변화시킬 수 있다.

5장

미디어에 대한 정서적 반응 측정

미디어 연구자들은 미디어 수용자와 그들의 미디어 소비 수준을 측정하는 것과 더불어 수용자들이 미디어 내용에 심리적으로 어떻게 달리 반응하는지에 대해 탐색해 왔다. 4장에서는 논의의 초점을 수용자와 그들의 미디어 이용에 두었다. 첫 번째 논의는 미디어에 노출된 수용자에 대한 표면적 수준의 측정에 초점이 맞추어졌다. 그 후 더욱 질적인 접근 방법을 채용한 학자들이 다른 내부 활동들을 포함한 더욱 폭넓은 맥락에서의 미디어 소비를 이해하려는 시도를 보였다. 이러한 관찰은 미디어 연구자들이 미디어 노출과 그것이 일어나는 과정을 이해하기 위해 얼마나 다양하고 많은 방법론을 적용하였는지를 보여 준다.

이 장에서 미디어 연구 방법에 대한 개관은 미디어 소비자가 미디어와 그 안에 담긴 내용을 어떻게 평가하는가에 주의를 기울일 것이다. 4장이 미디어에 대한 수용자의 단순한 노출에 관한 것이었다면, 이 장은 사람들이 미디어의 감정적인 면에 어떻게 반응하는가에 초점을 맞출 것이다. 인간은 다양한 폭의 감정들을 경험하고 표현할 수 있다. 미디어 노출에 영향을 미치는 힘들을 이해하는 것과 관련한 기존 연구가 있었는데, 그러한 연구에 따르면 미디어와 관련된 행동은 각각의 다른 동기와 필요 때문에 형성될 수 있다고 한다. 미디어 노출은 그저 우연히 일어나는 것이 아니며 계획되는 경우가 대부분이다. 사람들은 특정 TV 프로그램들을 선택적으로 시청하며, 특정 라디오 채널을 듣고, 특정 출판물을 읽는데, 그럼으로써 특정한 필요를 충족시킬 수 있을 것이라고 기대하기 때문이다. 미디어는 특정한 분위기나 느낌을 만들어 내고, 소비자는 어떤 특정 미디어 내용을 소비함으로써 특별한 경험을 기대하는데, 이것이 미디어 사용 현상의 기본이다(Zillmann & Bryant, 1985).

미디어에 대한 수용자의 평가나 정서적 반응들을 설명하면서 미디어 연구자들이 선택한 방법들은 종종 그들의 특유한 의제들, 정보의 필요, 혹은 인식론적 지향에 의해 결정된다. 다른 유형의 미디어 연구와 마찬가지로 양적, 질적 연구 방법들은 미디어 연구에서 중요한 역할을 한다. 오프라인 혹은 온라인 측정치를 사용하는가, 자연적 환경 혹은 인공적 환경에서 일어나는가, 더 나아가 미디어에 대한 기쁜 혹은 고통스런 반응 측정 가운데 어느 것을 의도하는가에 따라 연구들을 구별할 수 있다. 또 다른 중요한 구별은 순수하게 학문적인 목적으로 이루어진 연구인가, 혹은 좀 더 상업적인 바탕에서 이루어진 연구인가에 따른 것이다. 어떤 경우 이러한 구별들은 그 경계가 모호하여 방법론에서 한 범주 이상이 결합된, 이론적이면서 실천적인 연계를 가진 연구가 이루어지기도 한다.

이번 개관에서는 이 분야의 연구 범주화를 위해 다음의 구분들을 사용할 것이다.

산업 주도형 정서 연구: 이는 특정한 사업(혹은 통제) 목적으로 주로 미디어 산업체에 의해 이루어지는 수용자 반응 연구이다. 이 작업은 두 가지로 나뉘는데, 미디어 내용에 대한 수용자의 이해를 정기적으로 측정하여 그 맥락 속에서 진행하는 데이터 생산이 그 하나이고, 새로운 측정 체계들을 만들거나 기존의 측정 체계를 잘 변화시키는 것과 관련된 발전적 연구가 다른 하나이다.

학술적 정서 연구: 이는 특정 수용자 집단이 다른 유형의 미디어 내용

물과 정서적으로 어떤 관련을 맺는지, 그리고 그 소비 과정에서 어떻게
반응하는지 대한 이해를 목적으로 하는 미디어 연구이다. 몇몇 연구는
특히 다양한 미디어 내용 유형에 대한 아이들의 감정적 반응을 결정 짓
는 요소들을 탐구하였다.

1. 산업 주도형 정서 연구

미디어에 대한 수용자의 정서적 반응을 측정하기 위해 이루어진 대다
수의 평가 연구는 산업계의 지원을 받아 이루어져 왔다. 사실 평가 연
구에서 주된 방법론적 발전은 TV 방송 업계 내에서 이루어졌다. 이러
한 작업은 오프라인과 온라인 측정의 조화를 필요로 하였다. 오프라인
측정은 미디어 노출 상황에서 떨어져 있는 상태로 수용자의 의견을 구
하는 것이고, 온라인 측정은 미디어에 노출되는 동안 혹은 노출 후 즉
시 시청자의 반응을 측정하는 것이다. 미디어 분석에서 산업 주도형
연구 영역은 역사적으로, 특히 주요 연구 기법들이 발전되던 시기에
질적 방법론을 사용하기도 했지만, 대개는 양적 방법론을 사용해 왔다.

1) 방송 평가의 역사

간단히 말해 얼마나 많은 사람들이 보느냐를 뜻하는 프로그램의 인기
도 측정을 위한 대안적 방법은 사람들이 프로그램에 대해 어떻게 생
각하며, 시청 경험이 즐거웠는지 아닌지를 평가하는 것이다. 모든 프
로그램을 많은 시청자들이 보는 것은 아니지만 이것은 반드시 그 프
로그램이 인기가 없다는 것을 뜻하지는 않는다. 대신 적은 규모의 수
용자는 그 프로그램이 방영되는 날의 시간대를 반영할 수 있다. 어떤
프로그램은 특정한 시청자 그룹을 목표로 삼기 때문에, 모든 사람을

대상으로 만들어지는 것은 아니다.

수년간 시청자의 프로그램 감상에 관한 연구가 이루어져 왔는데, 시청자의 규모에 따라 서로 다른 척도를 사용하여 그들의 프로그램 감상을 측정한다는 개념은 그리 새로운 것이 아니다. 시청자 감상을 측정하기 위한 첫 번째 조사로서 1941년 영국 공영 방송 BBC는 전쟁 중 라디오 청취자의 청취 경험을 모니터링하였다. 그 첫 번째 지휘자인 로버트 실비의 지도 아래, BBC는 서로 다른 범주의 프로그램(예를 들어, 연극, 음악, 인물, 이야기, 토론, 가벼운 오락물 등)에 대해 각기 분리된 많은 수의 청취자 패널을 구성하였다. 낮 시간 프로그램들의 평가를 위해 여성 패널도 구성하였고, 각 패널은 500명의 자발적인 라디오 방송 응답자로 구성하였다(Silvey, 1974).

패널 구성원은 매주 앞으로 전파를 타게 될 3~6개의 라디오 방송에 대한 질문이 담긴 설문지를 받았다. 질문은 각각의 명시된 프로그램의 서로 다른 측면을 물었지만 모든 프로그램에 공통된 설문 항목이 하나 있었는데, 이것은 각 프로그램에 대한 평가로 10점 범위 내에서 고르는 것이다. 이것은 청취자들이 얼마나 그 프로그램을 즐겼는지 평가하기 위해 고안된 것이다. 점수가 0이면, 그것은 청취자가 전혀 그 프로그램을 좋아하지 않았다는 것을 보여 준다. 감상 지수(Appreciation Index: AI)는 여기에 10을 곱해서 구하는데, 0~100점까지 분포한다. 이 지수를 통해서 같은 종류의 프로그램 간에 얼마나 잘 만들어졌는지를 비교할 수 있다. 그러나 다른 장르의 프로그램 비교에는 권장할 만하지 못하다. 감상 점수는 거의 0~10점 중에 중상위권에 몰려 있고, 결국 지수 점수로만 보면 대부분의 프로그램은 65~85점 사이에 분포한다.

2차 대전 이후 이 체계는 개정되어 기존의 10점 척도는 없어지고 5점의 알파벳식 척도를 사용하였다. 각 점수에 대한 설명은 다음과 같다.

A+ 무엇보다도 이 프로그램을 놓칠 수 없다 / 이 프로그램을 볼 때는 너무 좋아서 다른 생각은 할 수 없다 / 내가 들어본 것 가운데 가장 재미있다(우스운, 감동적인, 인상적인).

A 이 프로그램을 놓치지 않아 아주 기쁘다 / 정말로 즐거웠다 / 매우 재미있다(우스웠다, 감동적이었다, 인상적이었다).

B 기분 좋은(만족스러운) 프로그램이다 / 꽤 즐거웠다 / 꽤 재미있는(우스운) 프로그램이다 / 다소 감동적인(인상적인) 프로그램이다.

C 이 프로그램을 듣는 것은 다소 시간 낭비이다 / 별로 좋아하지 않는다 / 다소 우스꽝스럽다(지루하다, 약하다).

C⁻ 이 프로그램을 듣는 것은 전적으로 시간 낭비이다 / 아주 싫어한다 / 아주 우스꽝스럽다(지루하다, 약하다).

발표를 위해 BBC는 각각의 단계에 4~0점을 부여해 감상 지수 점수를 기존과 같은 100점 척도로 표시했는데, 이런 새로운 척도 방법을 동원해도 대부분의 프로그램 점수는 65점 주위에 모이는 경향을 보였다.

감상 점수의 장점은 청취자의 규모에 따른 서로 다른 유형의 측정을 제공한다는 데 있다. 청취자들이 프로그램에서 얻는 즐거움의 정도는 청취자의 규모로 판단될 수 없는 것이다. 1940년대 이후 영국에 TV가 보급되었고, 전쟁으로 인해 그 성장이 둔화되기는 했지만 이 새로운 시청각 미디어는 점점 대중화되었다. 공중의 TV 사용과 경험을 추적하기 위해 BBC는 시청자 패널을 구성하고 이번에는 TV 방송이 가진 호소력을 연구하였다. 라디오 프로그램에 대한 공중의 반응을 평가하는 데 사용하던 감상 척도를 TV 프로그램에 대해서도 적용하였다. 이 두 가지 서비스를 구별하기 위해 TV 프로그램 점수는 반응 지수(Reaction Indices: RI)로, 라디오 점수는 그대로 감상 지수로 구별하여 사용한다(Silvey, 1974).

(1) 이후의 발전

1960년대 후반 영국의 상업 방송에 의해 시청자 감상 측정의 후기 연구가 진행되었다. 독립 TV 기관(Independent Television Authority: ITA)은 '독립 TV 방송의 프로그램에 관한 공중의 의견 상태'를 연구해야 한다는 법적 의무를 다하기 위해, 그리고 '지속적이며 효과적인 관찰 아래' 프로그램이 방영된다는 것을 확인하기 위해 이 연구를 수행하였다. 이 연구는 TV 프로그램에 대한 시청자들의 태도 반응들을 체계적으로 평가하는 가능성 연구 *feasibility study*를 이끌어 냈다. 이 연구는 통제되는 산업체로서 그 법적 의무를 다하는 것과는 별개로 다른 중요한 잠재적 적용 가능성을 보여 주었다. 시청자의 피드백이 프로그램 통제자, 프로듀서, 작가, 그 밖의 방송 제작 관계자에게 전달되는 통로를 알 수 있었기 때문에, 이를 통해 "그들의 창조적 목적들이 성공적으로 달성되었는지 평가할 수 있었다"(Haldane, 1970: 63). 이러한 연구가 없었다면 그 프로그램들은 변함 없이 개인적 직관에 기초하여 주관적으로 판단되었을 것이다. 이 연구의 두 번째 특징은 방송을 연구하는 사람들, 특히 전문적인 연구 견습생들이 시청자의 선호도와 태도를 이해할 수 있게 해 주는 데 있다. 단순히 시청자가 그 프로그램을 좋아한다는 것을 아는 것으로는 충분치 않다. 이제 그들이 **왜** 그 프로그램을 좋아하는지 아는 것이 더욱 유용하게 되었기 때문이다.

홀데인은 이와 같은 연구 프로젝트를 시작하는 단계에서 마음에 새겨야 할 중요한 세 가지 원칙을 내세웠다(Haldane, 1970). 첫째, 시청자와 시청 프로그램 사이의 관계에 내재된 성질을 이해하기 위해서는 어떤 결과도 **"시청자 자신의 언어**, 개념과 생각에 기초를 둔 것이어야 하며, 결코 PD나 비평가 혹은 경영자의 생각이나 언어에 기반을 두어서는 안 된다. 시청자들에게 주된 관심이 있기 때문에 프로그램 평가는 그들의 의미를 담은 용어들로 이루어져야 한다. 둘째, 프로그램을 분류할 때 경영자나 편성권자에게 편리한 것보다 시청자 지향적이어야 한다. 셋째, 프로그램 평가 체계가 시청자의 선호도나 흥미 측정 그 자체에만 한정되어서는 안 되며, 시청자의 생각이나 프로그램 평가를 다양한 방식으로 측정하도록 시도해야 한다.

ITA는 1967~8년 사이에 연구를 진행하였다. 프로스트는 이 가능성 연구가 진행되는 다섯 단계를 설명했는데, 이 방법은 런던 지역에서 제한된 기간 동안 300명의 청취자 패널에 대한 실험 실시로 절정에 올랐다. 이 연구는 5단계로 주어진다(Frost, 1969).

· 1단계: 모든 TV 프로그램에 일반적으로 적절한 의미 분별 척도 체계 *semantic differential scaling system* 구성
· 2단계: 모든 TV 프로그램의 태도 평점(프로그램 프로파일)을 모으기 위해 이 의미 분별 척도 사용
· 3단계: 얻어진 프로그램 프로파일들을 '유사' 프로그램 범주로 그룹 짓기 위해 군집 분석 사용
· 4단계: 특수한 의미 분별 척도의 구성 – 군집 분석을 통해 나타난 각각의 프로그램 유형에 대한 것
· 5단계: 프로그램 프로파일들을 얻기 위해 특수한 의미 분별 척도 이용

위의 단계들은 하나씩 자세히 살펴볼 필요가 있다. 1단계는 시청자의 언어를 사용하며, 시청자가 다른 유형의 프로그램이라고 생각하는 특징들을 반영하는 프로그램 평가 척도를 만드는 것이다. 켈리의 작업에서 유래한 레퍼터리 격자 *repertory grid* 로 알려진 이 기법을 통해 시청자는 3개의 프로그램 가운데 2개는 유사하고 1개는 다르다는 식으로 3개의 프로그램을 비교 언급할 수 있다(Kelly, 1955). 58개의 양극단적 7점 척도의 의미 분별 척도 목록은 이러한 연습 과정 속에서 탄생하였다. 그 후 이 방법은 서로 다른 시청자 표본이 당시 영국의 독립 TV 방송과 영국 공영 방송 BBC 에서 방영 중이던 61개의 프로그램을 평가하는 데 사용되었다.

또 다른 통계적 기법인 주요인 분석 *principal components analysis* 은 시

청자들의 프로그램 평가를 위해 기존에 제시된 척도를 9가지 일반적
요소들 — '일반적 평가,' '정보,' '낭만,' '폭력,' '인습(관례),' '제작 규
모,' '소음 / 활동성,' '수용성,' '유머' — 로 줄일 수 있다는 것을 밝혀
냈다. 예를 들어, 일반적 평가란 프로그램이 얼마나 즐겁고 기쁨을 주
며 흡인력 있는지, 그리고 그 프로그램이 시청자가 이해할 수 있도록
잘 표현되었는지를 반영하는 것이다. 수용성은 아이들이나 어른 시청
자들이 프로그램을 인지할 때의 적응성 *suitability* 을 반영한다.

이렇게 찾아낸 요인들로 2단계에서는 9개 요인 각각에 대해 61개
의 모든 프로그램의 점수를 계산한다. 이러한 분석을 통해 연구자는
각 차원들이 서로 다른 프로그램들 및 프로그램 유형들을 어느 정도까
지 구별해 줄 수 있는지 알게 된다. 그 결과 9개 요인 척도들로 프로
그램들을 효과적으로 구분할 수 있음이 증명되었다.

3단계에서는 또 다른 방법으로 데이터를 변환시키는데, 한 프로그
램에 대한 9개 척도 요인들에서의 평정 점수들을 동시에 조사한다. 이
를 통해 프로그램 시청자의 관점에 따라 각 프로그램의 특성을 잘 포
착하는 색다른 프로파일을 얻었다. 그 후 군집 분석을 통해 이 프로그
램들을 유사한 것들끼리 묶는다. 그 결과 2 ~ 20개의 프로그램 군집이
얻어진다. 프로스트는 최대 5개에서 최소 1개의 프로그램으로 이루어
진 20개의 군집을 제시하였다(Frost, 1969). 하나 혹은 둘 정도는 프로그
램 조합이 이상했지만 대부분의 조합은 쉽게 수긍할 수 있었다. 이상
한 조합의 한 예로는, 레슬링 프로그램과 당시 유명한 코미디 영화인
< 죽음이 우리를 갈라놓을 때까지 *Till Death Us Do Part* >가 같은 조합
으로 분류된 것을 들 수 있다. 좀 더 압축된 조합 솔루션이 계속 등장
했고, 마침내 6개의 프로그램 군집이 다루기도 쉽고 동시에 충분히 종
합적인 형태라는 점에서 인정 받았다.

4단계에 이르면 "각기 다른 유형의 프로그램에 특수한 태도적 틀
이 필요할까"라는 의문을 가지게 된다. 이 분석을 통해 각각 6개의 프
로그램 조합 중 시청자의 프로그램 평가에서 나타난 다양한 태도별

요인 구조들을 보게 된다. 비록 하나 이상의 프로그램 조합 사이에서 공통적으로 교차되며 나타나는 태도별 요인들은 소수이지만, 그들 사이에는 또한 많은 차이점들이 존재한다.

파일럿 연구의 마지막 단계에서는 5주 이상의 리포팅 기간 동안 패널 조사를 실시한다. 패널들은 그들이 본 TV 프로그램을 의미 분별 척도의 적당한 항목들에 맞게 평가해야 한다. 이 척도 항목들은 이번 연구의 초기 단계에서 특별히 관심 프로그램과 관련이 있다고 확인된 것이다.

홀데인은 한층 발전된 탐구 과정을 선보였다(Haldane, 1970). 추가적인 질적 연구를 통해 7점의 의미 분별 척도로 변환된 200개 이상의 구성 개념 종합 테스트를 만들었다. 이 척도들은 2개의 집합으로 나뉘었는데 각각의 구성 척도들은 같은 차원들을 측정한다. 각 테스트를 위해 약 200명의 응답자가 현재 방영중인 130개의 프로그램을 모든 척도에 따라 등급 매겼다. 각 데이터 집합에 대한 요인 분석이 컴퓨터 작업으로 이루어졌고, 그 결과 11개 요인과 1개의 일반 평가 요인이 포함된 최종적 솔루션이 탄생하였다. 이 척도 세트를 일반 프로그램 평가 테스트(General Programme Rating Batter: GPRB)라고 부른다.

이후 약 1000명의 응답자들이 BBC1, BBC2, 그리고 ITV에서 최근에 방영된 모든 프로그램들을 평가하는 일련의 극장 테스트 *theatre tests*에 GPRB가 이용되었다. 군집 분석을 이용하여 많은 프로그램들을 몇 개의 군집으로 묶어 자료를 축소시켰다. 이 연구의 초기 단계에서 2~20개의 프로그램 군집이 만들어졌고, 최종적으로 가장 좋은 선택으로서 9-군집 솔루션이 얻어졌다. 기존에 나온 것과 여기서 얻어낸 6-군집 솔루션을 비교해 보면 매우 유사한 프로그램 분류법을 발견하게 된다. 특히, 이것이 전혀 다른 별개의 두 프로그램 집합에서 유래했다는 데에서 그 가능성을 엿볼 수 있다.

이러한 일련의 발달이 이루어지면서 그 영향으로 1970년대 ITV의 TV 프로그램에 대한 규칙적인 감상 조사가 실시되었다. 이 조사는 이후 ITA의 계승자인 독립 방송국(Independent Broadcasting Authority: IBA)이 계속 실시하였다. 수용자 반응 평가(Audience Reaction Assessment: AURA)로 불리는 이 서비스는 지역을 대표하는 표본과 런던 지역 패널들에게 한 주씩 번갈아 시청 일기를 보내 조사하였다. 매주 수백 개의 유용한 일기 표본들을 회수하는 것이 목적이었다. 그 일기에는 영국에서 방송 중인 모든 프로그램이 망라되어 있었으며 개개인의 스케줄을 날마다 반영하고 있었다. 리스트에 있는 각 프로그램은 시청자가 그 프로그램을 얼마나 즐겼고 재미있어 했는지 6점 감상 척도로 평가되었다. 그러한 판단은 각 개인이 그 프로그램을 판단할 수 있을 정도로 충분히 본 후 오직 한 번만 할 수 있다. 데이터 분석 후, 감상 리포트는 감상 점수에 따라 순위를 매긴 각 범주의 프로그램들을 초기 프로스트의 연구(Frost, 1969)를 통해 확인된 9개의 프로그램 장르로 구분하였다.

1980년대, 업계 전반의 요구로 탄생한 시청자 측정 단체인 방송 시청자 연구위원회(BARB)는 BBC와 영국의 상업 방송 업계 측에 단일한 시청자 규모 측정 데이터를 제공하였다. BARB는 IBA의 방송 시스템을 기반으로 설계한 개별적인 시청자 반응 서비스를 제공하기도 하였다. 이 서비스는 두 가지 주된 요소가 포함된 TV 오피니언 패널을 구성하였다. 첫째, 3000명 표본 크기의 (분석 가능한) 응답자로 이루어진 전국 규모의 패널이 1주일 단위로 응답하였다. 각 패널 구성원은 매주 감상 지수 책자를 완성해야 했다. 둘째로, 각 상업 방송 지역에 분포되어 있는 500명의 지역 패널은 각 경우에 대해 4주에 한 번씩 감상 지수를 완성하였으며, 각 지역은 4주 순환식으로 연락, 접촉되었다. 이 감상 지수 점수는, 6점 감상 일기 척도에 각각 100, 80, 60, 40, 20 혹은 0이라는 값을 매겨 계산되며 0~100점까지 분포한다(척도: 최고로 재미있고 즐길 만했음=100, 매우 재미있고 즐길 만했음=80, 그럭저럭 재미있고 즐길 만했음=60, 재미있지도 즐길 만하지도 않았음=40, 별로 재미있지도 즐길 만하지도 않았음=20, 전혀 재미있지도 즐길 만하지도 않았음=0).

2) TV 방송 평가의 오프라인 연구

방송의 질에 대한 논쟁들 때문에 TV 프로그램 시청자들의 반응을 측정하는 방법에서도 사고의 전환이 일어나기 시작하였다. 단순히 방송을 보는 시청자의 수를 측정하는 것에서 이제는 개별적인 활동으로서의 시청자 반응에 관심을 갖게 되었다. 1980년대, 프로그램의 질보다 오히려 시청자의 TV 시청 가능성과 프로그램 편성 시간이 시청자의 규모에 더욱 강력한 영향을 미친다는 사실이 밝혀지면서 시청자의 규모가 프로그램의 질과 항상 같지는 않다는 각성이 일어났다. 프로그램의 질은 시청자의 규모에 관계 없이(시청률이 높건 낮건) 일단 시청자를 모아서 그 프로그램을 보고 판단하게 해야 한다는 것이다. 이 시기에 측정 방법상의 수많은 발전적 연구들이 이루어졌고, 이 분야에서 몇몇 실험적인 새로운 질적 TV 평가 서비스가 이루어지기 시작하였다.

(1) 오락성과 질

1990년대 초반 영국의 TV 시청자 연구자들은 프로그램에 대해 질적으로 다른 시청자들의 반응 속에 내재해 있는 잠재적 가치와 유익성에 주목하기 시작하였다. 많은 실험 연구가 이루어졌고 이러한 시도는 다양한 유형의 평가 척도와 병행되었다. 한 가지 특별하게 흥미를 끄는 점은 시청자들이 인식한 프로그램의 '질적인 면'에 따라서 각 프로그램에 차별화된 평가를 내릴 수 있는가라는 점이다. 프로그램의 질적인 면에 대한 평가는 프로그램의 '오락적 가치'에 대한 평가와는 전혀 다른 종류의 것이기 때문이다.

워버는 3000명의 시청자 패널들에게 프로그램의 질과 오락적 가치에 따라 선택된 72개의 프로그램을 평가하도록 하였다(Wober, 1990). 프로그램에 대한 표준화된 감상 측정이 일상 생활처럼 정규적으로 이루어질 수 있도록 1주일 단위의 일기를 쓰게 하고 평가하였다. 이 연구에서 확인된 프로그램의 부표본 *subsample* 을 통해 추가로 질에 대한 평가를 얻었는데, 이는 5점 척도('질적으로 매우 높은'부터 '질적으로 매우 낮은'까지)로 되어 있었다. 일반적으로 질에 대한 평점은 오락에 대한 것보다 낮게 나왔으며, 어떤 경우 시청자들은 비록 질 낮은 프로그램이라고 생각되는 것조차도 즐겨 보는 것으로 나타났다.

존슨은 약 450명이 2주 동안 각자 자신이 본 프로그램에 대해 감상 점수를 매기고 완성한 시청 일기를 가지고 또 다른 프로그램 평가 실험을 실시하였다(Johnson, 1992). 표본의 반은 언어 척도로, 표본의 반은 숫자 척도로 응답하였다. 여기에는 두 개의 언어 척도가 있는데 다음과 같았다.

· 선호도 *liking*
버전 1: '매우 즐거웠다'부터 '전혀 즐겁지 않았다'까지의 6점 척도
버전 2: '아주 질 좋은 프로그램이다'부터 '아주 질 낮은 프로그램이다'까지의 7점 척도
· 인지된 질 *quality*
버전 1: '매우 좋은 프로그램이다'부터 '매우 나쁜 프로그램이다'까지의 7점 척도
버전 2: '매우 질 좋은 프로그램이다'부터 '매우 질 낮은 프로그램이다'까지의 7점 척도
· 몰입 정도 *missability*
버전 1: '완전히 몰입했다, 즉 하나도 놓치지 않았다'부터 '전혀 집중할 수 없었다'까지의 5점 척도
버전 2: '그것을 보아서 매우 기쁘다'부터 '안 보는 것이 나을 뻔했다'까지의 5점 척도

초기 테스트 결과 두 개의 버전 사이에 차이가 나타나지 않았으며 전체 척도 테스트에서는 버전 2를 사용하였다. 숫자로 쓴 일기에서는 얼마나 많이 또는 얼마나 적게 그 프로그램을 즐겼는지, 프로그램의 질에 대해 어떻게 생각하는지, 얼마나 주의를 기울여 보았는지에

대해 10점 척도로 응답하였다. 12개의 주요 장르를 대표하는 18개의 프로그램을 보고 이러한 다양한 평가 척도에 따라 시청자들이 매긴 평점들을 비교해 보았다. 결과적으로 오락성과 질, 몰입 정도와 같은 척도들은 각 프로그램 간에 비슷한 형태로 차이를 보였으며, 질적으로 서로 다른 유형의 시청자 반응을 강하게 암시하지는 않았다.

좀 더 세분화된 연구로 건터와 그의 동료들은 시청자들이 개인적으로 프로그램을 보면서 질, 오락성, 기억력과 같은 평가 척도를 어떻게 사용하는지 알아보았다(Gunter et al., 1992). 영국 전역에 걸쳐 모집한 1400명에 가까운 응답자들은 시청 일기를 쓰거나 자기 완성 설문지를 완성하거나 전화로 인터뷰하였다. 1일 단위, 5일 단위, 1주일 단위로 프로그램에 대해 시청 일기를 썼고, 나열된 프로그램 가운데 자신이 본 것에 대해 각각 질, 오락성, 기억력에 관하여 10점 척도로 평가하였다. 질에 대한 평가는 각각의 채널에 따라, 프로그램의 장르에 따라, 개인적으로 본 프로그램에 따라 폭넓게 나왔다. 응답자들이 프로그램 장르에 대해 평가할 때는, 각기 자신이 지난 주 혹은 지난 4주 동안 보았던 프로그램 중에 택일하여 평점의 기준으로 삼았다.

전반적인 프로그램 질의 측정, 다시 말해 전체 채널을 평가하는 측정의 경우, 응답자가 각 채널에서 개인적으로 본 프로그램들에 대해 시청 일기를 작성했을 때 나타나는 특수한 평점들을 평균하여 나온 채널 평점보다 낮은 점수를 보였다. 그럼에도 불구하고, 질을 평가할 때 일단 한 버전에서 최고 점수를 기록한 채널들은 다른 버전에서도 역시 최고 점수를 기록하였다. 일반적으로 평가가 개별 프로그램, 프로그램의 장르, 전체적인 채널 전반 중 무엇에 대해 이루어졌든 관계없이 질에 대한 평점은 오락성에 대한 평점보다 낮게 나오는 경향이 있다.

(2) 캐나다식 오락 지수

캐나다 방송 CBC(The Canadian Broadcasting Corporation)는 오락성 측정과 연관 주제 측정을 관례적으로 시행해 왔다. 영국 내 프로그램에 대한 시청자의 반응을 평가하기 위해 BBC가 고안한 서비스를 본따 설계한 이 시청자 반응 측정 서비스는 1965년에 시작되었다. 캐나다식 측정 시스템의 핵심은 오락 지수(Enjoyment Index: EI)인데, 이는 매주 패널을 통해 개별 프로그램에 대한 시청자의 감상을 측정하는 것이다. 캐나다식 오락 지수는 12세 이상의 전국 표본 약 1100명을 대상으로 측정하며 매주 패널 가운데 1 / 4을 교체 투입하였다. 영국식 오락 일기와 다른 점은 왼편은 규칙적인 오락 척도를 측정하는 데 쓰고 오른편은 각각의 프로그램에 대한 특수한 질문들을 다루는 데 사용된다는 점이다.

영국식 체계는 모든 프로그램을 다루는 것을 목표로 삼는 데 반해 캐나다식은 시간과 채널조차 명시하지 않은 채 그 날의 프로그램 중 20개의 항목만을 다룬다. 각 항목에는 늘 묻는 2개의 질문이 있는데, 하나는 응답자가 그 프로그램을 부분만 보는가 아니면 전체를 다 보는가이고, 또 하나는 얼마나 그 프로그램을 즐기는가이다. 후자는 5점 척도로 나타낸다. 뉴스와 다큐멘터리 프로그램도 포함되므로 오락성은 제작 가치보다 내용에 의해 크게 영향 받을 수 있다.

EI는 비동등성 가중치를 이용해 100＝매우 만족, 60＝꽤 만족, 40＝괜찮음 또는 나쁘지 않음, 20＝별로, 0＝전혀 즐겁지 않음으로 계산한다. 이 지수는 모든 항목에 대해 계산할 수 있다. 선택된 항목에 대해서는 추가 질문을 통해 2개의 다른 지수를 계산할 수 있다. 먼저 휴식－집중 지수(Relaxing–Demanding Index: RDI)는 "그 프로그램은 당신의 편안한 휴식을 도와 준다," "좋은 친구 같은 프로그램이다," "그냥 앉아서 생각 없이 보기만 하면 된다"와 같은 진술에 동의하는 시청자 비율에서 "그 프로그램은 당신을 집중하게 만든다," "생각하게 만든다," "무엇이 일어나는지 자꾸 관심을 갖고 보게 만든다"와 같은 진술에 동의하는 시청자 비율을 빼면 구할 수 있다. RDI 는 이론적으로

+100에서 −100까지 나올 수 있다. 또 선별된 에피소드에 대한 흥미 지수(Exciting Index: XC)는 그것을 "아주 재미있게 보았다"고 동의하는 시청자들의 비율이라고 정의된다. 초기 연구에서 시청자의 집중을 요 하는 프로그램 *demanding programme* 은 적은 (그리고 나이든) 시청자층을 갖게 되는데, 시청 인원 규모를 조절한 뒤에는 집중을 요하는 프로그 램이 휴식을 주는 프로그램 *relaxing programme* 보다 더 높은 오락성을 갖 는 것으로 나타났다. 각각의 주요 프로그램 유형 내에서, 오락성이 높 으면 더 많은 시청자가 따르는 경향을 보인다.

새비지는 패널을 둘로 나누어 특수한 연구를 진행하였다(Savage, 1992). 패널 중 절반은 오락 지수(EI) 질문(오늘 프로그램을 얼마나 즐겁게 보았습니까?: 1 − 아주 많이, 2 − 약간, 3 − 그럭저럭 또는 나쁘지 않은, 4 − 별로, 5 − 전혀)을 통해 프로그램을 판단하고 일기를 작성하도록 하였다. 나머 지 반은 질 지수(QI) 질문(오늘 프로그램의 질은 어느 정도라고 생각하십니 까?: 1 − 매우 좋은, 2 − 좋은, 3 − 그럭저럭 또는 나쁘지 않은, 4 − 별로, 5 − 형편 없는)에 대한 일기를 작성하게 하였다. 질에 대한 질문의 반응(QI)도 EI 와 마찬가지로 100점 척도로 환산하였다.

이렇게 평가된 29개의 프로그램 중에서 15개의 프로그램은 EI와 QI 사이에 통계적으로 뚜렷한 차이가 없었으며, 모든 경우에 QI가 EI 보다 좀 더 높게 나왔다. 이 결과는 1990년 워버의 연구에서 질에 대 한 평점이 오락에 대한 평점보다 일반적으로 낮게 나온다는 결과와 상충된다. 이러한 차이는 이 두 연구에서 서로 다른 질문 단어와 반응 척도를 사용했기 때문에 나온 것이다(Wober, 1990).

(3) TVQ 서비스

이것은 현재 방영되는 모든 상업 TV 프로그램에 대한 전 국민의 의식 과 시청자들의 총체적 프로그램 평가를 5점 척도로 측정하기 위해 이 루어진 전국 단위의 우편 조사였다. 이 시스템은 시청자 반응을 측정하 기 위해 미국 내 공영 TV(Public TV, PTV) 시청자들을 인력 풀 *pool* 로 활용하였다. 두 시점에 걸친 조사에서, 인력 풀제를 통해 선발된 1200명의 공영 TV 시청자들이 대략 100개의 공영 TV 프로그램 표본에 친숙한지를 알아보았다. 친숙하다고 응답한 경우, 그들은 '내가 즐겨 보는 것 가운데 하나'에서부터 '별로'까지 5점 척도를 사용하여 프로그램의 호소력을 평가하게 하였다. 두 개의 기본 점수가 나오는데 '친숙도 점수(프로그램과의 친숙함을 나타낸 응답자 비율)'와 PTVQ 점수(내가 즐겨 보는 것 가운데 하나라고 주장한 프로그램과 친숙하다고 응답한 사람의 비율)가 그것이다.

사실상 모든 상업적인 PTV 프로그램도, PTV 시청자 표본을 그대로 이용한 동시 TVQ 조사를 통해 서로 점수를 비교해 볼 수 있다. 게다가 두 시점의 특별한 PTVQ 조사류를 위해 흑인과 히스패닉계 응답자의 표본 추출률을 높였는데, 이는 이런 시청자의 프로그램 선호도를 분석하기 위해서였다.

PTVQ를 연구하는 주된 목적은 PTV 프로그램들에 대한 전반적인 질적 프로그램 평가 자료 수집 가능성을 모색하는 것이다. 이는 영국 방송에서 감상 지수(AI)와 같은 평가 자료 수집과 유사하다. 두 시점의 조사는 효과적인 PTV 시청자 표본화 과정을 밝혀냈다는 점, 뚜렷하게 차이를 보이는 시청자들의 프로그램 평가 범주를 얻어냈다는 점, 그리고 시청자 반응에서의 인구 통계학적 자극 유발 변인들을 밝혀냈다는 점에서 아주 성공적이었다.

이런 자료를 연구하는 동안 가장 흥미 있었던 문제는 제공되는 프로그램을 PTV 시청자들이 만족해 하는지, 상업적인 프로그램보다 PTV 프로그램을 더 많이 감상하는지에 관한 것이었다. 결과적으로, PTV의 프로그램이 평균적인 질적 평가에서는 월등히 앞설지라도 PTV 시청자가 상업 TV 프로그램보다 PTV 프로그램을 더 많이 보는 것은 아니라는 것이 밝혀졌다.

이 결과는 특정 시청자를 겨냥한 프로그램에 대해서 특수한 평가 지침을 사용하는 것이 중요하다는 점을 과소 평가하였다. 프로그램

'친숙도' 점수는 여러 프로그램들에 걸쳐 널리 다양하게 나타나며, 어떤 유형은 분명히 다른 것보다도 시청자들에게 훨씬 친밀감을 불러일으킨다. 이 연구는 소수 혹은 특수한 흥미를 가진 시청자를 겨냥한 프로그램들이 전체 시청자를 붙잡는 데 성공하지는 못하더라도, 소수의 열성 팬들 사이에서 특별한 필요와 흥미를 충족시킬 것임을 암시하고 있다. 따라서 소수 겨냥 프로그램의 효용성에 대한 보다 정교화된 결정을 내리기 위해, 위의 자료를 이용하여 차별화된 청중의 반응을 측정할 수도 있다.

(4) TV의 질적 평가

TV의 질적 평가(Television Qualitative Ratings: TQR) 서비스는 시청자 프로그램 인식의 광범위한 분석에서 얻어진 14개의 요인에 따라 TV 프로그램들의 프로파일을 제공한다. 미국 내 공영 방송 기업을 대상으로 마케팅 평가 회사(Marketing Evaluations Inc.)라 불리는 업체에서 시행한 파일럿 연구에 따르면, TV 프로그램에 사용된 258개의 묘사들(예비 포커스 그룹 토론과 TV 비판 문학 분석을 통해 확인된)이 96개의 광고와 공영 TV 프로그램의 분석 자료로 이용되었다. 각각의 묘사 *descriptor* 가 모든 96개의 프로그램에 적용되었는지에 관한 판단은 3000명의 응답자들로 구성된 전국 표본으로 이루어졌다. 시청자의 프로그램 평가에 관한 14개의 요인들이 도출됨으로써 자료가 축소되었다. 연합 서비스 *syndicated service* 로서 TQR의 목표는 이 14개 요인들에 따라, 그리고 그 요인들을 도출한 완전한 묘사 세트들에 따라 현재의 프로그램 편성에 대한 진행 중 측정치를 제공하는 것이다.

　· 프로그램은 시청자를 위해 무엇을 하는가
　요인 1: **지식과 풍부함**을 제공한다
　요인 2: **전환과 도피**를 제공한다

· 프로그램이 시청자에게 어떤 영향을 미치는가
요인 3: **재미와 오락**을 준다
요인 4: **긴장과 흥분**을 일으킨다

· 시청자가 프로그램에 대해 어떻게 생각하는가
요인 5: **긍정적인 평가** - 보고 싶어한다
요인 6: **부정적인 평가** - 흥미 없어 한다

· 프로그램의 호소 유형은
요인 7: **아이들과 가족의 시청**에 적합하다
요인 8: 주로 **성인 오락용**이다

· 프로그램의 내용은
요인 9: 주제나 사람이 **친숙하고 현실적**이다
요인 10: 주제나 사람이 **친숙하지 않거나 평범하지 않**다

· 프로그램과 시청자의 관계는
요인 11: 시청자가 **감정적으로 몰입**한다
요인 12: 시청자가 **관심을 가진 관찰자**이다

· 프로그램이 감각적으로 강조하는 것은
요인 13: **미와 글래머**에 대한 시각적인 강조
요인 14: **위트와 기지**에 대한 청각적인 강조

TQR은 주어진 TV 프로그램을 보고 시청자가 느끼는 만족(혹은 불만족)의 원인에 대한 정보를 미리 진단해 주는 도구이다. 이 시스템을 이용한 자료 분석은, 상업 방송이나 공영 방송에서는 다루기 어려웠던 프로그램 편성에서의 틈새를 확인하는 데 이용되었다.

(5) TV **시청자 평가**

TV 시청자 평가(Television Audience Assessment: TAA)는 1980년대 미국에서 시행된 시청자 반응 체계에 관한 실험 연구이다. 시청자들은 그들이 본 프로그램을 2개의 각기 다른 척도를 이용하여 평가했고, 이를 통해 견본 도구 *prototype instruments* 를 테스트해 보았다. 첫 번째 척도를 측정할 때 응답자들은 "당신이 생각하기에 이 프로그램이 얼마나 호소력 있습니까"에 대해 10점 척도로 표시하였다. 그들은 "이 프로그램이 나의 감수성을 자극했습니다"와 "이 프로그램을 통해 무엇인가를 알게 되었습니다"처럼 영향력 점수까지 도출해 낼 수 있는 두 가지 추가 척도에 대해서도 응답하였다. 이 연구는 미국의 케이블 TV 시장에서 모집한 3000명의 표본을 대상으로 진행되었으며 위에서 설명한 척도들로 선정된 프로그램들을 평가하였다. 연구자 배치, 우편 회송 조사는 일련의 전화 조사를 통해 보강되었고, 결과적으로 수백 개의 방송과 케이블 프로그램들, 응답자의 배경과 미디어 관련 습관에 대한 자료를 수집하였다.

연구 결과, 대부분의 사람들은 자신이 보는 대부분의 프로그램을 항상 즐기고 있는 것처럼 보이지만 그들의 견해는 프로그램에 따라 상당히 다를 수 있다. 모든 프로그램을 똑같은 정도로 좋아하지는 않는다는 이야기다. 어떤 프로그램은 80점대 또는 90점 이상의 점수를 받지만 어떤 프로그램은 50점 이하를 받기도 한다. 프로그램의 호소력도 프로그램의 유형에 따라, 그리고 같은 시리즈라도 프로그램의 에피소드에 따라 차이가 난다는 것을 알게 되었다. 시청자들은 같은 프로그램을 평가할 때도 매우 다양한 의견 차이를 보여, 젊은 사람이 매우 좋아하는 프로그램을 노인들은 전혀 좋아하지 않기도 했다.

지금까지 시청자 반응 연구 방법들을 살펴보면서 산업 지향적 TV 시청자 연구자들은 프로그램 감상 측정 맥락에서 아주 다양한 평가 척도들을 실험해 왔다는 것이 밝혀졌다. 그러나 기본적인 절차는 전반적으로 크게 다르지 않았다. 관찰자들은 프로그램 목록이 작성된 일기장이나 설문지를 배부 받았는데 이는 5~10점 척도로 되어 있었다. 관찰자들은 각각 자신이 본 프로그램에 대해 평점을 내린다. 프로그램 평가는 프로그램을 본 다음 나중에 하거나 프로그램을 보는 도중에 한다. 이런 차이 때문에 전자를 대개 '오프라인' 측정이라 부르며, 이는 응답 과정상 기억에 의존하기 때문에 오류가 발생할 수 있다. 따라서 지금부터는 시청자가 미디어를 이용하는 그 순간 바로 시청자 반응 측정이 이루어지는 온라인 측정을 다룰 것이다.

3) 온라인 측정

온라인 측정은 미디어에 노출되는 그 시간에 이루어진다. 미디어 내용에 대한 시청자의 정서적 반응을 측정하는 맥락에서 볼 때, 이것은 각 개인들이 신문이나 잡지를 읽고, 라디오를 듣거나 TV를 보는 바로 그 시간에 평가적 또는 감정적 반응을 동시에 측정한다는 것을 의미한다. 미디어의 정서적 반응을 다루는 대부분의 온라인 연구는 TV 내용을 이용하여 이루어져 왔다. 온라인 연구는 종이와 펜 혹은 전자 반응기를 이용하여 내용에 대한 응답자의 의식적 반응을 측정하는 것인지 아니면 응답자가 의식하지 못할 수도 있는 자율적이고 생리적인 반응들을 측정하는 것인지에 따라 구분할 수 있다.

(1) 연속적인 반응 측정

미디어 연구가들은 수용자들이 메시지에 집중하고, 이해하며, 반응함에 따라 수용자들의 심리적 상태가 계속 변한다는 사실에 관심을 가져왔다. 연속적 반응 측정(Continuous Response Measurement: CRM) 체계는 피험자가 미디어 내용을 관찰하고 메시지를 처리하는 동안 변화하는 그들의 정신적 상태, 평가, 의견을 연속적으로 보고하도록 한다. 현재의 수용자 반응 체계는 메시지를 처리하는 동안 자기 보고를 통해 순간적으로 나타난 변화를 측정하도록 고안된 전자적 요소들을 포함시키는 경향이 있다.

이러한 시스템은 광고(Hughes, 1992; Thorson & Reeves, 1986; Zabor et al., 1991), 영화, TV 프로그램 편성, 교육용 비디오(Beville, 1985; Biocca et al., 1992; Philport, 1980; Rust, 1985; Sneed, 1991), 정치 커뮤니케이션(Biocca, 1991a, 1991b; Katz, 1988; West & Biocca, 1992), 건강 커뮤니케이션(Baggaley, 1986, 1988)에 대한 반응을 평가하는 데 이용되었다.

컴퓨터로 처리되는 측정 체계는 단순하게 계속 신호를 보내는 장치를 사용하여 이루어진다. 장치의 필수 요소는 입력 장치, 중앙 처리 장치, 데이터 저장 장치이다. 시청자들은 다이얼이나 키보드 같은 입력 장치를 통해 동일한 정신적 상태에서 등간 척도를 이용하여 계속적으로 신호를 변경할 수 있다. 이러한 보고는 컴퓨터로 수집, 기록된다. 어떤 체계는 메시지가 전달되는 동안(프로그램 진행 중) 얻어 낸 데이터를 연구자가 시각적으로 표시할 수 있도록 비디오 녹화 장치와 비디오 오버레이 체계로 연결되기도 한다.

컴퓨터는 수용자의 반응을 수집하고, 요약된 통계치를 계산해 내고, 숫자와 그래프의 형태로 결과를 보여 준다. 비디오 오버레이 장치는 입력 VCR을 통해 입력한 이미지와 컴퓨터에 저장된 데이터 이미지를 이용하여 두 이미지의 합성물을 만들어 내는데, 이때 하나의 이미지는 다른 이미지에 덧씌워지며, 이렇게 만들어진 이미지는 출력 VCR에 기록되거나 TV 화면에 시각적으로 표시된다. 이를 통해 연구자는 영화나 프로그램 같은 메시지가 전달되는 동안에 데이터를 시각적으로 표시하는 것이 가능해진다. CRM 체계를 이용하면, 일정 기간 동안 일어난 자극에 대해서 구체적이고 연속적인 척도를 통해 자기 보고나 평가 또는 의견들을 실시간으로 수집할 수 있다. 현재의 CRM 체계는 가장 최근에 이루어진 연구 기술 모델로서, 그 기원은 응용 사회 연구소(Bureau of Applied Social Research)의 소장이었던 라자스펠드와, 미디어 연구자이며 후에 CBS 사장이 된 프랭크 스탠턴 Frank Stanton이 1945년 특허 출원한 '프로그램 분석기 program analyzer'이다(Levy, 1982;

Millard, 1992; Upton, 1969).

연속적 반응 측정(CRM)이라는 개념은 1932년에 당시 비엔나 대학교 심리학 연구소의 연구원이었던 라자스펠드가 방송 음악에 대한 정서적 반응을 조사하는 방법으로 제안하면서 생겨났다(Levy, 1982; Millard, 1989). 최초의 기계는 나무 상자로 만들었다. 상자 안에는 6인치 넓이의 흰 두루마리 기록 용지를 초당 1 / 5 인치 정도씩 잡아당기는 일정한 속도의 모터가 달려 있었다. 기록 용지 위에는 10개의 검은색 '인코 그래프 *Inko-graph*' 펜이 일렬로 놓여 있어 기록을 작성하였다. 그와 조금 떨어진 곳에 위치한 하나의 펜은 시간 경과를 초 단위로 표시하였다. 10개의 펜들은 금속 장치로 고정시켰고 전자석과 가까이 있지만 닿지는 않게 하였다. 각 펜당 하나씩, 총 열 개의 전자적 코드들이 박스에서 흘러 나왔다. 각 전자 코드는 6피트 정도의 길이였고, '온 - 오프 버튼에 연결되어 있었다. 버튼을 누르면 '온' 상태로 되면서 전자석이 활성화되었다. 그러면 전자석이 각 펜에 달린 금속 장치를 끌어당기고, 인코 그래프 펜이 그래프 용지 쪽으로 잡아당겨져 1 / 4 인치의 선을 긋게 되어 있었다. 그리고 그 버튼을 다시 누르면 펜이 그래프 용지에서 떨어졌다. 각각의 피험자는 하나씩 '온 - 오프' 조절 버튼을 받고 실험 자극(음악이나 라디오 녹음 방송)이 '좋을' 때마다 버튼을 눌렀다. 피험자의 반응은 기록 용지에 인코 그래프 펜으로 기록되었다.

이 조사는 '좋아함 - 싫어함'의 측정이 자극에 대한 주관적 반응의 모든 특성을 보여 준다고 가정하였다. 또 다른 전제는, '좋아함 - 싫어함'에 대한 판단은 자극이 노출되는 전 과정에 걸쳐 지속적으로 이루어진다는 것이었다. 여기에는 또한 피험자들이 자극에 대해 전체적인 판단을 하기보다는 각 부분에 대해 평가를 하는지 알아보려는 의도가 있었다. 또 다른 의도는 노출의 설정이 수용자 반응을 조건 짓는 자극만큼 중요한지를 알아보려는 것이었다. 피험자가 연속적인 평가를 하는 방식과 관련하여 몇 가지 문제점이 있다. 몇몇 피험자들은 '좋아함' 버튼을 누른 다음에 그것을 다시 원위치시키는 것을 쉽게 잊어버린다는 것이 초기에 발견되었다. 또 어떤 피험자들은 자극이 싫을 때 그러한 반응을 표시할 방법이 없다고 불평하였다. 라자스펠드와 스탠턴이 고안한 그 후의 프로그램 분석기는 피험자게 두 개의 조절 버튼이 제공되어, 첫 번째 버튼은 '좋아함'을 나타냈고 두 번째 버튼은 '싫어함'을 나타냈다. 버튼을 눌렀을 때 그 상태에 계속 고정되는 초기 '온 – 오프' 버튼은 새로운 비非잠금식 통제 기기로 교체되어, 기록용 펜이 종이에 기록하기 위해서는 지속적으로 버튼을 누르고 있어야 했다.

스탠턴은 전자 누름 버튼의 버전을 개발해 시스템을 크게 향상시켰으며, 그것은 CBS에 의해 처음으로 사용되었다. CBS가 1980년대에 사용한 초기의 이 기술은 '좋아함,' '싫어함' 또는 '무관심'을 표시하기 위한 두 개의 버튼으로 구성되었다. 초록 버튼은 '좋아함'을, 빨간 버튼은 '싫어함'을 나타냈고, 아무 버튼도 누르지 않으면 '무관심'의 표현이었다. 데이터는 두루마리 그래프 용지에 기록되었는데, 그것을 해석하기는 쉽지 않았다. CBS의 통제 아래, 그러한 측정은 주로 등급 시스템과 유사한 상업적 연구의 자료(Hallonquist & Peatman, 1947; Handel, 1950)로 이용되었다. 그리고 전시戰時 조사(Hovland et al., 1949)와 교육용 프로그램 분석(Hallonquist & Peatman, 1947)에도 이용되었다. 할리우드 영화 산업계(Handel, 1950; Millard, 1992)와 NBC TV 네트워크, 그리고 매켄–애릭슨, 영과 루비캠과 같은 광고 대행사들이 프로그램, 영화, 광고를 테스트하기 위해 이러한 측정법을 이용하였다(Millard, 1989, 1992).

이러한 측정치를 찾아내고 그 심리적 특성을 정의하기 위한 초기의 시도들(Hallonquist & Suchman, 1979; Hallonquist & Peatman, 1947)은 측정에 드는 많은 비용과 순간순간 변하는 심리적 반응을 설명할 만한 이론이 부족하다는 이유로 중단되었지만, 어느 정도의 이론적 발전을 가져왔다. 머턴과 그의 동료들은 포커스 그룹 방법론과 관련하여 그러한 측정 기술을 이용하는 것에 대해 연구하였다. 기록된 온라인 반응은 포커스 그룹 구성원들이 결과에 대해 토론하는 것을 자극하고 안내하는 촉매로 사용되었다(Merton et al., 1956).

기술과 정보 처리 이론의 발전으로, 의미 있는 자극 — 무엇보다도 TV 내용 — 을 정교하게 처리하는 방식에 있어서의 측정을 다시금 고려하게 만들었다(Biocca, 1991a, b; Biocca et al., 1987; Reeves et al., 1983; Thorson & Reeves, 1986). 프로그램 분석기의 새로운 버전은 1980년대에 나왔다. 온타리오 교육 커뮤니케이션 공사(Ontario Educational Communication Authority)와 어린이 TV 워크숍(Children's Television Workshop)은 프로그램 평가 분석 컴퓨터(Program Evaluation Analysis Computer: PEAC)를 개발하였다. 이것은 이동 가능하고, 16개의 변인을 측정했으며, 마이크로 컴퓨터가 장착된 응답 기기였다. 그룹 세팅에 사용된 PEAC 는 TV의 내용에 따라 평가 변인을 바꿀 수 있도록 버튼의 라벨을 바꿀 수도 있었다.

시애틀의 R. D. 퍼시 회사(R. D. Percy Company)는 현장에서 사용하기 위해 VOXBOX라 알려진 온라인 질적 측정 시스템을 고안해 냈다. 200가구를 모집해 패널을 구성하고, VOXBOX를 각 가정의 TV 수상기에 연결시켰다. 각 가정의 패널리스트들은 VOXBOX에 라벨이 붙어 있는 여덟 개의 질적 응답 버튼을 이용해 자신이 선택한 TV 프로그램에 대해 자발적으로 평가하였다. 채널 선택과 질적 응답은 계속해서 특별 전화선을 통해 시스템의 메인 컴퓨터로 전달되었고, 데이터는 하루 24시간, 1주일 내내 수집되었다.

이 시스템을 통해 새로운 TV 프로그램에 대한 초기의 수용자 반응을 시험 측정하였다. 일반적인, 중앙 집중화된 포커스 그룹 토론과 비교했을 때, 이 시스템의 장점은 시청자 표본이 더 많을 수 있고, 더 대표성을 띤다는 점이다. 더욱이 이러한 표본 응답자들은 VOXBOX의 버튼에 라벨이 붙어 있기 때문에 표준화된 어휘 *standardized vocabulary* 로 반응하고, 개인적이고 일상적인 환경에서 TV를 시청하며 판단을 내린다.

연속적 반응 측정(CRM)은 무엇을 측정할 수 있는가? 일반적으로 CRM은 변화하는 심리 상태나 판단에 대한 수용자의 자기 보고를 얻기 위해 이용된다. 이는 미디어의 내용이 끊임없이 변화하더라도 이러한 미디어 내용에 대한 심리적 반응이 계속 변화하는 과정을 알려 주기 때문에 유용하다. 예를 들어, 영화, 비디오, TV 프로그램과 같은 연속적이고 역동적인 내용물의 경우, CRM 기술은 어떤 특별한 평가 반응이 계속적으로 지속되는지, 또는 내용물의 한 부분에서 다른 부분으로 바뀔 때 평가 반응이 변화하는지를 확인할 수 있다. 일반적으로 CRM은 미디어 내용에 대한 수용자의 정서적 반응이나 평가적 판단을 측정하기 위해 이용된다. 그러나 미디어 내용물에 대한 더욱 인지적인 수준의 판단 — 예를 들면, 의미 심장함 — 을 측정하기 위해 이 기술을 이용할 수도 있다.

▌ CRM 척도

지속적 반응 측정에서는 명목 또는 범주 척도 *nominal or categorical scale*, 등간 척도 *interval scale*, 단일 척도 *single scale* 혹은 다중 척도 *multiple scale* 등의 다수 다른 척도 유형을 이용할 수 있다. CRM 방법론은 시청자가 시청하는 내용을 하나의 범주에 속하는 것으로 판단할 수 있는 명목 척도의 측정을 발전시켜 왔다. 예를 들어, 하나의 TV 프로그램을 '지루함' 또는 '흥미진진함,' '이해하기 어려움' 또는 '이해하기 쉬움' 등으로 판단할 수 있다. 대개의 CRM 시스템은 영화, 프로그램, 광고에 대해 수용자가 즐기는 정도를 결정하는 데 사용되었다. 그러므로 CRM 체계는 일반적으로 '좋아함 – 싫어함'의 선형적인 척도로 표시한다. 이러한 연속적 수용자 반응 체계에서는 '재미있는 – 재미없는,' '단순한 – 복잡한' 등과 같은 폭넓은 의미 분별 척도들을 사용할 수도 있다.

단일 척도 연구는 '흥미'의 개념들을 측정하는 데 적합하지 않을 수도 있다. 그 대신 다중 척도를 이용하는 편이 낫다. TV 프로그램에 대한 시청자의 평가는 다중적 차원의 구조를 보인다는 증거가 있기 때문이다(Philport, 1980). 또한 다중 척도는 TV에 대한 의미론적 처리 및 TV 프레이밍 *framing* 에 대한 정신적 모델을 연구하는 데 더 효과적인 측정 패러다임을 제공한다(Biocca, 1991a). 다중 척도의 한 가지 문제점은 응답자들의 기호 논리학적인 문제이다. 지속적인 반응 기간 동안 빠르고 연속적으로 여러 가지 다른 척도에 답하게 하는 것은 응답자들의 집중력의 한계를 넘어 의미 있는 응답을 하기 어렵게 만들기 때문이다. 그러므로 다수의 독특한 선형 척도에 의해 평가를 얻어내고자 할 때는 그 재료(즉, 영화나 프로그램)를 한 번 이상 반복하여 보여 주는 것이 필수적이다.

(2) 프로그램 분석기 ─ 현대 사례 연구

연속적 반응 측정 체계는 프로그램에 대한 시청자의 만족도를 조사하기 위해 이용되어 왔다. 이 특정 사례 연구에서는 '퀴즈와 게임 쇼' 그리고 '드라마'라는 두 장르를 검토한다(Gunter, 1995, 1997a). 두 사례 연구 모두 두 단계로 구성된다. 첫 번째 단계에서 프로그램 분석기 시스템은 시청자로부터 프로그램의 인기를 뒷받침하는 주요한 특성들을 유추해 내기 위해 포커스 그룹의 맥락에서 이용된다. 두 번째 단계에서는 퀴즈 쇼와 드라마를 각 가정에서 시청하는 전국 규모의 시청자 패널에게, 첫 번째 단계에서 이미 완성된 평가 척도를 이용하여 프로그램을 평가하도록 한다.

　첫 단계에서, 잘 알려진 퀴즈 쇼나 드라마의 에피소드를 소규모 응답자 그룹이 전자 그룹 반응 시스템 *group response system* 을 이용하여 계속적으로 평가하였다. 각 응답자는 누름 버튼 키보드와 다이얼로 이루어진 핸드세트를 받는다. 응답자들은 버튼을 이용하여 그들의 성별, 나이, 사회적 계층 등의 정보를 입력하고, TV를 보는 동안 다이얼을 이용하여 프로그램에 대한 계속적인 수량적 평가치를 제공한다. 평가는 100점의 오락 척도로 이루어진다. 응답자들은 즐거움이 줄어들면 다이얼을 왼쪽으로 돌리고 즐거움이 증가하면 오른쪽으로 돌린다. 각각의 응답자 핸드세트는 PC에 연결되어 수시로 그 평가를 기록하며 자료를 전기적으로 입력한다. 비록 응답이 일어나는 동안 그 반응은 눈에 보이지 않지만, 조작자가 장치를 조종해 보이지 않는 곳에서 그 반응들을 모니터하여 스크린상에 움직이는 선 그래프로 표시한다.

에피소드를 본 후, 사회자의 중재하에 그룹 토론을 하는데, 그들이 방금 전에 본 프로그램이 좋은지 싫은지에 관해 중점적으로 이야기한다. 방금 본 프로그램의 부분을 스크린에 표시된 연속적인 평가 점수의 결과와 함께 그들에게 보여 주기도 한다. 즐김의 정도에 있어서 뚜렷한 변화가 있는 지점은 프로그램에 대한 의견의 변화를 가져올 수 있는 프로그램 내의 요인들이 무엇인지를 규명하는 데 이용된다. 이 기술은 프로그램의 어떤 부분이 그 프로그램을 더 또는 덜 즐기게 만드는지 찾아낼 수 있게 한다. 이 같은 방법으로 다양한 드라마나 퀴즈 쇼를 평가한 여러 포커스 그룹들을 통해서 각 장르의 핵심 차원들이라 부를 만한 일관된 특성들이 나타났다. 이러한 특성들은 해당 프로그램이 어느 장르인지 판단할 수 있게 하며, 시청자들이 프로그램을 해당 장르에서 질적으로 우수한지 평가하는 기준이 된다.

TV 퀴즈와 게임 쇼 연구에서는 장르적 특성인 7개의 차원들이 나타난다. **예측 불가능성, 긴장, 경쟁자들, 진행자, 보상, 몰입** 그리고 **플롯**이 그것이다(Gunter, 1995). 경쟁자들의 운명이 계속 바뀐다는 점, 쇼의 마지막에 과연 누가 이겨 상을 탈 것인지를 예상하는 데서 생겨나는 **긴장감**, 경쟁자들과 진행자의 대화에서의 자발성과 자연스러움, 질문에 대한 대답이 맞았는가에 대한 기대. 이런 것들이 **예측 불가능성**을 일으킨다. 긴장을 일으키는 것은 쇼의 전체적인 속도, 전체 구성과 흐름이 깨지지 않고 게임이 부드럽게 리듬을 탈 때, 마지막 게임에 특히 큰 포상이 걸려 있는 절정이 기다리고 있고 경쟁자들이 차례로 게임 중간중간 탈락될 때, 경쟁자들이 질문에 대답하거나 과제를 완수하기 위한 시간적 제한에 직면했을 때, 그리고 확보된 적은 보상과 불확실한 더 큰 보상 가운데 하나를 택해야 할 경우 그들이 딜레마에 빠지는 것을 볼 때, 그리고 과감하게 도전하는 경쟁자들을 볼 때 일어난다.

진행자는 시청자가 기대하는 핵심적 요인이며 시청자들은 편안하고 자연스러우며 위트 있는 진행을 기대한다. 대본에 쓰여진 농담이나 발언에 철저히 충실한 진행자보다는 애드리브에 능한 진행자들을 더 선호한다. 진행자는 경쟁자들이 최선을 다할 수 있도록 이끌어 줄 만한 능력이 있어야 하며, 일반적으로 쇼와 조화를 이루는 성격의 소유자여야 한다. 경쟁자들에게는 유머 감각을 포함하여 자신만이 가진 특색 있는 개성을 보여 줄 기회를 주어야 한다. **경쟁자**들은 특유한 기술을 게임에서 보여 주어야 하고, 나아가 시청자의 공감을 이끌어 낼 수 있어야 한다.

보상 차원의 특성에서는, 게임에서 상품을 분배하는 방법이 공평해야 하며, 승리자는 보상을 받을 만한 사람(들)이어야 하고, 상품은 게임의 진행 단계에 따라 적당해야 한다. 시청자의 **몰입**은 매우 중요한 것으로, 쇼에서 던져지는 질문으로 시청자의 이목을 끌고 그들이 참여하도록 유도할 만한 능력, 시청자가 도전자와의 동일시를 가져올 만한 능력, 게임이 진행될 때 정답이 제시되는 속도(정답이 즉각적으로 나올수록, 게임에 대한 재미는 더욱 커진다)에 의해 강화된다. 마지막으로 게임의 플롯이 중요한데, 플롯은 게임의 구조, 일관된 순서와 세트의 매혹성, 그리고 게임 자체가 보상과 처벌을 증가시키면서 차츰 경쟁자들을 걸러내는 논리적 단계를 통해 진행되는 방식과 관련된다.

드라마 연구에서는 여덟 개의 다른 연속극에서 뽑은 에피소드에 대해 포커스 그룹 반응 연구를 시행하였고, 그에 따라 시청자가 느끼는 즐거움의 여덟 차원의 특성이 나타나는데, 그것은 다음과 같다. **있을 법함, 안정된 캐릭터**(인물형), **긴장과 극적 효과, 재미 / 몰입, 일관성 / 응집력, 기술적 전문성, 대조 / 균형, 플롯 / 세팅**(Gunter, 1997a).

있을 법함 차원은 좋은 드라마는 반드시 있을 법한 줄거리 *story-line* 와 그럴듯한 캐릭터, 그리고 일상 대화에서 평범하게 발견할 수 있는 언어를 사용한다는 것이다. 세트와 무대 장치는 드라마가 실제 장소에서 실시간으로 촬영되었다고 여겨질 정도로 사실적이어야 한다. 일반적으로 모든 좋은 드라마에는 상당 기간에 걸쳐 **안정된** 핵심 캐릭터들이 있어야 한다. 이 캐릭터들은 각각 현실에서의 우리와 동일시될 수 있어야 한다. 캐릭터들은 시청자의 정서적 반응을 폭넓게 일깨울 수 있어야 한다.

긴장과 극적 효과 혹은 예측 불가능성 역시 중요하다. 대결 혹은 충돌을 기대함으로써 높은 수준의 재미와 몰입이 일어날 수 있다. 이는 또한 절박하거나 펼쳐진 비극을 묘사함으로써 성취된다. 하나의 에피소드가 진행되는 동안 예기치 않게 일어난 갑작스런 행동이 긴장을 가져오는 한 요인이 되기도 한다. **시청자의 몰입**은 대개 어떤 다른 요인들이 성공적으로 합쳐졌을 경우 나타니는 부산물 가운데 하나로 나타난다. 특히 이것은 시청자들이 등장 인물과 이야기 구성에 열중하는 정도에 따라 크게 좌우된다. 보다 나은 드라마의 에피소드들은 항상 시청자에게 무엇이 다음에 일어날까 하는 조바심이 생겨나게 만든다.

드라마의 **일관성** 또는 **응집력**은 여러 가지 속성들을 포함한다. 첫 번째 속성은 캐릭터의 연속성에 관한 것이다. 이를 통해 시청자는 드라마 속에 형성된 캐릭터에 대한 지식을 얻고 그와 동일시하는 것이 가능해진다. 플롯의 연속성은 또 다른 확인된 특성이다. 시청자들은 여러 개의 에피소드와 함께 전개되는 스토리를 원하지만, 하나의 에피소드 안에서도 일관성 있고 완비된 플롯 요소들이 있어야만 한다.

기술적 전문성의 속성은 4개의 주요 구성 요소를 지닌다. 만일 연기가 상당히 자연스러우면서 역동적이라 여겨지면 그 연기는 재미있을 것이다. 감정이나 깊이가 없는 나무 토막 같은 연기 *wooden acting* 는 싫어진다. 카메라 촬영 기법도 중요하다. 특히, 롱 숏과 클로즈업 숏을 적절히 혼합하면 사건의 분위기를 불러일으킬 수 있다. 무대 장치와 소도구 *props* 는 가능한 진짜임을 암시하기 위해 사실적이고 정교할 필요가 있다. 마지막으로 편집이 중요하다. 시청자들은 편집을 통해 장면에서 장면으로 부드러운 전환이 이루어지는 것을 느낀다.

대조와 균형은 여러 요소들을 구체화하는 드라마의 능력과 본질적으로 관련됨으로써 한 가지 요소가 다른 요소를 감싸 안을 수도, 대치할 수도 있다. 여기서 균형은 어떤 특정한 장치에 의해 이루어진다는 것이 밝혀졌다. 이것은 하나의 지배적인 스토리 아래 한두 개의 부수적인 하위 플롯을 붙이는 것이다. 실제로 그러한 균형이 이루어지지 않을 때는 재미의 수준이 크게 낮아진다. 대조도 또한 대결 혹은 미스터리를 화해 혹은 해결과 조화시킴으로써 이루어진다는 것이 밝혀졌다. 사람들이 즐기는 대조의 또 다른 특성은 등장 인물들의 평범한 일상적 대화, 그리고 이에 비해 범상치 않은 사건 혹은 정서적 강도가 높은 장면이 들어 있는 극적 효과 사이의 대조이다. 더 나아가 지배적인 캐릭터와 최소한 수동적이거나 약한 캐릭터 사이에도 대조가 생긴다. 등장 인물 캐릭터 만들기에서 일어나는 이러한 캐릭터들 사이의 대조는 종종 긴장이 야기되는 상황을 만들어 낸다. 특히, 시청자들이 한 번쯤은 연약한 등장 인물이 강인함을 보여 주기를 기대할 때 그러하다.

　　마지막의 주된 요인은 **플롯**과 **세팅**이다. 플롯은 바퀴가 구르듯 자연스럽게 진행될 때 가장 효과적이다. 가장 이상적인 형태에서, 하나의 스토리 라인은 플롯의 시작 단계에 있고, 하나는 중간 단계에 있으며, 또 하나는 해결되는 단계에 있을 것이다. 시청자들은 기대감을 갖게 하는 플롯을 좋아한다. 이는 미스터리를 설정하고 시청자가 그 다음에 일어날 일을 스스로 발견하게 함으로써 이루어진다.

　　앞의 연구는 수용자 연구에서 양적·질적 기법들이 결합되어 사용될 때의 힘을 보여 주었다. 그리고 수용자와 미디어 내용을 직접 접촉시키며 평가하는 것이 얼마나 가치 있는지도 보여 주었다. 시청자들은 TV 프로그램에 대해 평가 반응을 보일 때 특정 장르에 대한 그들의 기대로 인해 복잡한 양상을 나타낼 수 있다. 프로그램 분석자와 같은 조사 기술은 보통 시청자들이 스스로의 반응에 대해 인식하지 못할 수도 있는, 프로그램의 미묘한 특성들을 미디어 연구자들이 조사할 수 있게 해 준다. 시청 중의 온라인 평가와 시청 후의 그룹 토론을 병행함으로써 그러한 프로그램 특성들이 주의를 끌 때, 그 프로그램이 시청자들의 기대에 맞는 장르의 속성을 가진 것으로 평가되며, 이는 또한 그 프로그램의 좋고 나쁨을 평가하는 데에도 영향을 준다.

2. 학술적 연구

미디어 내용에 대한 수용자의 평가 반응을 학술적으로 연구하는 데에는 온라인과 오프라인의 양적, 질적 방법론이 포함된다. 이러한 연구의 대부분은 여러 미디어 내용의 속성에 대한 다양한 심리적 반응을 측정하는 것과 관계된다. TV의 경우를 예로 들면, 프로그램 내용의 특정한 부분에 대해 수용자가 어떻게 반응하는지를 연구해 왔다.

특히, 폭력적·성적인 혹은 비속한 주제에서 나온, 수용자의 미디어 내용 선호도, 그리고 공격의 원인에 대한 관심은 수용자들이 미디어 재료에 직접 반응할 수 있도록 하는 방법론을 발전시켰다. 몇몇 연구에서 연구자들은 미디어 내용에 직접적·즉각적으로 노출시키지 않고, 프로그램이나 특정한 이슈, 사건을 다룬 것에 대한 응답자들의 반응을 평가하기 위해, 개인적 또는 그룹으로 인터뷰를 하였다. 다른 연구에서는 프로그램 내용에 대한 시청자의 직접적 반응을 조사하는 방법론이 사용되어 왔다. 어떤 경우 시청자들은 프로그램에서 뽑은 일부분을 보았고, 어떤 경우에는 전체 프로그램 분량을 다 본 후 그들의 의견을 제시하였다. 또 다른 중요한 구분은 성인 시청자를 대상으로 이루어진 연구와 아동들을 대상으로 이루어진 연구 간의 구분이다.

1) TV의 단편적 장면들에 대한 시청자의 반응

시청자들이 어떻게 특정 내용에 반응하는지를 밝히기 위한 하나의 접근법은 전체의 미디어 내용에서 일부분만을 떼어 낸 클립에 대해 시청자의 의견을 묻는 것이다. 이러한 방법으로 미디어 연구가들은 TV 폭력에 대한 시청자들의 인식이나 무서운 미디어 내용물을 본 아이들의 정서적 반응을 조사하였다.

추출된 프로그램에 대한 시청자들의 즉각적인 반응은 TV 폭력의 심각성을 판단할 때 개인들이 평가하는 속성을 확인하는 맥락에서 측정되었다. 그린버그와 고든의 실험에서 어린 소년들은 무기의 사용, 희생자들의 피해 정도와 같은 속성들이 다양하게 나타나는 일련의 폭력 장면에 노출되었다(Greenberg & Gordon, 1972a). 각 장면들은 영화나 프로그램들에서 추출된 것으로, 각 장면 이후 응답자들은 폭력적 장면들에 대한 평가 등급을 매겼다. 그들은 무기가 나타나지 않고 해를 입히지 않는 장면 — 비록 해를 입히려 의도했지만 — 에 비해 무기가 사용되고 배우가 자기나 남을 해하는 장면이 더 폭력적이며 용인하기 힘들다고 평가하였다. 그리고 사람에게 해를 입히는 장면을 건물이나 기물에 피해를 주는 장면보다 더 폭력적인 것으로 평가하였다.

영국에서의 또 다른 실험들에서 비슷한 방법이 사용되었는데, 그 것은 영국과 미국의 범죄 드라마, 서부극, 과학물, 만화에서 폭력이 포함된 클립을 추출해 그에 대한 시청자들의 평가를 알아보는 것이었다. 2분 정도의 각 클립을 본 후 시청자들은 형용사로 된 7점 척도로 평가하였다. 하나의 장면만을 보여 주기도 하고, 비교 판단을 할 수 있게 두 개의 장면을 같이 보여 주기도 하였다. 장르, 극적인 문맥, 물리적인 세트, 무기의 사용, 희생자들의 피해 정도, 가해자와 피해자의 성별과 같은 특성을 기준으로 하여 프로그램 장면이 선택되었다. 그 결과, 지각된 폭력의 심각성은 세트의 사실성, 관찰할 수 있는 희생자의 피해 정도, 특정 유형의 무기 사용(날카로운 도구들), 가해자와 피해자의 성별 등과 많이 연관되어 있다는 것을 알게 되었다(Gunter, 1985a).

아동들을 대상으로 한 연구는 실험실에서 실험적 방법론을 사용하여 이루어졌는데, 다양한 TV 내용 유형에 대한 아동들의 정서적 반응을 조사하였다. 이러한 연구의 대다수는 연속적인 생리적 반응의 측정과 시청 이후 즉각적인 심리적 반응을 함께 조사하였다. 생리적 측정은 얼굴에 나타나는 표정, 심장 박동과 피부 전기 반응(Galvanic Skin Response: GSR 피부 전도 반응)을 포함한다. 최근의 측정은 정서적 반응의 믿을 만한 지표들을 제공하는 것으로 알려져 있다. 심리적 측정은 일반적으로 시청자들의 느낌이나 그들이 본 TV 내용을 얼마나 좋아하는 지에 대한 언어적 반응을 포함한다.

몇몇 연구들은 TV가 보여 주는 리얼리즘이 아이들의 정서적 반응과 재미에 미치는 매개적 영향을 조사해 왔다. 오스본과 엔슬리는 4~5세의 어린이들이 폭력적 또는 비폭력적인 만화 또는 만화가 아닌 추출된 프로그램을 볼 때의 피부 경련 반응을 연속적으로 측정하였다(Osborn & Endsley, 1971). 시청 후 인터뷰에서 아이들이 어떤 클립을 가장 무서워하는지 알아보았다. 폭력성을 지닌 '인간' 개릭터가 나온 프로그램이 4개의 장면 중 가장 무서운 것으로 선정되었고, 또한 가장 높은 피부 경련 반응 수치를 보였다.

스웨덴의 한 연구는 다양한 폭력 장면을 보고 아이들이 감정적으로 얼마나 흥분하는지를 측정하기 위해 아이들의 얼굴 표정에 나타나는 반응을 분석하였다(Lagerspetz et al., 1978). 10대 이전의 아이들에게 육체적 폭력, 언어 폭력, 만화에 나타나는 폭력 그리고 비폭력적 행동이 묘사된 5분 짜리 TV 프로그램 추출물을 보여 주었다. 아이들의 얼굴에 나타나는 표정들은 그들이 시청하는 동안 비디오 테이프에 담아 그 후에 그러한 표정들의 정서적 의미를 찾아내도록 훈련된 코더에게 판단시켰다. 아이들은 두 명씩 시청을 했고, 누군가가 자신의 반응을 관찰하고 있다는 사실을 알지 못했다. 얼굴에 나타나는 표정들은 9개의 평가 척도에 의해 분류되었다. 재미있는 – 심각한, 두려운 – 두렵지 않은, 걱정스런 – 걱정되지 않는, 성난 – 무관심한, 이해 – 몰이해, 집중된 – 산만한, 긴장한 – 평온한, 활동적인 – 비활동적인, 물러남 – 물러나지 않음. 아이들은 가장 좋아하는 비디오 클립을 선택한 후 인터뷰를 하였다. 가장 강력한 정서적 반응은 폭력을 가장 사실적으로 묘사한 장면에서 나타났다. 이러한 장면들을 보고 아이들은 두려움과 근심, 긴장과 분노를 강렬히 표현하였다. 만화 폭력은 재미와 이해를 유도했고, 틀에 박힌 물리적 폭력일수록 더 큰 집중을 가져왔다.

8~11세 사이의 예비 10대 어린이 연구에서, TV 폭력에 대한 정

서적 반응의 정도를 측정하기 위해 심장 박동률을 사용하였다(Surbeck & Endsley, 1979). 이 조사에서 아이들은 정확히 같은 폭력적 행동을 묘사하는 2개의 3분짜리 비디오 클립을 각각 시청하였다. 첫 번째 클립에서는 사람이 등장했고, 두 번째 클립에는 인형이 등장했다. 아이들을 거실과 비슷하게 꾸며진 실험용 방 안에서 관찰하였다. 아이들은 실험 이전에 며칠 간의 사전 검사를 위해 심장 박동 장치에 선을 연결시켰다. 그 후 다시 두 개의 TV 장면을 볼 때 똑같이 연결하였다. 시청을 마친 후, 그들은 다음 단계의 시험을 위해 분리된 방에 들어갔다. 여기에서 그들은 각각의 장면에서 나온 몇 장의 사진을 보고, "사진들이 얼마나 무서웠니"와 "어떤 장면을 가장 좋아하니"에 대해 대답을 했다. 모두가 압도적으로 선호하는 클립은 없었지만, 더 사실적인 클립일수록 더 무서워했다. 각 장면에서 폭력적인 사건들이 일어나는 동안 심장 박동률은 떨어졌고, 이는 그 시점에 집중을 하고 있었음을 보여 주는 것이다.

다른 실험 연구들은 등장 인물이 공포에 질린 표정을 보이는 TV 장면이 그런 공포스러운 표정을 일으킨 두려운 자극에 초점을 맞춘 장면보다 아이들에게 더욱 큰 정서적 반응을 불러일으킨다는 것을 알아냈다. 이는 피부 경련 반응과 피부 온도의 변화 등과 같은 연속적인 생리적 측정, 그리고 시청 이후 곧바로 행해지는 언어 반응을 통해 관찰된다(Wilson & Cantor, 1985).

때때로 무서운 영화나 프로그램을 다른 사람과 같이 보는 것은 아이들의 정서적 반응을 완화시킬 수 있다. 한 실험에서 미취학기의 아이들은 홀로 또는 형이나 누나와 함께 두 버전 중 하나인 긴장감 있는 영화 클립을 보았다. 또 하나의 버전에서는, 묘사되는 사건들이 꿈의 부분이라는 암시를 주어 마치 프롤로그와 에필로그 사이의 연속된 꿈처럼 묘사하였다(Wilson & Weiss, 1993).

<화성 침공 Invaders from Mars>과 같은 TV 영화의 장면에서 소년은 여자를 따라 동굴로 들어간다. 많은 거대한 생명체들이 점거한 우

주선이 발견된 동굴에 이를 때까지, 그는 길고 어두운 터널 아래로 나아간다. 소년은 벽 뒤에 숨어 여자와 생명체들을 본다. 이 시점에서 광고가 나간다. 광고 후 장면이 계속된다. 여자는 소년의 존재를 깨닫고 그를 잡으려고 위협한다. 소년은 터널 밖으로 달려나가 숲으로 탈출한다.

장면을 보고 난 후, 아이들에게 얼마나 무섭게 느껴졌고, 또 얼마나 그 장면을 좋아하는지 질문을 한다. 아이들이 시청하고 있는 동안 그들의 얼굴에 나타난 표정도 계속 모니터뇌고, 비디오 테이프로 녹화되며, 나중에 코더가 이를 범주화한다.

형이나 누나와 함께 긴장감 있는 장면을 시청한 미취학기의 아동들이 꿈 장면 버전을 홀로 본 아이들보다는 정서적 반응이 크지만, 일반적으로는 누군가와 같이 이런 긴장감 있는 장면을 볼 때 정서적인 반응은 약해진다. 그 결과 형이나 누나와 함께 본 아이들은 상대적으로 그 영화를 더 좋아한다. 이 실험에서 대다수의 아주 어린아이들은 꿈처럼 장면을 보이게 하는 암시를 알아차리거나 이해하지 못했다.

2) 전체 길이의 프로그램에 대한 반응

전체 길이 *full-length* 의 프로그램 연구는 프로그램 내용의 속성 변화에 시청자들이 어떻게 반응하는지를 조사하였다. 전체 길이의 프로그램을 이용하는 것은 프로그램 일부분에서 얻어진 평가 점수에 비해 명확한 이점들을 가진다. 첫째로, 시청 경험이 실제 삶에서의 시청에 보다 가까워진다. 둘째, 시청자들은 교묘하게 조종된 프로그램 내용의 변화를 계속해서 인지하지 못할 수도 있다. 어떤 연구에서는 프로그램을 원래 형태 그대로 사용한 반면, 어떤 연구에서는 연구자들이 프로그램을 다른 버전으로 편집해서 사용하였다. 최근의 주된 관심사는 시청자들이 TV를 보고 난 후 즉각적으로 그것에 대해 이야기할 때, 그들에게 어떤 특성이 가장 현저하게 느껴지는지를 발견하는 데 집중된다.

BBC의 연구자들은 방송 후에 즉각적으로 시청자들에게 프로그램이 재미있었는지를 물어 보았다. 폭력적 내용이 얼마나 현저한지 알아보기 위해 각 프로그램에 대한 시청자들의 의견을 물어 조사하였다. 시청 후 인터뷰에서 대부분의 시청자들이 프로그램의 폭력에 대해 자발적으로 언급하지는 않았다. 물론 폭력이 그 드라마의 중요한 면은 분명 아니었다. 이것은 프로그램의 폭력성에 대한 인식이 폭력적 사건들의 실제 숫자에 달려 있는 것이 아니라는 점을 보여 주었다. 폭력적으로 인식된 프로그램과 언어로 보고된 정서적 분출 사이에는 아무 연관이 없다는 것도 밝혀졌다(Shaw & Newell, 1972).

프로그램의 선호도에 폭력이 어느 정도의 영향을 미치는지를 알아본 실험 조사에서 디에너와 드 포는 미국 경찰 드라마인 〈여자 경찰관 *Police Woman*〉 일화의 두 가지 버전을 100명의 남녀 대학생들에게 보여 주었다(Diener & De Four, 1978). 한 가지 버전은 편집되지 않았고, 다른 버전은 거의 모든 폭력적 장면들을 뺀 같은 에피소드로 구성되었다. 47분 길이의 편집하지 않은 버전은 40점의 폭력성을 기록했고, 44분 길이의 편집본은 폭력적 내용에 대해 겨우 9점을 기록했다.

학생들은 폭력적인 버전을 비폭력적인 버전보다 더 폭력적으로 인식했고, '선호도'에서 거의 차이가 없음에도 불구하고 폭력적 버전을 더 선호했다. 폭력적인 버전을 본 학생들 사이에서 폭력적 버전을 더욱 폭력적인 것으로 지각한 학생들은 이것을 덜 좋아했다. 디에너와 드 포는 이 연구를 토대로 폭력적 내용이 프로그램의 선호도에 약간의 영향만을 미친다고 해석했다(Diener & De Four, 1978)

최근의 보고에서는 전체 길이의 프로그램에 대한 내용 인식과 그 프로그램에 대한 선호도 사이의 관계를 결정하기 위해 대학생들과 가족들을 대상으로 세 개의 실험 연구가 이루어졌다(Diener & Woody, 1981).

첫 번째 연구에서는 미국의 주류 TV에서 58개의 1시간짜리 모험 쇼 에피소드를 비디오 테이프에 담았고, 남성 5명 여성 5명이 폭력성의 심각함, 사실성, 흥미진진함, 액션이라는 면에서 각 프로그램에 대한 폭력적 장면을 판단, 평가하였다. 또한 전체 프로그램의 선호도, 폭력성, 유머, 애정, 신기함, 예측 가능성, 캐릭터 성장, 구성, 정서적 갈등과 액션 등의 척도로 점수를 매겼다. 이러한 투표를 통해, 응답자들이 폭력성 높은 혹은 낮은 프로그램으로 표현했는지, 갈등 높은 혹은 낮은 프로그램으로 표현했는지에 기반을 둔 8개의 유형이 선택되었다. 충돌성이 높고 낮은 프로그램으로 선택된 것들은 폭력성 차원에서 짝을 이루었고, 폭력성이 높고 낮은 프로그램은 충돌성 차원에서 짝을 이루었다.

피험자들은 그 후 두 개의 (충돌성이 높고 낮은, 또는 폭력성이 높고 낮은) 프로그램을 보았다. 54명의 대학생들은 각 프로그램을 본 후, 프로그램의 폭력성, 사실성, 액션, 흥미진진, 유머, 애정, 신기함, 정서적 갈등 그리고 긴장감에 관하여 10점 척도로 평가하였다. 갈등이 높은 프로그램을 갈등이 낮은 프로그램보다 선호하였다. 그러나 폭력성이 낮은 프로그램을 폭력성이 높은 프로그램보다 조금 더 선호하였다.

두 번째 연구에서는 같은 프로그램 풀에서 폭력, 사실성, 액션이라는 세 가지 차원에 기반하여 프로그램을 선택하였다. 선택된 프로그램들은 특정한 한 가지 차원에서 높음 혹은 낮음으로 평가된다. 그때 나머지 두 차원은 각 차원의 차별성을 확보하기 위해 최대한 통제된다. 159명의 대학생 표본은 폭력성이 높거나 낮은 프로그램 한 쌍(사실성과 액션은 통제되는), 사실성이 높거나 낮은 한 쌍(폭력과 액션이 통제되는) 또는 액션의 정도가 높거나 낮은 한 쌍(폭력과 사실성이 통제되는)을 보는 조건에 할당, 배치된다. 각 프로그램을 본 후, 첫 번째 연구에서처럼 일련의 10점 척도에 의해 프로그램을 평가한다. 프로그램 인식의 측면에서는 세 차원 모두가 차이를 보이는 반면, 오직 폭력성 수준과 액션만이 '좋아함'과 관련된다는 결과가 나왔다. 폭력성이 높고 액션 정도가 높은 에피소드보다 폭력성이 낮고 액션 정도가 낮은 프로그램을 더 선호하는 것으로 나타났다.

세 번째 연구에서는 62가구 총 161명의 사람들이 액션, 사실성, 폭력성, 선호도 등의 차원에서 평가된 시트콤과 범죄 – 형사물을 전체 길이로 다 본 후 각자의 집에서 인터뷰를 시행하였다. 각 가족들은 두 개의 쇼를 보고 쇼가 끝나면 즉각적으로 순서대로 각 쇼를 평가하였다. 각 프로그램의 한 쌍은 폭력성이 높은 일화 하나와 폭력성이 낮은 것 하나로 구성된다. 디에너와 우디는 일반적으로 경시청자만이 폭력성 높은 프로그램보다 폭력성 낮은 프로그램을 약간 더 선호한다는 사실을 밝혀냈다. 중시청자는 폭력과 비폭력 프로그램의 선호도에 차이를 보이지 않았다.

아동 대상 연구도 이루어졌는데, 전체 길이 프로그램에 대한 아이들의 반응은 통제된 시청 조건하에서 측정되었다. 반 데어 보르트는 네덜란드에 있는 세 학교에서 방영된 폭력에 대한 아이들의 인지를 측정하였다(Van der Voort, 1986). 9~11세 사이의 아이들 314명은 여덟 개의 TV 시리즈에서 뽑은 전체 길이 에피소드들을 보았다. 이 중에는 사실적 범죄 드라마(<스타키와 허치>, <미녀 삼총사>), 모험물(<딕 터핀>, <헐크>), 판타지 만화(<스쿠비 두>, <톰과 제리>, <뽀빠이>, <핑크 팬더>)가 포함된다.

각 프로그램 시청이 끝난 후, 열 개의 지각 *perception* 변인들을 측정하기 위해 아이들은 즉시 '노출 후 설문지'를 작성하였다. ① 폭력을 본 것에 대한 표시, ② 프로그램에서 본 폭력적인 행위들에 대한 승인, ③ 폭력을 보고 느낀 즐거움, ④ 프로그램에 대한 평가, ⑤ 정서적 반응, ⑥ 프로그램에의 몰두, ⑦ 시청하는 동안의 이탈, ⑧ 프로그램 주요 등장 인물들과의 동일시, ⑨ 프로그램을 통해 지각된 현실, 그리고 ⑩ 프로그램 내용에 대한 이해와 기억. 반 데어 보르트는 환상적으로 느끼는 프로그램보다 현실처럼 느끼는 프로그램에 아이들이 더 몰입하고, 감정적으로 더 반응하며, 덜 이탈하는지를 조사하였다.

이 연구 결과 아이들은 자신이 본 프로그램 중에서 법 집행 프로그램을 가장 사실적인 것으로 꼽았다. <스타키와 허치>, <미녀 삼총사>들을 사실적으로 지각했고, <헐크>, <딕 터핀>과 만화는 판타지적인 것으로 보았다. 사실적인 프로그램을 시청할 때 더 몰입하게 되고, 더욱 감정적이며, 덜 이탈되는 것으로 나타났다. 더불어 두 개의 범죄 드라마는 최고의 폭력성을 가진 것으로 여겨졌다.

(1) 편집자로서의 시청자

위의 연구 중 몇몇의 경우, 연구자들은 내용의 속성을 다양화하기 위해 전체 길이 프로그램을 편집한다. 최근에 개발된 다른 접근은 시청자를 편집자의 자리에 놓는 것이다. 시청자들은 프로그램을 보고 '자신들이 보고 싶은 대로' 내용물을 재편집한다. 응답자들은 프로그램의 현재 상태를 그대로 인정할 수도 있고 어떤 편집상의 변화를 줄 수도 있다(Morrison et al., 1994). 모리슨과 그의 동료들은 폭력을 포함하고 있는 프로그램에 이러한 방법을 적용해서 연구하였다. 이 연구에서 5개의 측면들이 확인되었다.

① 실재적인 폭력: 벽 뛰어넘기 *fly-on-the-wall* 스타일 ― 프로그램 제작자와 경찰이 함께 작업을 해서 포착한 실제 폭력, ② 폭력의 희생자들: 희생자들과의 지역 뉴스 인터뷰, 상흔을 근접 촬영한 사진, 그리고 폭력의 묘사, ③ 폭력의 가해자: 연쇄 살인범과의 인터뷰, ④ 폭력의 재현: 사람들에게 가해진 폭력적 공격에 대한 극적 재현, ⑤ 실제 폭력: 다큐멘터리나 뉴스에 나온 폭력으로, 방영된 같은 뉴스에서는 제외되었던 폭력을 포함한 것(Morrison et al., 1994: 365).

실제 연구 방법에서 응답자들을 포커스 그룹 형식으로 모은다. 응답자들은 프로그램이나 프로그램 추출물을 보고 나서 재편집하기 위한 선택 사항을 받는다. 재편집을 돕기 위해 응답자들은 서술적 내용뿐만 아니라 시각적 형식까지도 묘사하는 프로그램 재료의 사본을 받는다. 응답자들은 또한 프로그램의 정지 사진까지 받을 수 있다. 응답자의 지시 사항에 따라 편집하기 위해 비디오 테이프 편집기가 주어진다. 추가 논평을 듣기 위해 최종 편집 결과를 응답자들에게 보여 준다. 이를 통해 응답자는 자신이 왜 그것을 바꾸고 싶었는지 그 이유를 말할 수 있다. 그러므로 이 방법은 시청자들이 프로그램 재료와 직접적으로 접촉할 수 있게 하며, 이러한 재료들에 대해 생각하도록 하고, 그들의 관심사가 무엇인지 원래의 제작진 *original production* 에게 설명하도록 한다.

　이와 같은 방법을 통해 연구자들은 시청자들이 가장 관심을 두는 폭력의 형태를 정확하게 지적할 수 있으며, 그 관심의 원인을 이해할 수 있다. 이것은 수용자에게 가장 효과적인 어떤 주제 유형을 다루는 방법이나 수용자들이 받아들이기 힘든 주제의 종류를 알려 주기 때문에 방송계에 도움을 준다. 이 방법은 또한 수용자의 인구 통계학적인 구성에 관련된 특정 묘사나 프로그램들을 대할 때 응답자가 제시하는 의견의 차이를 민감하게 나타낸다.

3. 결론

이 장에서는 미디어에 대한 수용자의 평가적 혹은 정서적 반응 평가와 관련된 연구 방법을 다루었다. 이 연구의 대부분은 TV에 관한 것으로, 산업계에서 주도적으로 시행했는지 아니면 학계에서 시행했는지에 따라 크게 나뉜다.

　TV 산업계에서 시행한 수용자 반응 측정은 수용자 규모와 구성 측정을 보완하는 중요한 연구물로 간주되어 왔다. 프로그램을 시청하는 시청자는 방송 편성 시간대와 계절에 따라 다양할 수 있다. 프로그램 수용자의 규모는 프로그램이 방영되는 채널에 의해 결정되었고 목표 수용자(예를 들면, 프로그램이 다수를 위해 설계되었는가 아니면 틈새 수용자를 겨냥해서 설계되었는가)의 성향에 의해 결정되었다. 수용자 규모가 크건 작건 간에 프로그램의 성패는 또한 그 프로그램을 시청하는 사람이 그 프로그램을 좋아하는가에 달려 있다. 그러므로 수용자 반응의 측정은 프로그램에 대한 수용자 감상 측정에 초점을 맞추었다. 이 연구는 대부분 시청이 끝난 후 시청자들의 반응을 이끌어 내는 오프라인 측정의 형태를 띠었다. 수용자 선호도의 '온라인(진행 중)' 측정은 수용자 감상을 지지할 수 있는 프로그램의 특별한 제작 특성과 관련하여 더욱 상세한 증거를 찾아내는 데 이용되었다.

학계에서는 수용자 반응 연구에서 더 자주 온라인 측정 형태를 띠었는데, 보통 실험적 틀 혹은 포커스 그룹 틀을 이용하였다. 이 연구 활동은 성인과 어린이 시청자들이 폭력성과 같은 미디어 내용의 특정 부분에 대해 보이는 다양한 감정적 반응을 설명하였다. 그러므로, 이 연구 맥락의 관심은 수용자의 프로그램 선호도를 설정하는 것 이상으로 확대된다. 그 대신 프로그램 내의 어떤 특정 유형의 내용이 나쁜 정서적 반응을 가져오는지에 관심을 가졌다. 이러한 학계 수용자 반응 연구 가운데 어떤 것은 규제나 정책에 이용하기 위한 산업계의 지원을 받아 이루어졌다.

6장

미디어에 대한 인지적 반응 측정: 주의와 이해

사람들은 미디어 수용자를 측정하고, 미디어 내용에의 노출을 측정하는 연구 기법을 만들어 내는 데 많은 관심을 가져 왔다. 미디어 분석의 실험적 학파인 실증주의자들은 이 작업의 많은 부분을 일차적으로 수량화하였다. 미디어 이용에 대한 연구는 미디어 산물에 노출되는 수용자의 규모와 구성을 측정하려는 미디어 산업계와 미디어 광고주의 필요로 동기가 마련되었다. 이런 상황에서 얻은 수용자 측정 데이터는 광고의 가격과 출판사(또는 방송국)의 생존을 결정하는 상업적 거래 수단으로 가치를 지니게 된다. 이 같은 상업 지향적 접근 안에서 생겨나는 수용자 개념이 '수용자' 또는 미디어에 대한 '수용자 관여'라는 용어를 지나치게 좁은 의미로 사용한다는 점에서 비판하는 연구자들이 있다(예를 들면, Ang, 1990). 양적 수용자 연구를 비판하는 사람들은 "수용자와 그들의 미디어 관련 행동을 수량화하고 분류하는 측정 기법이 타당한가"에 의문을 갖게 되었다. 그러나 미디어와 수용자 간 관계의 보다 깊은 측면을 알아 내기 위한 질적인 접근법 사용의 필요성이 제기되었다.

그러나 미디어 연구 방법을 탐색할 때, 단순히 수용자가 미디어를 사용하는지, 어느 정도로 사용하는지, 그리고 수용자가 미디어에 얼마나 노출되는지 이외에도 연구되어야 하는 심도 있는 수용자 관여 연구가 있다. 매스 미디어에 대한 노출(즉, 신문이나 잡지를 읽고, 라디오를 듣고, TV를 보는 것과 같은 것)은 지금까지 행동적 관계의 측면에서만 인식되었다. 예를 들어, TV를 본다는 것을 단순히 상업적인 목적으로 TV가 켜진 방 안에 있는 사람 수로 정의해 왔다. '시청 watching'의 또 다른 개념은 개인이 능동적으로 화면을 보고, 그 시간에 방송되는 프로그램이 무엇인지 관심을 가지고 있는 것이기도 하다. 개인이 TV 스위치를 켜는 행동을 하고, TV가 켜져 있는 동안 그 방에 있는 한은 TV에 노출되어 있다고 할 수 있다. 그러나 그들이 어느 정도까지 TV에서 일어나는 일에 주의를 기울이는가 하는 것이 "어떻게 미디어가 수용자에게 영향을 미치는가"를 이해하는 맥락에서 중요한 문제이다. 미디어 수용자가 그들이 접하게 되는 신문, 잡지, TV, 라디오에 주의 집중을 기울이지 않는다면, 그들에게는 직접적인 영향이 거의 없을 것이다.

이 장에서는 미디어에 대한 주의 집중 attention 에 대해 고찰해 볼 것이다. 개인이 매스 미디어에 노출되었을 때, 우리는 그 사람이 정말로 미디어 내용에 주의를 기울이고 있는지 어떻게 알 수 있을까? 특정 TV 프로그램이 시청되고 있다는 것을 기록하는 일지나 피플 미터 시스템을 이용하면 그 TV 프로그램의 시청도를 추론할 수 있다. 하지만 시청자들이 TV 스크린에 나타나는 내용에 얼마나 집중하며 지속적인 주의를 기울이는지는 알 수가 없다. 미디어 노출의 속성을 미디어 내용이 수용되는 과정에서의 인지적 노력의 정도 측면에서 평가할 때, 많은 전문 연구 기법이 수정되었다. 그 중 일부는 질적 연구 기법이고, 또 일부는 양적 연구 기법이다. 이러한 기법의 일부는 사람들이 '보는' 조건에서 그대로 사용되며, 반면 일부 기법들은 보다 효율적인 처리를 위해 인공적인 조건들을 요구하기도 한다.

연구 차원에서, 미디어에 대한 주의 집중의 측정은 미디어 수용자가 '능동적이냐,' '수동적이냐'에 관한 토론에서 중요한 위치를 차지한다. 미디어 수용자가 능동적이냐 수동적이냐 하는 논쟁은 TV 시청의 본질에 대한 논쟁과 직결된다. 능동적 혹은 수동적 입장에서의 TV 시청에 대한 인식은 인지적 수준, 행동적(행위적) 수준에서의 활동성 단계로 조작적 정의가 내려져 왔다. 인지적 활동성 *activity* 이란 미디어에 주의를 집중하는 데 요구되는 정신적 활성화 *activation* 의 정도를 말한다. 미디어에 대한 인지적 주의의 정도를 측정하기 위해 많은 연구 기법이 개발되었다(예컨대, 미디어 내용에 대한 생리학적 반응의 측정, 정보 처리 능력의 측정 등). 활동성의 행동적 측정은 사람들이 시청하는 동안 프로그램에 대해 구두 반응을 하도록 하여 그것을 관찰함으로써 증거를 찾고, 채널을 바꾸는 행동을 통해 증거를 찾는 것을 포함한다. 시청자가 TV 프로그램의 정보를 처리하는 방식과 관련하여, TV 시청이 능동적 혹은 수동적이라고 하는 수많은 담론이 있다. 이러한 두 가지 극단의 입장을 간단히 살펴보자. 수동적 수용자의 입장에서는 프로그램에 대한 시청자의 주의가 미디어의 형식적 특징(화면 전환, 화면에서의 물리적 사건, 배경 음악, 음향 효과 등과 같은)에 통제된다고 본다. 반면에 능동적 수용자의 입장은 시청자가 프로그램에서 다음에 일어날 일을 예측하면서 더 높은 차원에 스스로 집중하며 통제하게 된다고 본다. 능동적 수용자의 입장에서 보면 화면에 대한 주의 집중이 프로그램을 이해하고 따르려는 시도에서 능동적이며 전략적으로 일어나는 것이다.

1. 오프라인 측정법

오프라인 측정법들은 포커스 그룹에서의 면 대 면 설문 조사, 실험실 연구와 같은 양적인 측정 방법들을 포함한다. 설문 조사 문항에서는 응답자가 TV를 볼 때, 신문을 읽을 때 집중하는 정도에 대해 질문을 받을 수 있다. 실험 설계에서는 조성된 상황에서 피험자가 TV 프로그램을 보고 난 후에 얼마나 많은 정신적 노력을 기울였는지를 말하도록 요구받게 된다. 포커스 그룹에서는 참여자가 TV를 보고, 라디오를 듣고, 신문·잡지를 읽을 때 얼마나 주의를 기울였는지에 대해 개방적 형태로(좀 더 주관적이고 서술적으로) 그 인상 *impressions* 을 말하도록 요구받게 된다.

1) 설문 조사 방법

미디어에 대한 주의와 미디어 수용 후 영향 간의 관계를 수량화하기 위한 연구에서 가장 일반적으로 사용하는 오프라인 측정법 중 하나가 면 대 면 설문 조사이다. 응답자는 자신이 1주일에 몇 시간 TV를 보고, 라디오를 듣고, 신문을 읽었는지에 대해, 또는 얼마나 주기적으로 미디어를 접하는지에 대해 질문을 받게 된다. 예를 들어, TV 시청에 대한 설문에서 두 가지 질문은 거의 짝을 지어 나타난다. 첫 번째 질문은 "보통 1주일에 며칠 TV를 시청하십니까? — 7일 / 6일 / 5일 / 3, 4일 / 1, 2일 / 가끔 / 거의(혹은 전혀) 보지 않는다"이다. 이에 따르는 두 번째 질문은 "하루에 보통 몇 시간 TV를 시청하십니까? — 1시간 이하 / 1시간~2시간 / 2시간~3시간 / 3시간 이상"이다.

또 다른 오프라인 접근법은 개인이 미디어에 주의를 기울이는 정도의 척도를 얻는 것이다. 연구자가 특정 미디어에 대한 수용자의 자기 보고 지향성 *self-professed orientations* 을 측정하는 경우도 있다. 예를 들어, 시청자는 특정 프로그램에 채널을 맞추고 그 프로그램을 시청하는 것이 어떤 동기 때문이었는지 질문을 받을 수 있다. 이러한 상황은 체계화된 설문지나 포커스 그룹일 가능성이 많은데, 이 경우 질문 형식은 대체로 개방형 *open-ended* 이다. 레비는 TV 뉴스 인터뷰 프로그램을 보는 이유에 대해서 사람들을 조사할 때, 포커스 그룹 토론과 면 대 면 인터뷰 방법을 조합시켜 사용하였다(Levy, 1978). 응답자들은 다음과 같은 대답을 하였다. "인터뷰 프로그램은 나에게 생각의 양식을 준다," "사회 이슈에 대해 새로운 것을 알게 된다," "사회자가 날카로운 질문을 하는 것이 재미있다." 이러한 연구는 "사람들이 왜 특정 프로그램을 시청하는지"에 대한 깊은 통찰을 주지만, 사람들이 TV를 보는 동안 그 프로그램에 주의를 기울이는 정도의 척도에 대해서는 정확하게 설명하지 못한다.

면 대 면 설문 조사에서 사용하는 설문지의 다른 형태는 '일반적으로, 특정 매스 미디어의 수용에 사람들의 주의 집중 가운데 일부만이 할당되는지 아니면 주의 집중 전체가 할당되는지'를 측정하려는 것이다. 설문 조사를 이용하는 연구자들에 따르면, 사람들은 TV를 시청하는 동시에 다른 활동들을 하고 있다고 한다. 이렇게 조사된 자료들에 기반을 둘 때, TV 시청이 시청자의 지속적이고 전적인 주의 집중을 요구하는 것은 아닌 것으로 보인다.

레비는 'TV 뉴스에 관한 수용자 연구'에서 응답자에게 이런 질문을 했다. "TV 뉴스를 볼 때, 식사를 한다거나 작업을 한다거나 독서를 하는 등의 다른 일을 하기도 합니까?" 이 질문에 대해 응답자는 TV 뉴스를 보면서 보통 한 가지 이상의 다른 일을 한다고 대답을 하였고 이 응답들은 모두 코드화되었다. 응답자의 1/4만이 TV 뉴스를 보는 동안 다른 일을 전혀 하지 않는다고 응답하였고, 또 1/4은 한 가지 다른 일을 한다고 했는데 이것은 거의 식사를 하는 일이었다. 물론 TV 시청과 동시에 하는 다른 작업들이 모두 똑같은 정도로 시청을 방해하는 것은 아니다. 어떤 사람은 식사를 하면서도 TV에 완전히 집중을 할 수도 있다. 두 작업이 똑같은 정신적 과정을 요구하는 것은 아니기 때문이다. 반면에, 독서와 같은 일은 TV를 통해 뉴스를 보는 것과 유사한 정보 처리 체계를 이용하기 때문에 두 작업이 서로 영향을 받을 수 있다.

레비는 응답자들이 가장 즐겨 보는 TV 뉴스 방송의 시청 비율에 대해서도 질문하였다. 사람들이 뉴스를 볼 때, 뉴스의 처음부터 끝까지 전부 보는지 아니면 뉴스의 일부만 보는지 질문한 것이다. 응답자의 대부분인 70% 정도가 뉴스를 전부 본다고 대답하였다. 그러나 이러한 결과가 사실을 의미하는 것인지는 명확하지 않다. 실제로 이것은 많은 의미로 해석이 가능하다. 시청자는 TV가 켜진 방 안에 계속 있을 수는 있다. 하지만 방송이 진행되는 동안 최소한 한 번은 방에서 나갔다 들어 올 수도 있다. 다른 경우, TV가 켜진 방에 계속 있을 수는 있지만 TV를 보면서 동시에 신문을 보거나 전화를 받을 수도 있다. 그럴 경우 프로그램이 진행되는 동안 계속 앉아 있어도 시청자의 주의는 완전히 TV 방송에 가 있지 않게 된다. 사람들이 미디어에 주의를 기울이는 정도를 측정하는 이런 오프라인 측정법들은 시청자들이 정확히 기억하는 것, 그리고 일반적인 행동을 설명하는 것과 깊은 관계가 있다.

많은 TV 시청 관련 설문 조사는 'TV 시청이 정말 무엇인지'에 대해 상당히 포괄적인 관점을 가지고 있다. 어떤 설문 조사는 응답자들이 미디어에 주의를 기울이는 시간적 주기의 측면에서 그들의 시청 형태를 측정하였다. 또 어떤 설문 조사들은 프로그램에 주의를 기울이는 양에 대해 질문을 하였다. 어떤 연구자들은 프로그램의 일부분에 얼마만큼의 주의를 기울이는지에 초점을 맞추었다(Chaffee & Schleuder, 1986). 많은 연구들이 프로그램에 대한 노출 정도와 프로그램을 기억하는 정도가 크게 관계없다는 것을 밝혀 냈다(Patterson & McClure, 1976). 따라서, 사람들에게 '노출 exposure'에 대해 질문하는 것과 '주의 attention'에 대해 질문하는 것 사이에는 큰 차이가 있을 수 있다(Chaffee & Schleuder, 1986).

2) 실험적 틀에서의 주의 측정

다른 오프라인 측정 기법은 실험 패러다임에서 매스 미디어에 대한 주의 집중을 측정하기 위해 사용되어 왔다. 어린이들이 TV 프로그램을 통해 학습하는 것을 측정하는 실험이 이에 속한다. 학습의 가장 중요한 요인 가운데 하나는 주의를 쏟는 정도이다. 어린이의 주의 정도는 그들이 TV를 이해하는 데 얼마나 정신적인 노력을 들였는지 말하는 것으로 측정할 수 있다(Salomon, 1983; Salomon & Leigh, 1984).

이 연구에서 샐러먼은 AIME(Amount of Invested Mental Effort 특정 미디어에서 학습하는 동안 투자하는 정신적 노력의 정도)라는 개념을 발전시켰다. AIME 는 "당신이 얼마나 그 쇼에 주의를 기울이고 집중했습니까?"와 같은 일련의 질문들을 통해 측정하였다. 아이들은 5점 척도로 이 질문에 답하게 된다. 샐러먼은 "어린이들은 일반적으로 TV를 보는 것이 책을 보는 것보다 적은 노력을 필요로 한다고 생각한다"는 것을 밝혀냈다. 물론 이런 면에서는 나라별로 차이가 존재한다. 조사 결과에 따르면, 이스라엘 어린이들은 미국 어린이들보다 TV를 보는 데 더 많은 노력이 필요하다고 평가하였다. 샐러먼은 "어린이들은 TV가 학습하는 데 가장 쉬운 미디어라고 생각하기 때문에, TV 교육 프로그램을 볼 때는 책으로 된 교재를 읽을 때만큼 열심히 하지 않는다"는 것을 이론화하였다. 그러나 이러한 차이는 어린이들에게 "프로그램이 끝난 뒤에 테스트를 할 테니 TV를 볼 때 좀 더 많은 노력을 기울이도록" 사전에 지도함으로써 없어질 수 있다. TV를 보는 동안 들이는 정신적 노력의 자기 보고 측정치가 증가하는 것은 실제로 프로그램이 끝난 후에 수행되는 화상 및 이력 테스트 결과와 직결된다(Salomon & Leigh, 1984).

3) 포커스 그룹 측정법

미디어 내용에 대한 주의 집중의 측정은 포커스 그룹의 형태로도 수행되어 왔다. 포커스 그룹은 미디어 내용에 대한 주의 집중 측정에서 주로 사용되는 방법은 아니지만, 지난 20년간 이 방법론에 쏟아진 미디어 학자들의 자신감 증가에 비추어 볼 때, 언급할 만한 가치가 있다. TV 뉴스의 주의에 대한 연구에서 로빈슨과 사힌은 방송되는 뉴스를 어떻게 처리하는지 조사하기 위해 영국의 두 곳에서 7개의 포커스 그룹 인터뷰를 실시하였다(Robinson & Sahin, 1984). 이 연구의 한 가지 목적은 사람들이 TV 뉴스가 진행되는 동안 뉴스에 얼마나 많은 주의를 기울이는지를 측정하는 것이었다.

6명 내지 10명의 사람으로 구성된 집단에서 3시간 걸리는 회의에 참석한다. 거기서 그들은 좋든 싫든 뉴스 프로그램을 보고, 방송된 뉴스의 특성에 대해 토론하게 된다. 저녁 회의가 진행되는 9시에 BBC 방송의 저녁 메인 뉴스를 본다. 방송이 진행되는 동안 연구자들은 사람들이 얼마만큼 뉴스 내용을 기억하고 이해하고 있는지를 측정하기 위한 질문을 준비한다. 연구자들은 미리 방송 제작자로부터 뉴스의 내용에 관한 정보를 가지고 있다. 프로그램이 끝난 후 이어지는 토론 시간에 사람들은 그 질문을 받게 된다.

응답자들이 얼마만큼 방송에 주의를 집중했는지 알기 위해 연구자들은 방송이 진행되는 동안 몇 번 TV 스위치를 끄고 그 순간 무슨 생각을 하고 있었는지 질문하게 된다. 비록 이것이 집단으로 시청하는 상황이기는 하지만, 응답자의 반 이하만이 그 순간 뉴스에서 나오는 내용에 집중하고 있었다고 말했다. 이러한 결과는 TV가 꺼지는 순간 나오는 내용이 정치, 경제, 국제 문제에 관한 것일 때 더욱 심했고 사람들의 일상사에 관한 내용일 때 덜하였다. 여기서 우리는 주의 측정 기법에서 부분적으로 진행 중 *on-line* 측정을 하는 방법론의 예를 볼 수 있다. 그 이유는 이 연구법에서 프로그램 종료 후의 질문들 이외에도 — 비록 자기 보고에 의존하기는 하지만 — 프로그램이 보여지는 동안의 주의 집중도 함께 측정하고자 하기 때문이다. 그 한계는 단지 응답자가 주의를 기울이고 있는지 아닌지 만을 알 수 있을 뿐, 주의를 기울이는 정도를 측정할 수는 없다는 데 있다. 또한 응답자의 정직성에도 크게 의존한다. (프로그램에 집중하지 않았다고 말할 때 당황스러운 상황에 놓이게 될까 염려하여 거짓말을 할 수도 있다.)

2. 온라인 측정법

지금까지 살펴본 대로, 미디어에 대한 주의는 온라인 측정법, 반오프라인·반온라인 측정법을 통해 측정될 수 있다. 그러나 이러한 상황에서 사용되는 오프라인 방법론은 그것이 본질적으로 질적 연구이든 양적 연구이든 심각한 결점을 가지고 있다. 온라인 방법론은 미디어 내용을 수용할 당시에 발생하는 현상이 직접적인 증거를 제공해 준다는 특별한 이점이 있다. 많은 온라인 기법들은 말로 나타나는 자료가 아닌, 말로 나타나지 않는 행동을 측정할 수 있다. 다시 말하면, 수용자들은 그들이 미디어를 접했을 때의 경험들을 꼭 말로 할 필요가 없다.

뒤에 이어지는 온라인 미디어 연구 기법에서는 현장 *field* 연구 방법과 실험실 연구 방법 사이의 큰 차이점을 보인다. 이러한 상황에서 사용되는 현장 연구는 보통 관찰 연구로 구성된다. 실험실 연구는 미리 선택된 미디어 내용을 개인이 수용할 때 이루어지는 다양한 생리학적·심리학적인 테스트와 측정으로 구성된다.

1) 관찰 연구

관찰 연구의 기본적 특성에 대해 2장에서 이미 소개한 바 있다. 관찰 연구는 사람들이 특정 미디어를 사용하는 방법을 조사하는 데 일차적으로 사용되어 왔으며, 미디어 영향을 연구하는 맥락에도 적용되어 왔다. 또한 그 방법은 비판적 사회 과학파를 지지하는 연구자들이 질적 연구를 수행하는 형태로 표현되기도 한다. 이러한 미디어 사용의 관점에서 관찰 연구는 TV 시청에 대한 연구에서 가장 유용하다고 볼 수 있다. 이것은 두 가지 다른 형태로 구분될 수 있다.

· 참여 관찰: 관찰자가 가정에 합류하여 가족 구성원의 행동에 대해 모니터 한다. 특히, TV 앞에서 일어나는 일을 관찰한다.

· 촬영 관찰: 연구자는 가정의 TV 안에, 혹은 TV 옆에 초저속 촬영, 연속 촬영이 가능한 기록 장치를 설치한다. 이 기록 장치는 TV 앞에서의 행동들을 사진, 필름, 비디오의 형태로 남긴다.

이런 방법들은 각기 다른 가정의 TV 사용에 대한 인식을 제공하는데, 이것은 전통적인 방법들로는 얻기 어려운 것이다.

(1) 참여 관찰

관찰 연구를 미디어 사용과 주의에 대한 연구에 적용하는 것은 매우 드문 일이다. 워싱턴에 사는 가난한 가정의 5, 6세 어린이를 대상으로 수행한 연구에서, 머레이는 약 2시간 정도의 관찰 자료를 얻었다 (Murray, 1972). 그는 "TV 시청량과 시청 스타일은 각 어린이에 따라 다르며 아이들이 TV 화면에 기울이는 시각적 주의 집중은 평균 52% 정도" 라고 보고하였다.

룰이 수행한 관찰 연구는 이미 4장에서 살펴보았다(Lull, 1978, 1980, 1982). 이 연구는 민속지학적인 방법을 통해 자연적, 지역적 환경에서의 시청 행동을 알아 낼 수 있는 통찰을 잘 설명해 주었다. 룰의 연구는 TV를 보는 동안 화면에 기울이는 주의 집중의 속성을 고려하는 것과 관련이 있다. 일련의 연구들에서, 연구자와 연구 보조원들은 가정에서 시청 행동을 관찰하는 것뿐만 아니라 가족 구성원과 상호 작용을 한다. 나중의 분석을 위해 TV에 대한 대화는 모두 녹음되고, 다른 자료들도 모두 가족들이 TV를 이용하는 방법을 더욱 잘 이해하기 위해 사용된다.

이 프로젝트에서 TV를 시청할지 안 할지를 결정하는 과정이 어떻게 이루어지는지, 각기 다른 관심 분야를 가진 가족 구성원들이 어떤 채널을 볼지 결정하는 과정이 어떻게 이루어지는지를 이해하는 데 많은 연구 노력의 목적을 두고 있다. 룰이 행한 하나의 연구에서, 사람들이 다양한 프로그램을 시청할 수 있도록 돕는 가짜 TV 편성표를 가족들에게 주었다(Lull, 1978). TV 시청 주의 집중에 대한 자료는 일차적으로 연구자들의 관찰과 그들이 관찰한 시청 태도를 기록들도 날마다 얻게 된다.

관찰자가 자료를 얻는 과정은 각 가정마다 최대한 표준화되어 있다. 각 관찰자가 미리 관찰한 가족의 시청 행태를 정리한 기록들과 거의 일치한다. 관찰자들은 가족들에게 단지 학생으로만 알려져 있으므로 연구자들이 시청 행동을 기록하는 것이 방에서 쉬는 동안이나 TV를 보는 동안 생각나는 것들을 끄적이는 숙제 정도로 생각할 것이다. 이런 방식으로 연구자는 많은 자료들을 얻고, 가족들이 TV를 보는 동안 일어나는 세세한 사항까지 기록할 수 있게 된다.

많은 가정에서 TV는 가정 생활의 중심적 위치를 차지하고 있다. TV를 중심으로 여러 행동들이 일어나며, TV를 바탕으로 많은 활동이 벌어지게 된다. 게다가 TV 시청 일과에 따라 가족의 일과도 만들어진다(Lull, 1978, 1980, 1982).

(2) 촬영 관찰: 사진, 필름, 비디오 관찰

관찰 자료들은 연구자와 연구 보조자들이 행동 패턴을 관찰할 대상자들과 함께 있으면서 모니터하는 것만으로 모아지는 것은 아니다. 그 외에도 사진기, 필름, 비디오 카메라 등을 설치하여 기록된 시각적 자료를 여러 번 되풀이해 보면서 행동 패턴을 연구하는 방법이다. 가정에서의 시청 환경의 속성을 연구하는 몇몇 연구에서 이 방법이 사용되었다.

앨런은 이 방법으로 중요한 연구를 수행하였는데, 1961～3년까지 오클라호마의 95개의 가정에 2주간씩 저속도 촬영기를 설치한 것이다. 앨런은 TV를 시청하는 동안 주의를 기울이지 않거나, 다른 작업을 같이 하는 것이 모든 가정에서 공통적으로 나타난다는 것을 보여 주었다. 또, TV가 켜진 시간의 19% 이상 TV 앞에 있는 사람도 없다는 것, 그리고 TV에 가장 주의를 기울이지 못하는 시청자는 취학 전 어린이들이라는 것을 발견하였다(Allen, 1965).

이 조사에서, 카메라는 TV 바로 앞의 공간을 촬영하였고, 1분에 네 번씩 촬영 프레임을 스스로 바꾸도록 설치되었다. 앨런은 세세한 방법론적인 과정이나 연구 결과의 양적 설명은 하지 않았는데, 그 이유는 촬영 자료들이 소유주의 상업적인 목적에서 얻어진 것이기 때문이었다. 이 연구에 따르면, 대부분의 가정에서 TV 시청에 대한 연구자의 관찰 기록과 가족들 스스로 작성한 기록 사이에는 상당한 차이가 있었다(극히 소수의 가정들에서만 그 차이가 별로 없었다).

몇 년 후, 벡텔과 그의 동료들은 1970년 캔자스의 20개의 가정에서 6일 주기로 실시간 비디오 촬영기를 설치하였다(Bechtel et. al., 1972). 두 대의 카메라가 설치되는데, TV 옆에 설치된 카메라는 TV 앞에서 일어나는 일들을 촬영하고, 다른 하나는 TV에서 방영되고 있는 것을 녹화한다. 비디오 장치는 집 밖에 있는 차에서 조작되는 제어 장치와 연결되어 있다.

연구자들은 "시청자들이 흔히 TV를 보는 것과 동시에 다른 작업을 하는데, 이것이 TV 화면에 시각적 주의를 기울이는 정도에 영향을 미친다"는 것을 발견하였다. 연령에 따른 주의 집중의 수준을 알아보았다. 1~10세의 어린이들은 TV를 보는 총 시간의 52%만 화면에 시각적 주의를 기울이며 11~19세의 학생들의 경우 평균 69%, 성인의 경우 거의 평균 64% 정도이다. TV 시청에 대해 자기 보고를 한 가정의 자료를 보면 촬영 관찰 결과에 비해 약 25% 정도 더 TV에 집중했다고 나타났다.

같은 연구에서, 참여자들은 시청 행동을 측정하기 위해 다양한 설문 조사를 받게 되며, 5일 동안의 관찰 주기 동안 날마다 15분의 자기 보고 시간을 갖게 된다. 또, 응답자들은 자신이 TV를 본 시간 간격을 적어야 하며, 전날 본 프로그램을 열거하고 각 프로그램에 대한 문항

(각 프로그램의 실제 시청 시간이 어느 정도였는지 등)을 완성해야 한다. 끝으로, 관찰이 끝나는 마지막 날에는 지난 5일 동안의 자기 가정의 비디오 녹화 내용에 대해 추측하여 써야 한다.

TV 시청의 자기 보고와 행동 측정 사이의 비교에서 많은 중요한 것을 얻을 수 있다. 예를 들어, 자기 보고의 경우 TV 시청 정도를 실제보다 적게 적는 것은 흔하지 않은 반면(전체 시간의 5.5% 정도), 더 많게 보고하는 경우는 자주 일어난다(24.8%). 이것은 대략 4시간 시청한다고 보고되었을 때 실제의 시청 시간은 3시간 정도인 것을 의미한다. 전날 기록한 것과 행동 관찰 사이에는 더 큰 차이가 난다. 전날 기록과 행동 관찰이 일치하는 것은 평균 45.5% 정도이다. 이것은 피험자들이 보고한 시간의 반 이상이 실제로는 TV를 보는 데 사용된 것이 아니라는 것을 의미한다. 결과적으로, TV 시청에 대한 5일간의 설문 결과와 행동 관찰 측정 결과 사이에는 큰 차이가 있는 것이다. 이 자기보고 측정법에서, 응답자는 5일 동안 날마다 자신과 가족 구성원들이 TV를 본 시간을 적도록 되어 있다. 관찰 측정법들의 비교를 통해 볼 때, 거의 모든 응답자들이 자기 자신에 대해서나 다른 가족 구성원에 대해서나 TV 보는 시간을 실제보다 많이 적고 있음을 알 수 있다. 관찰 측정과 자기 보고 결과의 일치율은 44% 정도이다.

몇 년 후에 미국에서 수행된 세 번째 연구는 TV 시청과 시각적 주의 자료에 대한 세밀한 분석을 제공하였다. 그러나 이 연구는 어린이들의 시청에 중점을 두고 있다. 앤더슨과 그의 동료들은 5세 어린이의 TV 시청에 대한 그 부모의 기록과 저속도 비디오 촬영 관찰 결과를 비교하였다(Anderson et. al., 1985). 또한 가정에서의 관찰 측정 장치의 효과를 평가하기 위해 많은 통제 집단을 만들었다.

관찰 표본은 334개의 흑인 중산층 가정으로 구성되었는데, 그 가운데 106개의 가정에 비디오 관찰 장치를 설치하였다. 이 프로젝트는 4단계로 두 달 동안 수행되었다. 표본은 네 집단으로 나누어졌다. 첫 번째 그룹은 C–NE 집단(Control, No Equipment Mentioned 장치에 대해 언급하지 않은 통제 집단)으로 102개의 가정으로 구성되며 이들은 집의 관찰 기구에 관해 아무 말도 듣지 못했다. 이들은 4단계를 거치는 동안 집 안에 관찰 기구가 없었다.

두 번째 그룹은 C–EP 집단(Control, Equipment Possible 장치가 가능한 통제 집단)으로 42개 가정으로 구성되어 집 안의 장치에 대해 이야기한 적이 있으며, 이 집단의 가족들은 집 안에 그러한 장치를 하는 데 동의하였다. 그러나 실제로는 이 집단의 가정에는 장치를 설치하지 않았으며, 이 상태에서 똑같이 4단계 과정을 거치게 된다.

세 번째 그룹은 E–E 집단(Experimental, Equipment Installed 장치가 설치된 실험 집단)으로서 집 안의 장치에 대한 이야기를 들었으며, 실제로 가정 내 관찰 장치를 설치한 유일한 집단이다. 이러한 106개 가정은 다른 가정들과 마찬가지로 4단계 과정을 거치게 된다.

마지막 집단인 C–ER 집단(Control, Equipment Refused 장치를 거부한 통제 집단)은 원래 E–E 집단의 일부였다. 그러나 그 가운데 집 안에 관찰 장치 설치를 거부한 85개 가정이 C–ER 집단으로 분리되었다. 이들역시 일종의 통제 집단으로 4단계 과정을 거치게 된다.

여기서 말하는 4단계 과정이라는 것은 ① 첫 번째로 부모와 실험대상 어린이가 연구 기관을 방문한다. 그 곳에서 아이가 TV를 보는 행동을 관찰하고, 아이의 인식 상태를 테스트한다. 부모는 가족의 인구학적 특성과 TV 시청 행동에 대해 대규모의 설문지를 받게 된다. ② 첫 번째 과정이 끝나면 계속해서 10일 동안 TV 시청 일지를 쓴다. ③ 시청 일지를 마친 한 달 뒤에 또다시 10일 동안 시청 일지를 쓴다. E–E 집단의 경우 두 번째 시청 일지를 쓰는 동안에 설치된 관찰 장치가 함께 작동하게 된다. ④ 3단계 후에, 참여한 부모와 어린이가 연구 기관을 다시 한 번 방문하여 추가적인 테스트를 하고 그 동안의 작업을 보고하는 내용의 설문지를 작성한다.

가정에 설치된 관찰 장치는 두 대의 카메라로 구성된다. 하나의 장치는 줌 렌즈가 부착되어 있어서 가족들이 보는 TV 내용 자체를 녹화하고, 두 번째 카메라는 가족들이 가장 자주 TV를 보는 공간을 녹화하도록 설치되어 있다. 조절 단자는 TV가 켜졌을 때만 저속도 녹화가 이루어지도록 세팅되어 있다. 이 장치는 72초마다 하나의 비디오 프레임을 기록하도록 되어 있어서 시간과 데이터가 연속적으로 테이프에 기록된다. 모든 가정에서 10일 주기로 두 번 시청 일지를 작성한다.

영국에서는 두 가지 연구가 1980년대에 이루어졌다. 그 가운데 하나는 콜레트와 램이 한 것인데, TV가 켜져 있는 동안 방에 있는 것과 실제로 TV 화면을 보는 것, 그리고 시청하고 있는 프로그램의 영향 및 오락성에 대한 주관적 평정치와의 관계에 대한 것이었다(Collett & Lamb, 1986). 응답자는 전문 직업을 가진 여섯 가정과, 그렇지 않은 여섯 가정이었는데(모두 24명), 그들 모두에게 7일 동안 관찰 장치가 설치되었다. 이 장치는 TV, 비디오 카메라, 2대의 비디오 녹화기로 구성된다. 비디오 녹화기 하나는 카메라에서 들어오는 것을 녹화하고, 다른 하나는 TV에서 나오는 화면과 음향을 녹음한다. 카메라는 TV가 켜져 있는 동안에만 작동하여 TV 앞에서 일어나는 일들을 녹화하게 된다.

연구자들은 현장에 '있는' 것과 '보는' 것을 측정하였다. 현장에 '있는' 것은 TV가 있는 방에 시청자가 단지 있기만 할 때 TV에 프로그램이 켜져 있던 시간(이것은 실제 방송 시간은 아니다)의 비율(%)로 계산할 수 있다. '보는' 것은 방송이 나오는 방에 있었던 시간 중에서 화면에 눈을 주시하고 있었던 실제 시간의 비율(%)로 계산된다.

각 가정에서 부부가 4개 메인 채널(BBC1, BBC2, ITV, Channel 4)의 저녁 6시부터 방송 종료시까지의 모든 방송 프로그램에 대해 날마다 일지를 작성하였다. 각각의 프로그램에 대해 응답자들은 다섯 가지 항목을 평가하게 되어 있다. 그 가운데 세 가지는 TV 시청 측정에 관한 것인데, 프로그램이 방송되는 동안 그 자리에 있었는지, TV에 시선을 두고 있었는지, 주의 깊게 보고 있었는지 하는 것이다. 다른 두 항목은 수용자 반응에 관한 것으로서 그들이 본 프로그램이 오락적 측면에서, 그리고 영향력 측면에서 어느 정도의 효과를 가지고 있었는지 0~100까지의 숫자를 이용하여 표현하는 것이다.

콜레트와 램은 TV를 시청할 때 현장에 '있는' 것과 실제로 '보는' 것, 그리고 흥미(오락성)와 영향력 간의 관계를 연구하였다(Collet & Lamb, 1986). 프로그램이 얼마 동안 방송되었는지를 결정하는 것이 불가능할 때, 그리고 사람들이 TV가 켜져 있는 방에 있기를 거부한 경우에는 측정이 배제되었다. 그렇다면 현장에 '있는' 것은 TV에서 프로그램이 진행되고 있는 실제 시간의 양에 대한 비율(%)로 측정되어야 한다. '보는' 것도 시청자가 방 안에 존재하는 시간에 비추어 볼 때 화면에 주의를 기울이고 있는 시간이 어느 정도 되는지 그 비율로 다시 계산해야 한다. 비록 약하기는 하지만 TV가 켜진 곳에 '있는' 것과 TV를 '보는' 것은 $r=0.21$ 정도의 상관 관계가 있으며, 흥미도와 영향력은 $r=0.51$, 존재와 흥미는 $r=0.22$, 존재와 영향력은 $r=0.14$ 정도의 상관 관계가 있다. '보는' 것은 '있는' 것보다 좀 더 높은 상관 관계가 있는데, '보는' 것과 흥미는 $r=0.32$, '보는' 것과 영향은 $r=0.27$의 상관 관계를 가진다.

이러한 결과는 사람들이 어떤 프로그램에 흥미를 가지고 있고 영향력이 있다면 프로그램 진행 동안 현장에 더 잘 '있고' 더 열심히 '보게' 된다는 생각을 뒷받침 해 줄 수 있는지에 대한 결정적인 질문을 던진다. 이 질문에 대한 대답은 있는 것과 보는 것의 객관적인 측정과 흥미·영향의 주관적인 측정 사이에 유의미한 정적 관계가 있다는 것이다. 그러나 이런 주관적이고 객관적인 측정들 사이의 관계로 설명되는 변량은 그리 크지 않다는 사실은 지적할 만한 가치가 있다. 예를 들어, 보는 것과 흥미 사이에 0.32 정도의 상관 관계가 있지만, 흥미는 보는 것의 변량의 10% 영역 내에서의 계산일 뿐이다. 다른 경우 설명되는 변량의 비율(%)은 매우 낮다.

영국에서의 두 번째 연구는 첫 번째 연구와 유사한 장치를 사용하였다. 이 경우에 특별히 제작된 TV 수상기가 여섯 가정이 모여 있는 곳의 시청실에 설치되었고, 이 TV는 다른 TV들과 똑같이 작동된다. TV가 켜질 때마다 비디오 카메라와 녹음 기구가 작동하는데, 이때 TV 앞의 상황들이 연속적으로 녹화된다. 장치는 각 가정에도 2~4일 간 설치된다(Gunter et al., 1995).

TV 시청자의 관찰 자료가 30초 단위로 코드화된다. 기록은 TV 화면 앞에 있던 사람의 화면에 대한 시각적 집중 정도, TV 시청 외의 행동, 원격 조정 장치의 사용 등의 자료들로 만들어진다. 이런 관찰들은 그들이 시청한 프로그램의 채널과 시청 시간부터 프로그램의 유형 자료까지 포함한다.

TV가 켜질 때 시청 기록이 시작되어 TV가 꺼질 때 끝난다. TV 채널이 바뀌거나 새로운 프로그램이 시작되거나 광고가 시작되는 등 프로그램상의 변화가 일어났을 때에는 그 시점부터 새로운 자료가 기록된다.

관찰 자료에는 누가 TV를 시청하고 있는지, 그들이 어떤 행동을 하고 있는지 모두 기록된다. 행동 측정은 방에 '있는'지, TV를 보는지, 그동안 어떤 활동을 하며 어떤 대화를 하는지, 자세는 어떤지 등의 여러 가지로 나누어 볼 수 있다. TV실에 '있는' 것은 세 단계 — 완전히/부분적으로/전혀 아닌—로 나누어 볼 수 있다. 완전히 있다는 것은 30초의 시간 주기 중, 99~100%의 시간 동안 방 안에 있었음을 말한다. 부분적으로 있다는 것은 시간 주기의 10~98% 동안 방 안에 있음을 나타낸다. 이 측정을 쉽게 하기 위해 10초 간격으로 관찰 시간을 알려 주는 전자 알람 장치를 사용한다. '전혀 있지 않다'는 분류는 시청자가 각 30초 시간 주기마다 TV실에 있는 비율이 10% 이하일 때 사용된다. 이러한 상황은 시청자가 카메라 촬영 범위를 벗어났을 때도 발생하게 되는데, 만일 출구에서 그 사람이 나가는 것이 발견되지 않아 그 사람이 방에 있는 것이 확실하다면 이것은 '관찰 범위 이탈'로 코드화된다.

TV 시청이라는 것은 TV 화면을 본다는 것을 의미한다. 이것은 시청자가 TV 화면을 보고 있는 것처럼 보이는지 아닌지로 설명된다(그러나 TV를 본다는 것은 TV에 집중한다는 것과는 다르다). 시청도 역시 '완전히 / 부분적으로 / 전혀 아닌'으로 분류된다. 또 앞에서와 마찬가지로 '관찰 범위 이탈' 분류도 있다.

연구 결과에 따르면, 가족 구성원들은 TV가 켜져 있는 동안 꽤 오래 자리를 비우며, 비록 그 자리에 있다고 하더라도 오랜 시간 계속 화면에 주의를 기울이지는 않는다고 한다. 가족 혹은 가족 구성원들마다 TV 시청 양상이 매우 다양하였다. 사람들이 TV가 켜진 후 완전히 주의를 기울이는 경우는 거의 없다는 것이 증명되었다. 이 연구에서 관찰 시간의 반 이상 TV 시청실에 있었던 사람은 아무도 없었다. 비록 가족들이 모두 TV 앞에 있더라도 그들이 계속 화면을 보고 있지는 않았던 것이다.

TV가 켜진 시간의 분포, TV 앞에 앉아 있는 시간의 분포, 화면을 바라보고 있는 시간의 분포는 프로그램의 종류에 따라 매우 다르다. 화면 주시율이 가장 높은 유형의 프로그램은 스릴러 드라마, 퀴즈 쇼, 어린이 프로그램, 그리고 뉴스이다. 시각적 주의도가 가장 높은 것은 뉴스, 다큐멘터리, 종교 프로그램과 같은 것들이다. 스포츠나 법정 드라마도 역시 화면에 주의를 집중하게 하는 프로그램 가운데 하나이다. 그러나 이러한 프로그램들조차도 눈을 떼지 않고 계속 보는 것은 아니며, 방송 시간의 상당 부분 한눈을 팔고 있다.

3. 다른 온라인 접근법

사람들이 TV를 시청하는 동안 화면에 기울이는 주의 집중의 정도를 측정하기 위해 많은 실험 기법들이 발전되었다. 크게 볼 때, 이러한 기법들은 ① 행동 측정, ② 생리적 측정, ③ 정보 처리 과정으로 나뉜다.

1) 행동 측정

이 방법은 TV 화면에 주의를 기울이는 정도를 측정하기 위해 시청자가 TV를 보는 동안 그 행동 양태를 지속적으로 모니터링 하는 것이 유용하다. 그러한 기법 가운데 하나는 시청자가 TV 화면에 눈을 고정하는 정도로 정의되는 시각적 주의 집중의 측정을 포함한다. 또 다른 종류의 행동 측정은 주의를 산만하게 하는 다른 행동이 있는 상황에서 목표 미디어에 대한 시각적 주의를 모니터링하는 것이다.

(1) EOS 지수

EOS(Eyes On Screen 화면에 눈을 집중)라는 것은 개인이 TV 화면을 얼마나 오랫동안 바라보고 있는가를 나타내는 지수이다(Thorson, 1994). 이것은 지속적으로 장시간에 걸쳐 측정되는 주의 집중 지수이다. EOS 자료를 얻는 일반적인 방법은 개인적으로 관찰하거나 비디오 테이프 녹화를 이용하는 것이다. 대부분 카메라는 TV의 바로 위쪽 뒤, 반투명 거울 *one-way mirror* 반대편에 설치되어 있다. 녹화된 비디오 테이프는 시청자의 시선이 언제 화면에 가 있는지, 얼마나 오랫동안 시선이 가 있는지, 시선이 가는 횟수 등에 대해 분석하게 된다.

　　EOS 지수는 'TV를 보고 있다 / 보고 있지 않다(즉, 일정 시간 이상 동안 다른 것을 보고 있다)'로 코드화한다. 사람들이 화면을 보고 있는 시간은 보통 2~5초로 짧아서 빨리 변화하는 TV 내용에 대한 반응의 변화가 관찰된다. 하지만 그 시간이 너무 짧아서 특별한 장치 없이는 눈이 화면을 바라보고 있는지를 측정하기 어렵다. 연구자가 직접 관찰을 하든, 비디오 녹화 내용을 이용하든 상관없이 주된 작업은 "시청자가 실제로 화면을 보고 있는가?"를 판단하는 일이다. 관찰자는 시청자가 화면을 보고 있을 때 버튼을 누르고 그렇지 않을 때 버튼에서 손을 떼는 것을 통해 관찰 자료를 얻을 수가 있다. 이때 버튼은 컴퓨터와 연결된 전자 자료 기록 장치의 일부분이다.

관찰 대상자(시청자)가 보는 TV 프로그램의 시작과 동시에 관찰자가 컴퓨터 프로그램을 작동시키면, 시청자가 TV를 볼 때는 온으로, 보지 않을 때는 오프로 되는 연속적인 자료를 얻을 수 있다. 이 자료들은 프로그램에서 일어나는 상황과 함께 정리, 기록된다. 이 자료들을 통해 '화면에서 일어나고 있는 상황이 시청자에게 시각적 주의를 유발하고 유지한다'는 측면에서 화면 내용의 중요성을 생각해 볼 수 있다.

좋은 자료를 얻기 위해 관찰자는 시청자가 어느 곳을 향해 눈을 집중하고 있는지 알 수 있도록 관찰자가 시청자의 눈을 잘 볼 수 있는 위치에 시청자를 앉게 하는 것이 매우 중요하다. 그러기 위해 TV 모니터를 시청자와 비스듬히 놓아 TV 화면을 보려면 작은 각도로 고개를 돌리도록 되어 있어야 한다. 이런 위치라면 관찰자는 시청자가 정말 화면을 보고 있는지 아닌지를 쉽게 구별할 수 있다. 부산하게 자꾸 왔다갔다하는 아이들 대상의 연구에서는 아이들이 관찰자의 관찰 영역에서 벗어나지 않도록 하는 것이 중요하다.

EOS 지수가 모든 종류의 주의 집중을 나타낼 수 있는 것은 아니다. 시청자가 다른 곳을 보고 있더라도 귀는 TV 내용에 집중하고 있을 수도 있다. EOS 지수는 이런 것까지 설명할 수는 없다.

시각의 집중을 이용한 연구는 단순히 사람들이 몇 시간 동안 화면을 보고 있었는가 하는 문제를 넘어, TV 시청자와 관련된 많은 문제들을 설명하는 데 이용되어 왔다. 아이들이 능동적 시청자인가, 수동적 시청자인가 하는 문제는 큰 논란거리였다(Sunter & McAleer, 1997). 한 학파는 어린이들이 TV의 역동적인 속성에 의해 지배당하며, 수동적으로 TV를 본다고 주장하였다(Singer, 1980). 반대 입장에서는 아이들이 인지적이며 능동적인 시청자라고 주장한다. 즉, 아이들이 TV에 주의를 기울이는 것은 그들의 지식과 프로그램에 대한 기대, 그리고 프로그램의 줄거리와 직접 연결되어 있다고 생각한다(Anderson & Lorch, 1983; Huston & Wright, 1983; Salomon, 1983).

어린이 프로그램에 대한 연구

EOS 방법론을 이용한 초기의 연구는 프로그램의 어떤 속성이 다른 경쟁 상황보다 어린이들로 하여금 더 시각적 주의를 기울이게 하는지를 밝히는 것과 관계가 있었다. 어린이들이 TV에 기울이는 주의 집중의 정도는 프로그램의 시청각적 특성이 주는 정보의 영향을 받는다고 알려져 있다. TV 프로그램에서 아이들의 목소리, 특이한 목소리, 음향효과, 음성 변화, 만화 영화, 빠른 화면, 시각적으로 특별한 효과들이 나타나면 아이들이 화면에 더 많이 집중하게 되며, 성인 남성의 목소리가 나오거나 TV 속 인물이 잘 움직이지 않으면 상대적으로 덜 집중하게 된다(Calvert et al., 1982; Campbell et al., 1987).

TV 광고에 대한 연구

어린이 프로그램에 대한 연구가 수행되던 시기와 동시에 사람들이 TV 광고에 어떻게 관심을 갖는지를 알아보기 위한 EOS 측정이 개발되었다(Webb & Ray, 1979). 이때, 시각적 주의에 대한 연구의 한 방법으로 매우 정교한 방법론이 정립되었다. 전형적인 연구에서, 연구자들은 연구 기관 내에 모의 실험실 환경을 만들어 놓고, 소집단의 사람들이 TV를 보는 동안 그들을 촬영하였다. 사람들은 집에 있는 것처럼 서로 자유롭게 이야기하거나 돌아다니거나 방 밖으로 나가고 들어올 수 있었다. 그들은 뉴스, 코미디, 액션 드라마 등의 여러 장르와 함께, 중간중간 상업 광고가 들어간 90분 정도의 프로그램을 보게 된다. 본 프로그램과 비교했을 때 상업 광고에 기울이는 사람들의 시각적 주의 정도를 측정하기 위해 EOS가 사용된다. 그 결과, 사람들이 상업 광고에 더 많은 관심을 기울이며, 나중에 이 광고 메시지를 더 많이 기억한다는 것이 밝혀졌다(Thorson & Zhao, 1988, 1989).

환경적 방해물에 대한 연구

TV를 시청할 때 어린이 시청자나 성인 시청자를 관찰하여 그들이 TV

화면에 눈을 돌리는 수를 측정하는 실험 기법에 덧붙여, EOS 방법론의 변형이 개발되었다. 이 EOS 변형은 TV를 보는 환경에서 TV 외의 다른 주변 방해 환경에 대항하여 사람들이 TV 화면에 관심을 기울이는 정도를 측정한다. 이러한 종류의 전형적인 연구에서, <세서미 스트리트>, <전기 회사> 같은 TV 교육 프로그램에서 중간중간 나오는 에피소드는 자극제로서의 역할을 하며, 주의는 단지 다른 어떤 것(예를 들면, TV를 보는 방에서 장난감을 가지고 노는 것)을 하는 것에 반대되는 의미에서 TV 화면을 바라보는 것으로 정의된다(Alwitt et al., 1980; Anderson & Levin, 1976).

프로그램의 복잡성을 분석하는 시스템은 크럴에 의해 개발되었으며, 여기서 제작 변인은 시청자에 대한 호소력 측정치와 직결되어 있다(Krull, 1983). 어린이 프로그램에 대한 연구에서 우리는 "어린이 프로그램의 그러한 정형화된 형식이 어린이들이 TV 화면에 기울이는 주의의 수준과 연계되어 있다"는 것을 알 수 있다. 이런 관계를 탐구하는 방법론은 환경적 방해물(주의를 산만하게 하는 것)을 포함한다. 방 안에서 TV를 보든, 다른 방해물에 관심을 갖는 행동을 하든 상관없이 모든 것이 허가된 상황에서 아이들을 테스트한다. 여기서 다른 방해물이란 슬라이드 영사기, 장난감, 친구 혹은 이 모든 것이 복합적으로 나타나는 것을 포함한다. 한쪽에서만 보이는 반투명 거울 뒤에 숨어 있는 연구자는 TV 앞에 있는 아이들의 행동을 관찰하고 그들이 TV 화면에 주의를 기울이는 정도를 측정한다. 아이들이 TV 화면을 보고 있는지를 코더들이 높은 신뢰도를 가지고 이야기할 수 있다고 보고되었다.

TV 화면에 대한 주의 집중 평정치는 기계적 기록 장치와 연결된 버튼을 사용하여 측정된다. 특정 시간 동안 주의를 기울일 때 버튼을 누르고 그렇지 않을 때 버튼을 떼어 자료를 얻은 다음, 평균 주의 집중도를 계산하여 기록한다(Krull & Husson, 1979). 종종 이런 자료는 프로그램 방송 시간 모두, 많은 어린이들에 대한 자료 모두에 대한 자료로 합해지기도 한다(Anderson & Levin, 1976). 결과적으로 나온 데이터는 어떤 한 시점에서 개인이 프로그램에 가졌던 주의 집중도라기보다는 프로그램에 대한 평균적인 주의 집중도를 나타낸다고 볼 수 있다.

다른 연구에서, 와트와 웰치는 두 개의 교육 프로그램에서 역동적인 복잡성 *dynamic complexity* 을 분석하였다(Watt & Welch, 1983). 그들은 4~6세 어린이들을 대상으로 실험을 했는데, 아이들은 무작위로 미취학 어린이를 위한 교육 프로그램(<로저 씨의 이웃>과 <세서미 스트리트>의 편집판에서 발췌한 부분)의 에피소드들을 보도록 배치되었다. 두 프로그램을 보여줄 때 다른 실험 과정은 모두 똑같았다. 아이들은 방 안에서 혼자 TV를 보게 되는데, 방 안에는 많은 종류의 장난감과 TV 시청 아닌 다른 활동들을 할 수 있도록 준비가 되어 있었다. 이때 실험자는 아이들이 TV 화면에 주의를 기울이는 것을 반투명 거울을 통해 관찰하고 기록한다. TV 프로그램이 끝난 직후에 실험자는 아이들에게 프로그램 내용을 얼마나 회상 *recall* (보기 없이 기억해 냄)하고 재인 *recognize* (보기를 보고 기억해 냄)하는지 학습 테스트를 하게 된다.

아이들이 TV 화면에 시각적 주의를 기울이는 것과 프로그램의 복잡성 사이의 관계를 알아보기 위해 2×2 측정치가 사용되었다. <로저 씨의 이웃>의 경우 <세서미 스트리트>보다 좀 더 간단한 음향을 사용하였고 시각적 화면은 좀 더 복잡하게 되어 있었다. <로저 씨의 이웃>에서 음향의 정적 복잡성 *audio static complexity* 은 시각적 주의와 매우 강하게 관련되어 있다. 하지만 <세서미 스트리트>에 기울이는 시각적 주의 정도와는 크게 관련이 없다. 음향의 동적 복잡성은 두 프로그램 모두에서 주의 집중과 양의 상관 관계를 보여 준다. 시간에 따른 음향의 변화는 시각적 주의의 정도를 더욱 높게 만든다. 시각의 정적 복잡성은 두 프로그램 모두에서 시각적 주의와 동일한 관계를 나타냈다. 시각의 동적 복잡성은 물론 시각적 주의와 양의 상관 관계를 가지는데, 특히 어린 시청자들은 화면 변화가 많을수록 시각적 주의의 정도가 높아진다.

밀케는 이 방법을 사용한 흥미로운 연구를 보고하였다. 이 연구에서 어린이들이 인격을 형성하는 과정의 경험 중 일부가 '3－2－1 접촉'이라 불리는 어린이 과학 프로그램과 관련되어 있다는 것을 보여주었다(Mielke, 1983). 방해물 방법 *distractor method* 이라 불리는 행동적 주의 집중 측정법이 개발되어, 두 편의 다른 어린이 교육 프로그램 — <세서미 스트리트>와 <전기 회사> — 에 성공적으로 사용되었다 (Palmer, 1974; Palmer et al., 1968). 이 방법에서 관찰자는 한 어린이가 TV 화면에 주의를 기울이든 그렇지 않든 계속해서 행동을 기록하게 된다. TV 옆에 있는 방해물은 몇 초마다 계속해서 슬라이드가 바뀌는 후방 화면 영사기 *rear-screen projector* 로 구성되어 있다. 피험자들이 보이는 실제 주의 집중 정도를 합하고, 시간에 따라 나타나는 결과를 표로 요약하여 결과적으로 얻어지는 주의 집중 경향성 프로파일은 프로그램 제작자에게 유용한 정보를 제공한다.

방해물 방법이 '3－2－1 접촉' 수용자에게 사용될 때, 이것은 제대로 이루어지지 않는다. 나이가 좀 든 아이들은 어떤 일이 진행되고 있는지 판별해 낼 수 있으며, 시청시의 산만함이나 테스트 프로그램을 보기 위해 고안된 전략이라는 것을 알아낼 수가 있다. 주의가 분산되는 문제에 대한 방법론적 대답 중의 하나는 와슬래그, 데이, 질먼이 보고한 과정이다(Wakshlag, Day, & Zillmann, 1981). 여기서는 테스트 프로그램과 하나 혹은 그 이상의 방해 프로그램을 동시에 카세트를 통해 하나의 모니터에 제공한다. 이때 실제 방송 채널을 선택하는 행동은 전기적으로 기록되며 직접 관찰된다. 밀케와 그의 동료들은 프로그램 선택기라 불리는 연구 기구를 고안하여 실험에 사용하였다. 이 기구는 시청자들이 채널을 선택하는 과정의 행동을 관찰할 뿐만 아니라, 그들을 관리하기도 한다. 세 대의 비디오를 이용하여 세 개의 모니터에서 동시에 세 개의 다른 화면들을 상영한다. 버튼을 누름으로써 사람들은 한 개의 채널을 선택할 수 있고, 이들이 선택한 채널에 대한 자료는 '시청 채널 선택표'에 기록된다. 그러나 이런 장치들은 매우 귀찮은 것이고, 피험자가 몰려 있는 학교 같은 곳에 가지고 갈 때 휴대하기도 불편하다. 처음 만들어졌던 장치는 오디오 선택 버튼이 집단 내의 다른 사람에게 보이거나 하는 기계적인 문제들이 있었기 때문에 개인의 반응에 그 집단이 잠재적으로 영향을 미칠 수 있었다. 보완품이 만들어져 그 검증까지 완전히 마치기 위해서는 시간이 부족했기 때문에, 프로그램 선택기 개발 작업은 더 이상 이루어지지 못하고 중단되었다.

2) 생리학적 측정법

이 방법은 실험실 환경에서 각종 장치들로부터 응답자들의 몸에 선을 연결하여 그들이 TV 프로그램을 보는 동안 다양한 생리학적 반응들을 지속적으로 관찰한다. 이런 접근법은 광고에 대한 수용자의 반응을 측정하는 데 주로 사용된다. 예를 들어, 심장 박동수(심박수) 변화, 뇌파 유형 변화, 그리고 피부의 전기 전도도 변화를 관찰한다.

(1) 심장 박동수 측정

심장이 뛰는 것을 측정하는 것은 그 사람이 어떤 것에 얼마나 주의를 기울이고 있는지를 알려 준다. 여기서는 두 종류의 주의 집중 *attention* 을 생각해 볼 수 있는데 ① 장기적 *long-term* 혹은 지속적 *tonic* 주의 집중, ② 단기적 *short-term* 혹은 단계적 *phasic* 주의 집중이다(Lang, 1994).

단계적 주의 집중은 갑작스런 환경적 변화로 인한 주의 집중의 단기적 변화를 의미한다. 이런 변화들은 정향 반응(Orienting Response: OR)을 포함하는데, OR은 환경적으로 흥미 있는 것이나 새로운 것을 보았을 때 잠깐 동안 반응하는 것이다. 갑작스럽고 새로운 자극이 있을 때 사람들은 깜짝 놀라거나 주의를 기울인다. OR은 신체상의 어떤 생리적 변화와 관련된다. 어떤 것에 집중하고 있을 때 심장 박동수는 증가한다. 이러한 단기간의 심장 박동수 변화 측정은 개인이 어떤 것에 대한 주의 집중을 어디에 얼마만큼 기울이고 있는지를 알려 준다.

장기적 변화 역시 흥미롭다. 이것은 개인이 어떤 활동에 기울이고 있는 뇌의 활동 상태나 집중의 정도와 관련되어 있다. 사람들의 심장 박동수는 그들이 어떤 것에 얼마나 주의를 기울이고 있는지를 반영한다. 사람들이 정신적 활동에 집중할 때 심장 박동은 빨라진다. 심장 박동수의 증가는 일반적으로 그 일이 진행되는 동안 지속된다.

심장 박동수를 측정하는 방법에는 두 가지가 있다. 첫 번째는 심장이 뛸 때 발생하는 전기적 충격을 측정하는 것이다. 이런 기록 유형은 심전도(Electrocardiogram: ECG)라고 부른다. 이것으로 심장 박동 시간 간격을 측정한 다음, 이것을 다시 심장 박동수로 전환하여 나타낸다. 또 다른 방법은 심장이 뛸 때 두 번째 펌프질에서부터 얻어지는 혈액의 흐름, 즉 맥박을 측정하는 것이다. 이런 것들은 광학 장치를 이용해 쉽게 측정할 수 있다. 이 장치는 피부 조직에 빛을 통과시켜 피부를 통과한 빛의 양을 근거로 그 조직에 남아 있는 혈액의 양을 추측할 수 있게 한다. 예를 들면, 손가락에 광학 장치를 설치할 수 있고 결과적으로 심장의 혈액 흐름을 탐지한다. 혈액 흐름 사이의 시간을 측정하고 그것을 심장 박동수로 전환하는 것이 상대적으로 좀 더 간단한 방법이다.

장기적 심장 박동수 측정 방법에서, 특정 활동이 지속되는 동안의 심장 박동수를 측정하여 분석하는데, 이렇게 측정된 데이터는 그 시간 동안의 평균 심장 박동수나 평균 심장 박동 시간 간격의 계산을 가능하게 한다. 두 번째로, 이 데이터는 심장 박동수 변화의 폭을 알 수가 있다. 이것은 일정 시간 주기 동안의 심장 박동수 변화에 대한 표준편차 측정을 포함한다. 세 번째로, 이런 분석은 연속 시간 동안의 분석을 통한 장기적 자료에서 만들어진다. 여기서 심장 활동은 몇 가지의 주기적인 경향으로 구성되며, 데이터는 이런 경향들이 변화해 가는 관점에서 분석될 수 있다.

단계적 심장 활동에서 연구자는 심장 반응 곡선(Cardiac Response Curve: CRC)이나 진화된 반응 곡선(Evolved Reponse Curve: ERC)을 만들 수 있다.

CRC는 피험자들의 심장 박동 간격을 평균함으로써 구할 수 있다. 실제로, CRC는 미리 설정된 시점에서 시작하여 연속되는 몇 초 동안의 심장 박동수를 평균함으로써 얻어진다. 이 과정이 완성되면, 개인에게 특별한 심장 활동에서의 변화가 평균되어 나타난다. 남은 것은 오직 모든 피험자들에게 공통적으로 나타나는 심장 활동의 변화이다. 따라서, 만일 자극이 심장 반응을 일으키지 못한다면 CRC는 평평한 라인을 만들 것이고, 자극이 심장 반응을 일으킨다면 일관성 있는 심장 반응을 얻어낼 수 있으며, 그 변화의 유형을 나타내는 그래프를 볼 수 있다(Lang, 1994: 109).

유발 반응 곡선(Evoked Response Curve: ERC)을 구하기 위해서는 먼저 피험자에 대해 자극 후의 수치에서 자극 전의 수치를 뺀 다음 평균치를 구하고 이 변화를 그래프로 나타낸다. 모든 피험자들에게 공통적으로 나타나는 변화들만이 뚜렷해야 한다.

(2) 뇌파 측정

미디어 내용에 대한 수용자의 반응을 온라인(진행 중) 형태로 측정하는 방법 중에는 뇌파를 이용하는 것이 있다. 뇌전도(Electroencephalogram: EEG)라 불리는 기구가 정보 처리 과정에서 뇌의 활동을 관찰하는 데 사용된다. 미디어 연구를 수행할 때 EEG의 잠재력은 TV 광고에 대한 개인 반응 측정과 관련하여 연구되었다(Oslon & Ray, 1983; Rust et al., 1985). 일련의 심도 있는 연구들에서 뇌파 유형을 사용하여 미디어 수용에 사용되는 주의와 정신적 노력을 관찰하였다(Alwitt, 1985; Reeves et al., 1985; Reeves et al., 1989; Rothschild et al., 1986).

EEG를 사용하는 것은 정보 처리 과정이 대뇌 반구의 어느 부분에서 일어나는지를 밝히려는 시도와 직결되어 있다. 미디어 연구에서 사용되는 뇌파 관찰은 대부분 알파 주기라 불리는 뇌의 전기적 활동 측정에 집중되어 있다. 알파파 *a-wave* 는 긴장을 완화하고 졸음을 오게 하는 것과 관계가 있다. 사람이 외부 자극에 주의 집중을 증가시키면

알파파가 적게 나타난다.

2차 세계 대전 중 뇌에 손상을 입은 환자들을 치료하는 임상학자들에 따르면, 뇌의 왼쪽 반구에 손상을 입은 사람들은 언어적, 청각적, 분석적 기능에서 장애를 나타낸다. 반면, 뇌의 오른쪽 반구에 심한 손상을 입은 사람들은 비언어적·시각적인 것과 공간 지각 능력에서 어려움을 경험한다고 한다(Galen & Ornstein, 1972; Walker, 1980). 이러한 관찰 결과로부터 "뇌의 오른쪽 반구는 비언어적·시각적 기능을 관할한다"고 설명할 수 있다(Corballis, 1980).

뇌에 이상이 없는 정상적인 사람들을 연구해 보면, 비록 정보를 처리하는 기술적인 면에서 반구의 분화가 나타나고 있기는 하지만, 어느 정도는 양쪽 반구 모두 그러한 기술을 수행할 수 있는 능력을 가지고 있는 것으로 나타났다(Kinsbourne, 1982). 뇌의 양쪽 측면에 관한 가장 지배적인 이론은 "정상적인 사람의 경우 양쪽의 반구 모두 자극에 대해 똑같이 작동하지만, 일상 생활의 일들은 어느 한쪽 반구에 의존한다"는 것이다.

로스차일드와 그의 동료들은 "TV 광고에서 목소리나 음악을 듣는 것은 두정부(頭頂部, *parietal*)의 대뇌 피질(여기서 청각 정보가 처리된다)에서의 알파파 억제와 관계가 있으며, 시각 처리는 후두부 *occipital* 의 대뇌 피질(일반적으로 여기서 시각 정보가 처리된다)에서의 알파파 억제와 관계가 있음"을 보여 주었다(Rothschild et al., 1988). 또한 이 연구는 양쪽 반구에서의 알파 유형 차이를 보여 주었다. 이런 유형들은 '오른쪽 반구는 공간 정보를 처리하고 왼쪽 반구는 구두 정보를 처리한다'는 인식과 일치한다.

다른 연구에서 올위트는 상업 구조에서의 다양한 변인들의 범주를 정의하고 그 범주들 가운데 많은 것이 뇌의 알파파(졸음과 관계 있음) 및 베타파(자극이나 놀람과 관계 있음)와 직결되어 있음을 보여 주었다(Alwitt, 1985). 올위트가 제시한 변인들에는 카메라의 이동, 음악의 존재, 브랜드 이름, 상품의 속성 설명, 사용 중인 브랜드 촬영, 이중 인화 텍스트, 화면 뒤의 해설 목소리 등이 포함된다. 또 인간적인 반응을 묘사하는 것도 포함시켰는데, 이것은 두 사람이나 혹은 그 이상의 사람들이 서로 관계되어 있고, 접촉하고, 진짜 사람인 것처럼 보이게 하고, 감동적이고 우스운 순간을 경험하는 것 등을 모두 포괄한다. 연구 결과, 사용 중인 브랜드를 보는 것이 뇌파의 활동과 가장 관계가 있었다. 올위트는 뇌파 반응에 대한 상업적 효과가 브랜드 메시지 이벤트에 가장 많이 기인한다고 결론지었다.

뇌파는 광고에 기울이는 주의의 정도를 나타내는 데도 사용된다. 뇌파는 광고 메시지를 회상하고 재인하는 것과 연결되어 있다. 로스차일드와 그의 동료들은 추가적인 주의 집중이 필요한 광고에 대한 주의 정도를 알기 위해 뇌파의 알파 주기를 사용하였다. 이런 연구들은 다음과 같은 사실을 보여 주었다. 추가적인 주의 집중을 받게 되는 광고(즉, 알파 주기가 억제되는 경우)는 더 잘 회상되고 재인된다는 것이다 (Rothschild et al., 1986). 이 연구 방법에서, 피험자가 남자이든 여자이든 머리에 전극을 부착한다. 그 후 부착된 장치에 익숙해지도록 약간의 시간을 보내고, 어떤 자극(즉, TV 광고 같은 것)에 노출되는 본실험에 들어가기 전에 일상적인 활동을 할 때 나타나는 뇌파(기저선 base-line 뇌파)를 측정한다. 그 다음, 자극에 노출되는 동안 지속적으로 뇌파를 측정하고 기록한다. 그 후 피험자는 자기가 본 광고를 얼마나 어떻게 회상 또는 재인하는지를 테스트 받게 된다. 보통 이 광고들은 프로그램 중간중간에 나오고, 연구자들은 이 실험의 목적이 광고를 기억하는 능력을 테스트하는 것이라고 피험자들에게 미리 알려 주지 않고, 광고가 포함된 그 프로그램에 대해 의견을 말하는 것이라고 알려 준다.

로스차일드와 그의 동료들이 이 방법을 사용하여 광고에서 쉽게 찾아낼 수 있는 변인들은 뇌파 유형에서의 대뇌 반구의 차이와 관계가 있다는 것을 보여 주었다. (여기서 변인들이란, 화면과 함께 나오는 음성, 화면에 같이 나오는 단어, 여러 물건들이 한꺼번에 나오는 것, 카메라 촬영시 배우의 움직임, 카메라 편집, 화면 전환, 화면이 차차 밝아지거나 어두워지는 것, 화면이 축소 / 확대되는 것, 카메라를 좌우로 움직이는 것 등이다.) 뇌파에 서 이런 변화들은 주의 수준의 변화 나타낸다(Rothschild et al., 1988).

(3) 피부 전기 반응 측정

피부 전기 반응 측정법은 19세기 후반에 만들어졌으며, 사람들이 자기 자신에게 특별한 의미를 가지는 자극에 노출되었을 때 피부에서 부지불식간에 일어나는 물리적 반응을 감지해 내는 기법이다(Hopkins & Fletcher, 1994). 동물에게서 일어나는 전기적 과정을 1700년대 후반 루이지 갈바니 Luigi Galvani 가 발견했는데, 검류계 *galvanometer* 라 불리는 기구를 개발하여 피부에서의 전압과 저항을 측정할 수 있었다. 이 기구를 이용해 측정되는 피부 전기 반응은 피부 전도 반응(GSR)으로 알려져 있다. GSR은 피부에 두 개의 전극을 접촉시켜 둘 사이에 신체 전압의 정도가 변하는 것을 측정한다. 전극 한 개는 외피 아래에 있는 피부의 살아 있는 조직층에 직접 접촉시켜야 한다. 때때로 이 직접적 접촉을 위해서 신체 조직 중 덜 예민한 부분(귓불 같이)의 피부 바깥층에 상처를 내야 하기도 한다. 이 방법은 '피부 전위 수준 *skin potential levels*'을 측정하기 위해 사용된다. 그러나 오늘날에는 에이즈(HIV / AIDS)의 확산을 염려하여 많이 쓰이지는 않는다.

그 대신 피부 저항 정도를 사용한다. 이 경우 실험자는 피부에 부착된 두 전극 사이의 작은 전기적 전하를 이용하는데, 첫 번째 전압에서 두 번째 측정된 전압을 뺀다. 피부 저항 반응에서, 자극이 주어진 후 몇 초 동안 그 변화가 관찰된다. 전극은 피험자의 손에 부착되며, 손가락에서 털이 없는 면이나 손바닥이 주로 사용된다. 피부 전기 반응은 사람에 따라 매우 다르며, 같은 사람이라도 얼마나 피곤한지, 약을 복용하고 있는지에 따라서도 매우 달라질 수 있다.

피부 전기 반응은 감정을 나타낸다고도 볼 수 있다(Veraguth, 1907). 많은 연구자들이 이 측정에 동의하였다(Abel, 1930; Chant & Salter, 1937). 그러나 피부 전기 반응은 외부 자극에 대한 일반적 활성화나 각성의 정도를 나타낼 수도 있다. 이 반응에 대한 감정적인 요소뿐만 아니라 인지적인 요소도 있을 수 있다(Neuchterlain et al., 1989). 정보 처리 이론에는, 자극에서 의미의 해석에 대한 가정이 있다. 외부 자극에 대한 감정적인 반응은 간단하고 반사적인 반응부터 빠르고 복잡한 감정의 표현까지 그 깊이나 복잡성이 매우 다양하다(Lang et al., 1992).

피부 전기 반응은 미디어 내용에 대한 온라인(진행 중) 반응을 측정하는 데 사용되어, 미디어에 대한 수용자의 관여 정도를 나타내기도 하였다(Fletcher & Shimell, 1989). 또한 피부 전기 반응 측정은 미디어 측정에 대한 주의의 정도를 나타내기도 한다(Dawson et al., 1989). 피부 전기 반응 측정은 하나의 TV 광고에서 각기 다른 부분에 대한 주의를 나타내는 데도 사용되어 왔다. TV 광고에 노출되어 있는 동안의 피부 전기 저항의 변화 유형은 결과적으로 말로 표현되는 브랜드 구매 의도와 직결되어 있다. 이런 연구로부터 광고는 소비자들이 그 광고에 지속적인 주의(관심)를 기울이도록 하기 위해 처음 몇 초안에 시청자의 주의를 잡아두어야 한다고 설명한다(Wesley, 1978).

3) 정보 처리 측정

미디어에 대한 주의를 측정하는 것은 개인이 미디어 내용으로부터 정보를 처리하는 능력이 미디어에 노출되는 동안 미디어 내용에 주의를 기울이는 정도를 나타내는 것이라는 관점에서 사용되었다. 온라인 방법은 대개 개인이 TV를 보는 중에도 TV를 보는 데 필요한 만큼의 주의가 또 요구되는 다른 일에 얼마나 효율적으로 반응하는가를 측정하는 것과 관련되어 있다. 만일 TV 시청과 동시에 행해지는 일의 정확도가 떨어지거나 반응이 늦어진다면 그것은 그들이 그 당시 TV를 보는 것에 더 많은 주의를 기울이고 있다고 할 수 있다.

(1) 두 번째 반응 시간

두 번째 반응 시간 과제 절차 *secondary reaction-time task procedure* 는 매스 미디어에 노출되는 동안 주의의 연관성을 측정하는 방법이다. 이 기법은 "정신적 작용은 시간이 걸리고 뇌의 처리 용량은 제한되어 있다"는 가정에 기반을 두고 있다(예를 들어, Kahneman, 1973; Posner, 1982). 뇌의 작용이 계속 진행 중인 첫 번째 일(예를 들어, TV를 보는 일)에 집중되고 있을수록 두 번째 일(예를 들어, 이따금 나오는 목소리나 조사에 반응하여 버튼을 누르는 일)에는 주의를 덜 기울이게 된다. 따라서 두 번째 일에 대한 반응 시간이 느려지는 것은 첫 번째 일에 들어가는 정신 작용의 용량이 커지고 있다는 것을 반영한다고 볼 수 있다.

이 기법은 사람들에게 어떤 미디어 내용을 보면서 다른 부가적인 일을 하도록 한다. 사람들이 TV를 보고, 라디오를 듣고, 신문이나 책을 읽는 동안 특정한 지점에서 버튼을 누르도록 요구할 수 있다. 이러한 관점에 따르면, TV 시청, 라디오 청취, 신문 / 책을 읽는 것은 모두 첫 번째 일이고, 버튼을 누르는 일은 두 번째 일이다. 이런 두 번째 일을 수행하는 것은 남아 있는 인지적 용량에 대한 통찰을 제공하는 것으로 보인다. 간접적으로, 이것은 미디어 메시지를 처리하는 데 투자되는 노력에 관한 정보를 제공한다. 두 번째 일을 수행하는 것은 능력 용량 중 얼마가 메시지를 처리하는 데 사용되었는가에 대한 단서를 제공해 준다. 예를 들어, TV 프로그램과 신문에 더 많은 주의를 기울인다면 함께 행해지는 두 번째 일에는 상대적으로 더 늦은 반응 시간을 나타낼 것이다.

이 영역에서 먼저 행해진 연구는 '필터 *filter* 로 작용하는 주의 집중 메커니즘 *attention mechamism*'을 제안하였다(Broadbent, 1958; Cherry, 1953). 사람들이 다른 채널을 제쳐두고 하나의 채널을 선택하였다. 연구자들은 사람들이 일반적으로 관심을 기울이지 않는 채널의 정보를 잊는다는 것을 알아냈다. 그러나 관심을 기울이지 않는 채널의 정보가 잊혀진 정도는 개개인에게 그것이 가지는 의미나 중요성에 따라 다를 수 있다. 선택적인 주의에 대한 수정된 이론에서, 사람들은 우선적으로 선택된 하나의 채널에서 정보를 얻고, 다른 곳에서 대안적 정보를 얻는다(Treisman, 1969).

1970년대 이후에 개발된 다른 이론은 주의 집중이란 들어오는 정보들에서 표본을 추출하는 과정이라고 제안하였다. 이 표집 과정은 특정 시간 간격으로 일어난다(Meadowcroft & Watt, 1989). 어떤 일이 부가적인 능력 자원을 요구하면, 사람들은 들어오는 정보 중에서 덜 자주 표집하게 된다.

두 번째 반응을 측정하기 위해 사람들은 첫 번째 일을 계속 하고 있어야 하며, 두 번째 일도 동시에 하도록 요구받는다. 두 번째 일은 문제를 푸는 것이나 목소리에 반응하거나 빛의 반짝임에 반응하는 것일수도 있다. 기본적인 가정은 첫 번째 일에 더 많은 노력이 들어갈수록 두 번째 일에 기울일수 있는 능력의 양이 적어진다는 것이다 (Kahneman, 1973). 두 번째 일에 사용 가능한 능력이 줄어들수록 두 번째 일에서는 오류가 많이 발생하게 된다.

매도크로프트와 리브스는 5세, 8세 어린이들에게 수정된 만화 < 히맨 He-man > 을 보여 주었다(Meadowcroft & Reeves, 1989). 이런 이야기 구조에 상대적으로 익숙한 어린이가 틀에 박힌 구조의 < 히맨 > 을 보았을 때, 그 아이들은 만화에서 일어나는 일에서 줄거리의 핵심과 그다지 관련이 없는 우연한 장면보다 줄거리 이해에 도움이 되는 장면을 판단할 때 더 오랜 시간이 걸려 반응하였다. 이 연구에서 어린이들의 주의는 상대적으로 이해하기 쉬운 내용인지 아닌지뿐만 아니라 이야기 전체를 이해하는 데 중심을 두고 인식되는 내용인지에 더 관련이 있음을 보여 준다.

어린이들을 대상으로 한 다른 연구에서, 로치와 캐슬은 5세 어린이가 신호음에 반응하는 능력을 테스트하였다(Lorch & Castle, 1994). 아이는 < 세서미 스트리트 > 프로그램을 보고 있다가 신호음이 나면 키패드(key-pad 버튼이 달린 작은 상자)를 누르도록 되어 있다. 신호음은 프로그램이 진행되는 동안 불규칙적인 간격으로 나게 되어 있으며 아이는 보통 때 TV를 보는 것처럼 편안히 TV를 보며 즐기게 된다. 프로그램은 조금 수정되어 어떤 부분은 보통 상태 그대로이고 어떤 부분은 뒤로 돌아가게 되어 있거나 외국어로 되어 있게 만들었다. 신호음에 반응하여 키패드를 누르는 두 번째 일에 대한 반응 시간은 제시방식 때문에 상대적으로 의미가 별로 없는 장면보다 정상적인 장면을 볼 때 더 느려졌다.

미디어와 관련된 연구는 시청자 / 청취자들이 효과적으로 미디어 내용을 수용한다는 관점에서 경쟁 채널의 영향을 연구해 왔다. 예를 들어, TV 뉴스에 대한 시청자의 기억력에 영향을 주는 능력 자원의 한계 *resource limitations* 를 조사해 왔다. 뉴스 내용에 대한 시각적 화면을 보여 주는 것은 뉴스 해설 내용의 정보를 처리하는 데 방해가 될 수 있다(Eavies et al., 1985; Drew & Grimes, 1987; Edwardson et al., 1976; Edwardson et al., 1992; Hoffner et al., 1988). 연구의 다른 영역은, TV가 뒤에 있는 상황이 머리를 써야 하는 다양한 일을 하는 데 영향을 미치는지를 조사하는 것이다(Armstrong & Greenberg, 1990). 지속적인 온라인(진행 중) 반응 측정을 이용하여 토어슨과 그의 동료들은 두 번째 일의 반응 시간은 함께 본 TV의 속성에 따라 달라지며, 첫 번째 일이 복잡할수록 두 번째 일의 반응 시간이 느려진다는 것을 발견하였다(Thorson et al., 1985).

(2) 기억 반응 지연 시간

사람이 어떤 것을 기억해 내는 데 걸리는 시간을 측정하는 것이 기억 반응 지연 시간 *memory response latency* 측정이다. 경과된 시간을 측정하는 것은 기억 속에 무엇이 저장되어 있는지를 해명해 주는 데 사용된다. 기억 반응 지연 시간은 무엇을 기억해 내야 하는지 알리는 순간부터 피험자의 첫 반응이 나타날 때까지의 시간을 0.001초 단위로 측정한다. 이 시간은 자극에 대해 주의를 기울인 정도를 나타내는 데 사용할 수 있다.

슈메이커와 리즈는 서로 더 깊이 관련되어 있는 매스 커뮤니케이선 연구의 다른 단계들을 위해 시간 측정치가 나온 것이라고 제안하였다(Shoemaker & Reese, 1991). 기억 반응 지연 시간은 연구의 한 단계에서 다른 단계로 이어 주는 중요한 역할을 할 수 있다. 지연 시간 데이터는, 수용자들이 미디어 메시지를 어떻게 처리하는지에 관한 분석의 여러 단계들에서 만들어지는 가정들을 검증하고 제한하는 데 사용될 수 있다. 예를 들어, 문화 계발 이론 *cultivation theory* 같은 사회적 단계 이론은 미디어 노출이 세계에 대한 사람들의 정신 상태를 변화시킬 수 있다는 기본적인 주장을 만들어 냈다. 만일 이 이론이 맞다면, 미디어 관련 정보들에 대한 기억 경로(폭력적 행동에 대한 기억의 속성처럼)의 조직과 정도의 면에서 이런 변화들이 인식될 수 있을지도 모른다. 기억 지연 데이터는 기억을 해내는 데 걸리는 시간을 측정함으로써 TV를 많이 보는 사람과 적게 보는 사람의 기억 네트워크의 상대적인 정도를 비교할 수도 있다. 이런 방식으로, 문화 계발 효과 *cultivation effect* 를 거시적 단계에서 분석할 때의 입장이 기억 처리와 관련된 미시적 단계의 분석에서 연구될 수 있다.

게이저와 리브스는 반응 지연 시간을 성공적으로 이용한 정치 광고를 연구했는데, 이를 통해 시각적 구조와 내용 요인이 기억 과정에 얼마나 영향을 미치는지를 명백히 설명하였다(Geiger & Reeves, 1991). 반응 지연 시간은 정치 광고의 구조적 형태(컷, 편집, 장면 변화, 축소/확대의 수 등)와 광고의 유형(상품 광고 대 이미지 광고)이 광고 안의 시청각 정보 기억에 영향을 미치는지를 측정하는 데 사용되어 왔다. 구조적으로 단순한 광고는 구조적으로 역동적인 것보다 빨리 인식되었다. 정보 처리 시간에 대한 이 결과는 "역동적 구조는 정치 광고의 기억 과정을 방해하며 더 많은 처리 시간을 요구한다"는 예측을 잘 뒷받침해 준다.

인지 심리학에서는 이론적으로 좀 더 정교한 다른 단계와 관련하여 기본적으로 두 가지의 지연 시간 측정법이 있다. 첫 번째로, 단순 반응 지연 시간 *simple response latency* 은 어떤 사람의 일 처리 효율성을 상대적으로 순수하게 측정한 것이다. 이 측정법은 검출 *detection* 과 해독 과정 *decoding process*(즉, 해독하는 데 필요한 총 시간)에 대한 정보를 제공해 주며, 다른 추가적인 가정을 포함하는 기억 모델과 연결될 필요가 없다. 단순 반응 지연 시간은 개인차 효과(예를 들면, 처리 속도에 있어서의 나이 차이)와 처리 효율성에 대한 과제 변인(예를 들어, 자극의 강도, 일의 복잡성)을 연구하는 데 유용하다.

지연 시간 측정의 두 번째 방법은 재인 반응 지연 시간 *recognition response latency* 으로, 이것이 매스 커뮤니케이션 연구와 관련성이 더 크다. 인지 반응 지연 시간은 발견을 위한 처리 과정의 단계를 이해하는 데 사용되며(예를 들어, 재인, 분류, 및 반응 선택), 활성화 확산 *spreading activation* 가설 같은 전형적인 기억 모델과 직접적으로 연결되어 있다 (Anderson, 1983, 1985). 반응 지연 시간을 선택하기 위한 추가적인 가정들은 기억 모델 또는 검증 모델에 의해 결정된다. 특히, 기억 모델 지연 시간은 무엇을 기억할지 결정하는 순간에서부터 피험자가 반응을 시작할 때까지의 시간 간격을 0.001초 단위로 측정한다. 전형적인 기억 반응 지연 시간 실험에서 피험자는 비디오로 녹화된 TV 뉴스를 보는데, 여기에는 자막 처리가 된 것도 있고 아닌 것도 있다. 피험자가 비디오를 보고 난 후, 뉴스 기억을 테스트 받는다. 연구자는 피험자가 보았던 내용 중에 1/30초 정도의 짧은 내용을 보여 주고, 다른 방송에서 또 짧은 내용을 보여 준다. 피험자는 그것을 보고 가능한 빨리 그 내용이 그 전에 본 방송에 있었는지 없었는지를 말해야 한다.

(3) 신호 탐지 측정치

이 방법은 전에 본 미디어 내용에 대한 설명에 옳다 혹은 아니다라는 반응을 하는 것이다. 재인 기억 검사는 학습 단계와 테스트 단계의 두 단계를 포함한다. 테스트는 두 가지 유형의 아이템을 가지고 있는데 '오래된 아이템'은 피.험자가 전부터 보았던 것이고, '새로운 아이템'은 이전에는 없었던 것이다. '새로운 아이템'을 방해물이라고 부른다.

재인 기억 측정은 TV 정보 처리(Thorson et al., 1985, 1986), 저널리즘

(Shapiro et al., 1987), 광고(Childers et al., 1986)와 같은 커뮤니케이션 연구 분야에서 사용되었다. 작업은 보통 전에 본 것들과 전에 보지 않았는데 익숙한 것들을 구분하는 것이다. 참−거짓 질문이 재인 기억 질문의 전형적인 형태이다. 여기서 연구자들은 정답의 수나 비율을 기록한다.

여기서 만들어지는 가정은 "기억은 떠오를 수 있고 그렇지 않을 수도 있다"는 것이다. 이것은 좋지 않은 가정일지도 모른다. 사람들은 자주 자신이 어떤 것을 기억하고 있는지 아닌지 확신하지 못한다. 기억 심리학자들은 기억의 판단과 동기화는 개인에 따라, 상황에 따라 변화한다는 것을 오래 전부터 알고 있었다(Zechmeister & Nyberg, 1982). 예를 들어, 30분 전에 읽은 신문 기사에 기초한 문장이 사실이냐 아니냐를 물었을 때 사람들은 기억을 되새겨 보고 그것이 '참'이라고 말할 만큼 익숙한 것인지, '거짓'이라고 말할 만큼 익숙하지 않은 것인지를 결정해야 한다. 신호 탐지 이론 *signal detection theory* 은 기억에서의 이런 판단 효과를 관찰하는 데 사용될 수 있다. 신호 탐지는 피험자가 새로운 아이템과 오래된 아이템을 구별하는 능력에 대해 좋은 통계치를 제공할 수 있으며, 또한 판단 효과를 알려 주는 다른 통계치도 제공해 준다(Shapiro, 1994).

자극 아이템이 전에 본 것인지 아닌지를 질문 받았을 때, 4가지 가능한 결정(두 가지는 맞는 결정이고 두 가지는 틀린 결정이 된다)이 있다. '참'이라고 말해서 맞은 것은 '**정답** *hit*'으로 나타낸다. '참'인데 '거짓'이라 말한 경우 '놓침 *miss*,' '거짓'을 '거짓'이라 말한 것은 '올바른 거부 *correct rejection*,' 그리고 '거짓'인데 '참'이라 말한 것을 재인 '**오경보** *false alarm*'라 한다. 신호 탐지 이론은 피험자에게 재인 검사를 할 때 네 가지 반응 가능성을 모두 고려한다. 재인 결정은 테스트 아이템의 익숙함 정도에 따라 달라질 수 있다(Zechmeister & Nyberg, 1982). 피험자 개개인은 자극이 옳은지 옳지 않은지를 판단하는 기준을 마련하고 있다. 정답일 때의 보상이나 놓쳤을 때의 벌칙을 판단하여 개인은 특별한 기준을 마련하게 된다.

4. 결론

이 장에서는 미디어를 볼 때 사람들이 보이는 관여 *involvement* 의 정도를 연구하기 위한 연구 방법들을 수용자의 관점에서 알아보았다. 그 점에서 여기 개관한 연구들은 일반적 단계, 즉 미디어 수용의 정도에 집중했던 4장의 논의 내용과는 구별되어야 한다. 예를 들어, 4장의 TV 수용자 측정에서는 TV 시청 상황에서 얼마나 많은 사람이 시청하는가, 얼마나 자주 시청하는가는 다루고 있지만, 시청자들이 시청 내용에 얼마나 주의를 기울이고 있는가는 다루고 있지 않다.

미디어에 대한 주의 집중 연구는 상당 부분 TV를 통해 수행되었다. 이 장에서 보았듯이, TV 프로그램이나 광고에 수용자가 관여되어 있는 정도는 양적 방법론과 질적 방법론을 통해 측정할 수 있다. 그러나 연구 논문에서는 양적 접근법이 많이 사용된다. 그것은 응답자들이 언어적 자기 보고를 하는 것이 TV 시청시 들이는 정신적 노력의 정도를 나타내는데 민감도 *sensitivity* 를 떨어뜨릴 수 있기 때문이다. TV를 시청하는 것은 거의 자동적으로 일어나며 생각 *thought* 없이 이루어지기 때문에, 시청자는 스스로 TV에 얼마나 주의를 집중했는가를 항상 인식하는 것은 어려울지 모른다. 참여 관찰자로서 TV 시청시 시청자와 함께 앉아 주의를 측정하는 민속지학적 접근법은 시청자가 TV 화면에 실제로 얼마나 집중하고 있는가를 판단하는 관찰자의 능력에 크게 의존한다. 반면에 시청자의 눈이 화면을 향하고 있는가를 측정하는 관찰 방법은 꽤 정확할지 모르지만, TV 화면을 실제로 보고 있다고 해도 프로그램에 주의를 기울이고 있는 것은 아니다.

그러므로 이런 미디어 연구 영역에서는 실험적 연구 방법이 우위를 차지해 왔다. 연구자들은 피험자가 특정 미디어와 함께 하고, 그들이 인식하고 있는 것뿐만 아니라 인식하지 못하는 것을 통해서도 관여 정도를 측정하는 환경을 만들 수 있다. 자율적이고 생리학적인 반응이 유용하고 믿을 만한 심리 반응의 지표로 자리잡을 수 있을 때까지는, 이런 방법들이 개인이 미디어 내용에 참여하고 몰입하는 방식을 보다 잘 이해할 수 있도록 해 주는 유용한 도구가 될 것이다.

7장

미디어의 인지적 영향 측정

앞 장에서는 매스 미디어를 사용하고 거기에 몰입하며 그 가치를 평가하는 방식에 관한 연구 방법들을 살펴보았다. 미디어 연구의 이러한 측면은 미디어에 대한 이론적 연구에 치중하는 학계는 물론 미디어 산업계에서도 많은 관심을 불러일으켰다. 첫 번째 예로 미디어의 생산 및 유통업자들은 그들 미디어의 성과를 알고 싶어한다. 이는 그들의 시장 점유율이 얼마나 큰지, 소비자들이 얼마나 충실한지, 그리고 그들이 얻은 소비자들을 어떻게 관리하는지를 의미하는 것이다. 앞에서 살펴본 것처럼, 미디어 수용자들을 어떻게 측정할 것인지, 미디어 또는 미디어 내용 유형에 따라 주의 집중의 정도가 얼마나 달라지는지, 그리고 특정 미디어 산물에 대한 수용자의 관심 변화를 일으키는 요소들을 어떻게 기술하고 설명하는지 하는 문제도 학계의 미디어 연구자들에게 의미 있는 탐구 영역으로 떠올랐다.

이 책은 이 장에서 새로운 방향을 제시한다. 미디어의 사용과 미디어 내용에 대한 직접적 반응에 관련된 미디어 수용자 분석에서, 미디어가 수용자들에게 영향을 주는지 그렇지 않은지에 관한 쪽으로 관심이 옮겨진다. 시청자들, 청취자들, 그리고 독자들은 시청각 *audio-visual*, 오디오 *audio*, 그리고 인쇄 미디어에 노출됨으로써 변화하는가? 미디어의 경험을 통해 수용자들이 변화한다면 수용자들 사이에서 작용하는 이러한 효과들은 어떤 식으로 나타날 것인가? 미디어 연구의 역사를 통해 살펴볼 때 미디어의 효과는 정치적, 경제적, 사회적, 심리적 차원에서 발생해 왔다. 아마도 대부분의 비판적인 관심은 사람들이 행동하는 방식을 유도하는 미디어의 역량에 집중되어 왔다. 이것은 특히 젊은이들과 잠정적으로 영향 받기 쉬운 대중의 반사회적 행동을 촉진시킬 가능성이 있는 미디어의 역할에 관련된 연구 영역에서 특히 중요시된다. 미디어의 행동적 영향도 마찬가지로 중요하게 여겨져 왔다. 예를 들면, 미디어는 매혹적인 삶의 방식을 반영하는 일용품과 서비스에 대한 메시지를 전달한다. 이러한 맥락에서 미디어는 소비 습관을 변화시키고 심지어는 필요하지 않을 때에도 소비하도록 조장한다. 미디어는 또한 유권자들이 선거 기간 동안 후보자들과 그들의 공약에 대한 정보를 접할 때에도 중요한 역할을 한다. 그 자체로도 미디어는 유권자의 투표 행동에 영향을 줄 수 있는 것이다.

그러나 미디어의 효과는 수용자의 행동적 수준에만 한정되지 않는다. 미디어는 사건과 쟁점들에 대한 사람들의 지식과 이해, 그리고 넓은 범위의 화제에 대한 여론 및 신념에 관련된 정보의 원천을 나타내기도 한다. 그러므로 미디어의 효과는 '행동적 behavioural'일 뿐만 아니라 '인지적 cognitive'일 수 있는 것이다. 미디어의 행동적 영향에 대한 연구는 8장에서 다루기로 하겠다.

이 장에서는 미디어 연구자들이 인지적 차원의 효과를 연구해 왔던 방법을 살펴봄으로써 미디어 효과의 측정이라는 맥락에서 미디어 연구 방법의 분석을 시작한다. 이 논의에서 인지적 차원의 효과는 주제, 쟁점, 사건, 집단, 조직 및 제도에 대한 공중의 인식, 지식 그리고 이해에 미치는 미디어의 영향 측정을 포함한다. 또한 그것은 공중의 신념과 태도, 지각 및 의견에 미치는 미디어의 효과 연구도 포함한다. 요약하면, 이 장에서는 사람들이 미디어에서 사실적 정보를 학습하는지, 그리고 그러한 학습을 통해 여론이 형성되는 방식은 어떠한지를 알아내기 위해 연구자들이 채택하는 주된 접근법들을 설명할 것이다.

미디어 연구의 다른 영역과 마찬가지로 방법론의 개관에 앞서 주요 연구 형식을 효율적, 포괄적으로 분류해 주는 연구 유형의 정립이 선행되어야 한다. 광범위한 방법론적 용어로, 미디어 효과 연구는 양적, 질적 기법으로 이루어져 왔다. 이 영역의 연구는 수용자뿐만 아니라 미디어 산물에 대한 측정도 계속 수행한다. 자료는 서베이, (실험실이나 현장 조사를 통한) 실험, 포커스 그룹 또는 개인적인 심층 면접, 그리고 관찰 분석에서 얻어진 인지적 수준의 미디어 효과와 관련되는 것이다. 양적인 내용 분석과 보다 질적인 형태의 언어학적 분석, 기호학, 그리고 담론 분석을 사용한 미디어 산물 분석이 인지적 효과 연구에 적용되어 왔다. 실제로 후자의 질적 분석 기법은 미디어 텍스트와 이에 반응하는 수용자가 만들어 내는 담론에 적용된다.

우리는 이미 미디어 조사에서, 미디어 노출 당시에 수용자의 반응을 측정하는 온라인 조사와 미디어 노출 후에 수용자의 반응을 측정하는 오프라인 조사를 구분한 바 있다. 미디어 효과 측정에서는, 수용자의 미디어 노출 경험으로 인해 변화가 생겼는지를 확인할 때까지 기다려야 한다. 한편, 미디어 내용의 인지적 차원에 대한 조사에서는, 영향력 측정이 결정적인 미디어 노출 바로 직후였는지 혹은 상당히 오랜 지체가 있었는지에 따라 여러 방법으로 진행되어 왔다. 최근에 발전된 단계에서는, 미디어에 대한 수용자 노출 측정이 이루어지지 않은 상태에서도 미디어의 효과를 설명할 수 있을 정도로 인지적 효과 연구 범주가 두드러지게 되었다.

이 장의 목적상 미디어 연구 방법의 분석은 크게 세 개의 표제로 구분된다. ① 미디어와 의제 설정 *agenda-setting*, ② 미디어의 신념과 여론 계발 효과 *cultivation of beliefs and opinion*, ③ 미디어로부터의 사실적 학습 *factual learning*. 이것은 편의상 손쉽게 구분한 것이고, 이 세 가지 미디어 효과가 서로 배타적임을 의미하거나 미디어에 반응하는 수용자의 인지적 수준의 형태가 단절된 것을 의미하지는 않는다. 예를 들면, 여론의 형성은 사실적인 학습에 의존하거나 최소한 학습이 일어났음을 시사한다. 각각의 큰 표제 아래 좀 더 세분화함으로써 다음과 같이 연구의 주요 표준을 만들 수 있다.

· 의제 설정

① 미디어 내용과 특정 주제에 대한 공중의 인식을 병행 분석 *parallel analyses*

② 미디어 내용과 미디어에 대한 수용자의 노출을 측정한 조사 자료를 이용하여 특정 주제에 대한 공중의 인식을 병행 분석

③ 통제된 상태에서 미리 선별된 미디어 자료들에 노출되었을 때 이슈 인식 *issue awareness* 에 미치는 영향을 측정하는 실험 연구

· 신념과 여론 계발 효과

① 미디어 산물의 내용 분석 *content analyses* 과 병행하여 자기 보고된 미디어 노출과 주제에 관한 의견 간의 상관 관계 조사 연구

② 미리 선별된 미디어 내용에 대한 노출의 함수로서 지각의 변화를 측정하는 통제된 실험 연구

· 사실적 학습

① 미디어 노출과 주제 관련 지식 간의 상관 관계 조사 연구

② 특정 미디어 산물에서 미디어 내용을 수용자가 얼마나 기억하고 있는지 측정하는 현장 조사

③ 구체적인 자연적 미디어 산물에 대한 기억을 연구하는 통제된 실험

④ 인위적으로 생산된 미디어 산물에 대한 기억을 연구하는 통제된 실험

⑤ 다양한 미디어로부터 얻어 낸 정보를 비교하는 통제된 실험 연구

⑥ 포커스 그룹, 심층 면접, 담론 분석을 이용하여 미디어로부터 학습한 내용의 질적 수용 연구

다음 절에서는 수용자 학습, 주제 인식 그리고 의견 형성 과정의 분석에 대한 연구법의 각 유형들을 차례로 개관할 것이다.

1. 의제 설정 연구

의제 설정 연구는 사회에서의 영향력의 전파 과정에 대한 연구를 촉진하기 위해 개발된 방법이다. 이는 미디어 내에 존재하는 의제, 대중, 그리고 사회적 정책 형성의 근원 사이에 작용하는 관계를 확립하는 데 관심을 둔다. 이러한 맥락에서, **의제**는 어떤 시점에서의 중요도에 따라 부여되는 사건들 혹은 이슈들의 집합을 의미한다.

커뮤니케이션 학자와 정치학자에 의한 연구는 **미디어 의제** *media agenda*, **공중 의제** *public agenda*, 또는 **정책 의제** *policy agenda* 가 다른 요인들에 의해 어떻게 영향 받는지를 설명하기 위해 종속 변수로 개념화해 왔다. 몇몇 학자들은 매스 미디어를 공중과 정책 입안자를 연결하는 전능한 커뮤니케이션 시스템으로 간주한다. 예를 들어, 유권자들은 주로 미디어를 통해 정당에 연결되어 있는데, 몇몇 저술가들은 이를 '미디어 의존 *media dependency*'이라고 불러 왔다(Linsky, 1986). 이러한 맥락에서 미디어가 작용하는 역할을 이해하기 위해 매스 미디어 의제, 공중 의제, 그리고 정책적 의제들 사이의 관계 연구와 관련된 **의제 연구**의 일반적인 표제 아래 연구 방법이 만들어져 왔다.

로저스와 디어링은 의제 연구에서 두 가지 주요 연구 전통을 확인하였다(Rogers & Dearing, 1988: 556).

① 의제 설정: 다양한 이슈와 사건의 상대적 중요성에 대해 미디어가 공중과 소통하는 과정(주로 매스 커뮤니케이션 학자들이 추구하는 접근).
② 의제 확립: 정치적 엘리트들의 정책 의제가 미디어 의제 및 공중 의제를 포함한 다양한 요인들의 영향을 받는 과정.

의제 설정의 전통은 미디어 의제가 공중 의제에 어떻게 영향을 미치는가에 관련되며, 한편 의제 확립의 전통은 대중 의제와 기타 요인들, 그리고 종종 미디어 의제가 어떻게 정책 의제에 영향을 미치는가를 연구한다.

누가 미디어 의제를 설정하는가 하는 질문과 이것이 사회에 미치는 영향의 시사점은 라자스펠드와 머턴이 최초로 연구하였다(Lazarsfeld & Merton, 1948). 미디어 이슈 의제는 강력한 집단이 사회적 통제의 교묘한 수단으로 조직화한 결과로서 생기는 것이라고 그들은 간주하였다. "큰 사업체가 매스 미디어의 제작과 배급에 자금을 조달한다"(Lazarsfeld & Merton, 1948). 미디어는 계획을 뒤엎기보다는 지배적인 제도의 현 상태를 지지한다. 상업적, 대중적인 미디어 시스템은 사업과 정치에서 이미 확립되어 있는 제도에 의해 통제되며, 궁극적으로 확립된 질서의 가치에 대해 끊임없이 강하게 도전할 것을 기대할 수는 없다(Qualter, 1985).

어떤 이슈가 중요하다고 대중이 지각하는지에 대해 매스 미디어가 얼마나 영향을 주는지 하는 것은, 20세기 초부터 미디어 학자들의 중요한 연구 주제 가운데 하나였다(Frazier & Gaziano, 1979). 초기의 경험적 연구 결과들은 공중 의제에 커다란 압력을 가하거나 직접적인 영향을 주는 미디어의 역량을 의심하였다. 뒤이은 연구는 초기 라디오 방송의 영향에 대한 연구였는데, 이 연구에서 미디어는 직접적으로 여론 형성에 작용하기보다는 간접적인 효과를 준다는 결론을 얻었다. 그리고 대개는 미디어 효과가 대인적인 영향에 의해 중재된다는 사실도 밝혀졌다(Klapper, 1960).

사회의 정책 의제가 변화함에 따라 학자들은 엘리트들에 의한 정책 결정과 여론 사이의 관계를 발견하는 일에 관심을 가져 왔다. 카츠와 라자스펠드는 커뮤니케이션의 '2단계 흐름 two-step flow'에 대한 그들의 가설과 관련하여, 공중의 변화 public transfer 에 정책 결정자가 끼치는 영향에 관한 설명 메커니즘을 제안하였다(Katz & Lazarsfeld, 1955). 이 관점에 따르면, 사회에서의 의견들은 우선 미디어에 의해 유포되고 대인 커뮤니케이션을 통해 의견 지도자들을 거치게 된다.

의제 설정 연구를 연대기적으로 살펴보면, 로저스와 디어링은 1922년도부터 관련 저서로 확인된 150권 이상의 서적을 발견하였다(Rogers & Dearing, 1988). 이러한 작업들은 두 가지의 연구 전통으로 조

직화할 수 있다. ① 매스 미디어에 의한 공중 의제 설정, 그리고 ②
정책 의제 설정. 이러한 개관에 따르면, 로저스와 디어링은 방법론적
근거가 타당한 연구들을 선택했지만 의제 설정에 관해서는 명확히 언
급하지 않았다. 방법론적으로 타당한 연구에는 매스 미디어의 내용 분
석에 의해 측정되는 **미디어 의제**의 분석, 그리고 수용자 조사에 의해
측정되는 **공중 의제**, 그리고 정치적 문건이나 입법상의 기록 자료에
서 공직자들을 인터뷰함으로써 얻어진 **정책 의제**가 포함된다.

수년 동안, 의제 설정의 기본 개념은 많은 경험적 연구를 토대로
하지 않은 이론적 아이디어에 지나지 않았다. 이러한 경향은 1968년
미국 대통령 선거 캠페인에서의 미디어 역할에 관한 매콤과 쇼의 연
구로 인해 변화하였다(McCombs & Shaw, 1972). 이 연구에서 조사자들은
1968년 9~10월 사이의 3주 동안 지지할 후보를 결정하지 못한 100명
의 유권자 표본을 인터뷰하였다. 캠페인 이슈에 대한 이 유권자들의
공중 의제는, 조사 질문에 대한 그들의 반응을 종합함으로써 측정되었
다. "귀하께서 최근 **가장** 관심이 있으신 것은 무엇입니까? 정치적인
언어와 상관없이 당신이 생각하기에 정부가 꼭 관심을 갖고 **해야만**
하는 2~3가지 **중요한** 일들은 무엇입니까"(p.178)에 관한 질문이었다.
다섯 개의 주요 캠페인 쟁점에 대한 각 진술들의 수는 공중 의제에
대한 지표로 이용되었다.

매콤과 쇼는 위와 같은 분석을 통해 매스 미디어가 대중에게 캠
페인 의제를 설정한다는 결론을 내렸다. 미디어 의제는 대중 의제에
영향을 주었다. 그들의 연구는 정말 그렇게 새롭고 차별화된 것이었을
까? 방법론적 관점에서는 그렇지 않았다. 매스 미디어 메시지의 내용
분석과 이슈에 대한 여론 조사는 미디어 연구 이전에도 사용되어 왔
다. 의제 설정의 수준을 검증하는 이러한 두 가지 방법론의 연계는 완
전히 새로운 출발은 아니었다(Chaffee, 1987). 1950년대 초반에, 데이비스
는 공중 의제 설정 가설 *the public agenda-setting hypothesis* 의 검증에서, 내
용 분석과 조사 연구를 결합시켰다(Davis, 1952). 그러나 매콤과 쇼는 가

설을 명확하게 밝혔고, 그 과정을 '의제 설정'이라 지칭하였다.

의제 설정 연구에서 또 다른 중요한 차이는 **사건** *event* 과 **이슈** *issue* 사이의 구분이다. 사건은 시공간적으로 제한되는, 별개로 발생하는 것으로 정의되었다. 이슈는 넓은 범주에서 잘 들어맞는 일련의 연관된 사건들의 누적된 뉴스 보도를 포함하는 것으로 정의되었다(Shaw, 1977). 그러나 사건은 이슈의 구체적인 구성 요소들로 간주할 수 있다(Rogers & Dearing, 1988).

지금까지 의제 설정 연구에서 사건들과 이슈들을 분류하는 작업이 충분하지 못했다.

> 확실히, 1986년 미국의 리비아 폭격처럼 빠르게 전개되는 뉴스거리 같은 사건은 1984년 이디오피아의 극심한 기근처럼 느리게 전개되는 자연 재해적인 이슈와는 확연히 다르다. 1985년의 TWA 공중 납치 사건처럼 단기간 지속되는 눈에 띄는 이슈는, 의제 항목이라는 면에서 미일 무역 마찰처럼 장기간 지속되는 이슈들, 혹은 미국의 실업률의 증가나 감소처럼 눈에 덜 띄는 문제들과는 다른 방식으로 의제 설정 과정에 영향을 줄 수 있다(Rogers & Dearing, 1988: 566~7).

의제 설정 연구는 70여 년 전부터 진행되어 왔지만, 실제로 미디어 관련 현상들에 상당한 주의를 기울이게 된 것은 지난 25년간에 불과하다. 이런 까닭에 어떤 학자들은 의제 설정 연구의 확산에도 불구하고 이론적으로나 방법론적으로 이러한 연구가 많이 진전되지는 않았다는 결론을 내리고 있다(Iyenger & Kinder, 1987).

1) 왜 의제 설정 연구인가

의제 설정 연구에 대한 관심의 주된 이유 중 하나는, 이 연구가 태도 변화와 명백한 행동 변화의 직접적인 미디어 효과를 학문적으로 연구하는 데 대한 대안을 제공한다는 점이다. 초기의 매스 커뮤니케이션 연구에서는 제한된 효과를 발견했는데, 이는 많은 연구자들에게, 특히 이전의 매스 미디어 경험을 가진 연구자들에게는 반反직관적인 *counter-intuitive* 것이었다. 매콤에 따르면, "의제 설정에 관한 주도적인 경험적 연구는 우연히 적절한 시기에 이루어졌다(McCombs, 1981: 220). 매스 커뮤니케이션 연구의 역사에서 의제 설정 연구의 시기는, 학자들이 태도와 의견을 종속 변인으로 보는 것, 그리고 제한 효과 모델을 적절한 지적知的 요약으로 보는 것에 회의를 느끼고 새로운 시도를 하려던 때였다."

20세기의 많은 기간 동안, 특히 미국에서 행해진 미디어 연구는 미디어 효과의 측정에 집중되었다. 대부분의 연구 방향의 초점은 태도 변화나 설득의 문제를 다루었다. 태도와 행동에 대한 10년간의 설득 효과 연구는 많은 학자들을 좌절하게 하였다. 태도가 행동에 명확하게 연결되지 않았고, 미디어는 태도와 행동에 명확하고 일관되게 연결되지 않았기 때문이다. 의제 설정은 주된 '효과'로서 설득에 관심을 두지 않았다. 미디어에 노출됨으로써 태도가 재구성된다기보다, 대안적 가설로서 미디어에서 그 날 다룬 눈에 띄는 사건들과 이슈들에 관한 정보를 사람들이 얻는 것이라고 보았다.

의제 설정은 초기의 연구에서 확립된 통제 효과 패러다임에서 벗어나고자 하는 미디어 학자들에게 새로운 주제를 제시하였다(Klapper, 1960). 표면적으로 의제 설정은 설득 이론에 반하여, 미디어가 사람들에게 단순히 "무엇을 생각하는가 *what to think*"보다는 "무엇에 **대하여** 생각하는가 *what to think about*"에 대한 질문을 한다는 대안적 이론을 내세웠다(Cohen, 1963).

에델스테인은 다음과 같은 사실을 관찰하였다. "의제 설정 연구는 매스 미디어가 사람들에게 '무엇을 생각하는가'가 아닌 '무엇에 대하여 생각하는가'를 알려 준다는 비유가 있기는 하지만, 연구자들은 여전히 '생각해야 할 대상'이 의미하는 것을 개념적으로 정의해야 하며, 준거 변인 *criterion variable* 으로서 인지적인 용어로 조작적 정의를 내려야 한다"(Edelstein, 1993: 85).

대부분의 의제 설정 연구는 '~에 관해 생각한다'는 용어를 사건이나 이슈에서 눈에 띄는 것, 즉 **핵심** *salience* 이 무엇인지를 결정하는 것으로 개념화해 왔다. 다시 말하면, 눈에 띄는 사건과 이슈가 무엇인지에 대해 미디어와 수많은 대중이 일치하는 생각을 갖는 것이 얼마나 중요한가? 사건에 대한 미디어의 보도 범위의 양과 그러한 보도 범위의 양이 대중의 지각에 얼마나 현저하게 드러나는가의 문제 사이에 인과 관계가 존재한다고 가정된다. 이슈의 핵심을 판단하는 것은 '~에 관해 생각한다'는 개념에 대응하거나 그 개념에 대한 조작적 정의로 간주된다. 매콤과 쇼에 따르면, 의제 설정은 '집중'과 '학습'의 심리적 진행 과정을 포함한다(McCombs & Shaw, 1972). 사람들은 미디어를 통해 쟁점에 대해 배울 뿐만 아니라 미디어가 제공하는 보도 범위의 양에 기반하여 어떤 이슈가 얼마나 중요한지 또한 판단한다.

2) 연구 방법의 유형

의제 설정 연구는 다수의 방법론과 연구 설계를 사용한다. 주요 관심은 공중 의제에 영향을 주고 그것을 형성한 미디어 의제가 무엇인지에 관한 것이었다. 개념적으로, 미디어 학자들은 미디어 의제와 공중 의제, 정책 의제라는 세 유형을 상호 의존적인 것으로 받아들였다. 이 세 의제들 간의 인과 관계를 확립하는 것은 지금까지 진행된 연구 과정에서 효과적으로 해결되지 못한 문제였다. 실제로 의제 설정 연구자가 사용하는 어떤 연구 설계는 인과 관계를 설명하지 못한다.

초기의 많은 의제 설정 연구는 한 시점에서 자료를 수집하는 방법과 자료 *data* 의 횡단적 분석 *cross-sectional analyses* 에 많이 의존하였다. 하지만, 사실상 이런 유형의 연구 설계는 의제 설정의 분석에 적합하지 않다. 예를 들어 미디어 의제가 공중 의제에 영향을 주는지 그렇지 않은지를 확인하려면, 여러 번에 걸쳐 수집된 자료를 모으거나 분석할 필요가 있다.

의제 설정 연구와 관련하여, 이처럼 '시간이 소요되는 *over-time*' 연구의 조건에 부합하는 세 가지의 방법론적 접근이 있다.

① 시간의 차이를 두고 공중 의제와 미디어 의제에 관한 자료를 수집한 다음, 교차－지연 상관 관계 기법 *cross-lagged correlational techniques* 을 사용하여 이를 분석한다.
② 몇 주, 몇 달, 또는 몇 년 동안의 장기적인 미디어와 공중 의제들을 추적한다.
③ 미디어 수용자들에게 노출시키기 전에 미디어 의제를 통제하여 조작한다.

(1) 미디어 의제

내용 분석의 어떤 형태는 통상적으로 미디어 의제의 속성을 확립하기 위해 사용된다. 단순한 수준에서, 연구자들은 특별한 주제에 할애하는 (방송 미디어에서의) 시간이나 (인쇄 미디어에서의) 공간의 양을 측정한다. 어떤 내용 분석은 단일한 매스 미디어에서 다루어지는 주제에 초점을 맞추기도 하고, 또 다른 내용 분석은 많은 종류의 미디어에 등장하는 내용을 평가하기도 한다. 뿐만 아니라, 연구들마다 미디어 의제를 평가하는 데 걸리는 시간이 천차만별이다. TV 뉴스 방송과 신문은 며칠 간(Williams & Semlak, 1978a) 또는 여러 주(McLeod et al., 1974)에 걸쳐 모니터될 수도 있다. 몇몇 분석은 여러 해 동안 특정한 주제들에 대해 미디어에서 다루는 범주를 살펴보았다(Funkhouser, 1973). 신문 보도의 분석은 단지 신문의 앞면에 집중되거나 또는 전체적인 신문의 편집을 훑어보면서 특정한 화제의 보도를 측정하는 것이다. TV 보도에서는 발화된 서사뿐 아니라 시각적 요소에 대한 의제 설정의 영향도 분석될 수 있다(Williams & Semlak, 1978b). 시각적 형식의 특징은 TV 편성표에서의 뉴스 아이템에 대한 차별적인 주의를 끌 수 있고 수용자의 기억에 영향을 줄 수 있다(Gunter, 1987b). 이러한 미디어의 인지적 영향의 측면은 이 장의 마지막 부분에서 좀 더 자세히 살펴보게 될 것이다.

(2) 공중 의제

다양한 질문 형식들이 공중 의제를 측정하는 데 사용되어 왔다. 조사 응답자들은 개인적으로 하루 중 가장 중요한 이슈가 무엇인가 하는 질문을 받을 수 있다. 응답자들에게 추가 질문을 할 수도 있고, 그들이 현재 가장 중요한 이슈로 지각하는 것들 가운데 하나를 선택하게 할 수도 있다. 또한 주어진 선택 항목들의 순위를 결정하게 할 수도 있다. 심화된 방식은, 응답자들에게 이슈의 목록을 제공하고 각각의 이슈를 다른 이슈와 짝을 짓는 방식으로 비교하도록 하는 것이다. 이러한 과정은 목록의 모든 항목이 다른 항목과 비교될 때까지 철저하게 수행된다. 각 항목은 그것이 비교되는 두 가지 중에서 더 중요하다고 간주되었을 때 점수를 받는다. 모든 가능한 비교가 이루어졌을 때, 이 점수들을 토대로 하여 이슈의 중요성에 따라 등급을 부여받는다(중요하지 않은 것에서부터 중요한 것의 순서로).

공중 의제를 측정할 때, 연구자들은 대중들의 인식을 측정하는 기간, 미디어 보도를 측정하는 기간, 그리고 미디어 보도를 측정하는 것과 대중으로부터 반응을 접하는 시간 사이의 간격을 결정해야 한다. 연구자들은 하루, 여러 주, 심지어는 여러 해에 걸쳐서 공중 의제를 조사한다. 미디어 보도의 평가와 대중의 지각에 대한 조사 사이의 시간 지연 *time lag* 또한 며칠에서 여러 달까지로 다양하다. 실제로, 어떤 연구자들은 각기 다른 쟁점에 따라 다양한 시간 지연을 보여 준다. 과학, 환경과 같은 화제와 관련된 일반적 이슈에 대한 미디어 의제가 공중 의제에서 탐지되기까지 1년 또는 그 이상의 지연이 필요할 수도 있다. 정치적 캠페인의 경우에는 이런 지연 시간이 3~4주 정도이고, 체르노빌과 같은 심각한 재앙의 경우에는 지연되는 시간이 거의 없는 것은 명백한 미디어 영향의 징후를 나타내는 것이다(Brosius & Kepplinger, 1990).

(3) 장기간 의제 분석의 난점

장기 조사 연구법을 택한 연구자들이 마주치는 방법론적 어려움 중의 하나는, 예를 들어 "오늘날 사회나 국가에서 직면하고 있는 가장 중요한 문제는 무엇이라고 생각하는가?"와 같은 질문을 하는 정기적인 조사를 통해 확인된 중요한 이슈나 사건의 공중 인식에 대한 추세를 보여 주는 자료가 없다는 데 있다. 베어와 아이엔거는 위와 같은 개방형 *open -ended* 질문의 형식으로 미국에서 실시한 세 개의 전국적 조사에서 얻은 여론에 대한 예외적인 사례 연구를 보고하였다(Behr & Iyengar, 1985). 그들은 이러한 정보를 사용함으로써, 각각 많은 이슈들을 인용하는 '응답자들'의 수를 계산하기보다, '응답들의' 비율을 계산하였다. 이러한 보고를 통해 그들은 세 개의 누락된 정보를 제외하고, 1974년에서 1980년 사이에 두 달 간격으로 중요한 문제를 측정할 수 있었다. 그들은 같은 기간 동안에 주요 네트워크의 뉴스 방송에서 동일한 이슈와 관련된 많은 보도 기사를 측정하는 내용 분석 정보를 조합할 수 있었다. 그 이슈는 에너지, 인플레이션, 실업 문제에 관한 것이었다. 이러한 경향 분석은 이슈들에 대해 방송된 뉴스 보도와 일반 대중 사이의 이슈의 핵심 간 상관 관계를 조사한 것이었다. 그들은 이런 각각의 문제에 대한 공중의 관심 수준의 현실 지표를 좀 더 심도 있게 분석하는 것을 포함시켰다. 이러한 조사를 통해 연구자들은 실업과 같은 대중적인 중요한 이슈는 대중들의 일상의 경험에 의해 영향 받는다고 주장하였다. 그러므로 공중 의제는 미디어 의제뿐만 아니라 실생활에서 일어나는 사건에 의해서도 영향 받을 수 있다. 에너지와 인플레이션이라는 두 영역에서는 공중 의제가 이러한 이슈들에 대한 TV 보도에 의해 주도되었다. 그러나 실업의 사례에서는 TV에 의해 공중 의제가 주도된다는 증거가 발견되지 않았다. 대신에 대중들 자신의 삶에 영향을 미치는 경제적 조건에 의해 대중적 관심이 좌우된다. 실제로 이러한 연구는 미디어 의제 설정이 미디어 보도와 대중적 관심 간에 서로 영향을 주고 받는 상호적 효과를 나타내고 있음을 보여 주는 결과이기도 하다.

3) 방법론적 이슈

의제 설정 연구는 미디어의 내용과 수용자의 지각 모두에 관심을 갖는 연구이다. 미디어 효과 모델은 미디어 내용을 다루는 특별한 방식을 명백하게 규정하는 것이다. 단순하게 말하면, 특별한 이슈를 다루는 데 소요되는 공간 혹은 시간을 측정해야 한다. 이런 측정은 사람들이 이슈에 기울이는 관심의 양과 이슈의 중요성에 대한 사람들의 판단 모두에 관련되어 있다.

의제 설정 연구는 일반적으로 어떤 항목을 다루는 매스 미디어 내용의 양과 그 항목에 관한 공공 의제의 전개 사이에 긍정적인 관계가 있는지를 증명하고자 하였다. 기본적인 원리는 어떤 항목에 대해 미디어가 보도하는 정도가 커지면 대중에게도 그 항목이 눈에 띄게 된다는 것이다. 이런 분석 구조에서의 다음 단계는 미디어 의제와 공중 의제 사이의 인과 관계를 확립하고 추정되는 시간적 순서에 대한 증거를 찾는 것이다. 만일 어떤 항목이 미디어에 두드러지게 나타나기 전에 대중들 사이에서 현저하게 드러난다면, 그 미디어는 인과적인 요인으로 작용했다고 말할 수 없다.

로저스와 디어링은 의제 설정 연구가 심각한 방법론적 제한을 가지고 있다고 지적하였다(Rogers & Dearing, 1988). 이는 대부분 미디어 의제가 수용자 의제를 결정한다는 추론의 타당성에 관한 우려이다. 반대 방향의 추론도 배제할 수 없다. 계량 경제학적 또는 이와 유사한 방정식 기법이 행동 과학에 널리 보급되자 의제 설정 연구자들이 인과적 흐름의 정확한 방향을 밝히기 위한 더욱 효과적인 검증을 실행할 수 있게 되었다(Iyengar, 1987). 예를 들어, 공중 의제 설정은 측정하기에 간단한 개념이 아니다. 이 문제를 언급하면서, 연구자들은 종속 변수로서의 의제 설정에 대한 다양한 측정 방법을 공식화하였다.

의제 설정의 한 가지 목표는 다루어지는 범위와 중요성에 따라 이슈를 등급화하는 것이다. 그것은 또한 별개로 측정된 미디어의 노출 효과를 일반화하기보다는, 구체적인 미디어 내용 또는 내용상의 변화와 이슈의 중요성에 대한 구체적인 공중의 지각 사이의 인과 관계를 제안하는 데 그 특징이 있다.

코시키는 의제 설정 연구의 가치를 평가할 때 특별한 의미를 지니는 여러 개의 측정된 이슈들을 밝혀냈다(Kosicki, 1993). ① 거시적 측정 대 미시적 측정, ② 직접적 측정 대 조건부 측정, ③ 태도 측정 대 행동 측정, ④ 변화 측정 대 안정화, ⑤ 장기 측정 대 단기 측정.

의제 설정의 본래 개념은 대중의 관심을 끄는 사선과 일치하는 미디어 보도의 총체적인 양과 관련된다(McCombs & Shaw, 1972). 초기에는 이러한 미디어 '효과'가 서베이 응답자들로 구성된 큰 그룹이나 표본들 사이에 나타나는 집합적인 인지 수준에서 측정되었다. 이런 과정에서 연구자들은 한 차원 이상으로 고려될 수 있는 의제 설정을 인식하였다. 그룹 수준이나 개인적 수준에서 측정된 의제 설정 사이에는 차이가 있을 수 있고, 단일한 쟁점이나 복합적 쟁점에서의 의제 설정 사이에도 차이가 있을 수 있다(McCombs, 1981).

미디어 효과는 아마도 모두에게 같은 방식이나 동등한 확률로 발생하지 않는다. 어떤 경우에는 미디어가 수용자에게 직접적인 효과를 발휘하지만, 어떤 경우에는 미디어 효과가 다른 요인들에 잠정적으로 작용한다. 이슈에 대한 개인적인 흥미, 신빙성의 근원에 대한 지각, 소비된 미디어의 범위 등은 모두 미디어 의제 설정 효과를 조정할 수 있다(Iyengar & Kinder, 1985; Weaver, 1977).

의제 설정은 주로 미디어 효과를 설명하기 위한 정보 처리 접근 *information processing approach*과 관련된다. 이것은 태도 연구를 벗어난 것이지만 종속 변인으로서 행동적 측정을 포함시키지도 않았다. 그러나 이 규칙에 대한 몇 가지 예외적인 연구들이 나오기도 했다(Kepplinger & Roth, 1979; Roberts, 1992). 의제 설정은 미디어가 이슈를 다루는 방식에 따라 공중의 반응에 변화가 야기된다는 인과 관계의 가설을 제안한다. 방법론적인 관심은 '의제 맞추기' 과제 이상의 것이 아닌 횡단적 분석

cross-sectional analyses 연구들에서 나온다. 미디어 의제와 공중 의제의 분석에는 양자 사이에 존재하는 가능한 인과 관계에 대한 적합한 연구를 수행할 수 있게 하는 시간의 경과가 필요하다. 그러나 이러한 조건이 충족되더라도 조사에 근거한 대중 의제 연구는 대부분 인과 관계를 증명하기에는 불충분하며, 인과 관계의 증명에는 실험적 접근이 더욱 적합하다(Iyengar & Kinder, 1987).

오직 시간적인 측면에서 하나 또는 두 시점에서 측정된 미디어 내용의 보도와 공중의 지각에 대한 한 번 혹은 두 번에 걸친 연구들에서는, 의제 설정 관계를 확립하기 위해 필요한 민감도 *sensitivity* 가 부족하다. 예를 들어, 살웬은 폐기물 처리, 수질, 소음 공해 같은 환경에 관한 7가지 이슈를 다룬 미시간주의 세 신문의 내용을 33주간 분석하였다(Salwen, 1986). 공공 의제는 세 시점에서 300번의 전화 인터뷰로 측정하였다. 주마다 상정된 미디어 의제 가운데 환경 관련 이슈의 경우에는 미디어 보도가 5~7주간 축적된 후에 처음으로 공중 의제에 대한 미디어 의제의 효과가 발생하였다. 공중 의제에 대한 미디어 의제의 영향이 최고조에 이른 것은 주간 미디어에서 8~10주 정도 보도를 한 시기였다. 그 후 시간이 경과함에 따라 상관 관계가 감소하였다.

의제 설정 연구가 직면한 또 다른 방법론적 문제는 직접 경험의 효과를 뉴스 보도 범위의 효과와 분리하는 일이다. 미디어는 공중 의제를 결정하는 여러 잠재 요소들 가운데 하나이다. 이슈의 심각성에 관한 실제 세계의 척도들은 그 이슈를 공론화함으로써 중요성을 부여하는 데 영향을 준다(Behr & Iyengar, 1985). 대개는 경제적인 영역에서 눈에 띄는 몇몇 이슈들은 직접적으로 느낄 수 있다. 예를 들어, 실직자들은 실업이 중대한 국가적 문제라는 사실을 뉴스를 통하지 않고도 깊이 인식하고 있다. 자신의 집에 강도를 당했던 사람은 범죄 뉴스 보도와는 상관없이 중요한 문제로서 범죄를 인식하게 된다. 개인적 경험은 공중 의제를 개개인이 더 심각하게 받아들이는지 덜 심각하게 받아들이는지에 영향을 준다. 로저스와 디어링은 의제 설정 연구가 실제 현실 세계의 척도를 포함할 때 이론적, 경험적으로 강화될 수 있다고 말하였다(Rogers & Dearing, 1988). 이와 같은 연구는 미디어가 의제 설정에 미치는 구체적인 영향을 설명할 때 외부 변수를 조정함으로써 방법론적으로 강화할 수 있다.

4) 실험적 연구

몇몇 의제 설정 연구들에서는 미디어 의제라는 독립 변인을 통제하여 그것이 공중 의제에 영향을 주는 범위를 측정한다. 1980년대 아이엔거와 그의 동료들의 일련의 연구에서 미디어 내용과 그 내용에 대한 노출을 통제하기 위해 실험적 방법이 적용되었다. 이러한 연구들은 실험실 실험과 현장 실험의 조합으로 이루어져 왔다.

이 일련의 연구들 중 초기의 한 연구에서, 아이엔거와 그의 동료들은 몇몇 가구에게 돈을 지불한 후 연구자들이 제작한 특별한 TV 뉴스 프로그램들만을 보도록 한 현장 실험의 결과를 보고하였다(Iyengar et al., 1982). 연구자에 의해 구성된 TV 뉴스 프로그램에서 국가 방위를 강조했을 때, 이 이슈는 가구들에게 더욱 중요한 것으로 인식되었다. 두 번째 현장 실험에서는 오염 관련 화제를 통해, 그리고 세 번째 실험에서는 인플레이션 관련 화제를 통해 이와 유사한 의제 설정 '효과'가 나왔다.

더욱 진전된 두 개의 실험에서, 아이엔거와 그의 동료들은 이미 방송된 뉴스들을 토대로 특별히 편집한 TV 뉴스 방송을 대학생 표본 집단에 보여 주었다(Iyengar et al., 1984). 여기서 연구자들은 특별한 이슈에 대한 40분짜리 단일 보도물 안에 포함된 이야기들의 수를 조작하였다. 예를 들어, 첫 번째 실험에는 세 가지 조건이 있었다. 특별히 편집된 뉴스 프로그램들 중의 한 가지 버전에서는 에너지에 대한 여섯 가지 이야기가 제공되었고, 또 다른 버전에서는 세 가지의 이야기가 제공되었으며, 마지막 버전에서는 에너지 관련 이야기가 제공되지 않았다. 연구의 핵심은 카터 대통령의 에너지 관련 업무 수행에 관한 것들뿐만 아니라 그의 일반적인 업무에 관한 학생들의 지각에 관한 것이었다. 에너지 문제가 강조된 이야기에서 보여진 대통령의 업무 수행에 관해서는 부정적인 반응이 나타났으며, 이러한 이야기들이 노출된 실험 연구들이 많아질수록 대통령에 대한 그들의 평가는 더욱 비판적이 되었다.

아이엔거는 개인들의 마음 속에서 이슈가 구조화되는 방법에 대한 TV 뉴스의 영향력을 조사하였다(Iyengar, 1991). 특히, 그 연구는 TV가 정치적 이슈들에 대한 시청자의 신뢰도에 어떻게 영향을 주는지와 뉴스에서 쟁점들이 보도되는 방식이 여론 형성에 특별한 영향을 주는지에 관한 조사였다. 아이엔거는 내용 분석에서 증거를 도출하는 방법, 현장 실험과 전국적 조사 자료의 상관 관계 분석 등의 복합적 방법을 사용하였다. 내용 분석은 공공 이슈가 TV 뉴스 보도에서 주제 또는 에피소드 중심으로 구성되는 정도를 확인하기 위해 사용되었다. 특별한 뉴스 구성이 신뢰도에 미치는 영향을 엄밀하게 검증하기 위해 현장 실험을 실시하였다. 정치적 의견과 태도의 신뢰도 효과에 관련된 일반화된 증거는 전국 조사를 통해 얻어졌다.

이 연구에서는 두 범주의 주요 이슈들과 구체적인 정책 결정에 관한 책임 귀인을 조사하였다. 그 두 범주는 대중의 안위(법과 질서)에 관한 이슈와 사회적 또는 경제적 복지에 대한 이슈였다. 법과 질서의 범주는 범죄와 테러리즘으로 이루어져 있었고, 사회적 복지의 범주는 빈곤, 실업, 인종 차별에 대한 구체적인 이슈로 구성되어 있었다.

대학 TV 뉴스가 수집하여 보존한 ABC, CBS, NBC 네트워크의 일간 네트워크 뉴스 방송에 대한 구두 요약이나 '발췌'를 이용하여 내용 분석이 이루어졌다. 이러한 발췌들은 뉴스 내용을 상당히 압축한 것이었다. 핵심어 검색을 통해 관련 이슈들을 검색하였다. 다섯 주제의 범주로 구분된 이야기들은 일화적 또는 주제적 구성 관점 *perspective* 을 통해 한층 더 심도 있게 분류하였다. 일화적 이야기들은 주로 이슈들을 구체적 예나 사건으로 묘사한 반면, 주제적 이야기들은 집합적인 결과, 공공 정책 토론, 혹은 역사적 조류라는 의미에서 이슈들을 더욱 일반적으로 묘사하였다. 언어적 요약에 기반을 두고 적용된 이야기 분류를 타당화하기 위해, CBS가 방송한 이야기의 일부를 한정적이나마 시각적으로 분석하는 방법을 취한다.

TV 뉴스 방송에서 정치적 이슈가 어떠한 형식으로 틀 지어지는지를 조작하는 현장 실험들이 설계되었다. 예를 들면, 가난에 대한 이야기를 소개하는 한 실험에서, 실험 참여자들의 한 그룹은 주제적 구성으로 이루어진 이야기를 보았고, 다른 그룹은 일화적 구성으로 이루어진 이야기를 보았다. 이러한 9개의 미디어 틀 짓기 framing 실험은 'TV 조사'에 참여함으로써 금전적 보상을 받는 공동체의 참여자들을 신문과 광고를 통해 모집하여 실시한다. 참여자들은 실험실을 방문하여 지난해에 방송된 뉴스를 무작위로 선택해 편집한 편집물을 보게 되었다. 그 후 그들은 그들이 본 것에 대한 반응을 하게 되어 있는 설문지를 완성하였다. 그들에게는 7개의 뉴스 이야기가 있는 20분짜리 비디오 테이프를 보여 주었다. 네 번째 이야기는 실험적 조작이 가해진 것이었다. 이 이야기는 실험적 설계에 따른 여섯 개의 표적 이슈들 가운데 하나로 구성되었다. 이 부분을 제외하고 비디오 테이프들은 동일한 것이었다. 녹화된 뉴스의 시청이 끝난 후 참여자들은 분리된 방에서 개인적으로 사후 조사 설문지를 작성하였다. (설문지의) 질문들은 표적 이슈에 대한 귀인과 책임 소재뿐만 아니라 대통령의 업무 수행, 그리고 다른 공적인 인물들, 집단들 그리고 기관들의 능력과 성실성을 포함한 다른 문제들에 대한 지각들도 조사하였다.

원인의 귀인과 책임 소재는 개방형 질문을 통해 도출되었다. 특히, 개개인은 "당신의 의견으로는, ……의 가장 중요한 원인은 무엇입니까?" 그 후 그들은 "당신이 ……을 감소시킬 방법을 제안 받는다면, 당신은 무엇을 제안하시겠습니까?" 등의 질문을 받았다. 각 개인은 더 이상 재촉 받지 않고 자유롭게 대답할 수 있었다. 각 질문에 대한 반응은 네 가지로 분류하여 코딩하였다. 두 명의 코더 *coder* 들이 각 설문지를 읽고 응답을 분류하였다. 귀인과 의견 간의 관련성을 조사하기 위해 상관 관계 분석을 사용하였다. 이러한 조사는 실험과 다양한 전국적 여론 조사 *national opinion polls* 에서 얻은 자료를 이용하여 수행되었다. 여론은 두 범주에 관련된 서베이의 분석으로 조사한다. 대통령의 업무 수행 및 그의 능력과 성실성에 관련된 질문이 포함된 **정부에 대한 일반적 평가**, 그리고 특별한 이슈와 관련된 영역(예를 들면, 실업률 감축)에서의 대통령의 업무 수행 평가, 응답자의 특정 정책 선호, 및 다른 이슈들과 관련된 많은 개인 혹은 집단에 대한 응답자들의 느낌 등을 포함한 **이슈 관련 의견**이 그 두 범주였다.

의제 설정 연구는 제한된 효과의 개념에서 좀 더 발전한 것이다. 그것은 미디어가 일정한 부류의 대중에 대해 주목할 만한 효과를 발휘할 수 있다는 개념을 포괄하면서 더 진전시킨다. 영향력 있는 미디어 효과의 수준은 대중이 현재 가장 중요한 사건과 이슈를 지각하는 데 영향을 미친다. 미디어는 특정한 이야기나 화제에 대한 주목을 이끌어 내고 사람들이 그것에 대해 이야기하도록 고무시킨다. 몇몇 미디어 학자들은 미디어의 이런 효과가 이보다 더 강력하다고 말한다. 인지적 수준에서 미디어는 대화의 주제에 영향을 줄 뿐만 아니라 사람들이 화제에 대해 생각하는 방식을 형성하기도 한다. 세계에 대한 어떤 관점을 묘사할 때, 미디어는 사회적 실재에 대한 지각과 신념을 계발할 수도 있다.

2. 신념과 의견의 계발 효과

인지적 수준의 미디어 영향의 또 다른 형태는 외부적 실재와 관련된 공중의 신념 및 지각을 형성할 수 있는 미디어 노출의 잠재력과 관련된다. 계발 이론은 주로 사회적 지각의 차원에서 작용하는 장기간의 미디어 효과를 증명하기 위한 분석 모델을 위해 도입되었다.

거브너는 현대 미디어 가운데 하나인 TV가 사람들의 일상에서 중심이 되는 위치를 획득해 왔으며 '상징적 환경 *symbolic environment*'을 지배한다는 가설을 세웠다(Gerbner, 1972). 사회적 실재에 대한 TV의 메시지들은 개인적 경험 또는 세계에 대한 정보의 다른 근원들을 바꾸어 놓거나 무시할 수 있다. 그러나 'TV, 특히 TV의 허구적 드라마 프로그램에 의해 두엉뇌는 사회적 실재'는 항상 정확하게 사회적 '현실성 *actuality*'을 반영하지는 않는다. 그러므로 TV 세계에 지속적으로 노출됨으로써 궁극적으로 사회의 다른 관점들 이상으로 TV가 보여 주는 관점을 채택하게 될 수도 있다.

거브너는 TV가 상당한 깊이와 침투력을 갖추고 있는 힘 있는 문화적 실체라고 논의하였다. TV는 전통적인 신념, 가치, 행동의 체계를 위협하거나 변화시키거나 약화시키기보다는 유지, 안정, 강화하는 확립된 사회적 산업 질서의 한 축이다. TV의 주요 효과는 문화화(文化化, *enculturation*)이다. 즉, TV는 안정성과 현재 상태의 수용을 계발한다. 그러나 TV가 단독으로 변화를 최소화하는 것이 아니라 다른 중요한 문화적 제도와 함께 현상 유지를 추구한다(Gerbner & Gross, 1976).

거브너에 따르면, 그 역할이 신화를 말하는 것이라는 점에서 TV는 종족의 조상, 종교와 심지어는 공식적인 교육까지도 대신한다. 공통의 의식들 *rituals* 과 신화 *mythology* 는 "상징적 사회화와 통제의 매개체"로서, 그리고 "기준과 가치를 극화함 *dramatizing* 으로써 사회에 어떻게 작용하는지를 보여 주는" 것으로 기능했기 때문에 사회를 위해 중요하다(Gerbner & Gross, 1976: 173).

계발 접근은 폭력의 주역보다는 오히려 희생자들에게 동조하는 다른 분석적 틀과는 다르다. 예를 들어, TV 드라마라는 복합적 세계에서 어떻게 폭력적으로 행동하는가에 의해 교훈이 얻어질 뿐만 아니라 공격으로 인해 사회적 집단이 고통 받는 모습을 통해서도 얻어진다.

희생시킴 *victimization* 이 되풀이되는 형식은 TV 세계의 권력 구조를 상징적으로 보여 준다. 이런 양식들을 시청자들이 학습하여 그들의 실제 세계에 대한 인상이 달라질 수도 있다. 거브너에 의하면, 어떤 개인들의 집단이 TV에 거의 등장하지 않거나 거칠게 다루어지는 폭력적인 상징 세계를 지속적으로 경험할 때의 효과는, 간헐적인 폭력 행동의 경우보다 훨씬 더 큰 영향력을 지닌다고 간주된다.

거브너와 그의 동료들은 TV의 독립된 부분보다 오히려 'TV의 총체적 현상'을 조사할 필요가 있다고 주장하였다(Gerbner et al., 1979: 179). 그들은 문화적 지표 *cultural indicators* 라고 부르는 분석 틀을 고안하였다. 이 모델은 정보가 TV의 극단적인 속성에서 학습되고 사회적 실재에 관한 개인적 개념을 통해 구체화된다는 전제에서 시작한다. 개인적으로 보고된 TV 시청 습관과 특히 TV 시청 시간의 양, 사회적, 문화적 환경에 대한 지각 사이의 관계 분석을 통해, 태도, 신념과 사람들이 그들이 사는 세계에 대해 가지고 있는 가치에 TV가 공헌한 바를 드러낼 수 있게 되었다.

개념적으로, 문화적 지표 설계에는 TV 내용, 수용자, 그리고 양자 사이의 기능적 관계의 속성에 대한 두 개의 광범위한 가설이 포함된다. 첫 번째 가설은, 진실 또는 허구 또는 '실재 *reality*'가 프로그램으로 공급되는지의 여부와 관계없이 TV의 이미지는 사회적 환경에 대한 고정된 개념을 계발하는 것으로 가정된다. TV에서의 폭력 사용을 통해, 예컨대 TV의 주요한 기능은 다양한 유형의 사람들의 특성과 지위, 그리고 사회 속에서의 권력의 분포에 대해 수용자에게 가르치는 것이다.

두 번째 가설은, TV 시청의 비선택적인 속성 또는 의례화된 속성과 관련된다. 거브너와 그의 동료들에 의하면 "TV 수용자들은 프로그램에 의해서라기보다는 시간에 따라 비선택적으로(수동적으로) TV를 시청한다(Gerbner et al., 1979). TV 시청은 하나의 의식이며, 더 규칙적으로 출석한다는 점을 제외하면 거의 종교와 같다." 따라서, TV를 보기 위해 개인적으로 더 많은 시간을 소비하면 TV의 극단적인 내용에 의해 사회 문화적인 신념이 더 많은 영향을 받게 됨을 의미한다. 장시간 TV를 시청하는 사람들에게 있어서 TV는 세계에 대한 모든 정보를 제공하는 역할을 한다. 이러한 현상은 하루에 4시간 이상 TV를 보고 그 세계에서 생활하는 **중시청자** *heavy viewer* 라는 개념을 등장시킨다 (Gerbner & Gross, 1976). 보통 중시청자들은 TV에 의해 전달되는 사건과 사람들에게 편견을 갖는 시청자라는 점에서 시청을 적게 하는 사람(경輕시청자)과 다른 반응을 보인다. 이는 중시청자들이 TV를 더 많이 시청하기 때문에 발생하는 기능이라고 판단된다.

방법론적으로, 문화적 지표 설계는 두 수준의 경험적 분석으로 구성되어 있는데, 첫째는 TV 드라마의 상징적 세계에 대한 메시지 구조를 연구하는 것이고, 둘째는 개인이 그것을 둘러싼 세계를 인지하는 방식에 미치는 영향을 연구하는 것이다.

전통적 문화 지표 연구는 TV 드라마의 내용 평가에서 시작되었다. **메시지 시스템 분석**이라고 불리는 부호화된 기술을 거브너가 개발했는데, TV가 제공하는 상징적 메시지를 확인하기 위해 TV 드라마를 모니터하는 것이다. 이러한 분석은 TV에 등장한 사람·사건의 비율 *proportions* 과 현실 속 삶에서 사건의 실제 발생 사이에 큰 불일치를 드러낸다. 예를 들어, 여자, 소수 인종, 노인들은 실제 세계에서 그들이 차지하는 비율에 비하여 TV 드라마 프로그램에 많이 드러나지 않는 경향이 있고, 동시에 아직도 TV는 이들을 폭력적 행동의 희생자로 묘사하는 경우가 흔하다. 법률 집행자들, 범죄자들, 그리고 다양한 전문직 종사자들 혹은 산업 관련 기관들 같은 다른 사회적 집단들(예를 들어 의사, 법률가, 기자 등)은 현실 속에서 보다 더 많이 등장하고 미화되는 경향이 있다.

TV의 허구적 세계는 각 개인의 어떤 사적인 속성을 강조한다. 그래서 여자는 젊고 매력적으로 보여지고, 사적인 일과 낭만과 가족 활동을 주로 다루는 경향을 보이지만, 전문적인 직업 문제에 있어서는 흔히 소홀한 경우가 많다. 반면에 남자는 전문적 영역에서 우위를 차지하며, 또한 일반적으로 여자보다 더 능력 있고 결단력 있는 모습을 보여 준다(Guner, 1997; Tuchman, 1978 참조하라).

TV 속에 드러나는 노인들의 모습을 관찰해 보면 나이를 먹는 것이 일반적으로 매력적인 과정으로 지각되지 않는다는 것을 보여 준다. 노인들은 보통 매우 의존적이고, 육체적·지적으로 부족하게 묘사된다. 희생의 유형에 대한 조사(예를 들면, 폭력적인 신체 공격의 목표로 지각되는 것)는 젊은 남성보다 여자와 노인이 폭력의 희생자로 더 적합하다는 일반화된 경향을 보여 준다(Gunter et al., 1977, 1978, 1979).

다양한 그룹과 기관들에 대한 TV의 고정 관념화된 방송을 통해서, TV는 강자나 정의로운 자가 지배하는 권력 구조로 드라마틱한 세계를 표현한다. 반면 약자 또는 강하지만 부패한 자들은 억압받고 제거되는 것으로 표현된다. 이런 분석 단계에서의 중요한 의문은, 시청자들이 TV의 이미지들을 사회적 실재의 개념들과 동일시할 것인지에 관한 것이다.

TV 드라마의 진행과 문화적 메시지 보급 체계의 중요성을 조사하기 위해 거브너와 그의 동료들은 수용자 반응 측정에 기반을 둔 평가의 두 번째 단계를 개발했는데, 이것은 계발 효과 분석이라 불린다. 본질적으로 이 기술은 TV 시청량이 많은 사람들의 신념과 태도에 영향을 주는 'TV 편향성 biases'을 양적으로 측정하는 것이다. 이런 분석 형태의 목적은 시청자들의 사회적 개념이 현실 세계나 혹은 다른 관점보다 TV 드라마 세계와 더욱 근접하게 유사한지 그렇지 않은지를 확인하는 것이다.

성별, 나이, 사회적 계급, 학식, 반응 등과 같은 인구 통계학적 요인들을 통제한 상태에서 경시청자(예를 들어, 하루에 2시간 미만 TV를 시청하는 사람)와 중시청자(예를 들어, 하루에 4시간 이상 TV를 시청하는 사람)를 비교한다. '전형적인 TV 응답'에서 나타나는 경시청자와 중시청자의 응답 비율 차이는 사회적 실재에 대한 잘못된 개념의 정도를 보여 주는 **차별적 계발 효과**가 TV 영향의 결과로 인한 것임을 알려 주었다.

거브너 연구팀의 보고에 따르면, 인구 통계학적으로 그 효과를 설명할 때 청소년들이나 어른들 모두 TV 시청을 많이 하는 것은 TV 편향적인 세계관과 관련이 있었다(Gerbner et al., 1977, 1978, 1979).

1) 내용 분석 요소

문화적 지표 프로젝트 *cultural-indicators project* 는 출판된 논문 가운데 TV 드라마 산물에 대해 가장 광범위한 교차 시간 분석 *across-time analysis* 을 보여 준다. 이 연구는 1967~8년에 폭력의 원인과 그 예방에 대한 국가위원회(National Commission on the Causes Prevention of Violence)를 위한 연구로 시작되었다. 그것은 TV와 사회적 행동에 대한 외과의들의 과학 자문위원회(the Surgeon General's Scientific Advisory Committee on Television and Social Behavior)와 국가 과학 재단(the National Science Foundation), 그리고 다른 기관들의 후원 아래 지속되었다.

이러한 작업의 내용 분석 구성 요소는 매년 모든 주요한 네트워크에서 방영되는 프라임 타임과 주말 오후의 TV 산물의 표본에 대한 모니터링을 포함한다. 분석은 뉴스, 다큐멘터리, 쇼, 스포츠 프로그램 등의 극적 내용물에 제한되고, 스포츠 프로그램은 코딩에서 제외되었다. 폭력에 대한 단순한 규범적 정의가 인용된다. "자신이나 다른 사람에 대한 물리적 힘의 명백한 표현으로서, 다치거나 죽을 때 혹은 남을 해치거나 살해할 때의 고통과 관련된 자기 의지에 반하는 어쩔 수 없는 행동"(Gerbner, 1972). 이러한 정의는 폭력적 행동의 속성과 빈도, 폭력의 가해자와 피해자, 폭력이 발생한 장소 등을 기록하기 위해 훈련된 코더가 실제 프로그램에 적용한다. 이러한 과정을 통해 얻어진 측정들의 특정한 조합으로부터 '폭력의 프로파일 *violence profile*'이 도출되는데, 이는 TV 드라마 프로그램에서 묘사된 폭력의 양에 대한 객관적이고 의미 있는 지표를 뜻한다.

폭력의 프로파일은 두 개의 지표로 구성된다. 그것은 3장과 6장에서 세부적으로 설명했던 폭력 지수와 위험 비율이다. 그 프로파일은 제한적 행동의 발생, 폭력의 결과, 가해자 또는 피해자로서의 등장 인물 등을 포함하는 여러 측정치들을 결합한다.

거브너와 그의 동료들은 10년에 걸쳐 모니터한 황금 시간대 프로그램의 모든 등장 인물의 30%와 **주요** 등장 인물의 60% 이상에 가해자, 피해자 또는 양쪽 모두로서 폭력에 개입된 반면, 10년간의 미국 통계 조사 자료에 의하면 실제 인구 모집단의 0.3% 정도만이 폭력에 개입되는 경향이 있다고 보고하였다(Gerbner et al., 1978). 거브너의 조사 집단은 시청자들이 이러한 내용 양식을 학습하고, 내용 양식으로부터 결론을 도출하여 그들의 실제 세계에 대한 지각을 일반화한다고 주장하였다.

거브너의 측정 체계에 관한 의문도 제기되었는데, 특히 복합적 폭력 지수 산출에 대한 여러 가지 구별된 측정을 한 가지로 합산한 것에 관한 비판이다. 그 의혹들은 주로 거브너의 측정에서 같은 부류로 묶인 부분에 대한 것이었다(Blank, 1977a, 1977b; Coffin & Tuchman, 1972). 어떤 비판자는 폭력 지표의 구성 요소에는 폭력적인 요소뿐만 아니라 비폭력적인 요소도 포함되어 있기 때문에 폭력 지표가 TV상의 폭력에 대한 타당한 측정치가 아니라고 지적하였다. 예를 들어, 폭력 지수의 한 성분은 화면상에서 폭력 장면에 등장하는 주요 배우들의 수이다. 이것은 TV상의 폭력 장면의 수가 감소해도 폭력 장면에 포함된 배우들의 수가 증가하면 폭력 지수가 증가한다는 것을 의미한다(Blank, 1977a). 거브너와 그로스는 지표들이 정의상 임의적인 관계이며, 폭력 지수는 그 점수의 변화 이면에서 폭력 요소들이 변하는 것을 분석하도록 이끄는 직관적 도구의 역할을 한다고 주장한다(Gerbner & Gross, 1976). 그러나 이 주장은 그들의 지표에 나타나는 명백한 TV 폭력 수준의 변화가 폭력 발생 빈도의 변화가 아닌 폭력의 속성 변화로 인해 나타나는 경우를 설명하지 못한다.

2) 계발 효과 분석

계발 효과 분석이라 불리는 연구 방법을 통해, 거브너와 그의 동료들은 극적 프로그램, 폭력적 프로그램, 액션 – 모험 프로그램을 장시간 시청하는 사람들은 세상에 대해 TV의 비교적 밝은 면을 접한 개인들과는 다른 신념을 가지는 경향이 있음을 밝혔다(Gerbner & Gross, 1976; Gerbner et al., 1978, 1979). 그러므로, 중시청자들은 실제 세계에서 발생하는 폭력의 빈도에 대한 그들의 지각에서 측정 가능한 'TV 편향'을 드러내는 경향이 있다. 그들은 또한 경시청자에 비해, 법 집행에 종사하는 사람들의 수와 폭력 범죄에 개인적으로 개입될 확률을 더 높게 추정했고, 범죄에 대한 공포도 더 높게 나타났다.

계발 효과 분석과 관련하여, 원래의 조사 결과를 액면 그대로 받아들일 수 있는지를 결정하기 위해 면밀히 검토할 필요가 있는 방법론적 이슈들이 많이 있다. 핵심적인 이슈는 TV 시청과 사회적 실재의 지각에 사용되어 온 조작적 정의와 관련되며, 이 측정치들과 연결 가능한 다른 중요한 변인들은 통제되어 왔다. 대부분의 계발 효과 연구에는 조사 자료가 사용된다. 그러나 어떤 연구들은 실험적 방법론을 사용하고, 시청자들의 사회적 실재에 대한 지각 측정 이전에 시청자들이 노출되어 온 TV 내용을 조작한다.

(1) TV 시청 측정

계발 효과 분석의 핵심적인 주장은 '중시청자'가 '경시청자'와 사회적 실재에 대한 지각이 다르다는 것이다. 이러한 차이의 존재, 양적인 측정, '중시청자'는 얼마나 의미 있는 개념인가 등의 문제를 확립하기 위해서는 무엇이 '중시청자' 또는 '경시청자'를 구성하는가를 정의해야 한다. 이 질문에 대답하기 전에, 연구에서 TV 시청을 측정하기 위한 방법을 결정해야 한다. 거브너는 매일의 시청 시간에 대한 시청자 자신의 평가에 기초하여 시청자들을 '중 *heavy*, 보통 *medium* 또는 경 *light*'

으로 분류하였다.

허쉬는 시청자에 대한 이러한 분류를 비판하였다(Hirsch, 1980). 그는 '경시청자'와 '중시청자'에 대해 서로 다른 정의가 거브너 연구팀 내의 다른 연구에서 이용된다고 지적하였다. 예를 들어, 뉴저지 학교 표본 조사에서 하루에 3시간 미만 TV를 보는 경우 아이들은 경시청자로 분류되었다(Gerbner et al., 1979). 성인 표본에서는 하루 두 시간 혹은 그 미만이 경시청으로 정의되었다.

거브너와 동료들이 사용한 원래 조사 자료의 포괄적 재분석에서, 허쉬는 비시청자(전혀 TV를 보지 않음)와 극단적 extreme 시청자(하루에 8시간 이상 시청)라는 새로운 두 유목을 포함시켰다. 1970년대 후반에 발표된 거브너 연구팀의 논문에서 주된 주장은 중시청자들(TV를 통해 배운 교훈에 대해 반응하는 과다 시청자)은 희생에 대한 공포와 사회적 불신 항목에서 높은 점수를 보일 것으로 생각했지만, 허쉬는 이 항목에서 **비시청자**들이 다른 시청자(극단, 중, 보통, 경)보다 높은 점수를 보이는 것을 발견하였다.

시청 스펙트럼의 다른 끝으로 돌아가서, 허쉬는 거브너가 사용한 일련의 조사 항목에서 '중'(날마다 4~7시간 시청)시청자들의 반응과 '극단'(날마다 8시간 이상 시청) 시청자의 반응을 비교하였다. 그는 이러한 과다 시청 범주의 인구 통계학적 구성이 다르다는 것을 발견하였다. 여자, 주부, 퇴직 노동자나 흑인, 교육 수준과 계급이 낮은 계층에서는 중시청자보다 극단적 시청자의 비율이 현저히 더 높게 나타났다.

계발 효과 가설 the cultivation hypotheses 은 TV를 많이 보는 사람들이 적게 보는 사람들보다 더욱 자주 전형적인 'TV 응답'을 제공할 것이라고 제안한다. 거브너 연구팀의 '중시청자'를 '중'과 '극단'이라는 두 개의 하위 그룹으로 나눔으로써 허쉬는 이러한 가설을 검증할 수 있었고, 중시청자와 극단 시청자 두 유형을 단일 범주로 묶는 것이 옳은지를 검증할 수 있었다. 허쉬는 극단적 시청자가 거브너에 의해 사용된 18개의 서베이 항목들 중 11개에 대해 중시청자들이 응답한 것보다 'TV 응답'을 자주하지 않는다는 것을 발견하였다.

시청 시간을 스스로 보고하는 것에 기반을 둔 TV 시청 측정치만으로는 선택 가능한 프로그램 장르가 여럿 혼합되어 있는 TV 환경 안에서 시청량을 다양하게 조절할 수 있는 상황을 설명할 수 없다. 그래서 두 종류의 중시청자들은 그들이 시청하는 프로그램의 실재적인 유형의 측면에서 광범위하게 여러 방법으로 시청량을 조절할 수도 있다. 어떤 중시청자는 폭력과 관련된 심각한 드라마를 많이 볼 수도 있고, 어떤 중시청자는 그런 프로그램보다는 폭력물과는 동떨어진 오락 프로그램을 더 많이 볼 수도 있다.

다른 접근에서는 개인이 시청한다고 주장하는 프로그램들의 측면에서 시청 행동을 측정해 왔다. 거브너가 미국에서 발견한 결과를 다른 국가에서 반복 검증하고자 한 영국의 연구는 일기법으로 시청 행동을 측정하였다. 연구에서 조사 응답자들은 주요 TV 채널에서 방영된 모든 프로그램이 기록된 1주간 시청 일기를 받았다. 서베이 응답자들은 그들이 본 각 프로그램에 대한 감상 점수를 일지에 기록하였으며, 그들이 본 프로그램의 수로 그들의 시청량을 측정하였다. 그러나 TV 시청량이 비교적 적은지 중간인지 혹은 과다한지의 측면에서 시청자들을 구분할 뿐 아니라, 그 자료는 연구자들이 특정한 범주의 프로그램(예를 들어, 드라마)에서의 경, 보통, 중시청자를 구분할 수 있게 한다. 그 자료에서는 또한 특정한 프로그램을 보는 시간의 총량을 산출하는 것도 가능하다. 측정 결과에 따르면 경시청자는 주로 액션 드라마를 보았고, 중시청자도 액션 드라마를 경시청자와 같은 정도로 보았지만, 총체적인 시청 시간 중에서의 비율은 더 낮았다(Gunter, 1987; Gunter & Wober, 1983; Wober & Gunter, 1982, 1988).

이러한 접근은 TV 시청의 총체적인 양은 본질적으로 사회적 실재에 대한 지각을 일정하게 예측하지 못하지만, 특정 장르의 시청량은 때로 범죄나 폭력에서 비롯되는 위험에 대한 지각을 더욱 의미 있게 예측함을 보여 주었다.

(2) 사회적 실재에 대한 지각 측정

사회적 실재에 대한 지각은 어떤 사건(예를 들어, 범죄)이 발생한 빈도, 특별한 집단 혹은 기관(예를 들어, 의사, 경찰관, 변호사)이 사회에 널리 퍼져 있는 정도 prevalence, 일정한 활동(예를 들어, 폭력적 공격의 피해자)에 개인적으로 관여될 가능성의 지각, 사건, 더욱 일반화된 불안(예를 들어, 범죄에 대한 공포), 또는 견해(예를 들어, 다른 사람이나 공공 기관에 대한 불신)에 다른 사람이 관여될 가능성에 대한 지각 등을 포함한다.

거브너와 그의 동료들은 사회에서의 범죄의 발생과 법 집행 대리인들에 대한 질문에 대해 중시청자와 경시청자의 응답을 비교했는데, 두 종류의 반응이 도출되었다. 그 하나는 'TV 응답'의 경우로 내용 분석에서 얻어진 양적 프로그램 측정치, 다른 하나는 '실제 세계 응답'의 경우로 공식적인 통계 자료이다(Gerbner et al., 1977). 이러한 연구에서 어떤 종류의 폭력에 개인적으로 개입될 가능성(TV 응답은 '10개 가운데 하나 정도,' 실제 세계 응답은 '100개 가운데 하나 정도'), 법 집행과 범죄 색출 영역에서 일하거나 그런 직업을 가진 모든 사람들의 비율(TV에서 '5%,' 실제 세계에서 '1%'), 살인, 강간, 강도, 폭행 등 각종 범죄의 발생 확률(TV에서 '25%,' 실제 세계에서 '15%'), 가장 치명적인 폭력이 주로 낯선 사람들 사이에서 생기는지(TV 응답) 아니면 친척이나 아는 사람들 사이에서 생기는지(실제 세계 응답)에 대한 4개의 질문이 제시되었다.

이러한 4개의 질문을 성인으로 구성된 두 표본과 청소년으로 구성된 두 표본에 제시했으며, 모든 경우에 중시청자는 'TV 응답'을 지지함으로써 경시청자에 비해 사회에서의 폭력 발생률을 유의하게 과대평가하는 경향을 드러냈다. TV 시청의 양과 폭력에 대한 지각 사이의 이러한 관계는 주요한 인구 통계학적 변인인 성별, 연령, 교육, 그리고 청소년 표본에서 IQ를 통제했을 때에도 유지되었다.

계발 효과 가설은 TV의 허구적 세계에 정기적으로 노출됨으로써 왜곡될 수 있는 사회적 환경 속의 범죄와 폭력 발생에 대한 지각뿐만 아니라, 사람들이 자신이 범죄의 희생자가 될까 두려워하는 정도에 관한 가설도 제안하였다. 사회적 실재에 대한 인식은 지각된 환경적 위험에 대한 정서적 반응을 일으키는 감정의 영역에까지 일반화되는 것으로 믿어졌다. 이러한 정서적 반응을 증명하기 위해, 거브너와 그의 동료들은 폭력과 범죄의 발생, 법 집행자와 범죄자 관련 질문에 대한 답을 얻었을 뿐만 아니라, 성인과 청년으로 구성된 큰 표본에서 얻은 자료를 조사하였다. 거브너는 만일 TV를 시청하는 것이 범죄 행동이 널리 퍼져 있다는 생각을 과장시킨다면, 그것은 또한 폭력적 범죄와 개인적 위험에 대해서도 과장된 공포를 일으킬 수 있다고 주장하였다.

이러한 문제를 더욱 깊이 연구하기 위해, 거브너와 그의 동료들은 뉴저지 학생 표본과 1976년 미국 선거 연구에서의 개인 표본, 1977년 국가 여론 연구 센터(National Opinion Research Center: NORC)의 일반적 사회 조사 표본을 통해 TV 시청 경향과 밤에 홀로 도시를 걸을 때의 두려움 사이의 통계적 관계를 계산하였다(Gerbner et al., 1978). 하루에 4시간 이상 TV를 본다고 주장하는 사람들의 반응과 하루에 2시간 미만 TV를 본다고 말하는 사람들의 반응이 대조적이었다. 이러한 표본에서 중시청자는 경시청자보다 현저히 더 두려워하는 경향이 있음이 밝혀졌다.

(3) 중재 요인 통제

거브너의 연구에 대한 두 가지 도전이 미국 내 학자들로부터 제기 되었는데, 그들은 사회적 지각이나 TV 시청량에 독립적으로 영향을 미칠 수 있는 어떤 외생 변수를 적절히 통제했는지에 의문을 제기하였다. 비록 거브너와 그의 동료들은 응답자의 성별, 연령, 지위와 교육을 통계적으로 통제했지만, 이 통제는 한 번에 하나씩 제외시킨 것이었다. 게다가, 거브너가 제3의 변인을 선택적으로 통제해왔던 것에 대한 비난도 있다. 선택적으로 고려하지 않은 듯한 다른 인구 통계학적 요인들 중에도 통제 요인으로 도입될 만한 것들이 있었다.

휴즈는 새로운 인구 통계학적 변수들을 도입하면서 동시에 인구 통계학적 요인들을 통제하여 연구를 한층 더 발전시켰다(Hughes, 1980). 그가 사용한 통제 변인들은 연령, 성별, 인종, 교육, 소득, 주당 근로 시간, 신앙 생활 여부, 거주지의 크기 등이다. 이런 변수들의 일부는 TV 시청량과 의미 있게 관련되어 있고 다른 일부는 그렇지 않다. 예를 들어, 주당 근로 시간이 얼마인지를 통제 요인으로 택했을 때, 시청자의 성별과 TV 시청 사이에 있던 처음의 밀접한 관계가 사라졌다. 이것은 여성이 남성보다 더 많이 TV를 시청하는 이유가 아마도 집 밖에서 일하는 시간이 조금 더 적기 때문일 수 있다는 것을 보여 주었다.

일정 범위의 인구 통계학적 요소를 동시에 통제하면서 거브너와 그의 동료들처럼 TV 시청량과 다섯 개의 사회적 지각 간 관계를 조사한 결과, 휴즈는 거브너 등이 주장한 다섯 개의 관계들 중 단 하나만 여전히 유효하다는 것을 발견하였다(Hughes, 1980). 밤에 홀로 걷는 것에 대한 두려움은 시청량과의 관계에서 역으로 뒤집어지는 결과를 얻었고, 이는 TV를 보는 개인들이 밤에 홀로 주변 동네를 걸을 때 두려움을 느낄 가능성이 **적다**는 것을 나타낸다.

휴즈는 거브너와 그의 동료들이 보고하지 않은, 계발 가설에 반대되는 응답 유형들이 포함된 NORC의 일반 사회 조사 *general social survey* 결과들을 상당수 발견하였다. 이러한 항목의 질문("한 남자가 잘 모르는 한 성인 남자를 때리는 것을 용인할 수 있습니까?")에서, 휴즈는 각각의 인구 통계학적 측면을 모두 고려하더라도, 중시청자들이 경시청자들에 비해 물리적 폭력을 더 선호함을 보이는 사례가 하나도 없다는 것을 알았다. 많은 인구 통계학적 집단들에서, 폭력을 싫어하는 중시청자의 비율은 경시청자의 비율보다 현저히 높다. 휴즈의 말을 인용하면, 이러한 결과는 '여러 표본에서 유사한 결과가 발견되지 않았고, 다수의 통제 변인을 도입하지 못했으며, TV가 신념과 태도의 '계발 효과'를 지지하지 않는 자료 항목을 보고하지 않음으로써, 거브너 연구팀 자신이 과학적 실재를 왜곡시키는 데 기여했을 가능성'을 제시한다(Hughes, 1980: 288).

(4) 실험 연구

계발 효과 분석의 목적은 조사 자료를 통해 시청자의 사회적 지각, 신념, 태도의 수준이 TV 조작의 영향을 받는다는 사실을 지적하는 데 있다. 자기 보고한 TV 시청 자료와 사회적 집단 또는 사건의 주관적 지각 간 상관 관계로는 인과 관계를 증명할 수 없다. 인과 관계는 미디어 노출의 양과 특성을 연구자가 체계적으로 통제하고 응답자가 본 내용에 대한 직접적인 반응으로 구체적인 (내용 관련) 효과를 측정하는 실험 방법을 통해 가장 잘 연구될 수 있다.

실험 연구는 계발 효과의 테두리 안에서 수행되어 왔다. 브라이언트와 그의 동료들은 6주간 TV 시청을 조절하는 통제 집단을 선정하였다(Bryant, 1981). 실험 연구를 시작할 때 응답자들을 테일러의 명백한 불안 목록 Taylor's Manifest Anxiety Inventory 에서 나온 항목의 응답에 기초하여 저불안 – 고불안의 유형으로 분류하였다. 저불안 집단과 고불안 집단의 개인들을 무작위로 3집단의 시청 수준에 할당하고, ① 저수준 정의 묘사, ② 고수준 정의 묘사, ③ 고수준 불의 injustice 묘사 액션 어드벤처 프로그램을 보여 주었다. 정의 묘사 프로그램은 악을 물리치고 정의가 완벽하게 승리하는 내용을 포함하고 있었고, 불의 묘사 프로그램은 질서가 철저히 구현되지 않은 내용을 포함하고 있었다. 시청량 조절은 실험실에서만 이루어졌으며, 응답자들은 밖이나 집에서는 언제든 무엇이든 자유롭게 볼 수 있었다.

6주 후에 불안, 공포와 다른 사회적 신념들도 측정하였다. 응답자들은 더 나아가 TV 포맷 연구의 일환으로 여섯 개의 액션 어드벤처 시리즈 테이프들을 보게 될 것이라는 이야기를 들었다. 후속 단계에서 시청하는 이 프로그램의 수를 통해 액션 드라마에 자발적, 선택적으로 노출되는 측정치를 얻었다.

그 결과는 시청의 양과 유형이 시청자의 불안 수준에 영향을 준다는 것이었다. 경시청자이면서 저불안 시청자 가운데 고수준 정의 heavy-justice 프로그램을 본 시청자는 불안 수준이 약간 증가했으나, 이미 고불안 수준의 시청자들은 불안 수준이 감소하는 경향을 보였다. 불의에 관한 내용이 주기적으로 묘사되는 프로그램을 본 중시청자의 경우는 최초 불안 수준의 고저를 막론하고 불안 수준이 이미 가장 높은 (고불안 수준의 시청자에게 발생하는 정도의) 불안 수준 증가를 보였다. 시작부터 고불안 수준인 사람들은 저불안 수준의 사람들에 비해 종종 자기들이 언젠가 희생될지도 모른다는 신념을 더 강하게 지니고 있었다. 그러나 두 집단 모두에서 액션 어드벤처 프로그램을 시청하는 것은 정의와 관련된 내용의 등장 여부에 관계없이 희생 가능성 지각을 증가시켰다. 희생에 대한 공포는 지각된 확률과 달리 TV 속의 불의 장면 시청이 정의 장면 시청보다 더 공포를 증가시킨다는 사실을 브라이언트 등이 발견하였다. 정의 회복이 반복적으로 나오는 액션 어드벤처 프로그램을 본 중시청자도 불의 장면을 많이 본 시청자들보다 개인적 희생이 따르는 사건에 연루될 가능성을 더 크게 추정하였다.

다른 연구 조사에서 왁슬래그와 그의 동료들은 목록을 보여 주고 영화를 선택할 기회를 주기 전에 개인의 초기 불안 수준을 조작하였다(Wakshlag, 1983). 이 연구의 참가자에게는 범죄에 관한 다큐멘터리 혹은 범죄와 관련 없는 히말라야에 관한 다큐멘터리 두 가지 중 하나를 보여 주었다. 이런 일련의 항목들은 시청 후에 범죄 혹은 희생의 공포에 관한 불안의 정도를 측정하기 위해 고안된 것이며, 이 중 범죄에 관한 다큐멘터리는 매우 강한 불안 반응을 보였다. 그리고 나서 참여자들은 정의의 회복과 희생이 형상화되었다고 독립적으로 평가된 개요를 가진 영화의 주제 항목을 본다. 범죄 다큐멘터리를 본 사람들은 자연의 풍경을 담은 영화를 본 상대편보다 희생은 적고 정의가 회복되는 내용이 담긴 영화를 선택하였다.

강한 성별의 차이도 나타났다. 드라마의 폭력성은 여성보다는 남성에게 더욱 호소력이 컸다. 그러나 이런 성별 차이에 관계없이 TV 드라마에서 폭력의 호소력은 그들 자신이 희생양이 될 수 있는 가능성을 불안해 하는 사람들의 경우에는 상당히 하락하였다. 이 결과는, 희생에 대해 두려움을 느끼는 사람들에게는 폭력이 사실상 오락적인 면에서 반응을 일으키는 요소가 아님을 나타낸다. 그런 사람들에게 폭력은 흥미 없는 것이다.

정의 회복의 효과를 보면, 그것은 남성보다는 여성에게 더욱 호소력을 지니고 있음을 나타낸다. 범죄에 대한 불안을 느끼는 사람들은 정의 회복을 다루는 주제에 더욱 민감하다. 이런 주제를 다룬 드라마의 호소력은 이런 불안과 함께 커 간다. 그러므로 범죄를 두려워하는 사람은 정의가 널리 퍼지고 재건되는 드라마를 보며 안심을 하게 되는 것이다.

(5) 계발 효과 설명

거브너의 계발 효과 모델을 지지하는 많은 연구가 출판되어 왔다. 좀 더 정교한 TV 시청 유형의 분석을 요구하는 학자들까지도 특별한 형태의 TV 내용에 대한 노출과 의미론적으로 관련된 실제 세계에 대한 지각 사이의 관련성을 관찰해 왔다. 그러한 발견들은 TV가 시청자들에게 유용한 대안적 정보 원천이 거의 없는 사회적 실재의 면모를 묘사하는 사례에서 특히 발생할 가능성이 높다(Gunter, 1987a; Wober & Gunter, 1988).

계발 효과에 대해 활발히 논의되고 있는 다른 이슈는 내·외적 타당도이다. 계발 효과에 대한 외적 타당도는 서로 다른 시청자에게 결과를 적용시킬 수 있는지의 여부이다(Hawkins & Pingree, 1990). 한편 내적 타당도의 증명은 계발 효과의 심리적인 과정을 설명할 수 있는 만족스러운 설명 모델에 의존하고 있다. 제안된 한 모델은 개념 접근 가능성 *accessibility* 의 개념에 기초하고 있다. 이 모델은 중시청자가 경시청자보다 TV에서 자주 다루어지는 사건이 실제 세계에서 더 자주 일어나는 것으로 추정한다는 가설을 설정하는데, 그 이유는 그런 사건이 중시청자의 기억에서 더 쉽게 접근 가능하기 때문이다(Shrum & O'Guinn, 1993).

이 가설을 검증하기 위해 쉬럼은 만연해 있는 범죄나 부부간 문제

등에 대한 계발 효과를 응답자들이 제시하도록 하는 실험을 실시하였다 (Shrum, 1996). 종속 변수는 응답자가 각 경우에 만연한 정도의 추정치를 더 높게 택하는지 아닌지뿐만 아니라 추정하는 데 시간이 얼마나 걸리는지를 포함하고 있다. 이 '응답 지연(response latency 응답 잠복기)' 측정은 각 개념이 응답자의 기억에서 얼마나 접근 용이한가를 나타내는 것이다. 빠른 응답 시간은 개념 접근성 construct accessibility 이 강한 것을 나타낸다.

계발 효과의 질문들은 세 개의 주요 연속극 soap opera 안에서 중요한 주제에 기초하고 있다. 각 경우에 각 시리즈의 많은 에피소드는 이런 드라마가 특정 주제를 어떻게 표현하는지, 그리고 거기에서 계발 효과 관련 질문들이 어떻게 틀 지어지는지에 관해 분석된다. 실험 대상은 모두 대학생이었고, 드라마 중시청자와 드라마 경시청자로 구분된다. 개념 접근성을 검증하는 동안 계발 효과에 관한 질문이 컴퓨터 화면에 나타나는데, 다음과 같은 질문들을 포함하고 있다. "실제 생활에서 강간당하는 여성은 몇 퍼센트인가?" "일반적인 근무 시간 동안 총을 쏘는 경찰관은 몇 퍼센트인가?" "미국에 변호사는 몇 퍼센트인가?" "혼외 정사를 하는 미국 사람은 몇 퍼센트인가?" 등이다. 응답은 0~9점의 키를 누르면 입력된다. 각 키는 그에 맞게 연결된 퍼센트 범위와 짝지어지도록 하여, 3점은 30~39%, 4점은 40~49%라는 식으로 나타낸다. 중요하게 측정되는 것은 그들이 어떤 키를 누르는지, 그리고 계발 효과 질문을 접한 후 키를 누를 때까지의 경과 시간이다.

결과는 응답자의 교육 수준이나 수입, 다른 TV 시청 관련 요소들을 통계적으로 통제한 이후에도 드라마 시청이 범죄, 가정 불화와 직업 등에 관한 빈도 추정치와 상당히 연관되어 있다는 것을 보여 준다. 범죄의 만연과 직업의 유행에 대한 지각의 결과는 드라마 시청이 개념 접근성의 효과를 통해 판단에 간접적인 영향을 주고 있다는 것을 암시한다. 드라마를 시청한다고 주장하는 수준은 이런 지각에 대해 키보드를 누르는 응답 속도와 관련이 있다. 드라마 중시청자는 모든 경우에 드라마 경시청자보다 응답 속도가 빨랐다. 이 연구의 가치, 그리고 응답 지연의 새로운 방법론적 요소는 계발 효과의 발생 가능성에 대한 이유를 좀 더 잘 이해할 수 있도록 해 준다는 데 있다.

3. 미디어에서의 사실적 학습

미디어를 통한 실제적인 학습에 대한 연구는 전통적으로 사회학, 심리학과 관련 있는 양적 방법론에 기초하고 있다. 따라서 연구의 대부분은 현장 조사나 현장 실험 또는 실험실 실험으로 구성된다. 사실적 학습 연구 대부분은 TV와 라디오의 사실적 방송에서 수용자들이 학습하는 내용과 관련이 있는데, 뉴스 프로그램이 가장 흔히 연구되는 자극재료이다. 또한, 이 연구는 교육적인 미디어 재료를 이용하여 이루어져 오기도 했는데, 대개 아이들을 위해 제작되거나 지역화된 지식, 또는 보다 일반적인 인지 능력을 향상시키고자 하는 교육적 미디어 재료를 다루어 왔다.

1) 미디어 노출과 지식 사이의 일반적인 상관 관계

미디어 학습에 대한 대부분의 초기 연구는 공중의 지식이 뉴스 안에서의 특정한 화제나 사건으로부터 영향을 받는다는 연구 정보에 의존하였다. 이러한 연구 범주 안에서의 중요한 구분은 ① 여러 다른 미디어 뉴스 정보원을 사용하는 응답자의 자기 보고와 그들이 주제, 이슈, 또는 사건들에 관해 지니고 있는 지식 간의 상관 관계 연구, 그리고 ② 인구 전체의 서로 다른 하위 집단들에 따라 미디어에서 얻는 정보의 분포 비율이 다양하게 흩어져 있음을 보이는 연구이다. 상관 관계 연구는 선거와 같은 주요 사건에 대한 정보를 알리거나, 일반적으로 공적인 사건에 대한 인식을 높이거나, 아이들의 정치적 인식을 강화시키는 미디어의 역할에 초점을 맞추는 연구들과는 다르다.

(1) 미디어와 정치 캠페인

이런 제목하의 연구는 미디어의 정치적 기능, 특히 미디어가 유권자들의 마음의 변화나 후보자 선택에 미치는 영향과 관련하여 연구해 왔다. 이런 효과는 본래 행동적이지만, 매스 미디어가 정치에 대한 정보의 원천이라는 가설에서부터 시작한 연쇄적인 영향의 끝을 의미한다. 선거 유세 기간 동안 공중은 더욱 정치적 메시지에 귀를 기울이고, 미디어는 선거 이슈와 후보자 자신에 대한 정보의 주요 원천이 된다.

방법론적으로, 연구 설계의 주요 범주에 따라 캠페인 연구의 종류를 더 구분할 수 있다. 비록 선거 운동 기간 동안의 중요한 문제에 대해 서로 다른 표본이나 같은 응답자 패널을 반복 조사하는 방식을 포함하지만, 선거 운동 기간 중 선거에 미치는 미디어의 영향 연구는 한 시점에서 시행되는 횡단적 조사 *cross-sectional survey* 를 사용한다.

건터 연구팀은 영국에서 실시한 정치적 지식과 견해에 대한 세 시점 *three-wave* 전국 조사를 보고했는데, 이것은 1983년 총선거 캠페인 *General Election Campaign* 동안 미디어의 역할을 연구한 조사였다(Gunter et al., 1986). 캠페인 초기에 다양한 전국 표본을 접촉하고, 다시 투표일 얼마 전과 투표 직후에 조사하였다. 인터뷰는 응답자의 집에서 면 대 면으로 실시되었다. 선거 이슈에 관해 응답자들이 정보를 얻는데 미디어들이 어떤 효과를 갖는지, 그리고 그 맥락에서 서로 다른 미디어들의 유용성을 유권자들이 어떻게 지각하는지에 대한 비교 연구가 이루어졌다.

어떤 연구는 공중 조사와 뉴스의 내용 분석을 접목시켰다. 이런 방법의 접목은 연구가 미디어 보도 *media coverage* 와 공중의 인식 혹은 여론 연구를 나란히 발전시킬 수 있게 해 주었다. 1972년 미국의 대통령 선거 운동 기간 동안의 TV 효과 연구에서 매큐어와 패터슨은 주요 신문과 주말 밤의 네트워크 뉴스의 내용을 조사하고, 두 달에 걸쳐 세 시점 패널 조사를 실시하였다(McCure & Patterson, 1973). 그들은 TV를 통해 선거 이슈를 강조하는 것이 TV를 많이 보는 시청자들에게 별 효과가 없는 반면, 신문을 통한 강조는 신문에 대한 열렬한 애독자에게 더 나은 효과가 있음을 발견하였다.

(2) 일반적인 미디어 노출 효과

이런 방법론적 접근은 응답자 표본을 횡단적 또는 종단적으로 조사하는데, 계획된 기간 동안 미디어에의 노출 습관과 주제의 인식, 지식, 이해에 관한 자기 보고 자료를 얻는다. 주제 관련 지식과 미디어 노출 사이에 의미 있는 관련성이 있는지를 나타내는 자료에 근거하여 상관 관계를 계산한다. 지식 수준의 차이를 발생시키는 인구 통계학적 요인, 즉 성별이나 연령, 사회적 지위, 교육 수준 등을 통계적으로 통제한다. 이 연구는 인구 통계학적 요인의 효과가 철저히 통제되었을 때에도 미디어 뉴스 노출과 주제에 대한 지식 사이에 의미 있는 상관관계를 발견하고 싶어한다.

어떤 연구는 시사적 사실의 인식이 발달하는 데 미치는 일반적인 미디어의 역할을 증명하려고 하였다. 이런 종류의 연구는 종종 정치적 맥락에서 행해져 왔다. 아이들과 함께 하는 연구는 아이들과 청년들의 정치적 지식 수준에 미치는 서로 다른 미디어의 역할을 연구해 왔다. 횡단적 연구에서는 아이들에게 어떤 미디어에서 정치적 이슈에 대한 정보를 가장 많이 얻는지 지명하도록 하였다(Dominick, 1972). 또 다른 연구에서는 아이들에게 미디어 노출 습관을 보고하고 그들의 정치적, 시민적 지식에 대한 질문에 답할 것을 요구하였다(Conway et al., 1975)

온 - 오프 on-off 조사는 보고된 미디어 사용과 주제 관련 지식이나 견해 사이에 관계 정도를 보여 주고 있지만, 시간이 지나면서 뉴스가 지식 증대에 영향을 미치는 정도를 증명하지는 못했다. 아이들을 대상으로 한 종단적 연구는 미디어 사용과 시사적 지식 사이의 통계적 관련성을 추적할 수 있게 해 주었다. 아킨과 갠츠는 아이들을 대상으로 2시점 질문지에 기초한 조사를 실시하였는데, 1년 간격으로 미디어 노출 유형과 정치적 지식을 측정하는 것이었다(Atkin & Gantz, 1978). 아이들은 그들이 주요 저녁 뉴스를 보는지 아닌지, 토요일 아침에는 그들 또래를 위한 특별한 뉴스를 보는지 아닌지, 그리고 뉴스 이슈에 대한 관심의 수준이 어떤지에 대해 질문을 받았다. 정치적 지식에 대한 테스트도 물론 이루어졌다. 한 시점이나 시대에 걸쳐서도 TV 뉴스를 많이 보는 아이들이 더 많은 정치적 지식을 가지고 있다는 것이 밝혀졌다. 일찍부터 TV 뉴스를 보는 것이 후에 정치적인 지식의 발달과도 관련이 있는 것이다.

(3) 뉴스 전파율의 차별성

또 다른 접근에서 연구자들은 지식 수준의 차이가 인구의 하위 구조에 따라, 특히 교육 수준에 따라 이미 존재한다고 가정하였다. 교육 수준이 높은 사람이 더 많은 지식과 시사적 지식을 갖는 경향이 있다는 것이다. 또한 교육 수준이 높은 사람은 낮은 사람보다 지식의 습득 속도도 빠른데, 그 의미는 뉴스 미디어에 대한 노출이 증가함에 따라 이들 각각의 지식 수준의 차이가 더 커짐을 뜻한다. 이러한 지식 격차 가설을 조사하기 위해 행해진 연구는 주어진 기간 동안 다양하게 미디어에 보도된 특정 주제나 사건에 대한 공중의 이해와 지식을 측정하고자 하였다. 교육을 잘 받은 사람과 덜 받은 사람으로 미리 나누어 지정된 주제 보도 기간 동안 지식 수준을 측정하였다. 시간이 지남에 따라 이런 인구학적 하위 집단 간의 지식 변화 비교가 가능해졌다. 교육 수준이 높은 사람들이 낮은 사람들보다 사건과 이슈에 관한 정보 친화력이 높다는 결과가 나왔다(Robinson, 1967; Tichenor et al., 1970).

(4) 최근의 뉴스 사건 인식

또 다른 연구는 미디어 사용에 대한 자기 보고와 이런 보고들이 최근의 뉴스 사건 지식과 얼마나 관련이 있는지를 측정하였다. 건터는 런던에 거주하는 500명을 대상으로 전화 서베이를 실시하였다(Gunter, 1985b). 응답자들은 지난 한 주간 8명의 정치인과 유명했던 뉴스거리 3개에 대해 질문을 받았다. 이 질문은 옳은 답을 했을 때 점수를 얻는 테스트였다. 이를 통해 TV와 라디오 뉴스에 대한 노출과 시사적 사건의 방송에 관한 정보 및 신문 구독에 관한 정보를 얻었다. 이런 자료는 성별이나, 연령, 사회적 지위, 교육 수준 같은 인구 통계학적 요소와 서로 상관이 있었다. TV 노출은 정치적 성격의 인식과 긍정적으로 관련이 있었고, 신문은 뉴스의 줄거리에 대한 지식과 긍정적으로 관련이 있었다.

그레이버에 의해 추가적인 질적 연구가 이루어졌는데, 이것은 뉴스 노출이 지식에 미치는 영향을 연구하는 것이었다(Graber, 1984). 그녀는 1년 동안 21명으로 구성된 작은 패널을 개인적으로 10회에 걸쳐 인터뷰하였다. 응답자들은 그들이 뉴스로 관심을 돌리는 원인에 대한 정보와 경험한 뉴스 줄거리에 그들이 집중하게 되는 이유를 이야기하였다. 18명의 패널은 노출된 뉴스 줄거리에 대해 일기를 작성하였다. 이들은 1만 건 이상의 뉴스 줄거리를 기록하였고 심층 면접을 통해 1500건 이상의 합리적인 지식을 얻었다고 하였다. 신문은 TV보다 정보의 원천 면에서 더욱 중요하다는 것이 밝혀졌다.

2) 특정 미디어로부터의 수용자 기억 연구

어떤 연구자들은 미디어 노출 바로 후에 응답자에게 정보적인 내용을 회상하도록 함으로써 미디어 산물에서 지식을 습득하는 것을 테스트해 왔다. 이런 조사는 두 가지의 유형이 있다. 첫 번째는 현장 조사로, 응답자는 그들의 집에서 면 대 면으로 혹은 전화로 인터뷰를 하게 되는데, 미리 인터뷰가 있다는 고지를 받거나 받지 않을 수도 있다. 그 후 그들은 24시간 이내에 방송되었던 뉴스의 줄거리에 대해서 질문을 받는다. 두 번째 유형은 응답자가 라이브로 된 뉴스를 보도록 초대되거나 특별히 준비된 TV 뉴스 프로그램을 보고 바로 연구자가 함께 있는 앞에서 그 내용을 기억하는지를 테스트하는 유형이다.

(1) 현장 연구

스턴은 샌프란시스코 지역 주민들을 대상으로 조사를 실시하였다(Stern, 1971). 매일 밤 연구자는 3개의 주요 방송사의 주요 TV 뉴스를 모니터하고, 자세한 사실뿐만 아니라 그 줄거리도 목록으로 만들었다. 응답자들은 이 프로그램들이 끝나자마자 전화를 받았는데 그들은 이 프로그램 가운데 어떤 것을 보았는지에 대해 질문을 받았다. 만일 보았다면 세부적인 사실적 내용에 대한 질문을 받기 전에 그 프로그램에서 가능한 한 많은 줄거리들을 회상해 보라는 요청을 받았다. 또 다른 연구에서는 응답자가 더 잘 떠올리도록 하기 위한 간단한 묘사적 힌트를 주기 전에 그들이 본 프로그램에 대한 어떤 자극도 주지 않고 시청 후 바로 TV 뉴스에 대해 면 대 면으로 인터뷰하였다(Robinson et al., 1980).

어떤 전화 서베이에서는 응답자가 뉴스를 시청한 후에 그들이 기억하고 있는 것에 대한 테스트가 있을 것이라고 미리 공지를 하였다. 스토퍼 연구팀은 응답자에게 3시간 이내에 전화로 면접하여 그 프로그램에서 기억나는 것을 간단히 묘사하고 더 상세한 질문에 응답할 것을 요청한 연구를 보고하였다(Stauffer et al., 1983). 미리 공지를 받은 사람들은 공지를 받지 못한 사람보다 거의 60% 이상 더 잘 기억하고 있다는 결과가 나왔다.

(2) 극장 실험

비록 현장 조사가 정상적인 노출 상황에서 미디어에 대한 기억과 이해를 측정하는 이점이 있다 하더라도 연구자들은 시청 상황에 대해 거의 아니면 전혀 통제를 할 수 없다. 응답자들이 집에서 시청할 때 특정 뉴스에 대해 같은 정도의 집중을 한다는 보장도 없다. 따라서 어떤 연구자들은 좀 더 통제적인 노출 상황에서 뉴스 회상을 측정하기 위해 같은 미디어 노출 환경에 응답자들을 참여시키기로 하였다.

1970년대 초 영국에서 연구자들은 극장 상황에서 라이브로 저녁 뉴스를 시청할 사람들을 고용하였다(ORC, 1972). 주요 이슈에 대한 지식 측정이 시청 전과 후에 시행되었다. 시청 전에 주어진 질문은 TV 뉴스 보도에 취재된 주제에 대한 응답자들의 기본 지식을 확인하는 것이고, 시청 후 부여된 질문은 관련된 TV 뉴스를 보고 난 후 향상된 지식을 측정하는 것이었다. 프로그램과 관련된 지식은 프로그램이 끝난 후 바로 설문을 통해서 테스트되었다.

3) 편집된 미디어 산물의 기억에 대한 통제 실험 연구

이런 관점에서 진행된 연구는 변형되지 않고 원래대로 보여지는 미디어 산물에서 사실적인 내용을 기억하는 미디어 소비자의 능력을 조사해 왔다. 이 접근은 왜 어떤 정보적인 내용은 기억되고 다른 정보는 기억되지 않는지를 설명해 주지는 못한다. 특히 정보가 표현되는 방식에 의해 실제 미디어로부터 정보의 습득이 영향을 받는다는 어떤 증거가 있는가? 이런 문제에 대답하기 위해서 학습과 기억에 대한 효과가 측정될 수 있는 특정 기사를 배제시키기 위해 매스 미디어 정보가 표출된 방식을 통제할 필요가 있다. 미디어 뉴스를 수용자가 기억하는 데 구체적인 내용과 형식 속성이 미치는 효과를 측정하기 위해 통제된 실험 절차를 사용하는 연구들이 상당수 축적되어 왔다. 이런 방식은 대부분 뉴스 방송에서 연구되고 있다.

이러한 연구들은 뉴스 기사 묶음, 뉴스의 내러티브 구성, 뉴스의 시각적인 보도와 같은 요소들이 시청자 기억에 미치는 효과를 조사하였다. 각각의 경우에서 TV 뉴스의 인지적 영향에 대해 조사가 이루어졌다. 통제된 실험실에서의 실험은 방송 뉴스의 구체적인 제작 속성을 조작하기 위해 특별히 편집된 뉴스를 가지고 시행되었다. 대부분의 설계는 사전 실험과 사후 실험 또는 사후 실험만 시행하는 실험으로 구성되었다. 피험자들은 실험실로 옮겨져 특별히 준비된 방송물을 보고, 그것의 정보적 내용에 대한 그들의 기억을 측정하였다. 기억은 비자극적이거나 자유로운 회상, 자극적이고 암시적인 회상, 또는 내용의 인지를 이용하여 측정되었다. 어떤 경우에는 그들 고유의 언어로 회상하여 쓰게 하였고, 어떤 경우에는 다지선다형으로 응답하도록 하였다. 어떤 연구자는 키워드를 가지고 주제를 제공하거나 괄호 넣기를 하여 사람들이 빈칸을 채우도록 하기도 하였다(Baggaley, 1980). 맞는 응답은 점수로 채점되었다.

(1) 패키지 효과

뉴스 패키지 효과는 프로그램의 방영 순서 내에서 기사가 속하는 위치의 기억에 대한 효과와 유사한 주제에 대해 다른 기사와 묶여지는 것에 대한 효과를 검증하고 설명하는 것이다. 방송 보도 내의 기사 위치의 영향과 관련된 전형적인 실험 안에서 피험자들은 특별히 편집된 10~15개의 뉴스 아이템(라디오나 TV 보도 내용을 비디오로 녹화한 것)의 장면을 보게 된다. 연구자는 차례로 나오는 기사의 길이가 유사하도록 각 기사를 잘라냈고, 아이템들이 시각적인 방영 구성 면에서 비슷하도록 선별하거나 편집하였다. 다시 말해서 연구자는 아이템을 기억하는 데 편견이 개입될 수 있는 다른 변인들의 효과를 가능한 많이 통제하였다. 각각 아니면 소그룹에 속한 시청자에게 아이템을 한 번만 보여 준다. 즉시 또는 잠시 후 그들은 그들의 언어로 그들이 할 수 있는 만큼 많은 아이템들을 기억하도록 요구받는다. 연속적으로 아이템에 대한 주제를 자극하거나 좀 더 세밀한 질문이 이어졌다. 전형적인 결과는 시작이나 끝 부분에 방영된 아이템이 가장 많이 기억되고, 중간에 방영된 부분이 가장 기억이 되지 않는다는 것이다(Tannenbaum, 1954; Gunter, 1979, 1980). 이 연구에 대한 변인으로 아이템의 시각적 구성은 위치와 마찬가지로 변화될 수 있다. 그러므로 장면 속의 아이템은 대사가 먼저 나오거나 대사가 먼저 나오면서 사진이나 필름과 함께 구성될 수도 있다. 그런 시각적인 기법의 사용은 중간에 오거나 새로운 장면 속에서 방영되는 아이템의 약점을 보완할 수 있다(Gunter, 1979).

비슷한 주제로 뉴스를 묶는 효과는 유사하거나 전혀 유사하지 않은 아이템들과 함께 빠른 연결로 그 형태가 나타나도록 TV 뉴스의 장면을 설정함으로써 조사되어 왔다. 건터와 그의 동료들에 의해 보고된 연속적인 실험에서 피험자들은 뉴스를 보고 바로 후에 네 번에 걸쳐 테스트를 받았다. 각 시도에서 3개의 짧은 아이템과 1개의 긴 아이템이 방송되었고 내용의 기억에 대한 테스트는 뉴스가 끝난 직후에 바로 시행되었다. 테스트 후에 조금 더 뉴스가 방송되고 다시 테스트를 하였다. 이 과정을 4회 이상 계속하였다. 만일 4회에 걸친 각각의 시도에서 뉴스 내용이 유사한 화제를 이루고 있다면(정치 뉴스 다음에 경제 뉴스를 하는 식으로), 내용에 대한 기억력은 회를 거듭할수록 점진적으로 약화되었다. 첫 번째 측정에서 70~80% 정도의 내용을 기억하고 있다면 네 번째 측정에서는 30% 정도로 그 기억도가 떨어졌다. 만일 네 번째 측정에서 뉴스의 속성이 다른 화제로 변화되면 기억의 정도는 즉각적으로 거의 첫 번째 수준으로 상승되었다(Gunter et al., 1980; Gunter et al., 1981).

다음 연구에서 베리와 클리포드는 그런 유사한 주제와 관련된 기억 방해가 더 자연스러운 TV 뉴스 구성에서도 발생할 수 있고, 주제들이 바뀌면서 적절히 약화될 수도 있음을 발견하였다(Berry & Clifford, 1985). 이런 경우 피험자는 4개의 뉴스 장면을 보게 되는데, 계속적으로 유사한 주제이거나, 첫 번째 3개 아이템은 주제와 연결되어 있고 네 번째 아이템에서 변화를 주는 장면을 보게 된다. 피험자는 전체적인 장면이 완결된 후 한 번 테스트되었다.

(2) 서사 구조

뉴스 기억에 대한 많은 연구는 시청자나 청취자가 줄거리의 내용을 고립된 사실로서 기억한다고 가정해 왔다. 지금까지의 다른 견해는 사람들이 미시적 수준에서뿐만 아니라 거시적 수준에서의 텍스트에서도 배운다는 것이다. 고립된 사실의 명제는 개인이 통합된 전체의 부분으로 아이템을 받아들일 때 더 효율적으로 기억될 수 있다. 기사는 구조를 가지고 있으며 기사가 전개되고 이야기되는 방식에 관해 일정한 규칙이 있다. 기사는 문법적 구조를 가지고 있고, 이는 각각의 사실적 구성 요소에 더하여 학습되어야 함을 의미하는 것이다.

주제나 배경, 플롯과 해결점 같은 이야기 내의 요소들의 순서는 그것들이 얼마나 습득될 수 있는지에 영향을 미친다(Thorndyke, 1977). 텍스트의 정보를 처리하는 과정에서, 주어진 메시지는 서로 다른 이야기 요소들 사이의 일관성을 확립함으로써 통합된다. 결과적으로 합해진 구조에서 어떤 이야기 구조는 다른 것들보다 더 쉽게 정보를 기억하는 여러 이야기 방식이 있다.

베리는 이에 대한 전형적인 실험을 발표하였다(Berry et al., 1993). TV 뉴스에서 녹음된 뉴스 자료를 전문적 뉴스 진행자가 소리만 따로 재녹음하였다. 각 기사의 두 버전은 오디오 녹음 *audio-recorded* 된 것이었다. 첫 번째 버전은 전통적인 전달 버전이고 두 번째 버전은 초기 연구자들이 구성한 이야기 문법 원리에 따라 원본 기사를 다시 쓴 것이다. 수정판에서 배경과 주제 정보를 먼저 발표하고 내러티브의 남은 부분은 플롯과 결과물의 일치 장면에 적용되도록 기사 구조를 변화시켰다. 피험자의 두 그룹을 무작위로 두 버전의 첫 번째 것이나 두 번째 것을 듣도록 할당하여 이야기 내용을 기억하는지 테스트하였다. 그 결과 텍스트의 재구성이 학습을 증대시키는 것으로 나타났다.

(3) 시각적 구성

시각적인 구성의 효과 측정은 TV 뉴스를 통해 이루어졌다. 가장 간단한 설계로 실험 대상 그룹에게 다양한 시각적 구성의 뉴스 아이템들을 보여 주었다. 어떤 경우 아이템들은 스튜디오를 배경으로 한 뉴스 진행자가 보도하였고, 또 다른 어떤 경우에는 지도, 그래프, 사진 같은 정

적인 시각적 자료들로 도식화하거나, 외부에서 찍어온 필름으로 보도
하였다. 시각적 미디어들을 통한 보도가 더 기억이 잘 되는지 여부를
밝혀내기 위해 자발적인 기억 수준들 사이의 비교를 하였다(Gunter,
1979).

좀 더 세밀한 설계에서 연구자들은 시청자가 뉴스 내용을 기억하
는 데 있어서 말로 보도되는 텍스트와 시각적으로 도식화한 것들 사
이에 유의미한 관계가 존재하는지를 밝혀내기 위한 시도를 해 왔다.
어떤 연구는 말로 방송되는 텍스트와 함께 시각적인 요소를 방영하는
것이 뉴스의 내러티브를 회상하는 데에 어떤 효과를 주는지 간단히
연구해 보기도 하였다. 다른 연구는 시각적인 자료가 말로 보도되는
텍스트와 통합되는 방식의 효과에 관한 것이었다. 한층 발전된 연구에
서는 텍스트와 시각적인 것 사이의 정보적 유사성 정도를 연구하였다.

다양한 시각적 자료의 영향에 관심을 둔 실험에서 같은 뉴스 이
야기가 두 버전으로 보도되었다. 이런 비교는 일반적으로 두 가지 방
식으로 이루어진다. 같은 뉴스가 사진과 함께 시청각 양식 *audio-visual
modality* 으로 방송되거나, 아니면 소리만으로 방송된다(Furnham & Gunter,
1985; Gunter, 1980). 대안적으로 말이 먼저 처음 부분에 오는 구성, 또는
말을 먼저하면서 도식이 함께 들어간 구성으로, 같은 뉴스 이야기의
포맷을 서로 다른 시청각 버전으로 만들기도 한다(Edwardson et al., 1976;
Edwardson et al., 1981; Edwardson et al., 1992; Gunter, 1980).

에드워슨 연구팀은 피험자에게 8개의 서로 다른 뉴스 아이템을
보여 주었는데, 이것은 피험자들이 이전 뉴스나 신문의 정보를 기억할
수 없도록 이름과 사실이 변경되어 쓰여진 사실적 이야기로 구성된
것이었다(Edwardson et al., 1976). 남자 앵커가 두 가지 버전으로 뉴스를
읽는 것을 녹음하였다. 한 실험 처치에서, 4개의 이야기에는 필름이
삽입되었고, 나머지에는 필름이 삽입되지 않았다. 두 번째 실험 처치
에서는 첫 번째 처치에서 필름 장면이 없었던 이야기에 필름을 넣었
다. 한편 첫 번째 조건에서 필름이 있었던 것은 이번에는 빠지도록 하

였다. 각 아이템에서 세세한 것에 대한 기억력을 다지선다형으로 측정하였다. 사전 조사시 별도의 피험자 표본에게 각 아이템에서 소리가 없는 필름을 보여 주고 거기에서 얻은 지식 습득을 측정했을 때, 어떠한 필름도 시각 자극만으로는 뉴스 아이템에서 다룬 정보를 담고 있지 않았음을 확인하였다. 결국 필름을 제공했든 안 했든 뉴스에 관한 질문에 대한 옳은 응답에는 유의미한 차이를 보이지 않았다.

후기 연구에서 에드워슨 연구팀은 말소리가 이끄는 방식과 말소리와 함께 비디오 장면, 그래픽, 효과음을 끼우는 방식에서 TV 뉴스의 기억도를 비교하였다(Edwardson et al., 1992). 실험 집단을 이런 두 조건으로 배정하고 앵커가 보도한 내용을 찾아내는 테스트를 실시하였다. 그 결과 막대 그래프로 구성된 그래픽은 앵커가 이야기한 것에서 시청자의 관심을 분산시키는 경향이 있음을 확인하였다.

시각적인 것들이 주의 집중에 미치는 효과에 더하여, 뉴스에서 시각적 장면, 청각적 장면의 정보적인 관련성에 관한 의문이 있다. 스웨덴의 연구자들은 체계적으로 TV 뉴스의 특정 부분을 설명하기 위해 제작한 시각적인 요소들의 영향을 조사하였다. 시각적인 요소들은 뉴스에 나오는 사람들이나 사건의 장소에 대한 부분을 설명하거나 또는 사건의 원인이나 장면들을 설명한다. 특별히 구성된 뉴스의 줄거리는 지도나 그래프, 사진과 같은 시각적인 도식들이 각각 뉴스 기사의 여러 측면들을 설명하기 위해 창조됨으로써 제작된다. 이런 기사들의 서로 다른 버전은 뉴스 내용 기억 측정에 참여했던 피험자들에게 방송되었다. 이야기 안에서 사람이나 장소를 도식화하는 것은 오직 그것들의 특징에 대한 회상만을 향상시킨다는 결과가 나왔다. 그러나 정보의 원인과 결과를 예시하는 것은 전체 이야기의 회상을 향상시켰다(Findahl & Hoijer, 1976).

시청자의 회상 recall 과 재인 recognition 에 TV 뉴스의 회화적인 요소와 서사적인 요소의 정보 중복 informational redundancy 이 유의하게 영향을 주는지에 대한 한층 발전된 체계화된 검증이 1990년대에 다양한 실험 설계를 사용하여 실시되었다(Crigler, Just & Neuman, 1994; Grimes, 1990; David,

1998). 정보 중복은 시청자가 뉴스 내용을 더 잘 회상하도록 돕는다. 그런 중복은 추상적인 언어보다 구체적인 언어를 사용할 때 더 성공적일 수 있다(David, 1998).

(4) 제시 양식의 효과

1930년대 이후에 제시 양식의 함수로서 정보적인 미디어로부터의 학습을 조사하는 실험 연구가 많이 행해져 왔다. 이러한 연구는 교육적이거나 지식적인 맥락 속에서 시청각적인 것(TV), 청각적인 것(라디오), 그리고 인쇄 미디어의 상대적인 효율성에 관심을 가졌었고, 정보를 알리는 데 어떤 것이 가장 좋은 채널인지 알아내기 위해 설계되었다. 교육적 산물을 연구하는 것뿐만 아니라, 뉴스 정보를 보도하는 다양한 미디어(TV, 라디오, 인쇄물)들이 비교되어 왔다.

배로우와 웨슬리는 어린아이들을 위한 뉴스의 배경 프로그램인 "뉴스 탐색 Exploring the News"을 대상으로 동등한 내용의 라디오 버전과 TV 버전의 효율성을 비교하기 위한 연구를 실시하였다(Barrow & Westley, 1959). 각 버전은 11~12세 아이들을 무작위 그룹으로 할당하였는데, 라디오보다 TV가 효율성 면에서 월등하다는 결론이 나왔다.

윌리엄스 연구팀은 TV와 라디오, 인쇄물과 현장 강연을 비교하였다(Williams et al., 1957). 100명 이상의 대학생을 4그룹으로 나누어 동시에 서로 다른 방에서 이런 보도 조건으로 강연을 듣게 하였다. 강연이 끝난 후 지식 습득 검증이 각 그룹에 바로 시행되었고, 또 8개월 후에 다시 시행되었다. 다시 한 번 TV가 가장 효율적이었고, 라디오, 인쇄물, 현장 강연 순이었다.

1970년대 중반, 캐나다의 연구팀은 즉각적이고 아무런 힌트도 없는 시뮬레이션 뉴스 내용의 기억에서 모든 미디어가 많은 손실을 가져오고, 이 손실은 인쇄 미디어보다 방송 미디어에서 훨씬 더 크다는 것을 보고하였다. 윌슨은 두 개의 표준적인 역피라미드 스타일의 뉴스 형태에서 허구이지만 실제로 가능한 상황의 뉴스를 설정하였다(Wilson,

1974). 역피라미드 스타일이란 첫 문장이나 두 번째 문장이 뉴스의 핵심을 얘기하고 다음 문장부터는 상세한 설명을 곁들이는 식을 말한다. 독립적인 판단자들에게 **필수적인 것**과 **부수적인 것**을 범주화하도록 하였다. 시청각적 양식, 청각적 양식, 인쇄 양식으로 준비된 짧거나 중간 길이 또는 긴 길이의 기사들을 준비하였고, 400명 이상의 대학생들을 이러한 보도 조건에 할당하였다. 그리고 그들은 각 기사에서 그들이 회상해 낼 수 있는 모든 것을 자유롭게 회상하고 이것을 기록하도록 하였다.

기사에 핵심적이라고 판단되는 정보를 완벽하고 정확하게 회상했을 때에는 2점, 일반적으로 회상했다면 1점을 주고, 다르게 회상했거나 빠뜨렸다면 점수를 주지 않았다. 부수적이라고 판단되는 정보를 완벽하고 정확하게 기억했을 때에는 1점을 주고, 빠뜨렸다면 점수를 주지 않았다. 가장 많은 정보 손실은 라디오, TV, 인쇄물 순이었다. 또, 짧은 길이의 이야기가 가장 손실이 적었고, 중간 길이의 이야기, 긴 길이의 이야기 순으로 점점 손실이 커졌다.

스토퍼 연구팀은 케냐와 미국 대학생의 TV와 라디오, 인쇄물에 대한 기억 정도를 측정하였다(Stauffer et al., 1980). 두 나라에서 실험은 실제적인 TV 뉴스 방송을 소리와 함께 보여 주는 그룹(시청자가 됨), 사운드 트랙을 들려 주는 그룹(청취자), 인쇄 미디어를 보여 주는 그룹(독자)으로 구성되었다. 독자는 그들 나름의 속도로 한 번만 읽도록 하였다.

그리고 나서, 응답자들은 각자에게 제공된 뉴스 양식에서 그들이 기억해 낼 수 있는 이야기를 목록화하도록 요청받았다. 힌트 없이 진행된 이 테스트에서 응답자들은 사지선다형 검사를 완성하도록 요구받았다. 미국과 케냐의 뉴스는 모두 14개의 이야기와 16분 길이의 뉴스 형태로 되어 있었다. 미국과 케냐의 표본 사이에서 TV와 인쇄물에 대한 기억 정도는 유사했으며 라디오보다는 현저히 더 높게 나왔다.

건터와 그의 동료들은 16~18세까지의 남녀 학생들 128명을 모집하였다. 편햄과 건터는 이 실험의 강점과 신빙성을 테스트하기 위해 좀 더 나이가 든 68명의 대학생들에게 반복하여 실험하였다(Furnham & Gunter, 1985). 피험자들에게는 무작위로 TV, 라디오, 인쇄 미디어가 할당되었고, 뉴스 자료들은 본래 TV 뉴스로 원래 형태, 사운드 트랙 형태, 인쇄 사본 형태로 보도되었다. 두 연구에서 인쇄 미디어는 가장 잘 기억되는 미디어라는 공통점을 보였는데, TV와 라디오에 대해서는 엇갈린 결과가 나왔다.

아이들을 대상으로 한 연구에서는 TV가 인쇄 미디어보다 더 우월성을 갖는다. 네덜란드의 연구자들은 무작위로 10~12세의 아이들을 할당하여 5개의 기사로 구성된 TV 뉴스를 보여 주거나 같은 내용의 신문을 읽게 하였다. 이 조사는 미리 고지를 하는지의 여부와 아이들의 글 읽는 능력 차이에 따라 그룹을 구분하였다. 힌트가 있는 기억 질문으로 상세한 기사에 대한 아이들의 기억을 검증하였다. 위의 조건들을 (미리 고지를 하는지의 여부와 아이들의 글 읽는 능력 차이) 고려하지 않는다면 TV가 더 많이 기억되는 미디어라는 결과가 나왔다(Walma van der Molen & van der Voort, 1997).

4) 질적 수용 연구

미디어의 인지적 영향 연구는 실증주의적 경험주의자에 의해 많이 연구되었다. 그러나 1, 2장에서 밝힌 바대로 이런 패러다임은 미디어의 영향을 이해할 때 미디어 텍스트가 수용자에게 지니는 의미를 민감하게 다루는 방법론적 접근의 필요성에 근거한 비판학파와 해석주의 학파 사회과학자들의 도전을 받아왔다.

비판적 미디어 연구와 문화 연구 분야에서, '비판적'이라는 말의 전통은 프랑크푸르트 학파의 연구에서 그 시초를 찾아볼 수 있는데, 이는 일반적으로 마르크스주의나 포스트구조주의 같은 유럽 학파에서 나온 철학적이고 정치적인 영감에서 파생된 것이다. 비판적 미디어 연구자들은 자본주의 사회에서 미디어의 이상적이고 경제적인 역할의 분석에 관심을 가져 왔다. 그러나 어떤 사람들은 비판적 이론주의의 한 부분인 실증적 경험주의의 불신이 비판적인 연구와 실증적인 연구 사이에 본질적인 부조화를 의미하고 있지는 않다고 하였다(Ang, 1990). 이 장의 남은 부분에서 확실히 볼 수 있겠지만, 비판적이고 분석적인 미디어 연구에 의해 생긴 많은 미디어 영향의 원칙과 개념이 경험적 모델과 방법론에서도 대응된다고 본다.

미디어 분석의 비판적 연구 전통에서 발전하여, 미디어의 인지적 영향을 조사하기 위해 1980~90년 사이에 질적 연구 방법을 적용한 많은 조사 보고서들이 등장하였다. 비판적 사회 과학의 한 지류로서의 방법론은 수용 분석 *reception analysis* 이다. 청중의 미디어 내용 수용은 청중이 속해 있는 공동체에 의해 통제를 받는다는 것이다. 공동체란 사회적, 경제적이거나 다른 인구 통계학적 기준에서 정의될 수 있으며, 또한 생활 습관이나, 가치 세계, 흥미 분야와도 관련되어 있다 (Lindlof, 1995).

이 학파에 따르면, 미디어 텍스트를 이해하는 데에는 많은 개인들과 집단 사이에 차이가 있다는 견해가 지배적이다. 사실을 전달하는 TV 프로그램을 통하여 지식을 습득하는 것에 대해 포커스 그룹과 심층 면접을 사용하는 연구는 미디어 텍스트에서 의미를 흡수하는 청중들의 방식에 공동체 맥락이 중요한 역할을 함을 시사하고 있다(Hoijer, 1989, 1990; Jensen, 1986; Morley, 1980).

비판 미디어 문헌에서 '고전적'인 것으로 간주되는 몰리의 한 연구는 <네이션와이드>라는 BBC의 주간 초저녁 뉴스 매거진 프로그램에 대한 시청자 연구를 보고하였다. 이 연구는 프로그램의 특수한 편집의 세세한 분석을 제공하는 주제와 보도 형태를 구성하기 위해, 한 달 이상 시청자 집단이 모은 시청 소감과 토론을 포함시켰다. 이 연구의 목적은 시청자가 프로그램 내용을 이해하는 방식을 알아내는 데 있다.

연구자에 따르면,

이 프로젝트는 헤게모니의 개념에 초점을 둔 이론적인 문제에 미디어 내용의 '해독' 실행 분석을 연관시킨다. 간단히 말해서, 헤게모니의 개념을 통해 우리는 어떤 사회에서나 서로 다른 집단들이 사건과 가치를 정의하는 권력을 놓고 서로 경쟁하는 권력 관계 집합의 맥락에서 발생하는 권력 구성 과정을 이해할 수 있다…… <네이션와이드> 연구 계획에서 우리의 관심은 헤게모니 유지의 이론적 의문점과, 어떻게 하나의 특수한 프로그램이 하나의 의미 체계나 사건의 정의를 선호하게 되는지에 대한 경험적 의문점을 연결하는 데 있다(Morley, 1992: 91).

문헌에서 이 연구의 중요성을 놓고 볼 때, 여기서 주장하는 수용자 분석 방법론을 좀 더 자세히 살펴볼 가치가 있다. <네이션와이드> 프로그램 하나를 영국 중심부와 런던 지역에서 여러 다른 수준의 사회적, 문화적, 교육적 수준을 지닌 18집단의 시청자 포커스 그룹에 보여 주었다. 참가자들은 저학년생 또는 더 높은 고등 교육을 받은 학생들이었다. 이 뉴스 매거진(<네이션와이드>)의 두 번째 편집 버전을 11개 집단에 보여 주었다. 어떤 집단은 또 학생들로 구성되었고, 어떤 집단은 무역협회나 은행 또는 출판업계에서 일하는 경영 훈련 센터 참가자들로 구성되었다. 이들 대부분은 런던에서 근무하고 있었다.

이런 채용 과정은 집단으로 이미 서로를 알고 있으면서 프로그램을 본 후 서로 대화가 수월한 응답자를 선택하는 전략을 적용하는 것이었다. 각 집단은 프로그램을 본 후 최장 30분까지 대화를 가능하게 했으며 5~10명으로 구성하였다. 이 현장 연구와 관련하여, 응답자가 이해한 의미를 결정하기 위해 분석의 3단계가 사용되었다. 몰리는 이를 다음과 같이 설명하였다(Morley, 1992: 93).

① 전달자가 사용하는 것과 같은 코드의 관점에서 메시지를 해석하는 청중, 즉 둘 모두 지배적인 이데올로기 속에 사는 경우.
② 전달자가 사용하는 코드와 '협의된' 버전을 적용하는 청중, 즉 메시지를 부호화하기 위해 전달자가 사용하는 지배적인 이데올로기의 협의된

버전을 수용자가 적용하는 경우.

③ 메시지를 해석하는 데 '반대되는' 코드를 사용하는 청중으로서, 전달자가 적용하는 것과 다른 코드로 의미를 해석하는 경우.

시청자가 프로그램에서 얻는 지배적인 메시지나 의미를 찾아내기 위해 이런 자료를 분석한다. 서로 다른 사회 − 경제적, 교육적 수준을 지닌 응답자들 간의 비교가 이루어졌다. 이 방법에서는 프로그램과 관련 있는 화제를 토론하는 데 응답자가 사용하는 언어의 분석을 이용하며, 프로그램 내에서 같은 화제에 대해 토론할 때 방송 진행자가 사용하는 언어와 비교한다.

집단 인터뷰는 개인 인터뷰보다 사람들이 미디어 내용을 이해하는 보편적인 방식에 더 근접한 것으로 판단되기 때문에 집단 인터뷰를 사용하였다. 이는 미디어 내용에 대해 다른 사람에게 이야기하는 방식으로 이루어진다. 몰리에 따르면, "그 목적은 개인들을 사회적 맥락에서 동떨어져 있는 고정된 개개 '의견들'의 집합이 자율적으로 모여 있는 저장고로 보기보다, 집단 상황 안에서 응답자들 간의 대화와 상호 교환을 통해 해석들이 어떻게 집단적으로 구성되는지를 찾아 내는 것이다"(Morley, 1992: 97).

자료는 포커스 그룹 토론의 텍스트 원고이다. 이런 문서의 분석은 3단계로 진행된다. 분석의 첫 번째 단계는 특별한 용어나 구절의 유형이 서로 다른 집단들의 어휘 목록 안에서 나타나는 특징들을 설정하는 것이다(Morley, 1992: 98). 두 번째 단계는 프로그램 내에서 집단 구성원들이 얼마나 서로 다른 화제를 찾아내는지, 그리고 어떤 의미를 만들어내는지를 조사하는 것이다. 세 번째 단계는 시청자가 이해하는 내용을 좀 더 깊은 수준으로 조사하기 위해 응답자 코멘트를 명제적으로 분석하는 것이다. 청중이 프로그램 내용을 해독하고 이해하는 방식은 사회적, 인구 통계학적, 문화적 특성의 관점에서 정의된 수용자의 하부 집단에 따라 비교되었다(예를 들어, 노동 조합원과 학생). 이 분석은 화제가 시청자의 관심을 끌 정도로 적절히 다양한 정도와 관련 있다. 어떤 화제는 시청자 자신의 경험 때문에 더 큰 중요성을 갖기도 하고, 어떤 화제는 그들 일상의 관심에서 멀고 추상적인 것으로 여겨져 왔다. 블러머 연구팀은 몰리의 작업이 비판적 연구자로서 올바른 방향으로 상당히 중요한 업적을 남겼다고 보았다(Blumer et al., 1985). 그러나 기호학적 관점이 경험적 연구에 정보를 주게 되자, 실증주의 연구자들도 텍스트나 독자 같은 개념을 차용하기 시작하였다. 동시에, 이러한 방법론적 양보 *concession* 가 비판적 연구자들에게 알려지자, 실증적 연구에 대해 이데올로기적 의심을 품었던 비판적 연구자들이 그런 의심을 떨쳐버리기 시작하였다.

덴마크의 또 다른 연구는 방송된 뉴스의 수용에 대한 시청자들 사이의 기대 범위를 연구하였다. 옌센에 따르면, 뉴스 보고의 해석은 다음 기준에 의해 이루어진다(Jensen, 1988). ① 뉴스 장르에 관한 일반적 기대, ② 배경 지식의 특별한 종류(수용자 집단과 특정 이야기의 관계에서 이해할 필요가 있는 관련성). 결국 시청자가 뉴스를 해석하는 방식을 이해하는 것과 관련된 두 개의 중요한 고려 사항이 있는데, 장르로서의 뉴스에 대한 이해와 기대, 그리고 정보적인 뉴스 내용을 해석할 때 그들이 사용하는 공통 맥락이 그것이다.

이런 개념의 질적인 경험적 조사에서, 옌센은 30분간의 뉴스를 보고 이에 대한 질문에 응답할 33명의 개인을 심층 면접하였다. 응답자들은 서로 다른 나이와 성, 사회적 – 경제적 집단을 대표하기 위해 덴마크의 서로 다른 지역에서 선발되었다. 어느 날 저녁 뉴스 프로그램이 끝난 직후 개별 뉴스 내용에 대한 인터뷰 가이드가 내려졌다. 모든 응답자는 이 뉴스를 볼 것을 미리 승낙하였다. 그 다음날 응답자의 집에서 인터뷰가 이루어졌고, 비구조화된 인터뷰 가이드가 사용되었다. 응답자에게 각 뉴스의 주요 사항을 생각해 내도록 하였고, 이것은 단서 단어를 통해 찾아내도록 하였다. 그리고 나서 특별히 세세한 내용까지 개개인의 이야기에서 끌어냈다. 응답자에게 그들과의 관련성과 보도 형식면에서 각각의 이야기를 평가하도록 하였다. 인터뷰를 녹음하고 기록하였다. 뉴스 내용과 인터뷰의 말 그대로를 적게 하였고 모든 기록을 언어적으로 담론 분석하였다.

이런 방법은 뉴스를 전달하는 앵커가 사용하는 언어적 스타일을 모방해 뉴스 내용을 이야기하는 시청자의 사용 언어나 문법 범주를 설정하는 것을 목적으로 한다. 이런 분석의 형태는 그들 스스로의 언어로 뉴스 사건을 토론하는 기회를 시청자에게 주는, 실증적 경험주의자들이 사용하는 좀 더 구조화된 회상 접근 방식에서 출발한다. 시청자가 말하는 담론의 특징을 프로다운 뉴스 담론의 특징과 비교할 수 있다. 이런 평행적 담론 분석은 세 가지 수준에서 행해진다. ① 언어학적 담론의 주요 범주 증명, ② 뉴스 프로그램 각각의 이야기 구조, ③ 견본 이야기의 시청자적 재구성이 그것이다.

이런 다양한 수준의 분석을 발전시키는 것은 가치가 있다. 담론 분석의 범주는 뉴스 기사에 대해 토론할 때 시청자들이 만드는 담론에서 다시 드러나는 언어 구조 부분으로, 그들 사이에서 기본적인 뉴스의 요소들을 평가하였다. 뉴스 기사의 주요 범주는 행위자 *actors*, 짜임새 *coherences*, 주제 *themes* 의 관점에서 구분된다.

뉴스에서 중요한 행위자 분석은 뉴스에서 주요 참가자 — 정치인, 유권자, 전문가 — 가 누구인지를 확인한다는 의미가 있다. 즉, 행위자가 개인인지, 집단 또는 조직인지, 전체 국가인지? 행위자에 대한 다른 사전적 참고 사항은 '테러리스트'와 '자유를 위해 싸우는 사람들 *freedom fighters*'과 같은 사건의 특수한 가해자를 표현하는 데 사용되는 형용사로 설정된다.

뉴스 기사는 짜임새의 측면에서 분석되는데, 이것은 다른 문장들의 해석과 비교하여 각 개별 문장의 해석에 토대를 둔 담론의 의미론적 속성으로 정의되는 개념이다(van Dijk, 1977: 93). 시각적인 것을 사용하거나 반복 기법을 사용하는 뉴스의 특별한 형식은 시청자의 이해를 높인다고 알려져 있다(Findahl & Hoijer, 1976, 1984). 원인과 결과 사이, 일반화와 예시문 사이에 있는 명백한 참고 사항들은 코멘트를 달거나 시각적인 자료를 제공함으로써 뉴스 이야기의 다양한 부분에 제시할 수 있다. 실제로 TV 뉴스의 시각적인 면을 담론으로 생각할 수도 있다. 그것은 이야기의 지배적인 요소가 될 수 있는 경우에 정보의 표현과 보도 내용을 뒷받침한다.

짜임새 분석은 시청자가 뉴스 줄거리에 대해 이야기해야 하는 부분과 실제로 내러티브 속에서 이야기되는 부분 사이에 일치가 존재하는 범위를 탐구한다. 이 짜임새는 뉴스 내용의 특정 요소를 참고하는 데서 부분적으로 발생되거나, 전체적인 뉴스 내용을 참고하는 데서 전체적으로 발생한다. 세 번째 분석적인 범주는 뉴스의 주제이다. 부분적인 짜임새를 다소 확신하기 어려운 경우에도, 통일된 단일 주제를 참조함으로써 전체적인 짜임새를 확립할 수 있다. 실제로, 주제는 뉴스 기사나 또 다른 텍스트를 합하는 명제의 집합에 수반되는 명제로 정의할 수 있다. 옌센은 만일 세계 평화가 위협받는다면 한편으로는 국제적인 관련성을 함축하고, 또 한편으로는 개개 수용자 구성원의 세분화를 시사하는 동서 주제 관련 이야기를 언급하였다(Jensen, 1988).

뉴스에 대한 시청자 반응 분석은 개인적인 재구성과 시청자에 의한 이야기의 재구성이 상당히 있음을 드러낸다. 그러므로 시청자들은 특별한 관점에서 이야기를 재구성하기 시작하고, 이것은 회상되는 특별한 세부 사항들과 그것들을 논의하는 순서에 영향을 미친다. 회상 빈도는 종종 구체적인 이야기의 요소에 초점을 두는데, 특히 영화 자막으로 보여질 때 그렇다. 어떤 응답자들은 그럼에도 불구하고 그 이야기에서 보다 넓은 맥락의 시사점을 찾는다.

옌센은 초주제 *super-themes* 라는 것을 입증했는데, 이것은 "뉴스 장르에서 의미의 재구성을 위해 시청자가 사용하는 이해 과정"이라고 정의된다(Jensen, 1988: 293). 때때로 초주제는 하루하루의 정치적 삶 속에서 특별한 의제나 정책을 지적하는 언론의 명분이나 관점을 압도하기도 한다. 옌센은 설명을 덧붙였는데, "커뮤니케이션 이론의 관점에서 초주제는 뉴스 장르의 잠재적 의미를 구성한다고 할 수 있으며, 이 것은 기사에 관한 더 깊은 대화를 활성화시키고, 이런 구조 속에서 초 주제를 분석 대상으로 삼을 수 있다"(p.294). 뉴스의 줄거리를 회상할 때 시청자는 자주 그들의 이해를 형상화하는 초주제에 의존한다. 주요 주제는 전쟁, 환경, 실업, 정부와 계층 등이다. 이런 연구에 따르면, 뉴 스의 수용은 복잡한 과정이다. 초주제는 언론적 합의에 의해 정의되는 뉴스 주제를 잘라내고, 새롭고 때로는 기대하지 못했던 의미 유형을 만들어 내기도 한다.

(1) 경험적 접근과 비판적 접근의 공통점

비판적인 사회 과학자들이 선호하는 질적 접근 방법은 미디어 내용에 서 수용자가 의미를 추출하는 방식에 더 큰 민감성을 보일 것이라고 간주된다. 양적 연구의 단점은 방법론적인 한계에서 오는 것이 아니라 일상적 경험을 수치 측정으로 변환시키는 관습적인 이론적 토대 때문 이다. 그러나 실증주의와 비판적 사회 과학의 관점 사이에는 개념적인 공유의 영역이 있다.

'시청자는 미디어 내용의 능동적인 해석자'라는 생각은 비판 사회 과학의 영역이 아니다. 관련 지식, 신념, 가치 체계가 조건 형성된 사 회, 정치, 문화적 환경에 의해, 그리고 장르에 대한 시청자의 기대에 의 해 뉴스 내용의 수용이 형성된다는 주장은 비판 이론에서만큼이나 실 증 이론에서도 두드러져 왔다. 1950년대 이후 뉴스 방송의 이해와 시청 자의 기억 연구에서 실험 심리학 안에 주로 기반을 두고 있는 연구 방 법이 설정되었는데, 이는 뉴스 내러티브의 이해가 프로그램의 구조적 인 측면뿐만 아니라 심리적, 사회적인 뉴스 시청자 특성의 범주와 관련 이 있다는 것이다(Belson, 1967; Findahl & Hoijer, 1976, 1982, 1985; Trenaman, 1967). 게다가, 경험적인 미디어 연구에서 이용과 충족 전통은 반복적으 로 사회적, 심리적 특성의 함수로서 수용자의 서로 다른 욕구와 성향을 강조해 왔다(Jensen & Rosengren, 1990).

이런 능동적 시청자의 개념이 수년간 다양한 형태로 논의되는 동안 수용 분석과 같은 접근법이 이를 지지해 왔는데, 그 이유는 그런 방법론이 시청자가 미디어 내용을 해석하는 방식을 심층적으로 묘사할 수 있기 때문이었다. 이는 미디어 메시지 원래의 텍스트적 형태와 시청자가 추출한 의미를 알 수 있는 텍스트 데이터를 비교할 수 있게 해 준다(Hoijer, 1992a, 1992b). 또한 이것은 연구자가 내용 이해 측면에서 개인간의 비교를 가능하게 해 준다. 전화 서베이 인터뷰나 실험실 실험에서의 비교적 간단한 언어적 반응은 수용자들이 TV 뉴스에서 뽑아낸 풍부한 지식과 의미들을 드러내기에는 너무 많은 구속을 가한다고 볼 수 있다.

패러다임들의 수렴을 예시하는 또 다른 경우로, 리는 실험 연구의 틀 안에서 수행한 연구를 보고했는데, 여기서는 텍스트 자료를 질적으로 분석하는 형태를 활용하였다(Rhee, 1997). 사회 인지 모델은 어떻게 뉴스가 정치 유세 내용을 틀 지으며, 이어 그 뉴스 정보를 시청자가 어떻게 처리하는지를 조사하는 데 사용된다. 반 딕과 킨치의 담론 이해 모델(Kintsch, 1974; van Dijk & Kintsch, 1983)을 이용하여, 리는 뉴스 내러티브의 텍스트적 특성과 시청자의 사회적 지식 사이의 상호 작용으로 프레이밍 과정을 개념화하였다. 캠페인 보도에서 두 개의 뉴스 프레임을 구분할 수 있는데, 전략 보도와 쟁점 보도가 그것이다. 전략 보도는 후보자의 전략에 중점을 두어 이기고 지는 것이 중요한 것이고, 이슈 보도는 어떤 정책과 그런 정책이 주장하는 바를 옹호하는 데 중점을 두는 것이다.

전략 프레임과 이슈 프레임은 인쇄물과 방송 보도에 대해 필라델피아 시장 선거 캠페인 관련 뉴스 기사 측면에서 만들어진 것이다. 전문적인 리포터를 채용하여 실험적인 뉴스 프레임의 요구 사항과 강조점에 따라 원래의 이야기를 다시 쓰게 하였다. 피험자들은 전략 프레임과 이슈 프레임을 포함하는 신문 스타일이나 뉴스 방송 스타일을 읽거나 보는 조건에 배치되었다. 그들은 집에서 5일 동안 뉴스를 읽거나 시청하였다. 이런 실험 처치 이전에 그들은 이전의 선거에 대해서 친구에게 편지를 쓸 것을 요청 받았다. 5일간의 미디어 노출 후에 그들은 필라델피아 시장 선거에 대해 또 다른 편지를 쓸 것을 요청 받았다. 이런 편지의 텍스트는 중요한 데이터 소스로 사용된다.

뉴스 내러티브와 편지 담론 모두를 명제적 *propositional* 내용으로 분석하였다. 선거 캠페인에 관한 뉴스 보도를 보여 주는 뉴스 프레임이 선거에 관한 편지를 써 보냈던 피험자들의 세부 이야기 이해와 그 기억에 영향을 주는지 알기 위해, 행위자들 사이 그리고 행위자와 쟁점들 사이의 관계 혹은 어떤 사건이나 이슈가 드러나는 구절을 찾아내고 문장 구조를 평가한다. 전략 프레임의 캠페인 보도를 본 사람은 캠페인을 설명하는 중에 전략 프레임의 구절을 좀 더 사용하였는가? 마찬가지로, 이슈 프레임 보도를 접한 사람은 이슈에서 나온 구절을 편지에 더 자주 사용하는가? 결과는 뉴스 프레임이 응답자 자신의 편지 담론에 영향을 미치는 것으로 나타났지만, 오직 인쇄된 뉴스에서만 그렇고 방송 뉴스에서는 영향을 미치지 못했다. 그러한 제시 효과는 또한 응답자들의 사회적 지식 구조와 상호 작용하였다. 만일 응답자가 이미 존재하는 지식으로 전략 프레임이나 이슈 프레임을 보였다면 그들은 인쇄 뉴스에 사용된 그와 유사한 형식에 더 민감하다. 이런 연구의 중요성은 그 결과 이상의 것이다. 그것은 서사적 자료가 실험적 연구 방법으로도 얻어질 수 있고, 뉴스 정보를 동화시키는 데 포함되는 역동적인 인지적 과정에 대한 증거를 제공할 수 있음을 의미한다. 또한 뉴스 프레임의 효과 측면에서 여러 미디어들 간의 차이를 체계적으로 보여 주는데 심층 면접이나 포커스 그룹 접근보다 실험 패러다임을 사용하는 것이 더 가치 있음을 보여 주기도 한다.

수용 분석은 '수용자 연구의 방향 재설정'을 나타내는 것으로 알려져 있는데, 여기서 '수용자'의 정의 자체가 다듬어져 왔다. 시청자 분석의 이런 진화 과정을 설명하는 주요 2개 영역이 있다. 하나는 이 전통 안에서 쓰여지는 많은 학술적 글에서 주장하듯이, 주로 심층 면접이나 포커스 그룹을 사용하는 연구 방법이 미디어 내용을 이해하는 데 더욱 민감할 수 있다는 주장으로, 다른 경험적, 실증적인 사회 과학에서 파생된 다른 접근 방법보다 더 생태학적으로 타당도가 높다는 것이다. 두 번째는 수용자의 이질성을 더 세련되게 인식하고, 미디어 내용을 수용자가 해석하는 범위가 흔히 아주 넓고 다양하게 된 원인과 중요성을 측정하는 것이다. 이 두 가지를 더 살펴볼 필요가 있다.

'해석 공동체'의 개념은 실증주의자의 경험적 연구에서 통상 다루는 것보다 더 폭넓은 수용자 집단에 주의를 기울임으로써 수용자들이 뉴스를 어떻게 받아들이는지 이해한다는 면에서 잠재적 가치를 지니고 있다. 특히 인구 통계학적 수용자 집단이 기술적으로는 유용한 분류를 제공하지만, 가치나 신념, 미디어 내용 충실도에 기반을 둔 범주화보다는 다양한 미디어 내용에 대한 반응을 설명하는 데 그리 유용하지 않을 수 있다(예를 들어, 특별한 신문을 읽는 독자와 특별한 뉴스 내용을 보는 시청자). 그런 문화적, 사회적 그리고 미디어 중심적 수용자 집단의 요소는 뉴스 이슈를 다양하게 이해하는 청중을 설명하는 데 더 큰 범주를 제공할 수도 있고, 균형, 신뢰, 평등, 객관성, 그리고 오락적인 측면에서 방송 뉴스에 서로 다른 무게를 줄 수도 있다. 이런 판단이 뉴스 회상을 매개할 수도 있다. 새롭게 관심을 가져야 할 것은 가능성 있는 연구의 방향을 제시하는 TV 뉴스에 대한 수용자의 '이해'처럼 뉴스 기억 요소의 중요성을 보여 주는 것이다(Heuvelman et al., 1998). 그러나 이해의 관점은 이런 측정을 전통적으로 적용할 때의 정의보다는 좀 더 세련된 방법으로 개념화할 필요가 있다(Gunter & Wober, 1992).

수용 분석이 미디어 뉴스 이해를 향한 연구의 맥락에서 중대한 이론적, 방법론적 진보를 가져왔는지에 대해서는 논란의 여지가 있다. 그것은 이런 분야에서 실험적, 심리적인 연구의 많은 부분을 특성화하는 간단한 언어적 테스트 이상으로 움직일 필요성을 강조하는 방향으로 유용한 서비스를 제공해 왔다. 후대의 연구는 뉴스 보도에 노출된 수용자들 사이에서 발생되는 정보 처리 과정의 본질을 적절히 연구하거나 설명하지 못하는 경험적 방법론과 개념적 모델들에서의 복합적인 서사 구조에서 학습하는 과정의 연구를 강조하기 위해 가치 있게 시도되었다. 그러나 1970년대 후반과 1980년대를 통해 인지 심리학자들조차도 인간 인지 과정의 세밀한 모형이 필요함을 인식하였으며, 사람들이 내러티브 컨텐츠를 처리하는 방식을 조작적으로 정의하기 위해 설계된 스키마 이론의 출현과 그에 관련된 방법론들이 사고 과정과 연구에 큰 진전을 반영한다(예를 들어, van Dijk, 1988; van Dijk & Kintsch, 1983; Thorndyke, 1979). 인지적 관점이 완벽한 미디어 정보 처리 과정을 설명하기 위해 필요하다는 견해가 지지를 얻고 있다(Cappella & Street, 1989; Livingstone, 1989). 그러나 '인지적 관점'이 정확히 의미하는 것은 이론과 방법론의 관점에서 더 많은 사고가 필요하다는 것이다.

경험적 발전의 중요한 점은 TV의 내러티브를 평가하기 위한 텍스트 분석과 지적인 심층 면접, 그리고 그런 프로그램에 대해 수용자들 사이에 스스로 발생하는 담론을 연관지어 분석에 접목시키는 것이지만, 인지적인 분석적 뒤틀기 *analytic twist* 와 함께여야 한다는 것이다. 전문적인 저널리즘적 담론의 분석과 방송 뉴스에 노출된 후 수용자들이 토론하는 동안 만들어내는 담론은 인지적 스키마 이론을 면밀히 참고하여 이루어진다. 스키마란 "과거의 반응이나 과거의 경험이 능동적으로 조직된 것…… 스키마에 의한 결정은 과거에 언젠가 일어났던 반응과 경험에 의해 영향 받을 수 있는 모든 방식 중에서 가장 기본적인 것이다"(Bartlett, 1967: 201). 이런 접근법은 개개인이 TV의 사실적인 내러티브 내용을 처리하는 방식을 이해하는 데 흥미로운 직관을 제공해 주기 시작하였다.

스웨덴의 서로 다른 TV 장르의 프로그램 에피소드를 시청한 수용자들의 이해를 측정한 연구에서, 시청자는 연속극과 진지한 드라마, 그리고 새로운 프로그램의 내용에 대해 인터뷰를 하였다. 어떤 응답자는 혼자 프로그램을 시청하고 어떤 응답자는 소집단 안에서 프로그램을 시청하였다. 모든 응답자들은 시청 후에 개인적으로 인터뷰를 하였다. 각 인터뷰의 첫 번째 부분에서, 응답자는 일반적으로 프로그램에 대해 이야기해 줄 것을 요청 받았고, 특수한 장면에서 그들의 반응을 이야기해 줄 것을 요구받았다. 인터뷰의 두 번째 부분에서 각 장면을 다시 보여 주고, 내용 중에서 계급이나 성과 관련된 이슈를 지적해 달라고 요청하였다. 인터뷰의 마지막 부분에서 각 장면을 한 번 더 보여 주고, 본 장면에 대해 첫 번째로 느낀 경험이나 지식에 대해 이야기해 줄 것을 요구하였다.

이런 분석적 형식은 TV 텍스트에서 확인된 주제가 시청자의 개방형 회상 프로토콜에 나타난 정도, 그리고 시청자들마다 서로 다른 특별한 인지 스키마나 해석적 참조틀이 적용되는 정도를 드러낸다. 이런 질적 접근은 시청자가 TV 프로그램을 볼 때 다양한 인지 스키마를 사용한다는 것을 나타내 준다. 프로그램을 이해하기 위해 시청자는 미디어 텍스트와 그들의 내적인 세계 사이에 연결점을 찾아야 한다. 이런 내적 세계의 한 특징은 그것이 사회적 경험과 문화적 지식, 그리고 특별한 개인적 경험을 나타내는 스키마의 관점에서 인지적으로 조직되어 있다는 것이다. TV 프로그램을 이해할 때 시청자는 자동적으로 인지적 스키마를 사용하게 된다(Hoijer, 1992a).

수용자들 간의 뉴스 이해의 차이가 사회적 – 경제적 계층이나 성별의 관계 안에서 발견되지만 이런 차이는 왜 뉴스 이해 수준이 시청자의 하부 그룹에 따라 다양한지를 설명해 주지는 못한다. 이런 사회적 요소가 정신적으로 뉴스 내용을 나타내는 독특한 방식과 관련이 있는지에 대해 몰리는 다음과 같이 이야기하고 있다(Morley, 1985).

커뮤니케이션을 하는 과정에서 인구 통계학적 요소들이 **어떻게** 관여하는지 시도조차 하지 않은 채 연령, 성별, 민족이나 계급과 같은 인구 통계학적이면서 사회적인 요소를 이야기하는 것은 부적절하다. 의미를 부여하는 관행의 상대적 자율성은 사회적인 요인들이 커뮤니케이션 과정에 영향을 미침으로써 직접적으로 읽혀지지 않을 수 있음을 의미한다. 이런 요인들은 그들이 분명히 이야기하는 담론의 행위를 통해서만 효과를 낼 수 있다.

상업적인 수용자 연구에 사용되는 전통적인 마케팅의 구분보다 수용자를 더욱 세밀하게 구분해야 한다는 주장은 환영받을 만하다. 그러나, '해석 공동체'는 아무데나 사용되어서는 안 된다. 분명히 개인들이 공유 부분을 발전시키는 데는 여러 다양한 방법이 있다. 그러나 특정 TV 프로그램의 시청자가 그 프로그램 시청자의 공동체 멤버라는 관점은 더욱 의문거리를 제공하는 것 같다. 무한한 수의 공동체가 이런 방법으로 발생될 수 있다. 이런 많은 공동체들은 지속적인 구성원보다는 일시적인 구성원을 가질 것이며, 따라서 TV 시청자를 항상 더 잘 이해하도록 하는 유용한 토대임을 증명하기는 어려울 것이다.

8장

미디어의 행동적 영향 측정: 상관 관계에서 인과 관계까지

이 장에서 우리는 매스 미디어의 행동적 영향에 관한 연구를 살펴본다. 이와 같은 연구는 영화, 라디오, 신문에 이르는 사회 과학 연구의 초창기부터 미디어 대한 기본적인 관심 중 하나이다. 미디어의 행동적 영향에 대한 대부분의 연구는 사회적 행위에 초점이 맞춰져 있다. 더 정확히 말하면, 대부분의 미디어 효과 연구는 미디어가 반사회적인 행동을 발달시키고 드러내는 데 미치는 영향에 관심을 가져 왔다. 미디어는 개인이나 집단의 차원에서 폭력의 발생, 이미 폭력적인 사람들을 더욱 더 폭력적으로 만드는 것, 공격성의 기술 혹은 다른 형태의 표현, 그리고 시민의 불안을 조장한다는 점에 대해 비난받아 왔다. 그러나 매스 미디어의 행동적 영향은 다른 형태를 취한다. 몇몇 미디어 연구자들은 사람들이 서로에게 이타적으로, 혹은 친절하게 협조적으로 행동하는 친사회적 행동 경향을 촉진하는 미디어 내용의 영향을 탐구하였다. 사회적 행동 측면의 영향에 대해 좀 더 자세히 언급하면, 소비자의 행동, 건강 관련 행동, 그리고 선거 기간 동안 투표 행위에 미치는 영향에서의 미디어 역할에 대한 연구에 착수하였다. 미디어는 광고를 매개물로 일용품이나 서비스를 위한 촉진적 메시지를 전달하는 데 광범위하게 사용되고 있다. 또한 약물 남용, 흡연, 알코올 소비, 다이어트 습관 등을 변화시키기 위한 건강 캠페인 메시지를 전달하는 데에도 사용되었다.

행동적 영향은 그들 자신에게 필연적으로 나타나거나 매스 미디어 노출 직후에 직접적으로 나타나지는 않는다. 종종 행동적 영향은 이전의 장에서 검토되었던 것과 같은 인지적 수준의 영향과 함께 발생한다. 매스 미디어를 통해 알려진 정보는 그것이 작용하기 이전에 수용자들이 흡수하고 처리한다. 폭력에 대한 묘사는 각 개인의 행동적 레퍼토리와 관련된 것으로 인지해야 비로소 흡수된다. 상업적 메시지는 기억이 되어야만 비로소 브랜드 인지도에 영향을 미친다. 그리고 나서 소비자 행동에 영향을 미치는 구매 요소로 분화되어야 한다. 건강과 관련된 메시지는 행동의 전환이 수반되기 이전에 개개인 자신의 상황과 관련하여 이해해야만 한다.

미디어의 행동적 영향의 행위 연구에서, 주요 방법론은 조사와 실험으로 구성되어 있다. 1회성 조사는 보고된 미디어 사용의 유형과 사회적 유형, 소비자 혹은 다른 행동 형태의 유형들 사이의 관계에 대한 정도를 조사한다. 반복 조사를 이용하는 장기적 연구는 별도의 응답자 집단을 이용하여 미디어 관련 행동과 다른 행동 사이의 관계에 대해 조사한다. 혹은 동일 집단에서 시간 경과에 따라 미디어 노출과 개인의 다른 행동들의 발달 사이에 있는 관계를 조사한다. 오직 상관 관계 자료에 기초한 이러한 연구들로부터 미디어의 행동적 영향에 대한 추론이나 심지어 결론들까지 도출되었다. 결과적으로, 아직까지는 미디어 노출과 수용자 행동 사이에 나타나는 인과 관계 증거들의 정확성에 대한 의심이 남아 있다.

인과 관계의 탐색은 실험적 방법론을 통해 더 직접적으로 다루어졌다. 이러한 틀에서, 연구자들은 미디어 노출이 발생하기 이전에 미디어 노출을 조작할 수 있다. 서베이 연구의 한계 중 하나는 연구자가 응답자의 미디어 노출을 통제할 수 없다는 것이다. 그리고 일반적으로 얻어진 미디어 소비의 측정이 실제 미디어 노출의 유형을 반영한다고 확신할 수가 없다. 이런 미디어 노출의 오프라인 측정 *off-line measurement* 은 수용자 구성원이 실제로 미디어에 노출되었는지에 대해 몇 가지 의심이 들게 한다. 한 실험에서 연구자들은 노출이 발생하는 기간 동안 특정 피험자들이 보거나 소비한 미디어 내용이 무엇인지를 정확히 알아냈다. 실험실 실험은 생태학적 타당성 *ecological validity* 이 부족하지만, 현장 실험은 미디어 관련 사건과 경험을 통제하면서도 미디어 노출과 피험자의 행동을 보다 사실적인 환경에서 측정할 수 있게 해 준다.

지난 20년간 미디어 효과 연구에 대한 모든 경험적 접근들은 사회 과학 패러다임이 이론적으로나 방법론적으로 수용자가 미디어 산물에서 처리하는 미디어 내용의 풍부함과 광범위한 의미의 복잡성을 설명하지 못한다는 미디어 학자들의 비난을 받아 왔다(Gountlett, 1995를 보라). 대안적인 분석적 접근은 미디어 정보의 심층 처리 과정에 특히 중점을 둘 것을 제안하였다. 그리고 그러한 해석은 미디어 소비자들마다 다양하게 달라질 수 있으며, 그들이 속하거나 혹은 그들이 동일시하는 공동체가 중재할 수 있다. 양적 방법론을 피하고 그 대신 서로 다른 미디어와 미디어 산물에 몰입하는 수용자를 이해하는 데 더 민감하고 적절한 틀로 질적 방법론을 받아들인다. 그러나 미디어의 가능한 행동적 영향의 측정이라는 맥락에서 필요한 방법론은 미디어 노출을 명백히 확립할 수 있어야 하고, 실재적인 방법으로 미디어 소비자의 행동을 측정할 수 있어야 하며, 그 둘 사이에 관계가 있다는 것을 설득력 있게 보일 수 있어야 한다.

미디어 영향 조사는 지난 20년 동안 개념적으로 그리고 방법론적으로 발전되어 왔다. 심지어 경험주의적 성향이 강한 사회 과학자들 사이에서조차 행동적 영향이 발생한다 하더라도 미디어 메시지에 대한 반사적인 반응은 아니라는 인식이 증가하였다. 그 대신에 수용자들은 인지적으로 적극적인 방식 *cognitively active way* 으로 미디어 내용을 처리하고 전달 내용의 의미에 대해 그들 나름대로 해석을 한다. 행동적 영향은 수용자 자신의 삶과 행동에 대한 미디어 내용의 시사점을 개인이 평가하는 해석적 과정에서 도출된다.

1. 상관 관계 검증: 서베이 연구

서베이 연구는 많은 비즈니스 영역에서 그들의 실질적 혹은 잠재적 시장에 관한 정보를 획득하는 데 확고히 자리잡아 왔다. 서베이는 미디어 연구의 가장 탁월한 특징을 가졌다. 미디어 조직들은 그들의 수용자나 독자층을 측정하는 데, 그리고 그들의 생산물이나 출판물에 대한 소비자들의 반응을 추적하는 데 서베이를 사용한다. 서베이의 결과는 미디어에 의해 정기적으로 보고되는데, 이는 일반적으로 정부와 정치인들의 선거 및 성과에 관련된다. 서베이 연구는 매스 미디어의 영향 측정과 관련된 학술적 사회 과학 연구나 상업적 시장 조사에서 핵심적인 방법론이다.

학술적인 사회 과학자들은 다양한 시각에서 미디어 영향을 측정하는 데 관심을 가져 왔다. 매스 미디어는 ① 공중의 지식, 인식, 그리고 주제의 이해, ② 이슈, 대상, 기관, 및 집단들에 대한 여론, 신념, 및 태도, 그리고 ③ 공중의 행동 등에 미치는 효과에 대한 가설을 세우고 발견해 왔다. 행동적 영향에 대한 관심은 주로 사회적, 정치적 행동과 소비자 행동, 그리고 건강 관련 행동 등에 초점이 맞추어졌다. 어떤 경우에는 그런 영향들이 미디어가 사람들의 행동 양식이나 변화하는 방식 등에 영향을 미치도록 의도한 것이다. 이것은 소비자 행동, 건강 관련 행동, 그리고 정치적 행동과 관련된 공공연한 사실이다. 어떤 경우의 관심은 미디어의 우연한 부수적 효과를 다루는 것인데, 미디어의 부수적인 영향은 일상적으로 수용자 구성원들 사이에서 어떤 반응을 만들어내기 위한 목적으로 생산되지 않은 미디어 내용에 노출됨으로써 얻어지는 효과를 말한다. 후자의 영향은 사회적 행동의 범위 안에서 일어나고, 일정하게 미디어 내용의 반사회적, 행동적 영향에 집중되는 경향이 있다. 그러므로, 특히 TV 프로그램에서 미디어는 폭력이나 범죄와 같은 행동을 정기적으로 보여 줌으로써 그런 행동들을 유발시킨다고 종종 비난 받는다.

1) 서베이 연구의 역사

현대의 서베이는 인구 조사 *census* 의 오래된 형태로까지 거슬러 올라
간다(Converse, 1987; Moser & Kalton, 1971). 인구 조사는 한 지역 안에 사
는 전체 인구의 특성을 모아 놓은 것이다. 이것은 그들이 공식적으로
말한 것 혹은 공식적으로 관찰한 것에 기초한다. 예를 들면, 둠스데이
북 Domesday Book 은 정복왕 윌리엄 1세가 1085~6년에 만든 영국의 유
명한 인구 조사이다. 초기의 인구 조사는 세금으로 이용할 수 있는 토
지나 군역에 종사할 수 있는 장정들을 알기 위해 사용되었다. 간접 민
주주의의 발전과 더불어, 인구 조사는 지역 인구에 기초한 선거 인단
의 수를 추정하는 데 확장되어 사용되었다.

인구 조사는 주민들 모두의 자료를 얻으려 시도한 반면, 서베이는 자
료를 수집할 모집단의 부분 집합을 표본으로 추출하는 표본 추출법
sampling techniques 을 사용하였다. 사회학 이론가인 막스 베버는 프로테스
탄트 윤리에 대한 그의 연구에 서베이 조사 방법을 사용하였다. 또한 경
제 발전의 비교 역사적 고찰에 덧붙여, 그는 각 개인에 대한 자료를 얻기
위해 신교와 구교 노동자들을 연구하였다(Lazasfeld & Obershall, 1965).

서베이는 미국과 영국에서 19세기 후반 산업화 이후에 발생한 광
범위한 도시 빈민층 조사를 위해 사용되었다. 19세기에 이러한 서베이
들은 도시 계획 및 다양한 정부 정책과 관련하여 사용되기 시작하였
다. 비록 과학적인 표집과 통계적인 분석에는 한계가 있지만, 자료 수
집 방법에는 관찰, 인터뷰, 그리고 설문이 포함되엇다. 표본은 확률 표
집이나 무선 표집 절차를 따르지 않고, 의도적 또는 점증적 기법을 사
용한 편의 표집으로 추출하였다.

미국에서는 미국 인구 조사 사무국, 주요 투표 대행사들, 대학들
의 서베이 조사 센터의 노력을 통해 서베이 조사가 발전하였다. 20세

기 중반의 10년 동안, 표집 방법, 질문법, 자료 수집 및 분석 기술이라고 불리는 세 가지 방법 모두 실험하였다.

부스의 "런던 사람들의 노동과 생활 Labour and Life of the People of London"이라는 서베이(Booth, 1889~1902), 그리고 로운트리의 ≪빈곤: 도시 생활 연구 Poverty: A Study of Town Life≫(Rowntree, 1906)에서는 영국 초창기의 두 가지 예를 보여 준다. 로운트리는 면접자를 이용하여 가구들에서 직접 정보를 얻었다. 20세기 초반에 노동자 계급의 생활 형편에 대한 조사를 볼리와 바렛 허스트(Bowley & Barrett-Hurst, 1915), 볼리와 호그(Hogg, 1925) 그리고 포드(Ford, 1934)와 스미스(Smith, 1930~5) 등이 주도하였다. 영국에서 2차 세계 대전 기간 동안 정부의 사회 조사는 서베이 방법의 표준을 만드는 데, 그리고 정부의 정책 입안자들이 서베이 결과에 주의를 기울이도록 설득하는 데 중요한 부분을 담당하였다.

20세기 전반부 동안에, 서베이 조사는 과학적 표집법의 발전, 태도나 주관적 인식을 측정하기 위한 척도 설계, 별도의 영역으로서의 시장 조사의 출현이라는 측면에서 진전을 이루었다. 여기서 소비자 행동을 더 잘 이해하는 데 특별한 관심을 두었다. 전문 기관들은 빨리 유통되며 세일이 반복되는 주요 소비재(음식, 비누, 세제, 화장품, 특정 가정 용품 등)의 제조업자들이 의뢰하는 연구를 수행하면서 발전하였다.

서베이 조사는 또한 20세기 후반의 미디어에 의해서도 사용되었다. 언론인들은 뉴스에서 주요 쟁점으로 부각되는 이슈들에 대한 여론을 측정하는 데 조사 연구를 사용하였다. 신문 출판 업체들과 방송사들은 시장 점유율, 독자 혹은 수용자의 크기, 그리고 그들 상품에 대한 여론을 측정하는 것으로 서베이의 가치를 인정하였다. 그러나 서베이는 미디어 시장을 평가하기 위해서만 사용되는 것이 아니다. 2차 세계 대전 중에, 미디어가 대중들에게 큰 영향력을 행사하는 힘이 있음을 보이는 연구에 대한 관심이 증대되었다. 이러한 세계 대전 동안의 대중 사기와 여론을 형성하는 데 있어서의 미디어의 역할에 그 관심이 집중되었다. 학술 연구자들은 상업적 선거 대행사들과 연합하여 협력하기 시작하였다. 이러한 협력은 서베이 조사 기술의 향상이라는 중요한 방법론적 발전을 가져왔다. 이후의 30~40년간에 걸쳐, 서베이 조사의 양은 끊임없이 증가하였다.

학술 영역에서는 스토우퍼와 라자스펠드라는 두 인물이 두드러진다. 스토우퍼는 대공황 동안 미국의 백인, 흑인을 대상으로 한 사회적 양상을 발견하기 위해 개척자적인 작업을 실시하였다. 2차 세계 대전 때 그는 미 육군을 위한 사회 조사를 실시하였고, 다음에 이어서 1950년대에는 조셉 레이먼드 매카시 Joseph Raymond McCarthy 에 의한 반공산주의자 조사 효과에 대한 여론을 연구하였다.

라자스펠드는 1930년에 오스트리아에서 미국으로 건너갔다. 스탠턴, 머턴과 함께한 그의 작업은 프로그램 분석가와 포커스 그룹에 대한 것으로 잘 알려져 있다. 그는 또한 향상된 서베이 기법에 대한 초기의 중요한 연구를 행하였다. 특히, 그는 동일한 개인들을 여러 번에 걸쳐 재면접하는 유형의 패널 연구를 소개하였다. 이러한 접근은 광범위한 행동적 현상에서의 미디어 효과 연구의 중요성을 입증하는 것이다.

2) 서베이 연구의 유형

서베이는 많은 기준에 의해 구분된다. 이 기준에는 표본의 유형, 실시 방법, 서베이가 행해지는 규칙과 기간이 포함된다. 미디어 영향의 맥락에서 모든 서베이는 변인들의 상관 관계를 포함한다. 일반적으로, 사람들이 자기 보고한 미디어 사용과 그들의 특성, 배경, 일상 생활, 가치, 신념, 의견이나 행위 등에 대한 자료를 얻는다. 한 가지 중요한 구분은 횡단적 cross-sectional 서베이와 장기적 longitudinal 서베이이다(Babbie, 1990). 어떤 경우에는, 어떤 특정한 시점에서 주장하는 미디어 사용과 다른 사회적 철학적 태도 혹은 개인의 행동 사이에 어떤 관련성이 발견되기도 하고, 또 다른 경우에는 장기간에 걸쳐 다양한 변인들 사이의 관계를 찾아내는 데 관심을 둔다.

횡단적 연구는 어느 한 시점에서 응답자들의 표본으로부터 미디어 노출의 유형, 태도, 행동에 관한 자기 보고 자료를 얻는다. 이렇게 하여 주장하는 미디어 이용과 개인적으로 다른 태도적 또는 행동적 측정 사이에 관계의 정도를 드러낼 수 있다. 그러나 영향 관계에서 그 인과 관계를 증명할 수는 없다. 장기적 연구는 동일한 개인들의 집단을 대상으로 오랜 시간에 걸쳐 수행되며, 둘 혹은 그 이상의 시점에서 얻어진 미디어 사용의 보고에 관한 정보, 그리고 다른 개인적인 응답자들의 특성에 관한 정보를 얻는데, 이는 미디어에 관한 가설을 검증하는 보다 강력한 방법론으로 간주된다(Wimmer & Dominick, 1994). 이러한 접근은 조사자들에게 미디어 이용과 미디어 소비자의 태도 혹은 몇 주 걸릴 수도 있는 행동 사이의 발전된 관계를 조사할 수 있도록 해 준다. 이러한 조사는 특별한 종류의 미디어 내용에 대한 즉각적인 노출에 즉각적으로 발생할 수 있는 것들뿐만 아니라, 미디어의 누적적인 영향의 가능성도 가정한다. 미디어 폭력의 영향에 대한 논의의 맥락에서, 몇몇 중요한 장기적 연구들은 어린 시절의 시청 습관과 이후의 삶에서의 공격적 성향의 발달 사이에 장기적 관계가 있는지를 밝히기 위한 연구를 시도해 왔다.

3) 횡단적 서베이

횡단적 서베이는 서베이가 시행되는 시점에서 이슈에 대한 대중의 행동의 상태를 결정하는 데 사용될 수 있다. 예를 들면, TV 시청자의 한 표본에게 그들의 현재 시청 유형에 관한 질문을 할 수 있다. 횡단적 서베이는 선거 캠페인에서 응답자들이 투표하는 경향을 알아보기 위해 사용되었다. 일반적으로 질문은 마치 즉각적인 결정을 하는 느낌을 주도록 투표일이 '오늘' 또는 '내일'이라는 구문으로 되어 있는데, 실제로는 투표가 몇 주 내에 이루어지지 않을 수도 있다. 또한 횡단적 서베이는 미디어 노출 유형과 자기 보고된 행동 사이의 관계를 밝히기 위해 이용되어 왔다.

횡단적 서베이 조사의 기본적인 접근은 미디어 노출 측정치를 얻고 이러한 노출 측정치를 미디어 사용자의 행동, 느낌, 인식 또는 지식의 측정치에 연관시키는 것이다. 모든 미디어 영향 연구의 궁극적인 목적은 연관성이 있다는 인과 관계를 밝히는 데 있으며, 이를 위한 첫 번째 단계는 관계가 있는지를 밝히는 것이다. 상관 관계 조사가 사용되는 미디어 연구의 기초 영역 중 하나는 미디어 폭력의 영향에 대한 연구이다.

예를 들어, TV 폭력성의 맥락에서 응답자들은 신원을 확인하거나 혹은 그들의 TV 시청에 관한 상세한 질문들을 받는다. 그들에게 프로그램 제목이 적힌 목록을 준다. 거기에 그들은 시청하는 프로그램 중 제일 좋아하는 것이 무엇인지에 관해 질문을 받고, 혹은 얼마나 많은 시간 동안 TV를 시청하는지, 그리고 어떤 종류의 프로그램을 보는지에 관해 완성된 일지를 써서 연구자에게 제출한다. 이러한 접근을 통해 TV 노출 측정에서 이름 있는 TV 프로그램의 내용에 관한 가설이 만들어지는데, 이러한 가설은 거의 시청자 스스로가 프로그램 자체를 실제로 분석함으로써 테스트하지 않는다. 그러므로 이것은 액션 어드벤처 혹은 범죄 드라마 장르 등의 프로그램이 폭력성을 수반한다고 가정한다. 만일 시청자들이 가장 선호하는 프로그램들 중에서 그러한 프로그램을 선택했다면, 그것은 TV 폭력에 대한 노출의 증거로 간주된다. 이러한 조사에서는, 실제로는 프로그램에 포함된 폭력의 양과 유형이 다양한데도 폭력의 측면에서 그런 프로그램들이 모두 동일하다고 간주하는 경향이 있다.

응답자들의 개인적인 공격적 성향도 자기 보고를 통해 평가되며, 때때로 응답자가 알고 있는 다른 사람들의 보고를 통해서도 평가된다(예를 들어, 부모님, 선생님, 친구 혹은 동료들). 상관 관계적인 서베이는 실제 행동을 측정하지 않는다. 대신에 행동에 대한 결론은 자기 보고 혹은 타인 보고로부터 도출된다.

맥로드와 그의 동료들에 의한 서베이 접근은 TV에 방영된 폭력에 대한 노출, 개인적 공격성, 가족 환경 등에 대한 측정이 포함된 설문지를 사용하였다(McLeod et al., 1972). TV 시청 측정은 응답자들에게 65개의 프라임타임 프로그램 제목의 목록을 주고 각각의 타이틀을 일반적으로 얼마나 자주 보는가에 의해 측정되었다. TV 폭력 시청의 전체 지수는 각각의 프로그램 폭력 수준에 보고된 시청 빈도를 곱하여 얻어진다. 공격성은 7가지 척도로 측정한다. 한 가지 척도는 명백한 신체적 공격을 응답자가 용인하는 정도를 측정하는 것이다(예를 들면, 누구든 나 자신이나 혹은 나의 가족들을 모욕하는 사람이면 싸울 거리를 찾는 것이다). 또 다른 척도는 공격성을 용인하는 정도를 검사하는 것이다(예를 들어, 만일 당신이 적에게 화가 나 있다면 그에게 상처를 입히는 것은 정당한 것이다). 응답자들은 각각의 분리된 척도를 구성하는 문항에 대한 그들의 동의 정도를 나타낸다. 가족 환경은 부모가 TV를 통제하는 정도와 비공격적 처벌을 강조하는 정도 및 기타 변인들에 관한 질문으로 측정한다. 조사자들은 폭력적인 프로그램의 시청에 대한 응답 수준과 공격성에 대한 자기 보고 사이에 긍정적인 관련이 있다는 것을 발견하였다. 가족 환경은 두 변인들 중 어느 것과도 일관된 연관성을 보여 주지 않았다.

같은 주제에 대한 또 다른 서베이에서 로빈슨과 바크만은 1500명(10학년, 11학년, 12학년 소년들)의 자기 보고 측정치를 얻었다(Bachman, 1972). 실제로는 어떠한 상관 관계도 나타나지 않았다. 그 대신, 소년들이 가장 좋아하는 TV 프로그램에서의 폭력의 양에 근거하여 피험자들을 4개의 집단으로 분류하였고, 이러한 집단들을 비교하였다. 가장 폭력적인 인기 프로그램들에는 두 개의 중간 집단보다 더 공격적인 행동이 포함되는 경향이 있었는데, 이 두 개의 중간 집단은 또한 폭력성이 가장 낮은 프로그램을 좋아하는 집단보다는 더 많은 공격성을 포함하고 있었다.

E. D. 매카시 등은 도심 지역에서의 정신 건강에 관한 광범위한

연구의 일부분으로서 TV 시청과 비정상적인 행동에 대한 다양한 측정 정보를 수집하였다. 어떤 공격성 측정(싸움, 비행, 부모와의 갈등)도 TV 폭력 시청의 단순한 측정과 중요한 연관성을 갖지는 않았다. 이러한 측정은 보고된 전체 TV 시청량 및 폭력 시청 가중치(전체 시청 시간을 고려한 측정) 모두와 상관 관계가 있었다. 전체 TV 시청량의 영향을 제외했을 때에는 공격성과 TV 폭력 시청 사이에 상관 관계가 발생하지 않았다.

하트나겔과 그의 동료들은 응답자가 가장 좋아하는 4개의 프로그램과 그들 자신의 폭력적 행위에 대한 자기 보고 측정치를 얻었다 (Hartnagel et al,. 1975). 좋아하는 프로그램의 폭력성과 자기 보고된 폭력적 행위 사이의 관계는 낮았지만 통계적으로는 유의하였다. 좀 더 광범위한 보고서에서, 매킨타이어와 그의 동료들은 2299명의 고등학생을 대상으로, 좋아하는 4개의 TV 프로그램의 폭력성과 개인적인 폭력성 사이에 0.109라는 상관 계수를 얻었고, 더 심한 공격적 이상 행동과는 0.158이라는 상관 계수를 얻었다(McIntyre et al., 1972). 단일 선호 프로그램의 폭력성만을 사용하면 상관 계수가 0에 가까이 감소하는데, 이것은 TV 시청을 합리적으로 대표할 수 잇는 측정치를 얻는 것이 중요함을 지적해 준다.

그린버그는 726명의 소년들과 그들의 TV 시청 습관 및 공격성에 대한 태도에 관해 인터뷰하였다(Greenberg, 1975). 폭력적 TV 프로그램 시청과 지각된 폭력의 효과 사이에는 0.15의 상관 관계가 있었고, 폭력을 사용하려는 의도 표현과는 0.17의 상관 관계가 있었다. 전체 TV 시청량의 영향을 제거했을 때, 남아 있는 상관 관계는 양쪽 모두 0.12였다.

4) 장기적 조사

장기 조사 방법은 기술적일 수도 있고 설명적일 수도 있다. 장기 조사 방법은 장기간에 걸쳐 자료 수집을 하기 때문에 변인들 간의 장기적 관계를 확인하는 데 효과적인 절차를 나타낸다. 주의 깊게 디자인된 장기 조사 방법론은 조사자가 두 유형의 가설이 타당한지 검사할 수 있게 해 준다. 첫째로, 조사자는 잠재적으로 미디어와 수용자 태도 혹은 행동 사이에 존재하는 양방향적 상관 관계 해결에 착수할 수 있다. 다시 말하면, 미디어 폭력에 노출된 개인 시청자가 공격적인 행위를 증가시킬 수도 있지만, 공격적인 성향이 있는 개인이 폭력적인 프로그램을 좋아해서 시청하는 것일 수도 있다. 이에 더하여, 이러한 방법론을 사용하는 조사는 미디어에의 노출이 사회적 태도와 행동의 장기적 발달과 관련이 있는지도 결정할 수 있다. 장기 조사 방법의 세 가지 주요 유형이 있는데, 이것을 구분하면 ① 경향 *trend* 연구, ② 동세대 *cohort* 연구, ③ 패널 *panel* 연구이다.

(1) 경향 연구

어떤 주어진 모집단을 표집하여 여러 시점에서 조사할 수 있다. 각 서베이마다 다른 표본의 응답자들이 응답하지만, 각 표본은 동일한 모집단에서 추출된다. 선거 캠페인을 하는 동안에 각기 다른 시점에서 행해지는 여론 조사가 그 한 가지 예이다.

(2) 동세대 연구

경향 연구는 비록 모집단 구성원들이 변한다 하더라도 시간에 따른 일반적 모집단을 묘사하는 데 바탕을 둔다. 예를 들면, 첫 번째 연구에서 살아 있던 사람들이 두 번째 연구에서는 사망했을 수 있다. 동세대 연구는 비록 표본들이 다르더라도 자료가 수집된 각 시점의 표본들에 초점을 둔다. 예를 들면, TV를 보기 이전의 집단인 5~6세까지의 모든 어린이들을 대상으로 조사를 한다. 그리고 나서 2년 지나 TV를 접하기 시작하고, 그때 구할 수 있는 모든 5~6세의 어린이들을 대상으로 또 한 번의 조사를 한다. 5년 후, 그 커뮤니티 안의 동일 연령 집단을 대상으로 하여, 그 어린이들 사이의 TV 사용을 조사하는 추가 연구를 한다(Williams, 1986을 보라).

또 다른 예에서는 동일한 세대 집단으로부터 반복적으로 표본을 추출해 낸다. 예를 들어, 한 조사는 1980년대의 10세를 조사하고, 두 번째는 1990년대의 20세를 조사하고, 마지막으로 2000년대의 30세를 조사한다. 각각의 경우에서, 응답자는 1970년대에 태어난 집단에서 추출되는 것이다.

렌츠와 그의 동료들은 1931~40, 1941~50, 1951~60, 1961~70년 이렇게 네 기간에 태어난 소비지들을 동세대 분석하였다(Rentz et al., 1983). 청량 음료의 소비량을 모든 표본에서 측정하였다. 그리고 청량 음료 소비 행위의 잠재적인 범위가 평가되었다. 그 결과 청량 음료 소비가 동세대 그룹이 달라져감에 따라 계속적으로 감소하지 않음을 보여 주는 동세대 효과 cohort effect 를 밝혀냈다. 로젠그렌과 윈달은 스웨덴의 젊은 세대들의 TV 이용도에 관한 심층 장기 조사 in-depth longitudinal study 의 일부분으로 동세대 분석을 사용하였다(Rosengren & Windahl, 1989). 그들은 미세한 동세대 효과를 발견했지만, 세대가 습관적 TV 시청의 주된 결정 요인으로 보인다고 언급하였다.

(3) 패널 연구

경향 연구와 동세대 연구는 횡단적 서베이에서는 쉽게 얻을 수 없는, 시대 흐름에 따른 진행과 변화의 분석을 가능케 한다. 이러한 두 가지 장기적 연구 유형의 한계는 각 경우에 다른 사람들이 조사된다는 것이다. 이것은 특정 개개인이 시대 변화를 겪으면서 태도나 행동이 달라지는 것을 추적하지는 못한다는 것을 의미한다.

패널 연구에는 시대의 흐름에 따라 성장해가는 같은 응답자 표본에서 자료를 모으는 과정이 포함된다. 이러한 연구의 표본은 '패널'이라 불린다. 예를 들면, TV에 방영된 폭력이 시청자들의 폭력성에 미치는 효과를 측정하기 위한 반복 조사 연구에서, 초기의 폭력 프로그램 시청이 그 당시의 폭력성뿐만 아니라 더 나중의 폭력성 출현에까지 연관되는 것인지를 알기 위해, 1년에서 10년의 간격을 두어 동일한 개인들을 대상으로 한 연구를 수행할 수도 있다.

경향 연구나 동세대 연구는 이전에 수집된 자료의 2차 분석을 통해서도 수행될 수 있는 반면, 패널 연구는 독창적인 자료 수집의 일부로서 수행될 필요가 있다. 반면 패널 연구가 직면한 문제는 시간이 지남에 따라 패널 구성원이 감소하는 데 있다. 첫 번째 패널 조사에서 면접했던 사람들이 두 번째나 세 번째 조사에서 가능하지 않거나 참여하지 않으려 할 수도 있다. 사람들이 이사를 가거나 추적이 불가능하게 되는 경우도 있다. 따라서 패널 연구에서 연구가 진행되어 갈수록 패널의 규모가 점차적으로 작아지기 때문에 결론적으로 패널의 축소가 일어나는 것은 흔한 일이다.

패널 연구의 예 싱어는 세상에 관한 행동과 신념에 미치는 TV 폭력의 잠재적인 장기적 효과를 측정하기 위해 장기 패널 설계를 사용하였다(Singer, 1984). 조사자들은 다양한 가족 변인의 영향에 대해, 그리고 어린이들의 TV 시청 습관에 대해 ① 세상에 관한 어린이들의 믿음(세상이 '무서운' 곳이라고 지각하든 그렇지 않든 관계없이), ② 아이들의 직접적인 폭력성 표현, ③ 아이들의 학교에서의 적응, ④ 아이들의 인내력(기다리는 것에 대한 자기 억제와 능력)을 조사하였다. 이렇게 싱어의 특별한 관심을 불러일으킨 가족의 질적 측면은 아이들이 표현하는 부모의 권력과 처벌의 사용, 어머니의 상상력, 가족들의 TV 시청 습관이었다.

이 연구는 1977년에 시작되었고 63명의 아이들이 포함되었다. 아이들의 평균 나이는 조사가 시작될 때 4세였고, 마지막 조사시에는 9세로 1982년에 측정하였다. 가족 변인에 대한 모든 자료는 부모와 아이들이 함께 한 인터뷰를 통해 수집되었다. 부모의 보고를 포함시키지 않은 유일한 자료는 IQ 점수와 아이들의 '무서운 세상 검사 *Scary World Test*' 점수였다.

조사자들이 각 어린이의 폭력성 수준을 통제했을 때, 그들은 어린이들이 나중에 폭력적인 성향을 보이는 것은 TV의 폭력물을 많이 시청하는 것, 미취학 시기의 폭력물 시청, 그리고 부모가 신체적 체벌을 강조하는 것과 강한 연관성을 지니고 있음을 발견하였다. 이에 더하여, '무서운 세상 검사'에서의 아이들의 점수를 가장 강력히 예견하는 것은 아이들의 TV 시청 습관 정도였다. 특히, 어른 중심의 가장 폭력적인 프로그램들을 시청한 어린이들은 '무서운 세상 검사'에서 높은 점수를 기록하였다.

포착 패널 *catch-up panel*은 과거에 행해진 횡단적 연구에 참여했던 원래의 패널 중에 현재 면접 또는 관찰이 가능한 모든 사람들을 찾아내는 과정을 포함한다. 포착 패널은 조사자가 이러한 개개인들에 대한 기본 자료를 충분히 가지고 있는 경우에 특히 매력이 있다. 레프코위츠는 TV 시청과 아이들의 폭력성에 대한 그들의 연구에서 포착 패널 기법을 사용하였다(Lefkowitz, 1972). 10년 경과 후, 조사자들은 추가 인터뷰를 위해 원래 응답자 875명 중 735명을 추적하였다. 8세였을 때 원래 인터뷰한 응답자들은 두 번째 단계에서는 18세였다. 휴스먼과 그의 동료들은 응답자들의 똑같은 패널을 그들이 30세일 때 또 한 번 모집하였다(Huesmann et al., 1986). 원래 패널 구성원 중 409명을 재면접한 후에, 저자는 이 22년간의 패널 연구가 어린 시절에 본 TV 폭력물 시청이 어른이 되어서도 지속될 수 있다는 것을 설명한다고 결론지었다.

이 연구는 8세 때 TV 폭력에 노출된 수준이 그 시청자가 초기 성인기가 되었을 때 높은 비율의 폭력 행동을 보이는 것과 연관이 있다는 증거를 보고하였다(Eron et al., 1972; Huesmann et al., 1984; Lefkowitz et al., 1977).

폭력성 및 TV 시청과 관련된 다양한 측정치들이 자료 수집의 각 시점에서 연구에 포함되었다. 폭력성은 8세와 18～19세 두 번에 걸쳐 동료 지목 방법을 통해 측정되었다. 부가적으로, 부모의 폭력성 등급 측정은 8세에 얻어진 반면, 자기 보고 측정, 범죄 기록, 그리고 개인적 조사 기록의 범위는 18~19세 것이 사용되었다. 동료 평가에서 각 어린이는 8세일 때 '누가 아무것도 아닌 것에 싸움을 걸기 시작하는' 그런 공격적인 행동을 표출하는지 아는 범위 내에서 관련된 다른 아이들의 이름을 지목하도록 하였다. 특별히 뽑은 10가지 질문을 다른 질문 항목들과 섞었다. 또 다른 동료 평가는 폭력에 마주쳤을 때 피하고, 못살게 굴어도 결코 폭력적으로 반응하지 않는 그러한 아이들의 폭력성 불안을 측정하였다. 아이들의 폭력 성향 평정치는 공격 항목에서 동료들로부터 이름 불려진 횟수를 더한 다음 이것을 전체 질문 수로 나누어 결정된다.

TV 폭력물 시청은 두 나이대에 그들이 좋아하는 TV 쇼를 보고하라는 질문으로 측정된다. 물론 자기 보고된 TV 시청은 폭력 프로그램에 대한 실제의 주의 집중을 보장하지는 않는다. 모든 TV 프로그램들을 두 독립적인 평정자가 폭력적 또는 비폭력적 범주로 나눈다.

분석적 접근의 여러 다른 유형이 이러한 자료에 적용되어 왔다. 예를 들어, 18~19세의 폭력 수준에 미치는 인구 통계학적 변인의 영향, TV 시청 및 이전 폭력성의 영향을 찾아내기 위해 다변인 회귀 분석이 수행되었다. TV 시청과 폭력적 행위 사이의 상관 관계는 이와 같은 두 시점에서뿐만 아니라 여러 시점에서 산정된다. 연구자들은 폭력성이 포함되어 있다고 독립적으로 평정된 프로그램 시청이 8세 당시와 18세 때의 공격성과 유의한 상관 관계가 있음을 보고하였다. 더 나아가, 어렸을 때 TV 폭력을 시청하는 것은 나중의 폭력성과 연관되지만 어린 시절의 폭력성이 나중의 폭력 프로그램 시청 선호를 예견하지는 않았다. 결과적으로 어린 시절의 폭력 프로그램 선호가 현재 그리고 이후의 폭력성과 관련이 있다는 명백한 증거들을 제공하였다. 폭력적인 행동을 여러 방법으로 측정해도 이 관계는 일관성 있게 지속되었다. 대조적으로 소녀들 사이에서는 폭력 프로그램 선호가 폭력성 수준과 유의한 상관 관계를 보이지 않았다.

그러나 시간이 지남에 따라 실재적인 연관성은 약했고, 오직 남자 아이들 사이에서만 발견되었다. 더 심각한 문제는 응답자들이 좋아하는 서너 개의 프로그램을 지적하는 것으로 TV 폭력에의 노출을 단순히 측정한 데 있다. 18세에는 응답자가 스스로 지적하는 프로그램 목록을 만들 수 있지만, 8세에는 부모가 선택한다. 폭력성의 측정은 또한 응답자들이 1년 전에 어떻게 행동을 했는지를 알기 위해 동료의 회상에 의존한다는 문제가 있다. 이것은 결과의 타당성을 심각하게 손상시킨다.

동일한 응답자가 후일 30세가 되었을 때, 18세에 재면접했던 사람들을 거의 다시 찾을 수 있었다. 연구는 어린 시절, 그리고 10대에 폭력적이었던 사람들은 어른이 되어서도 계속 폭력성을 지닌 사람으로 남아 있었다고 보고하였다. 비록 개인의 폭력성 발달에서의 TV 역할에 대한 초기 결론을 보완할 명백한 증거를 찾기는 했지만, 후일 분석은 개인의 공격성이 TV를 얼마나 보느냐와는 독립적임을 보여 주는 다른 요소가 있음을 밝혀내었다.

비교 문화 연구 에론과 휴스먼의 연구는 핀란드, 폴란드, 이스라엘, 호주, 그리고 네덜란드에서 시작된 연구가 더욱 발전하여 국제적으로 확장된 것이다. 미국에서의 발견을 지지하는 호주 자료는 거의 없다. 미국의 결과가 이스라엘의 도시 아이들 중에서는 반복되었지만 시골 아이들에게서는 나타나지 않았다. 폴란드의 어린이들에게서는 TV 시청과 폭력 성향 사이에 약한 상관 관계가 나타난 반면, 핀란드에서는 미국의 발견이 대부분 강하게 지지되었다.

독일 연구는 미흡한 원래의 미국 연구 측정치를 채택하기보다는 TV 시청과 폭력에 대한 자신들의 측정치를 발전시키기로 결정하여 다른 방향으로 움직였다. 독일의 결과는 TV 폭력이 개개인의 폭력성 발달에서 유의미한 장기적 요소라는 관점을 지지하지 않았다.

대규모의 많은 패널 연구가 NBC에서 일하는 조사자들에 의해 수행되었다. NBC는 7∼19세까지 3000명 이상의 젊은이들의 폭력적 행동에 미치는 TV 폭력물의 효과를 조사하기 위해 대규모의 장기 조사 연구를 의뢰하였다(Milavsky et al., 1982). 조사의 목적은 그 시대 어떤 시점이건 또는 시대 전체이건 간에, 연구에서 아이들과 10대들 가운데 TV 시청의 특징과 폭력적인 성향 사이에 어떤 연관이 있는지 알아보기 위한 것이었다. 폭력적인 언어와 신체적 행동에 관한 증거들은 초등학교 아이들의 경우는 학교 친구들로부터 얻은 반면, 10대들은 자기 보고를 하도록 했다. TV 시청은 폭력적인 내용이라고 미리 분류된 주요 방송사 프로그램들의 체크리스트를 응답자에게 주어 측정한다. 그러므로 조사자들은 일반적 시청 유형에 대한 지표뿐만 아니라 이러한 젊은 시청자들이 폭력물에 노출된 정도에 대해 더 뚜렷한 정보를 얻을 수 있었다.

분석 단계에서, 조사자들은 아동들 전체에 대해서뿐만 아니라 아동들의 하위 집단에 대해서도 여러 다른 유형의 프로그램들을 시청한 수준과 공격적 행동 간의 관련성을 평가하였다. 이 경우 단지 작은 통계적 연관성만을 발견했을 뿐이다. 추가적인 분석은 가족 배경, 사회 환경, 그리고 학교 성적에 비해, TV 시청은 폭력성을 나타내는 데 아주 약한 유의미성만을 보여 주었다. 이것은 TV 시청이 그들의 표본에서 어린이들과 10대들 사이에서 폭력 행동을 발달시키는 요소가 아니라는 결론으로 이어진다.

밀라브스키는 폭력 행동에 미치는 TV의 영향에 관한 중요한 증거를 제공하였다(Milavsky, 1982). 그러나 그들의 결론은 대부분의 다른 조사자들이 장기적인 설계를 사용하여 미디어 폭력의 영향을 조사한 것과는 상당한 차이가 있었다. 몇몇 중요한 설계와 조사의 분석 틀이 아마도 이 연구 결과의 차이점을 가져온 것 같다(Kenny & Judd, 1984).

이 프로젝트 자체는 그들의 가설을 입증하기 위한 두 가지 연구로 나뉘어 구성되었다. 첫 번째 연구에는 대략 2400명의 7세에서 12세의 남자 아이와 여자 아이들이 포함되었다. 이 아이들의 TV 시청과 폭력 성향은 3년 간격으로 6번 측정되었다(1970년 5월, 11월, 1971년 2월, 5월, 1972년 5월, 1973년 5월). 두 번째 조사는 4번의 조사에서 측정된 600명 이상의 남자 아이들이 포함되었다. 두 개의 연구에서 TV 시청은 신중하게 설계된 자기 보고 측정에 기반을 두고 있다. 폭력성은 아이들이 그들의 학급에서 다른 아이들을 밀고, 차고, 상처 입히는 아이들을 지목하는 방식으로 측정되었다. 폭력성에 대한 TV의 잠재적인 영향은 아이들의 초기 폭력 수준을 통계적으로 통제함으로써 조사하였다. 통계적 통제는 1차 시기의 공격성 정도가 주는 영향을 제외한 상태에서 1차 시기의 TV 시청과 2차 시기의 폭력성 간의 상관 계수를 산정하는 것으로 이루어진다.

어린아이들을 대상으로 한 첫 번째 연구에서 각각의 아이들로부터 수집한 6번의 관찰은 모두 15쌍으로 분석되었다(즉, 1번과 2번, 1번과 3번, 이런 식으로 하여 5번과 6번 쌍까지). 몇몇 분석에서 연구자들은 남자 아이와 여자 아이들로 표본을 분류하였다. 연구자들은 어린아이들이 초기에 폭력적인 프로그램을 시청함으로써 폭력성에 변화가 생길 수 있다는 다소 중요한 결론을 얻었다. 10대 소년들에게서도 중요한 결과를 얻었다. 모두 합해서 연구자들은 수백 번의 유의미도 검증을 하였다. 연구자들은 유의미한 결과의 수가 적게 나온 이유는 수행된 유의미도 검증의 수가 너무 많았기 때문이라고 쉽게 설명할 수 있음을 추론하였다.

이 연구에서 발생되는 문제는 표본 감소율이 높다는 점, 즉 시작부터 끝까지에 걸쳐 표본의 구성이 변한다는 것이다. 이번 연구의 중요한 점은 사실상 연구자가 아이들이 본 TV 프로그램의 기간에 대한 결과를 정확히 산출하지 못했다는 것이다. 연구자들은 참가자들에게 허구적인 프로그램 제목을 제시함으로써, 있지도 않은 프로그램을 아이들이 본 것으로 응답하게 하였다. 타당하지 않은 반응들을 제외했을 때 그들이 원래 기록했던 상관 관계가 감소하였다.

(4) 회상 연구

이것은 현 시점의 응답자들로부터 자료를 얻는 장기적 연구의 한 종류이나, 그들 과거의 한 시점의 역사를 보고하도록 요청한다. 이 조사에는 회상 패널 *retrospective panel* 과 추적 패널 *follow back panel* 이 있다.

회상 패널 회상 패널은 슈징거와 그의 동료들의 의해 윤곽이 그려졌다(Schudsinger et al., 1981). 이 방법에 의해 응답자들은 그들이 이전에 겪은 사실들 혹은 사건에 관련한 태도, 상황 그리고 경험들에 대해 회상해야 한다. 이렇게 회상된 요인들은 나중에 동일한 표본에서 얻은 이후의 측정치들과 비교된다. 그들의 삶의 두 시점(하나는 현재 그리고 다른 하나는 과거)에서 미디어 사용과 행동에 관련된 사실들을 회상함으로써, 패널 모의 실험은 시간 경과에 따른 행동의 변화를 평가하고 이것을 미디어 사용과 연관시킬 수 있다.

영국의 벨슨은 청소년들에게서 그들의 시청 습관과 공격적 행동에 관한 정보를 얻었다(Belson, 1978). 그가 조사한 청소년기의 소년들에 대한 조사에서 이런 여러 접근 방법을 사용하였다. 이 연구는 모의 실험된 패널 설계를 사용하였다. 응답자들은 실제로 시간의 흐름에 걸쳐 구분된 연구를 한 것이 아니라, 그들의 과거 10년간 어느 한 시점에서의 시청과 사회적 행위 습관을 회상하여 과거를 떠올리게 하는 질문을 받았다. TV 시청과 공격성 사이의 관련 정도는 1차로 공격성 요인이 높고 낮은 표본을 구분한 다음, 2차로 두 집단의 평균 시청률을 구하여 평가된다.

이들 10대 소년들의 상세하고 긴 인터뷰에서 보고된 시청 습관과 그들의 생활에서 폭력의 사용에 관한 자기 보고된 태도와 성향 사이에 상관 관계가 드러났다. 벨슨이 분류한 드라마틱한 프로그램을 많이 시청한 소년들은 적게 시청한 소년들보다 더욱 공격적인 경향이 있다고 보고되었다. 그러나 단순히 그들이 보는 전체 TV 양에서 그들의 공격적인 태도와 관련이 있는 폭력적인 프로그램을 구분해 내는 것은 어렵다. 벨슨의 연구는 폭력성을 네 단계로 측정하였다. 즉, 폭력 행동의 횟수, 행동의 심각성 정도를 고려한 폭력 행동의 횟수, 비교적 사소한 것을 제외한 폭력 행동의 횟수 그리고 보다 심각한 폭력 행위의 수가 그것이다. 처음 3단계의 측정에서 공격성에 미치는 TV 폭력물 시청의 영향은 반대 방향의 영향보다 덜 유의미하였다. 그러므로 논리적인 분석에서 TV 폭력물 시청이 공격성에 영향을 미친다는 사실이 그 역의 관계보다 더 진실임을 증명할 어떠한 증거도 없다. 4단계의 (심각한 폭력 행동) 측정에서는 이 방향의 영향이 역의 영향보다 더 유의미하였다. 이를 근거로 벨슨은 TV 시청이 심각한 폭력 행동의 원인이 될 수 있다고 생각하였다.

벨슨이 사용한 이러한 기법에는 여러 문제점이 있다. 벨슨의 연구 결과는 널리 받아들여지지는 않았다. 그리고 그 비판에는 어린 응답자들에게서 얻은 현재의 시청 습관과 행동뿐만 아니라 10년 전의 일을 회상해 내는 노력과 관련된 자전적 정보가 과연 타당한지에 대한 의문점들이 있다(예를 들어, Freedman, 1984). 많은 사람들은 확실하지 못한 기억을 가지고 있을 것이고, 몇몇 사람들은 과거에 대해 일부러 틀리게 이야기할 것이고, 또 다른 사람들은 사회적으로 바람직한 대답을 하려고 노력할 것이다. 그 결과, 아마도 응답자들은 그들이 시청한 대표적인 프로그램을 회상하지 못하거나 혹은 그들이 시청하던 프로그램 종류를 잊어버릴 수도 있다. 이와 같은 회상 편파 *recall bias*가 결과에 영향을 줄 수 있다. 벨슨은 회상된 답변들의 신뢰도 검증을 했다고 지적한다. 그러나 프로그램이 일관성 있게 회상되었다고 해서 반드시 정확히 회상했다는 것을 보증하지는 않는다. 대신에, 응답자들은 그들이 과거에 보았던 것에 대해 끊임없이 실수를 할 수 있다는 것이다.

몇몇 소수의 연구들은 회상적 자료들이 잘못 이해될 수 있다고 본다. 파워는 1964년 어른을 대상으로 한 연구에서 얻은 자료를 재분석하였다(Powers, 1978). 1974년에 소재를 파악할 수 있는 모든 원래 응답자들과 다시 만나 1964년 조사시 그들의 대답에 관한 질문을 하였다. 대부분의 경우, 회상된 응답들은 그들의 원래 대답보다 호의적인 견해를 나타냈다.

　서베이는 미디어 조사에서 가장 광범위하게 쓰여왔다. 이 연구 방법은 미디어의 행동적 영향을 조사하는 데 특히 탁월하다. 그러나 이런 조사 방법의 보급에도 불구하고, 연구 방법은 미디어와 행동 사이의 관계의 원인을 드러내는 데 어느 정도의 한계를 가지고 있다. 서베이에 의해 체계적으로 얻어진 증거는 한 시점에서 측정된 변수 사이에서 얻어진 것이든 아니면 시간이 경과하여 둘 또는 그 이상의 시점에서 얻어진 것이든 관계 없이 통계적으로 상관 관계 분석에 근거를 둔다. 더욱이, 이렇게 분석을 전산화한 자료들은 대개 과거와 최근의 미디어 행동과 사회적 행동에 관해 언어적인 자기 보고에서 추론된 것이지, 실제 행동의 측정치는 아니다. 비록 서베이가 변인들 간의 연합 관계를 보임으로써 가능한 인과 관계가 어디에 존재하는지를 지적할 수는 있지만, 서베이만으로 실제 인과 관계를 더 깊이 보여 주는 것은 매우 어렵다. 인과 관계 검증은 연구자가 미디어 노출에 관련된 일련의 환경을 조작할 수 있고 체계적으로 통제된 조건에서 행동 반응을 측정할 수 있어야 가능하다. 이런 종류의 연구는 대개 인위적이고 실험적인 조건에서 이루어진다. 때로는 자연적인 환경에서 연구 기회가 생기기도 한다.

2. 인과 관계 검증: 경험적 연구

매스 미디어를 둘러싼 다량의 학술적 사회 과학 연구는 미디어 영향의 측정에 우선적인 관심을 갖는다. 미디어는 많은 철학적, 사회적, 문화적, 그리고 정치적 수준에서 그 수용자들에게 영향을 미친다고 오랫동안 가정되어 왔다. 미디어는 사람들의 인식, 지식, 그리고 주제와 사건에 대한 이해에 영향을 미치는 존재로서 정의되었다. 미디어는 대중의 태도, 신념, 그리고 견해와 관련되어 연구되었다. 그리고 미디어는 사람들이 행동하는 방식에 영향을 미친다고 생각되었다. 비록 미디어가 대중의 이해를 높이고, 자극적인 문제에 관해 토론을 하게 하고, 사람들이 중요한 문제에 관해 행동하도록 하는 동기를 부여하는 차원에서 많은 긍정적인, 그리고 사회에 유익한 영향을 미칠 수 있음에도 불구하고, 미디어의 해로운 부정적 영향을 보이는 데 더 많은 주의를 기울여 왔다.

미디어는 범죄와 폭력 행동을 묘사함으로써 사회악을 부추기는 데 일조한다고 비난받는다. 또한 미디어는 대부분의 사람들을 실현 불가능한 생활들로 유혹함으로써 탐욕을 불러일으키고, 탐욕스러운 사회를 조장한다고 비난 받는다. 특히, TV와 같은 미디어는 어린아이들의 인지력을 발달시키고 교육을 시키기에는 부족하다고 비판 받는다. 이러한 모든 미디어의 다양한 결과에 대한 논쟁은 시종일관 개개인, 젊은층, 노인층에 의해 회자되고, 이것은 미디어가 어떤 행위의 원인이 된다는 가정에 근거한다. 사람들은 미디어를 사용하고 그 결과 미디어에 의해 변화된다. 신문이나 잡지를 읽는 것, 라디오를 듣는 것, 극장에 가는 것, 비디오 게임을 하는 것, 그리고 TV를 보는 것은 사람들을 변화시킬 수 있거나 혹은 그러한 사람들이 특별한 방식으로 행동하는 데 동기를 부여할 수 있도록 투자하는 행위이다. 그러나 미디어 영향에 대한 논의는 모순된 주장으로 가득 차 있다. 미디어는 사람들의 지식을 증가시키는 힘이 있다고 믿고 있다. 그러나 다른 경우에 있어서 미디어는 사람들의 학습 능력을 감소시킨다(Gunter & McAleer, 1997). 미디어는 약물 남용, 난잡한 성행위, 흡연, 그리고 알코올 중독의 위험을 비록 변화시키지는 못하더라도 사람들에게 경고하는 기능을 가지는 것으로 간주된다. 뿐만 아니라 필요하다면 폭력적 수단을 사용해도 되는 것처럼 사회의 무산자들을 부추김으로써 직접적인 범죄 증가에 영향을 주기도 한다. 물론 미디어가 아마도 이러한 영향, 그리고 심지어는 여기서 언급한 모든 것을 가지고 있는 것이 가능할지도 모른다. 그러나 어떻게 미디어 연구가 그러한 영향의 존재, 성격, 그리고 힘을 구축하는 것일까?

이 장의 남은 부분에서는 미디어 연구자들이 미디어 효과와 그 영향을 연구하는 데 채택한 접근 방법들을 검토해 보기로 하겠다. 연구자들의 배경과 연구에 접근하는 지배적인 패러다임에 따라, 미디어 연구자들은 미디어 효과를 측정하는 데 양적, 질적 기술을 모두 사용한다. 때로는 양적, 질적 방법을 함께 사용한다. 미디어 효과 연구의 질적인 접근은 개방형 − 폐쇄형 인터뷰(예: 포커스 그룹)나 관찰에 의존하는 반면, 지배적인 양적 방법들은 실험과 조사를 실시하였다. 미디어 연구의 또 다른 뚜렷한 특성은 연구 관점에서 많은 통제를 하는 인공적인 환경의 연구인지, 혹은 거의 통제를 가하지 않는 자연적인 상황의 연구인지 하는 점이다.

미디어 효과의 양적 측정은 일반적으로 인지적 단계에서 발생하는 미디어 효과에 그 초점이 맞추어져 있다. 종속 변인들은 이해력의 측정을 포함하고, 의미, 생각, 가치, 신념, 및 견해의 반응을 포함하는 경향이 있다. 행동 연구 단계에서 미디어 효과를 측정하는 방법들은 실증적 사회 과학 패러다임에서 끌어낸 것이다. 이처럼 매스 미디어의 행동적 효과를 연구하는 데에는 변함없이 양적 측정 방법을 사용하고 있다.

사회 과학 연구의 실증적 경험주의 학파에서 나온 미디어 영향 연구에서, 미디어 영향에 대한 연구를 수행하는 것은 대체로 인과 관계의 양을 정하는 것으로 설계된다. 미디어는 인과 관계에서 그 원인으로 간주된다. 이것은 미디어가 그들의 수용자 구성원들을 변화시킬 수 있는 힘을 지니고 있음을 의미한다. 이러한 변화는 행동적, 인지적 능력, 지식, 그리고 이해력 혹은 심지어 성격 등과 같은 여러 수준에서 일어난다. 미디어가 어떤 영향을 가지고 있다는 가설을 세우는 것이 첫 번째이고 이를 증명하는 것이 두 번째이다. 미디어 연구자들이 사용할 수 있는 모든 연구 방법들 중에서 인과 관계를 보이는 데 가장 효과적인 것이 실험법이라고 믿는다. 실험은 대부분 심리학적 관점에서 도출된다(Comstock, 1998). 대부분의 미디어 실험 연구는 심리학적 연구에서 적용한 기법을 사용한다. 실험은 비록 어떤 효과가 실제로도 반드시 발생**한다**는 것을 보여 주지는 않지만, 미디어가 어떤 효과를 생성해 낼 **수 있는지**에 관한 증거를 제공해 주는 것으로 주장되어 왔다(MacBeth, 1996). 이러한 특징은 매우 중요하다. 통제된 환경 안에 존재하는 미디어 자극의 노출에 따라 효과가 측정될 수 있는 전체적인 상황을 만드는 것이 실험자에게 또한 중요하다. 이런 연구의 문제점은 만일 어떤 미디어 '효과'가 측정되는 환경이 각 개인의 미디어 소비가 일어나는 일상적인 생활과 상당히 다를 경우, 그 효과는 아마도 인위적인 환경에 한정된 것이고 다른 환경에서까지 일반화되어 발생하는 현상이 아닐 수 있다는 것이다.

미디어 수용자 연구 방법에 대해서는 2장에서 이미 개괄적으로 살펴보았다. 우리는 실험 연구가 매우 여러 가지의 방법론적 형태를 가지고 있다는 것을 보았다. 각 형태를 구별하는 포인트는 ① 연구자가 사전·사후 조사를 했는지 혹은 사후 조사만 했는지, ② 연구자가 한 그룹만 시행을 했는지 혹은 둘이나 그 이상의 그룹에 대해 같은 방법으로 실험을 시행했는지, ③ 연구자가 하나의 독립 변인만을(원인이 되는 변인) 검증했는지 혹은 둘이나 그 이상의 독립 변인을 검증했는지, 그리고 ④ 연구자가 한정된 기간 안에 측정을 했는지 혹은 확장된 기간에 걸쳐 측정했는지의 여부에 달려 있다. 앞서 언급했듯이, 다른 주요 구별 요소는 실험을 인공적으로 실험실 안에서 진행했는지 혹은 실험실 밖의 자연적인 상황에서 진행했는지에 대한 것이었다.

1) 실험실 실험

대부분의 실험 연구는 실험실 내의 환경에서 수행된다. 그 의미는 일반적으로 학술적인 기관 내에서 피험자를 중심적인 위치에 놓고, 인공적인 상황에서 피험자에게 미디어 내용물(실험의 자극 내용물)을 보여 준 다음, 그 뒤에 이어지는 그들의 행동적 반응들을 조사한다. 행동은 실험적 장치(예: 다른 사람들에게 전기 자극을 가하는 것 등)로 측정하거나, 혹은 실험실을 떠나 좀 더 자연적인 환경에서 행동을 관찰함으로써 측정할 수 있다(예: 자선 냄비에서 돈을 훔치는 것, 장난감이 가득 든 방에서의 놀이 행동 등). 몇몇 실험 설계에는 피험자가 미디어 내용물을 보기 전과 보고 난 후에 행동을 측정한다(예: 단편적인 장면, 무기 사진들). 반면에 다른 설계에서는 단지 자극적인 내용물에 노출된 후에만 측정하기도 한다.

고전적 실험, 사전 실험, 유사 실험, 그리고 특수 설계를 포함하는 실험의 범위는 2장에서 설명하였다. 미디어 효과 연구의 맥락에 이러한 연구 설계들이 적용되는 예들을 여기서 구체적인 사례와 함께 더 검토할 것이다.

(1) 고전적인 사전 / 사후 검사 설계

고전적 설계에는 피험자들이 미디어의 자극 내용을 보기 전과 후 모두의 행동을 실험적으로 측정하는 과정이 포함된다. 이러한 방법에서, 피험자의 노출 전 행동 측정치는 노출 후 행동 반응을 비교할 수 있는 기준이 된다. 이 설계는 포츠가 아이들의 신체적 모험성에 미치는 TV의 영향을 조사하는 데 사용하였다(Potts et al., 1994). 6~9세의 아이들을 대상으로 여러 다른 범위의 시나리오를 따라 어느 정도 위험을 수용하는가를 자기 보고 형태로 사전 / 사후 조사한다. 사고 등에 의한 상해나 손상과 관련된 열 개의 회화적 상황을 아이들에게 보여 주고 나서 그 상황에서 아이들이 개인적으로 얼마나 많은 모험을 거는지 표시한다. 한 예를 들면, 키가 큰 나무 그림을 설명하면서, 나무가 어느 정도의 높이일 때까지 아이들이 나무에 걸린 연을 찾기 위해 나무에 올라가겠는지 질문을 한다. 다른 경우에는, 다섯 단계로 점점 깊어지는 수영장의 단면도를 보여 주고, 어느 정도까지의 깊이일 때 아이들이 수영을 하겠는지 질문한다. 다른 시나리오의 경우에는 차가 접근하고 있는데 길거리로 굴러나간 공을 잡으러가는 모습을 묘사한다거나 (당신은 언제까지 기다렸다가 공을 잡겠습니까?), 사나운 개 근처에 있는 장난감을 되찾는 모습(얼마나 가까이 개에게 접근하겠습니까?), 베란다에서 뛰는 모습(얼마나 높이 뛰겠습니까?), 폭발하고 있는 폭발물에 접근하고 있는 모습(얼마나 가까이 접근할 수 있습니까?) 등에 관해 보여 준다.

첫 시간에 이러한 항목들에 대해 응답을 한 이후에, 아이들은 무작위로 활동 프로그램 혹은 비활동 프로그램을 보기 위해 배치되거나 혹은 프로그램을 전혀 보지 않는 통제 그룹으로 배치된다. 차례로 돌아가며 두 개의 프로그램을 보면서 주요 특징들 중 강조할 점이나 혹은 생략된 위험 요소들을 편집한다. 프로그램을 다 본 후에, 모든 아이들은 다른 위험 요소가 있는 시나리오를 보고 평가하는데, 이때 그 프로그램을 보기 전과 후의 점수를 비교한다. 그 결과, 주인공이 모험을 하는 상황을 묘사하는 TV 프로그램을 본 아이들은 아주 극단적인 모험 부분을 뺀 프로그램을 보거나 아예 그런 프로그램을 보지 않은 아이들에 비해, 실제로 모험을 할 확률이 증가하였다.

(2) 사후 검사 — 두 집단 설계

이 설계에서는 연구자가 피험자에게 미디어 자극을 보여 준 후에 미디어 효과를 단지 한 번만 평가하지만, 하나 이상의 미디어 조건이 검토된다. 그러나 이런 설계에서 미디어 내용을 접하지 않은 통제 집단은 포함되지 않는다. 이 설계는 행동적 효과보다는 인지적 수준의 미디어 효과를 보여 주기 위한 단계 연구로 더 자주 사용되어 왔다. 예를 들면, 사회적 현실의 다른 측면에 대한 시청자의 나중 인상을 좌우하는 TV의 역할을 보여 주는 연구들이 많이 진행되었다(Hansen, 1989; Hansen & Hansen, 1988; Hansen & Krygowski, 1994). 미디어는 수용자에게 사회 집단과 상황에 대한 고정 관념적 이미지를 제공한다고 가정된다. 미디어는 또한 여러 종류의 상황을 정형화하고, 그 상황에서 개인이 이렇게 행동할 것으로 기대되는 판에 박힌 방식을 나타내는 사건들의 연속, 즉 조건 '스크립트 *script*'를 수용자들에게 제공하는 것으로 가정된다.

한센 부부(C. H. Hansen & R. D. Hansen)는 고정 관념적으로 묘사된 남성과 여성이 등장하는 프로그램을 시청함으로써 성 역할 고정 관념 스키마가 활성화되고, 이로 인해 나중에 관찰하게 되는 남성과 여성의 상호 작용을 해석할 때 영향을 받을 수 있음을 조사하였다(Hansen & Hansen, 1988). 실험의 첫 번째 부분에서 참여자는 어떤 중성적인 뮤직 비디오, 또는 여성이 성적인 대상으로 그려지거나 인질로 잡힌 것으로 묘사된 고정 관념적 뮤직 비디오 중 어느 하나를 보게 되었다. 그런 후에 모든 참가자는 비디오 자키 자리를 놓고 인터뷰하는 남성·여성의 상호 작용 비디오를 보았다. 비디오 테이프에서 남성은 여성에게 성적으로 접근하며, 여성은 이에 응대하든 하지 않든 둘 중 하나로 묘사되었다. 이러한 상호 작용에 대한 시청을 한 이후에, 참가자들은 여러 차원에서 등장 인물들을 평가하였다. 그 결과, 뮤직 비디오가 성 역할 고정 관념을 주입하는 데 효과적이라는 것이 나타났다. 성 역할 고정 관념의 스키마가 고정 관념적 뮤직 비디오로 주입될 때, 여성은 전형적인 성 역할에 맞느냐 안 맞느냐로 판단된다. 이것은 중립적인 뮤직 비디오에 대한 응답에서는 유의하게 덜 나타나는 반응이다.

(3) 사후 검사 – 통제 집단 설계

고전적 실험 연구들은 폭력물 미디어의 효과에 대한 연구와 관련이 있다. 일찍이 1960년대에 실험적인 틀 내에서 관찰 측정을 사용한 방법을 이용하여 밴두라와 그의 동료들이 일련의 연구들을 수행하였다 (Bandura et al., 1963a, 1963b). 이러한 연구들은 아이들이 영화에 등장한 배우들을 모델로 삼아 그들의 행동을 모방할지에 대한 이슈를 제시하였다. 예를 들면, 폭력이라는 맥락에서 밴두라는 TV나 영화에서 가장 좋아하는 배우가 공격적인 행동을 하는 것을 보면 아이들은 그들의 행동을 모델로 삼고 그대로 모방한다고 믿었다.

이러한 가설을 실험적 방법으로 검증했는데, 아이들에게 먼저 성인 모델이 이상하고 새로운 공격적 행동을 하는 것을 관찰만 하게 하였다. 이때 아이들이 행동을 실현하지는 않았다. 이 모델이 크게 부풀려진 광대 인형(보보 인형이라고 불린다)에 신체적인 공격을 가하는 모습을 보여 준다. 연기자는 처음에는 주먹으로 인형을 때리고, 그 다음에는 심한 욕을 한다. 이런 장면을 짧게 보여 준 후에, 아이들은 매력적인 예쁜 인형을 가지고 놀 수 없다는 말을 듣고 크게 실망한다. 심지어 전에 그들이 허락 받았다 하더라도 지금은 가지고 놀 수 없다는 이야기를 듣는다. 그런 다음 아이들은 조금 전에 광대 인형이 공격당했을 때와 같은 상황에 놓여진다. 여러 번의 연구에서 발견한 전형적인 결과에서, 앞서 공격적인 모델을 본 아이들은 그것을 보지 않은 통제 집단의 어린이보다 더 공격적인 행동을 많이 보였다.

결과적으로 동일한 기존 설계를 사용한 이 연구에서는 모방되는 공격 행동의 수준이 많은 중재 요인들로 인해 달라질 수 있는데, 그 중재 요인 중에는 폭력 모델과 동일한 방법으로 행동하는 또 다른 사람이 있는지(Leyens et al., 1982; O'Carroll et al., 1977; O'Neal et al., 1979), 혹은 모델이 그의 공격 행동 때문에 벌을 받는지(Bandura, 1965)와 같은 것들이 있다.

(4) 요인 설계

지금까지 살펴본 실험실 실험 설계에서는 한 연구마다 단지 하나의 중요한 독립 변인이나 실험적인 조작이 이루어졌다. 그러나 많은 실험 연구에서, 조사의 관심이 되는 종속 변인은 하나 이상의 원인에 의해 영향을 받는다고 가정된다. 사실 인과 관계 요인은 종종 서로 상호 작용적 혹은 상호 의존적인 방식으로 함께 작용할 수도 있다. 그러므로 요인의 설계에서 연구자는 하나의 연구 내에서 하나 이상의 독립 변인 영향을 조사한다. 이 설계는 미디어 폭력의 행동적 효과에 관한 연구에서 자주 사용된다. 모델링 가설은 미디어 폭력의 효과를 구체적인 폭력 행위 시청과 관련된 관찰 학습 및 모방의 측면에서 설명하는 반면, 어떻게 해서 미디어 폭력 묘사가 수용자 구성원들 사이의 공격적 행동에 영향을 줄 수 있는지에 관한 대안적 가설이 있다. 이러한 관점에 따르면, 미디어 폭력은 공격에 관한 생각을 자극하여, 시청자가 미디어에 묘사된 구체적 행동을 모방하기보다는 훨씬 더 일반적인 방식으로 공격 행동을 보일 확률을 증가시킨다고 본다(Berkowitz, 1984).

1960~70년대 동안에, 버코위츠와 동료들은 미디어 영향을 실험실에서 연구한 실험 설계를 고안하였다. 가장 기초적인 설계에서, 피험자들을 무작위로 폭력적 혹은 비폭력적인 짧은 영상들 중의 하나를 보게 되는 상황에 배치하고, 그 후에 이들에게는 다른 사람(일반적으로 실험 보조자)에게 공격적 행동을 할 기회가 주어진다. 공격성은 버스 공격성 기계 *Buss Aggression Machine* 라고 불리는 특별한 장치를 사용해 조작될 수 있게 한다. 이 장치는 피험자가 다른 사람에게 전기적인 충격을 가할 수 있게 되어 있다. 피험자에게 할당된 영화를 보는 것에 덧붙여, 이 설계에 사용된 다른 중요한 실험 조작이 있다. 영화를 보기 전에, 피험자들을 다시 무작위로 화나게 하거나, 혹은 친절하게 대하는 실험 보조자들과 상호 작용하는 두 개의 실험 조건에 더 배치된다. 실험 보조자의 이러한 속성은 피험자를 향하여 욕설을 퍼붓게 하거나 혹은 전기 충격을 전달함으로써 만들어진 것이었다.

그러므로 이러한 기본 설계에서는 두 가지 요인이 조작되었다. ① 피험자가 먼저 화가 남, 그리고 ② 폭력 / 비폭력 영화의 시청. 이것은 네 가지의 각기 다른 상황을 설정한다. ① 먼저 약을 올리고 폭력 장면을 보여 주는 것, ② 먼저 약을 올리고 비폭력 장면을 보여 주는 것, ③ 먼저 약을 올리지 않고 폭력 장면을 보여 주는 것, ④ 먼저 약을 올리지 않고 비폭력 장면을 보여 주는 것(Berkowitz & LePage, 1967; Leyens & Parke, 1975; Turner & Goldsmith, 1976).

이 설계에서 약간 변형된 형태는 진과 오닐이 피험자들에게 프로

권투 시합이나 비폭력 장면 중 하나를 보여 주고 다른 사람에게 전기적인 충격을 줄 수 있는 기회를 주었다(Geen & O'Neal, 1969). 충격을 주는 동안, 몇몇 피험자들은 적당한 강도의 소음 *noise* 자극을 받았다. 나머지 피험자들은 아무런 소음도 받지 않았다. 소음에 자극을 받은 피험자들은 비폭력적인 영화를 본 후보다 폭력적인 영화를 본 후에 더 공격적이었다. 아무런 소음에 노출되지 않았던 피험자들에게서는 다른 점이 발견되지 않았다.

실험 설계를 이용한 초기의 연구에서, 페시바흐는 미디어의 폭력성 묘사가 공격적인 충동에 대한 카타르시스 효과를 가져올 수 있는지에 대해 연구하였다(Feshbach, 1961). 다른 사람의 모욕적인 언사 때문에 화가 난 남성 피험자는 화가 나서 테이블로 돌아갈 기회가 주어지기 이전에 실험실에서 미리 프로 권투 시합 장면을 보도록 조작된 사람들이다. 화가 난 다음 폭력 영화를 본 피험자들은 비폭력 영화를 본 피험자들에 비해 결과적으로 덜 적대적이었다. 영화의 종류에 따른 명백한 반응의 차이는 처음에 모욕적인 경험을 하지 않은 피험자들에게는 나타나지 않았다. 페시바흐는 폭력적인 영화가 사전에 감정 동요가 있었던 피험자들에게서 상징적으로 감정 충동을 감소시키고, 적대감의 카타르시스를 가져온다고 결론지었다.

2) 실험실 밖에서의 실험

실험 설계를 사용한 미디어 연구는 실험실 상황 밖에서 수행되어 왔다. 그 연구들은 실제 생활을 대표하는 미디어 노출 환경에 근접하려고 시도하였다. 이러한 연구는 좀 더 생생한 생태학적 타당성을 갖는 대신, 실험 연구의 특성인 측정의 정확성과 통제성은 약하다.

실험실 밖에서 행해지는 실험은 대체로 두 가지로 나뉜다. 현장 실험 *field experiments* 과 자연 실험 *natural experiments* 이다. 현장 실험은 비실험실 환경에서 연구가 진행되지만, 연구자가 미디어 노출 정도를 어느 정도는 통제할 수 있다. 자연 실험에는 개인에게, 그리고 더 흔하게는 지역 사회 전체에 미치는 미디어의 영향을 평가하기 위해, 미디어를 포함한 자연 발생적 사건들의 이점을 이용하는 연구들이 포함된다. 이러한 경우의 연구에서는 벌어지는 사건에 대해 아무런 통제도 하지 않고 이미 발생한, 현재 발생 중인, 혹은 언젠가 발생할지 모르는 상황에 맞는 조사 설계를 고안해야만 한다.

(1) 현장 실험

이 연구에서는 비교적 자연적인 환경 안에 있는 피험자들을 무선적으로 어떤 조건들에 할당하고, 다양한 미디어 자극 내용에 노출시킨 다음, 피험자들의 지각, 태도 혹은 행동을 측정한다. 현장 실험은 일반적으로 자연 그대로의, 혹은 이미 존재하는 집단의 연구를 포함하지만, 전자의 경우는 집단이 매우 자연스러운 데 반해 후자의 경우는 연구자들이 각 집단을 몇몇 특정 조건에 할당한다. 이러한 종류의 실험들은 종종 주거 지역의 학교에서 행해진다. 영향 평가는 거의 항상 일정 기간이 지난 후에 이루어지는데, 적어도 몇 시간, 대개는 여러 날이나 몇 주가 걸리기도 한다.

대부분의 주요 현장 실험은 TV의 영향 분석을 포함한다. 연구자는 둘 혹은 그 이상의 집단에 일정 기간 특정 TV 프로그램을 보도록 하고, 그 집단 구성원들의 행동을 그런 프로그램을 보지 않거나 다른 종류의 프로그램을 본 집단의 행동과 비교 관찰한다(어떤 연구에서는 가정에서의 정규 TV 프로그램 시청 이외의 것). 혹은 하나의 집단을 특별한 유형의 TV 프로그램에 노출시키고(예: 폭력물), 반면에 다른 집단에는 다른 유형의 TV 프로그램(예: 비폭력적이거나 친사회적인 내용의 동일한 길이의 TV 프로그램)에 노출시킨다. 그러므로 "실험 처치를 하지 않는다"라는 말은 반드시 노출이 제로라는 것을 의미하는 것은 아니다. 그보다는 어떤 특별한 관심거리나 흥미에 노출되지 않았다는 의미이다. 사전 조사 기간 동안 평가된 행동은 관심을 두고 있는 행동 측면에서 집단들이 동일함을 나타내기 위해 사용된다.

대부분의 현장 실험 절차는 통제 집단 설계와 함께 고전적인 사전 / 사후 검사를 사용한다. 한 가지 대안적이고 편리한 고전적 현장 실험 방법은 연구가 행해지는 기간을 설정하는 것이다. 이런 종류의 연구는 보육 학교의 어린아이들이나 주거 지역 또는 공공 기관의 좀 더 나이 많은 아이들과 청소년들 사이에서 행해진다.

▎취학 전 아동 연구

초기의 현장 실험 연구 중 하나는 TV로 방송되는 폭력성의 영향에 대해 스튜어, 애플필드, 그리고 스미스가 수행하였다(Steuer, Applefield & Smith, 1971). 그들은 생후 41∼60개월(평균 51개월) 사이의 다섯 명의 여자아이와 다섯 명의 남자아이를 연구하였다. 실험 전에 아이들의 부모가 몇 주간에 걸쳐 완성한 TV 시청량에 관한 기초적인 질문들을 통해 아이들을 등급화하였다. 그리고 각각의 연속되는 등급의 쌍들(1과 2, 3과 4) 중에 한 쌍의 아이는 실험 그룹에 배정되어 폭력 비디오를 시청하였다. 그리고 또 다른 한 쌍의 아이는 통제 집단에 배정되어 비폭력 테이프를 시청하였다. 두 집단은 동시에 서로 다른 방에서 하루에 10분씩 놀았는데, 처음 10세션이 기준선이 되었다. 다음 11세션에서는 각 집단이 토요일 아침 어린이 TV 프로그램을 자유 놀이 시간 직전의 10분 동안 시청하였다. 공격적인 비디오 테이프는 그런 행동들을 15∼32회(평균 22회) 포함한 것으로 채점되었는데, 이 기준은 아이들이 대인 관계적 공격 행동을 보일 때 산정하는 기준과 같은 것이었다.

비폭력 비디오 테이프는 그러한 폭력성이 전혀 없는 것으로 편집된 것이었다. 각 기간 동안, 각 아이들을 2분 동안 관찰하였다. 1분은 세션의 처음 반 동안, 그리고 나머지 1분은 후반부 세션 동안 관찰하였다. 관찰자들은 조직적으로 집단들 사이를 번갈아 교체하였다. 그들에게는 두 집단의 아이들이 무작위로 공격적, 비공격적 프로그램을 보았다고 말함으로써, 어떤 아이들이 공격 프로그램을 보았는지 모르게 하였다. 실험 집단과 통제 집단 아이들을 쌍으로 대비하여 분석하였다. 분석의 초점은 기준선과 시청 세션 사이의 대인 공격성의 점수 차이에 있었다.

또 다른 현장 실험은 여름 육아 학교에서 실시되었다. 프리드리치와 스테인은 9주 동안 교실에서 남녀 아이들이 자유롭게 노는 행동을 관찰하였다(Friedrich & Stein, 1973). 사전 / 사후 조사 설계에서, 처음 3주는 기준선 기간, 다음 4주는 실험 기간, 그리고 추가로 2주 동안 행동을 관찰하였다. 신체적, 언어적, 물질적, 그리고 공상적인 공격성 측정이 이루어졌다. 실험 기간 동안, 아이들은 무작위적으로 각각 친사회적인 것을 시청하는 집단과 교육적인 프로그램을 보는 집단(<로저 씨의 이웃>), 폭력적인 만화를 보는 집단(<배트맨 *Batman*>, <슈퍼맨>), 혹은 중립적인 아동 영화를 보는 집단으로 나뉘었다.

아침에 두 반, 오후에 두 반씩 25명의 아이들이 각각 1주일에 3번씩 두 시간 반 동안 프로그램을 보았다. 각 교실에서 아이들은 실험 상태와 중립 상태로 나뉘고 실험 조건은 동전을 던져 정하였다. 아침에 한 반, 오후에 한 반은 15명의 어린이들이 폭력적인 조건에 있게 되었고, 나머지 10명은 중립적인 조건에 있게 되었다. 그리고 나머지 아침에 한 반, 오후에 한 반은 15명이 친사회적 조건에 있었고 나머지 10명은 자연적인 조건에 있게 되었다.

아동들의 학급 배정에서 성별, 연령, 그리고 사회 경제적 지위를 균형 있게 고려하였다. 그러나 낮은 사회 경제적 지위의 가정들(채용하기가 어렵더라도)을 포함시키려면 그들이 선호하는 (아침 시간대의) 세션을 줄 필요가 있었다. 이것은 유사 실험 연구에서 처음부터 동등한 집단을 구성하기 어려움을 보여 주는 좋은 예가 된다.

TV 프로그램과 영화는 창이 없는 작은 방에서 보여 주었다. 각 교실을 둘로 나누었다(A와 B). 실험 조건과 중립 조건에 각각 7~10명 정도의 아이들이 포함되어 있었다. 아이들은 먼저 보든 나중에 보든, 첫 번째와 두 번째 방을 번갈아 이동하였다. 폭력적인 조건에서 각 만화는 6개의 <배트맨>과 6개의 <슈퍼맨> 이야기로 구성되어 있었고, 하루씩 번갈아가며 보았다. 친사회적 조건은 각각 28분짜리 12개의 <로저 씨의 이웃> 프로그램으로 구성되어 있었다. 10~15분짜리 두 중립적인 영화를 각 중립 세션에서 보여 주었다. 여기에는 폭력적인 내용이 거의 없었다. 몇몇 친사회적인 내용에서 부득이하게 포함되어 있기는 하지만 그것을 강조하는 것이 아니고 중심적인 주제도 그런 것은 아니었다. 아이들의 폭력성과 친사회적 행동의 관찰은 관찰된 행동을 따로따로 64개로 범주화했는데, 전체 육아 학교 과정 동안 만들어졌다.

▎기관 안에서의 현장 실험

TV를 포함한 몇몇 유사 실험이 기관 환경 안에서 수행되었다. 이런 환경은 거주자들이 집에 거주하며 특정 시간에만 집단 절차에 응했던 참여자들에게 미디어 이용 습관을 통제할 수 있었던 것보다 훨씬 정확하게, 오랜 기간 동안 통제할 수 있다는 장점을 지닌다. 물론 그 외적 타당도는 기관 환경 안에 있는 개인 유형에만 제한된다는 한계점을 지닌다. 이와 연관된 대표적인 예들은 모두 남자 청소년들에 초점을 맞추었다.

페시바흐와 싱어는 미국에서 7개 지역(5개는 캘리포니아, 2개는 뉴욕)에 있는 학교와 학원에 다니는 남자 청소년들을 대상으로 연구하였다 (Feshbach & Singer, 1971). 3개는 사립 학교였고 4개는 집 형편이 어려운 노동 계급 가정 아이들이 주거하는 기숙사였다. 395명의 청소년들에 대해 사전/사후 검사가 행해졌다. 폭력적, 비폭력적 내용이 담긴 TV를 보는 조건에 아이들을 무작위로 할당하는 경우도 있었고, 거주 집단에 따라 무작위로 구분되는 경우도 있었다. 두 거주지 내에서 모든 사람들이 참가할 것을 요구했지만, 다른 거주지에 있는 사람들의 참가는 자발적이었다. 그들은 6주간, 1주에 최소 6시간 이상 TV를 시청하도록 요구받았다. 그러나 그들이 원한다면 실험을 위해 작성된 목록의

(폭력적 혹은 비폭력적) 프로그램들도 시청할 수 있었다. 6주 동안의 시청 기간 동안 — 대부분의 경우 그 기간을 전후로 하는 주 동안 — 부모, 감독관, 선생님, 즉 각 청소년의 일상을 가장 친숙하게 알고 있는 대리인들은 1주에 5일간 피험자들이 동료들과 권위 집단에 대해 보여 준 공격적인 행동에 대한 평가서를 완성하였다.

각 지역에서 실험 처치가 이루어졌는데, 여기서 보여진 차이들은 통제하지 않는 집단을 연구할 때 겪게 되는 어려움을 잘 보여 주고 있다. 사립 학교와 생활고를 겪는 청소년 기숙사라는 두 유형의 기관을 포함하기로 한 결정은 일견 당연해 보인다. 그것은 피험자가 표집된 사회적 배경의 범위의 폭을 넓힌 것이다. 이로 인해 잠재적으로 외적 타당도가 증가하였다. 밝혀진 것처럼, 폭력 대 비폭력 내용을 본 남성 청소년의 차이는 청소년 기숙사에 거주하는 피험자들에게서 더 크게 나타났는데, 이들은 처음의 공격성 측정에서도 높은 등급을 받았던 청소년들이었다. 사립 학교 학생들의 차이는 유의미하지 않았다. 그러므로, 두 유형의 기관을 포함시키는 것은 연구자의 실험 처치와 선택 집단 간의 상호 작용의 외적 타당성에 잠재적 위협을 가할 수 있다.

이 연구는 많은 근거를 통해 비판되어 왔다. 몇몇 학교에서 TV 프로그램 <배트맨>은 피험자에 의해 불만이 제기된 후 비폭력적 조건에서의 시청이 허락되었다. 이것은 공격적 행위를 야기하는 권위자의 우유 부단함을 나타내는 신호로 해석될 수 있다. 또 다른 비판은 단지 비행 소년들을 위한 학교였던 세 학교에서만 효과가 유의미했다는 것이다. 물론 그럴 수도 있겠지만, 분명한 것은 학교 내에서 무작위로 피험자들이 할당되었고 본질적으로 7개의 완전히 독립된 실험 안에서 이루어졌다는 것이다. 7개 중 6개의 측정 점수가 같은 방향이었고, 그 중 세 개는 유의하고 하나는 거의 유의 수준에 근접했으며 논리적으로 일관성이 있었다. 끝으로 폭력 프로그램이 비폭력 프로그램보다 다소 더 인기가 있었기 때문에 비폭력 조건에 처해 있던 피험자들은 욕구 불만 속에 흥미를 덜 느꼈고, 이것이 그들을 더 공격적으로 만들었을 수 있다는 주장이 있다. 이것은 얻어진 자료로 기각되지 않는 결과에 대한 그럴듯한 대안적 설명을 제시하는 합당한 비판이다.

현장 실험 맥락에서 사전 / 사후 검사 설계의 또 다른 예는 기관 환경 안에서 남성 청소년의 공격성에 미치는 TV 폭력의 영향 가능성을 연구한 세 가지 사례이다. 그 첫 번째 연구는 벨기에에서(Leyens et al., 1975), 그리고 다른 두 연구는 미국에서(Parke, Berkowitz, Leyens, West & Sebastian, 1977) 행해졌다. 세 연구의 설계는 거의 비슷하다.

벨기에 연구의 경우, 남자 중학교에 있는 4개의 숙소가 무작위로 할당되었다. 두 집은 1주일 동안 저녁 때마다 폭력 영화를 보았고, 나머지 두 집은 비폭력 영화를 보았다. 모든 피험자들은 연구를 하기 전, 연구를 하는 동안, 그리고 연구가 끝나고 계속 관찰되었다. 소년들은 정오부터 잠자리에 들 때까지 관찰되었고, 신체적, 언어적 공격 행동의 범주로 측정되었다.

세 경우 집단 내 공격 행동에 대해 이미 존재하는 차이점들이 있었다. 폭력 영화를 보여 준 한 집과 중립적 혹은 비폭력적인 영화를 보여 준 한 집은 같은 상황에 처해진 다른 집보다 공격성 수치의 평균이 더 높게 나왔다. 그러므로 자료에서 어느 집이 처음부터 공격성이 높았는지 낮았는지 알 수 있으며, 이것이 집마다 분석되었다. 연구자에 의하면, 공격성에서 이미 존재하는 차이를 가장 합당하게 설명할 수 있는 것은 (특히, 폭력적 조건 내에 있었던 한 가정에서는) 몇몇 상담자들이 발휘한 엄격한 통제라는 것이다.

벨기에 연구의 또 다른 문제점은 각 숙소에 있는 소년들끼리 서로 강하게 의존하고 있었다는 것이다. 그러므로 한 소년에 의한 폭력성은 같은 숙소에 있는 다른 소년들의 폭력성도 포함한다. 연구자들은 이러한 요인들을 통계적으로 통제하려고 노력했지만, 그럼에도 불구하고 결과는 혼합되어 나타났다. 폭력 영화를 본 한 곳은 일반적인 공격성의 증가를 보였고, 폭력 영화를 본 또 다른 곳은 단지 신체적인 공격성만 증가하였다. 중립적인 영화를 본 한 곳은 전체적인 공격성이 감소하였다. 중립적인 영화를 본 또 다른 곳은 아무런 변화가 없었다.

영화를 보여 주고 다음날 정오까지 공격성에서 감지할 수 있을 정도의 증가가 일어난 유일한 경우는 폭력 영화를 본 한 곳에서의 상호 대인 간 언어 폭력이었다(네 숙소 각각의 공격성 측정 또는 전체의 공격성 측정에서는 아무런 효과가 없었다). 실험이 끝난 다음 주까지 남아 있던 유일한 효과는 위와 같은 숙소에서는 높았지만 또 다른 숙소에서는 그렇지 않았던 대인간 그리고 비대인 간 공격성의 복합적 측정이었다.

미국의 청소년 범법자를 위한 최소 안전 형벌 기관(Minimum-Security Penal Institution)에서 파크와 그의 연구팀은 두 가지 현장 실험을 실시하였다(Parke et al., 1977). 첫 번째 연구에서는 14∼18세까지의 청소년(68%는 유럽 출신 미국인, 26%는 아프리카 출신 미국인, 6%는 나머지)들을 무작위로 각각 30명씩 공공 기관에 의해 거주지에 할당하였다. 3주의 기초 기간 동안 훈련된 관찰자는 두 집에 각 주마다 하루에 두 시간씩 매주 3일 연속 청소년들의 행동을 기록하였다. 그리고 나서 5일의 실험 기간 동안, 한 집에 있는 청소년들에게 저녁마다 폭력 영화를 보여 주었다. 반면에 다른 집에 있는 청소년들에게는 중립적, 비폭력적 영화를 보여 주었다. 청소년들의 행동은 수요일, 목요일, 금요일, 즉 영화를 보여 주기 전, 보여 주는 동안, 보여 준 후로 나누어 관찰되었다.

청소년들은 영화를 보고 나서 폭력성과 흥미 척도 안에서 영화를 평가하였고, 주말에 이를 반복하였다. 불행히도, 폭력적인 영화는 재미 있고 흥미 있는 것으로 평가되었고, 따라서 폭력적인 영화는 흥미와 내용의 구분이 모호하게 되었다. 마지막 영화를 본 다음날, 폭력성에 대한 실험실 테스트에 모든 청소년들이 참가했는데, 이 테스트에는 분노가 치밀거나 혹은 그렇지 않은 조건에서 실험 보조자에게 충격을 주는 것이 포함되었다. 뒤이은 마지막 3주 동안 행동 관찰이 세 번 연속으로 저녁에 시행되었다. 소년들은 신체적, 언어적, 그리고 대인 상호 간의 다양한 14개의 공격 행동 범주로 등급화되었다.

폭력 영화를 본 피험자들은 비폭력 영화를 본 피험자들보다 영화를 보는 동안 더 공격적이 되었다. 또한 영화를 보고 난 효과는 폭력 성향이 높은 피험자보다는 처음에는 폭력 성향이 낮았던 피험자가 더 큰 영향을 받았음이 지적되었다. 일반적 공격성 측정에서 다소 높은 점수를 얻었던 공격성 높은 피험자 중에 폭력적 영화를 본 사람들을 제외하고는, 영화를 본 후 다음 주 동안 모든 집단의 공격성 수준이 다시 원래대로 돌아왔다.

이 연구는 사전 검사를 하는 것이 중요하다는 중요한 단서를 제공한다. 폭력 영화를 보는 집단에 할당된 청소년들은 결과적으로 비폭력 영화를 보도록 할당된 청소년들보다 연구 기간 중에 더 폭력적으로 변했기 때문이다. 이것은 청소년들을 그들의 기본적 공격성 점수에 근거하여 높고 낮은 집단으로 하위 분류함으로써 처리되었다.

이 연구에서 잠재적으로 중요한 문제는 소년들이 폭력적인 영화에 비해 중립적인 영화는 재미없고 지루하고 흥미 없는 것으로 평가한다는 것이다. 그들의 첫 현장 실험 설계에서 몇몇 한계가 노출되었기 때문에 파크와 그의 동료들은 같은 상황 내에서 두 번째 실험을 하였다. 이 연구는 두 가지 상황을 포함한다(Parke et al., 1977). 첫째는 첫 번째 현장 실험을 7주간에 걸쳐 재실험하면서, 두 가지 변화를 추가한 것이다. 행동 관찰 기간은 영화를 보여 주는 주와 영화를 본 다음 주 동안 3~5일로 늘어났고, 훨씬 재미있는 중립적 영화가 준비되었다. 두 번째 현장 실험에서는 청소년들이 중립적인 영화를 폭력적인 영화만큼 재미있고 흥미 있는 것으로 평가했기 때문에, 이전의 실험에서와 같은 흥미와 내용 간의 혼동을 제거할 수 있었다. 이 두 번째 실험의 두 번째 조건은, 관찰한 첫 주말 금요일에 보여 주었던 영화의 영향을 두 주에 걸쳐 평가를 하는 것이었다. 이는 단일 노출 *single-exposure* 과 반복 노출 *repeated-exposure* 의 직접적인 비교를 가능케 하는 전체 규모 연구의 축약된 버전을 제공해 준다. 두 번째 현장 실험에서의 모든 참가자들은 첫 번째 현장 실험에서 사용했던 충격 검사보다는 실험실에서 언어 폭력 검사를 받았다.

여기서도 역시, 폭력 영화 시청 조건에 있는 피험자들은 영화를 보기 이전보다 더욱 폭력적으로 변했다. 이것은 다섯 개의 영화에서 보고된 것인데, 폭력 영화를 본 사람들은 일반적 공격성에서 비폭력 영화를 본 사람보다 더욱 공격적으로 되었고, 반면에 공격성의 다른 두 측정에서는 이 효과가 가까스로 유의미하였다. 한 영화에서는 어떠한 주 효과도 유의미하지 않았지만, 물리적 공격성의 측정에서 처음에 공격성 수준이 높았던 소년들이 비폭력 영화를 본 후보다 폭력 영화를 본 후에 훨씬 더 공격성을 보인다는 상호 작용 효과가 유의미하였다. 이는 처음에 공격성 수준이 낮았던 피험자에게서는 발견되지 않았다.

광고 캠페인의 효과 검사에 현장 실험 방법이 사용되어 왔다. 로버트슨과 그의 동료들은 자동차 안전 벨트의 사용을 증가시키기 위해 고안된 캠페인 연구를 수행하였다(Robertson et al., 1974). 여섯 개의 공공 서비스 광고를 두 케이블 회사가 점유하는 약 절반 정도의 가정에 보여 주었다. 다른 절반의 가정은 통제 집단으로 사용되어, 어떤 메시지도 주지 않았다.

연구자들은 메시지를 받거나 받지 않은 사람들이 탑승할 차량의 관측 가능성을 최대화하기 위하여 교통 흐름 지도를 이용해 14개의 관찰 지역을 선정하였다. 교통은 하루에 각기 다른 시간대에 관찰되었다. 관찰자들은 적절한 장소에서 운전자들을 관찰하였다. 자동차가 접근하면, 운전자의 성별, 인종, 대략적 연령대, 그리고 안전띠를 하고 있는지 안 하고 있는지의 여부를 체크하였다. 자동차 번호는 자동차가 지나가면 기록하였다. 주 교통국의 협력하에 자동차 번호에 따라 소유자의 이름, 주소를 조회하였다. 그런 다음에 두 개의 케이블 회사 중 하나의 가입자인지 아닌지를 기록하였다. 이 과정은 궁극적으로 분석을 위한 네 개의 집단을 설정하기 위한 것이었다. ① 메시지를 보여 준 케이블 A 가입 가정, ② 통제 집단으로 메시지를 보여 주지 않은 케이블 B 가입 가정, ③ 같은 지역에 있으면서 케이블 가입이 안 된 가정, ④ 다른 지역의 가정이 그것이다. 관찰자들은 안전 벨트 캠페인이 방송되기 전에, 그리고 캠페인 방송 후 여러 달 동안 관찰을 했다. 그 광고들은 일반 시청자들이 1주일에 두 번 혹은 세 번 정도 볼 수 있도록 계획되었다.

관찰 결과, 캠페인은 안전 벨트 사용에 대한 측정할 만한 효과를 보이지 않았다. 메시지를 받았던 절반의 운전자들이 통제 집단의 자동차 운전자들보다 더 안전 벨트를 이용하는 것 같지는 않았다. 이런 캠페인의 한계는 연구자들이 공공 서비스 광고를 운전자들이 보았는지 아닌지 평가할 방법이 없다는 것, 그리고 만일 케이블을 보지 않는 집단의 운전자가 친구의 집에서 메시지를 보았을 가능성에 대해서도 알 길이 없다는 것이다.

▍현장에서의 무선 할당 실험

개개인을 집단으로 무선 할당하는 것은 실험실 실험의 특징이며, 현장 실험에서는 그렇게 할 경우 발생하는 논리적 어려움으로 인해 잘 이용되지 않는다. 그러나 무선 할당은 현장 연구에서도 이용되어온 방식이다.

조셉슨은 한 집단에 6명의 소년으로 구성된 66개 집단의 현장 실험을 수행하였다(Josephson, 1987). 이 집단들은 13개 학교 2, 3학년의 학생들 중에서 무선적으로 표집하였다. 66개의 집단은 6개의 각기 다른 실험적 상황에 무선적으로 할당되었다. 모든 소년들은 상업적 TV 프로그램에서 발췌한 폭력적 혹은 비폭력적 내용의 14분 분량의 영상을 시청하였다. 비폭력 영화의 내용은 휴일을 맞은 고속도로 순찰대원들이 소년들로 이루어진 오토바이 팀에게 오토바이 타는 법을 가르쳐 준다는 내용이었다. 이 영화에는 폭력적인 내용은 없었지만 연구에 참여한 동일한 연령대의 소년들에게 폭력 영화와 마찬가지로 흥미가 있고 좋아할 만한 영화로 평가되었다.

경찰 액션 드라마에서 발췌된 폭력적인 영상은 저격수와 SWAT 대원들의 폭력성이 정당화된 복수로 묘사되며 성공적이고 사회적으로도 보상 받는 식으로 처리되어, 결과적으로 관람객들을 더욱 폭력적으로 행동하도록 이끄는 내용이었다(예를 들어, Bandura, 1983; Berkowitz, 1984). 폭력적인 영상은 또한 폭력과 연관된 암시를 포함하고 있었는데, 이는 저격수 팀들이 공격을 시작할 때 워키토키를 이용하는 것이었다. 파일럿 검사에서 이 영화를 본 소년들의 95%가 워키토키를 기억한 것으로 나타났다(Josephon, 1987). 또한 이 실험에는 실망 과정이 포함되었다. 처음에 소년들은 그들이 산뜻한 만화를 볼 것이라고 들었다. 그러나 비디오가 시작되었을 때 그 분위기는 정적이었고 '썰렁'한 것이었다. 절반의 소년들은 그들이 TV 프로그램(폭력적 혹은 비폭력적 프로그램)을 보기 이전에, 그리고 나머지 절반의 소년들은 보고 나서 실망해버렸다.

절차상, 'TV 실'에 배치된 소년들은 만화 때문에 실망한 후 폭력적 혹은 비폭력적(혹은 도덕적) 프로그램을 보았다. 그리고 나서 소년들은 그들이 들었던 두 번째 연구를 위해 체육관으로 향했다. 소년들의 실망 순서와 TV 프로그램 유형을 모르는 한 명의 심판과 두 명의 관찰자(한 명은 남자, 한 명은 여자)가 이 부분에서 실험에 참여하였다. 실험자는 심판에게 여섯 소년의 팀과 (무작위로 결정된) 배치 번호가 있는 카드 한 장을 주고 떠났다. 심판은 각 소년에게 그들이 짧은 하키 게임을 할 것이고 차례로 각 포지션을 소화할 것이라고 설명하며 셔츠와 하키 채를 나누어 주었다. 또한 그는 관찰자들이 '라디오에서 하는 것처럼' 게임의 '플레이마다' 기록한다고 설명했고, 그럼으로써 어떤 선수가 누구인지 알아야 한다고 말했다. 심판은 각 소년들과 (이름, 학급, 하키에서 좋아하는 포지션 등등에 관해) 게임 전 인터뷰를 했고, 인터뷰를 위해 녹음기나 워키토키를 사용했으며, (무작위로 할당된) 카드 위에 적힌 지시를 따랐다. 녹음기와 마이크는 모든 소년들에게 중립적인 것으로 가정되었고 워키토키도 비폭력적인 TV 프로그램을 본 학생의 경우에는 중립적일 것으로 가정되었다. 그러나 폭력적인 프로그램을 본 학생들에게는 워키토키가 폭력성과 연관된 것이었다.

여섯 소년들은 각 피어리어드마다 3분씩 센터, 골, 윙의 포지션을 교대로 바꿔가며 세 피어리어드의 경기를 소화하였다. 관찰자들은 소년들이 셔츠를 입는 순간부터 그들을 관찰했고, 공격이 발생되는 모든 순간마다 셔츠의 색깔과 넘버로 공격자와 대상이 된 사람 모두를 확인해가며 녹음기에 구술하였다. 물리적, 언어적 폭력 둘 모두를 기록하였다. 만일 한 관찰자가 특정 행동을 우연한 행동으로 확신했을 경우와 두 관측자가 그럴지도 모른다고 추측했을 경우, 그것은 공격성 수치로 기록하지 않았다. 바디체크는 상대방을 밀거나 팔꿈치로 치지 않으면 포함되지 않았다.

▍통제 집단 사후 검사 실험

몇몇 현장 실험은 통제 집단이 있는 고전적 사전/사후 검사 설계와는 다르다. 어떤 현장 실험은 통제 집단이 있든 없든 단지 사후 검사만을 사용해 왔다. 1970년대 초반 밀그램과 쇼트랜드가 행한 일련의 연구는 TV에서 특정한 반사회적 행동을 하는 배우를 본 시청자가 결과적으로 그와 같은 혹은 유사한 행동을 할 가능성이 더 높은지에 대해 조사하였다(Milgram & Shotland, 1973). 이와 연관된 모든 연구들은 동일한 기본 설계를 따랐다.

첫 번째 실험에서 연구자들은 지역 신문 광고를 이용하거나 행인에게 카드를 나눠 주는 방식으로 피험자들을 모집하였다. 각 경우에 지원자들은 한 시간 동안 TV 쇼를 시청하도록 초청되었고, 그 보답으로 무료 트랜지스터 라디오를 받게 되어 있었다. 피험자들은 프로그램을 보기 위해 특별한 TV 극장에 가서 보고할 것을 요구 받았다. 극장에 도착하자마자 사람들은 무작위로 4집단 중의 하나에 할당되었고 각 집단은 각기 다른 프로그램을 보았다.

<종합 병원 *Medical Center*>이라는 TV 시리즈를 토대로 각기 다른 세 가지 에피소드 버전을 구성하였다. 한 버전은 반사회적 행동이 유죄로 처벌받는 것으로 묘사되었다. 또 다른 버전은 처벌되지 않은

반사회적 행동을 담고 있었고 세 번째 버전은 친사회적 행동을 포함하고 있었다. 반사회적 행동은 미친 젊은이가 자선 모금 상자를 부수고 돈을 훔치는 장면으로 구성되었다. 네 번째 집단은 아무 프로그램도 보지 않았다.

프로그램을 시청하고 짧은 설문지를 완성한 후에, 피험자들은 다른 건물의 사무실로 가서 모료 라디오를 받도록 지시받았다. 사무실은 몰래 카메라로 감시되었다. 피험자가 사무실에 들어왔을 때, 더 이상 라디오를 나누어 주지 않는다는 안내문을 볼 수 있었다. 사무실에는 투명한 자선 모금 상자가 있었고 1달러가 들어 있었다. 주된 측정은 단순히 피험자가 돈을 가져가고(또는 가져가거나), 자선 모금 상자를 부수는지였다. 약간의 변형을 준 이와 동일한 설계가 여덟 차례에 걸쳐 이루어졌고, 이를 통해 600명의 피험자들이 조사되었다. 어떤 연구에서도 TV에서 본 반사회적 행동이 피험자의 행동에 영향을 주었다는 유의미한 결과가 나오지 않았다.

또 다른 사후 검사 현장 실험에서 로이와 그의 동료들은 다수의 결혼한 부부를 대상으로 TV 시청 효과에 대한 연구를 수행하였다(Loye et al., 1977). 남편은 각 5개의 축약된 프로그램 중 하나를 시청하도록 할당되었는데, 그것은 다분히 친사회적인 것, 다분히 폭력적인 것, 이 둘을 혼합한 것, 친사회적이지도 반사회적이지도 않은 것, 또는 내버려 두었을 경우 그들이 평상시 보았을 것들이었다. 각 부부 중 남편이 피험자였고 월요일부터 일요일까지 할당된 프로그램을 시청하도록 요구 받았다. 반면에 아내는 남편을 관찰하고 이를 다양한 척도상에서 등급화하며 남편의 행동을 기록하도록 했다. 주된 측정은 월요일 저녁부터 일요일까지 남편 분위기 측정에서 보이는 변화이다.

남편의 행동에 대한 아내의 보고서는 가장 높은 수준으로 마음에 상처를 주는 행동을 보인 사람은 평상시 보던 프로그램을 선택한 남편들이었음을 보여 준다. 폭력 프로그램만 보도록 설정된 사람들이 친사회적 프로그램만 본 사람들보다 더 폭력적이지는 않았다. 비록 TV

효과를 연구하기 위해 일상 속에서 사람들의 협력을 얻자는 것은 좋은 아이디어였지만, 이처럼 특수한 연구에는 많은 문제점이 있다.

유형별 프로그램 공급은 연구자가 통제했지만, 남편들이 실제로 관찰 기간 동안 얼마나 많이 TV을 시청하는지는 통제하지 않았다. 그러므로 시청 패턴에 대한 통제는 없었다. 참여한 아내들은 관찰자로 훈련된 사람이 아니었고, 이들이 모두 같은 방법으로 평가 척도를 이용했는지 의문이다. 배우자가 '마음에 상처를 주는' 행동으로 분류한 것이 다른 사람에게는 그렇지 않을 수도 있다. 또한 아내들이 남편이 처했던 특수한 실험 상황을 알지 못했는지 불분명하다. 만일 아내들이 이 실험 상황을 알고 있었다면 그들의 평가는 특정 프로그램의 효과에 관한 기대로 인해 편견을 가지고 이루어졌을 수도 있다.

3) 자연적 실험

자연적 실험은 연구자들의 할당을 통해서라기보다는 자연적으로 변화하는 있는 그대로의, 혹은 이미 존재하는 집단을 연구한다. 자연적 실험은 연구자가 자연적으로 발생하는 사회나 미디어의 사건을 연구하는데, 그러한 사건들의 효과는 역사적 자료 분석, 혹은 사건 발생 전후 몇몇 시점에서 소규모 혹은 대규모 표본에서 얻은 새로운 자료 수집을 통해 측정한다. 행동에 끼친 TV의 영향을 평가하는 자연적 실험의 유형으로는 어떤 것이 있을까? 다섯 개의 주된 범주가 구분될 수 있다. ① 통제 집단 사전 / 사후 검사 설계, ② 단일 집단 사전 / 사후 검사 설계, ③ 단일 집단 사후 검사 설계, ④ 다집단 사후 검사 설계, ⑤ 시계열 설계가 그것이다.

(1) 통제 집단 사전 / 사후 검사 설계

이러한 유형의 설계는 방송이 처음으로 소개되고 TV가 도입되기 전, 연구자들이 피험자들에 대해 사전 검사 기초 자료를 얻을 수 있었던 지역 사회에서의 TV 영향에 관한 몇몇 연구에서 이용되었다. 이러한 실험 설계는 TV와 수용자 행동을 포함하는 인과 관계 검증에 필요한 잠재적으로 강력한 방법을 제공한다. 물론 새로운 미디어의 소개 이전과 이후에 행해지는 효과적인 측정이 결정적으로 중요하다.

이런 종류의 자연적 실험의 초기 예는 TV를 포함하지만 그 효과보다는 미디어 이용에 더 중점을 두었다. 이런 연구가 후루에 의해 일본에서 이루어졌다(Furu, 1962, 1971). 1957년에 그는 신주오카 Shinzuoka 에서 TV를 보유한 가정의 아이들을 조사하였다. 당시 일본에서는 비록 1953년 이래로 기차역 앞 광장이나 사람이 많은 사당의 구내에 '거리 TV'가 인기를 얻고 있었지만, 가정에 TV를 가지고 있는 경우는 흔치 않았다. TV를 소유한 가정의 아이들과 이에 개별적으로 대응하는 (즉, 다른 조건들이 동일한) TV를 소유하지 않은 가정의 아이들 집단이 비교되었다. 2년 후인 1959년에는 첫 번째 조사와 비교하기 위해 두 번째 조사가 시행되었다.

스코트랜드에서 브라운과 그의 동료들은 5~11세의 아이들 세 집단을 대상으로 사전 / 사후 설계 연구를 하였다(Brown, 1974). 아리사이그 Arisaig 에서 18명의 아이들을 대상으로 1972년 5월과 1973년 5월에 실시했는데, 이는 TV 도착 4개월 전과 8개월 후의 시점이었다. 로차이로르트 Lochailort 와 인접한 지역은 첫 번째 통제 집단으로 설정되었고, 11명의 아이들은 1972년과 1973년 두 시점에서 (낮 시간 학교 방송을 제외하고는) TV를 시청하지 않았다. 두 번째 통제 그룹은 퍼니스 Furnace 마을이었는데, 18명의 아이들은 두 연구 시점에서 자연스럽게 TV를 갖고 있었다. 이 연구는 아이들이 다른 미디어를 사용할 때의 기능적인 유사성과 차이점에 초점을 두었지만 불행히도 표본 크기가 너무 작아 이처럼 강력하게 설계된 연구에서 나올 수 있는 결론이 제한적일 수밖에 없었다.

아마도 가장 규모가 큰 자연적 사전 / 사후 연구는 1970년대에 캐나다에서 실시된 것이다(Williams, 1986). 이 연구는 다시 한 번 미디어 이벤트, 즉 공동체 안에 최초로 TV가 들어 오는 사건의 이점을 이용했는데, 이는 새로운 미디어가 공동체 내부의 아이들에게 광범위하게 미칠 행동적, 태도적 영향을 연구하기 위한 것이었다. 대상이 된 공동체는 규모가 유사하고 이미 TV를 갖고 있던 두 개의 다른 공동체와 비교되었다. 그러나 이런 공동체 중 어느 한 경우에는 TV의 채널이 하나로 제한되어 있었고, 반면 다른 공동체에는 다수의 채널이 있었다. 세 마을은 2년 간격으로 두 차례에 걸쳐 조사되었다.

1973년 가을, 첫 번째 자료 수집 기간 동안, 세 마을 중 (노텔 Notel 이라고 이름 붙인) 한 마을이 TV를 볼 수 있게 되었다. 이 마을은 그동안 TV를 볼 수 없었지만, 두 달 후 새 송신기가 설치되었을 때 처음으로 이 마을에도 TV 신호가 수신되었다. 이 송신기는 노텔 마을에 한 채널을 공급했는데, 이는 캐나다 방송 CBC의 공영 영어 채널이었다. 유니텔 Unitel 이라 명명한 첫 통제 마을은 이미 그 연구 시점에서 7년 동안 한 채널을 시청하고 있었다. 멀티텔 Multitel 이라 이름 붙인 두 번째 통제 마을은 세 개의 미국 민방 채널(ABC, CBS, NBC)과 CBC를 15년 동안 시청하고 있었다. 두 번째 자료 수집 기간 동안 노텔에 거주하고 있는 사람들은 2년 동안 CBC를 시청했고, 유니텔과 멀티텔에서 채널 수신 변경은 없었다.

이 연구는 유창한 독해 능력, 창의력, 폭력성, 성 역할에 대한 태도, 공동체 활동에의 참여도를 포함하는 다양한 행동을 폭넓게 연구하였다. 몇몇 연구는 단지 취학 아동에 초점을 두거나 어른들에게 두기도 했으며, 이 둘 다에 초점을 맞추기도 했다. 대부분의 행동에서 시점 1과 시점 2를 비교하기 위해 횡단적, 종단적 자료가 수집되었다. 표본의 폭은 공격성 측정을 위해 각 마을에서 표집된 40명의 아이들에서부터, 창의력과 독해 기술을 측정하기 위해 뽑은 70~80명, 공동체 활동의 참여도를 파악하기 위해 뽑은 250명 이상의 아이들과 어른들에까지 이르렀다.

끝으로 최근에 실행된 자연적 연구의 한 예는 1990년대 미국에서 통제 집단 사전 / 사후 검사 설계를 이용한 것이었다. 큐베이와 그의 연구팀은 세 개의 작은 시골 마을이 있는 미국 동쪽 해안을 대상으로 자연적인 실험을 실시하였다(Kubey et al., 1996). 구TV타운 OldTVtown 대부분의 거주자들은 2~4개의 채널을 수신한 반면, 케이블타운 Cabletown 에 거주하는 사람들은 20~25개의 기본 케이블 채널을 패키지로 수신하였다. 디시타운 Dishtown 에 거주하는 사람들은 과거 구TV타운과 같은 채널을 수신했었고 조사 당시에도 몇몇은 그랬었지만, 대부분은 약 60개 정도의 채널을 수신하고 있었다. 디시타운은 두 번 조사되었는데, 위성 방송 수신이 가능해진 시점에서 3개월 후, 그리고 20개월 후에 조사가 이루어졌다. 구TV타운과 케이블 타운은 각각 한 번씩 조사되었고 이때 동시에 디시타운에서는 두 번째 조사가 실시되었다. 다른 경우와 마찬가지로 이번 자연적인 실험에서도, 연구자들은 단지 위성 방송 수신기가 설치된 후의 상황에 대해서만 알 수 있었고 가능성 있는 이전 / 이후 자료는 얻지 못했다. 그러나 그들은 몇 가지 잘 짜여진 문자화된 회상 측정법을 이용했는데, 이는 연구자들이 몇몇 변수에 대해 종단적 비교를 할 수 있게 하는 것이었다. 그들의 데이터는 시청 시간, 다양한 여가에 대한 참여, 가족 유형, 공동체 활동, 내재화된 시청 습관에 대한 지표, 부모들이 자녀의 시청을 관리하는 방법 등에 관한 것들이었다. 이 자료는 18세 이상의 주민에게서 우편 조사로 얻어진 것으로, 두 번의 자료 수집에서 50~65%의 응답률을 보였다.

(2) 단일 집단 사전 / 사후 검사 설계

이러한 유형의 TV 연구에서는, 이미 존재하는 집단의 개인들에 대해 TV에 노출되기 이전(사전 검사), 그리고 TV에 노출된 이후(사후 검사)에 이루어진다. 일반적으로 실험 처치되지 않은 통제 집단이나 비교 그룹이 없는 경우, 관찰된 변화에 대한 적절한 대안적 설명을 도출하는 것은 불가능하다. 특히 역사(시간의 흐름에 따라 일어나는 자연스런 변화), 성숙(연령이 증가함에 따라 일어나는 자연스런 변화), 회귀(가만히 두어도 평균으로 돌아가려는 자연스런 경향)로 인한 변화가 내적 타당성을 위협하여, 이런 유형의 설계는 대개 인과적으로 해석되지 않는다. T. 맥베스 T. MacBeth 는 아직 TV가 들어오지 않았던 도시에 TV가 가져온 영향에 대한 캐나다 사례 연구에서, 하나 이상의 지역 사회를 선정하고 연구하였다.

TV의 대치 효과에 대한 장기적인 연구는 남아프리카 공화국에서 그들의 지역 사회에 TV가 도입되기 전에 사전 검사가 이루어진 단일 그룹의 응답자들 사이에서 수행되었고, 이후 그들이 새로운 미디어를 이용하게 된 다음 사후 검사를 실시하였다(Mutz et al., 1993). TV는 1976 년 1월에 남아프리카 공화국에 도입되었고, 매우 빠르게 백인들에게 보급되었다. 자료는 10∼17세의 백인 아이들을 대상으로 8년 기간에 걸쳐 수집되었다.

TV가 도입되기 2년 전, 10세 정도의 7087명의 아이들을 대상으로 실시한 전국 조사가 기초 자료를 구축하였다. 연구 기간 동안 해마다 같은 아이들이 일련의 집중적 설문지를 작성하였다. 대략 1900명의 아이들이 8년간 참여하였고 이 아이들이 연구의 패널 요소로 구성되었다. 덧붙여 횡단적 사전 / 사후 TV 자료가 역시 비교점을 제공해주는 대략 1500명의 아이들 표본으로부터 수집되었다.

아이들은 해마다 취미, 스포츠 참가, 클럽, 과외 수업, 그리고 숙제를 하는데 일정 시간을 보낸 것으로 평가하였다. 미디어 사용 항목은 TV 시청 시간을 포함하여 라디오, 영화, 및 방과 후 독서에 사용한 시간을 보여 주는 것이다. 머츠와 그의 동료들에 따르면, 이러한 연구 설계가 분석의 개인적, 집합적 수준 두 부분에서 미디어 대치 가설을 검증하는 데 유용했다고 한다. 횡단적 사전 - TV 표본은 아이들의 일반적 발달 경향, 즉 이 연령대의 응답자들이 특히 중요하게 고려하는 것과는 독립적인 집합적 변화의 검증을 가능하게 하였다. 사후 - TV 자료가 6년에 걸쳐 수집되었기 때문에, TV의 효과가 단기적인지 혹은 장기적인지도 검증할 수 있었다. 결과적으로, 패널 표본은 개인적 수준의 장기적 자료를 이용한 미디어 대치 검증의 기회를 제공한다.

패널 분석에서는 6년 실험 기간의 각 해마다 있었던 사후 – TV 조사에서 다양한 행동에 대한 행동 수준의 측면에서 변화가 검증된다. 물론 행동 변화는 TV보다는 성장과 같은 다른 요인에 의한 것일 수 있다. 다양한 행동에 소요된 시간은 어린 시절에는 나이와 강하게 연관된다(Medrich, Roizen, Rubin & Buckley, 1982). 또 행동은 독립적인 영향을 발휘할 수도 있다. 예를 들어, (이유와 상관없이) 숙제나 운동에 이용된 시간의 변화는 독서나 영화 감상과 같은 다른 행동의 변화에 영향을 미칠 수도 있다. 동일한 연구 기간 동안 같은 모집단에서 얻은 자료를 이용하는 것, 개인적, 집합적 수준 분석 등은 다양한 방식으로 나타나는 TV의 영향을 말해 준다.

단일 집단 사전 / 사후 검사 설계의 또 다른 최근 연구는 남대서양에 위치한 군도에서 시행된 것이었다. 이 연구는 1995년 초에 세인트 헬레나 St. Helena 섬에서 위성 TV 전송이 시작되기 전인 1992년에 이루어졌다. 연구의 초점은 아이들에게 끼친 TV의 영향이었다. 해마다 아이들의 여가 활동, 사회적 행동 및 학교 활동에 대한 정보가 수집되었다. TV 전송 이후에는 TV 시청 습관과 TV 산물의 특성에 관한 정보가 수집되었다. 일기, 자기 보고 형식의 설문지, 관찰에 기반을 둔 여가 활동과 사회적(반사회적 혹은 친사회적) 행동의 사후 측정치를 같은 행동에 대한 사전 측정과 비교할 수 있었다(Charlton et al., 1995a; Charlton et al., 1995b; Gunter et al., 1998).

(3) 단일 집단 사후 검사 설계

이러한 설계에서는 관심을 둔 실험 처치가 있은 후 단지 한 번만 참가자들을 조사한다. 사전 검사 혹은 통제 집단이 없기 때문에 이 연구 설계는 일반적으로 특수한 경우만 대표할 뿐이다. 그러나 여기서 발견된 연구 결과는 그럼에도 불구하고 특정 환경에 대해서는 적절한 설명력을 지닌다.

1976년부터 1982년까지 위니크가 뉴욕시에서 행한 연구는 그 좋은 예를 제공한다(Winick, 1988). 그는 TV이 고장났거나(81%) TV을 도둑 맞아(19%) TV을 시청할 수 없었던 가정을 인터뷰했다. 비공식적 정보원, A / S 센터, 상점, 커뮤니티 집단, 법률 자문소를 통해 이런 가정의 명단을 확보하였다. 그는 680 가정에 있는 가족 구성원으로부터 1614건의 인터뷰를 실시하였다. 인터뷰할 때, 각 가정은 평균적으로 3년 이상 TV를 소유하고 있었지만, 평균 6주(범위: 12~21주) 동안 TV를 시청할 수 없었다. 표본은 그 지역 전체 인구 조사 자료와 사회 경제적 지위, 인종적, 교육적 측면에서 유사하였다. 각 가정에서 인터뷰할 수 있는 사람은 모두 인터뷰했다. 초점은 TV를 이용하지 못하게 된 후 TV 박탈 전후의 미디어 사용, 세부 사항, 특성 및 TV 박탈에 대한 참여자의 응답 강도에 모아졌다.

(4) 다집단 사후 검사 설계

TV 효과에 대한 몇몇 연구들에서, TV를 새로 얻게된 개인(혹은 커뮤니티)과 아직 그러지 못한 개인(혹은 커뮤니티)을 대상으로 비교가 이루어졌다. 여기에서는 사후 검사 결과와 비교되는 사전 검사가 없고, 이것이 이 설계의 가장 큰 약점이 된다(Cook et al., 1990). 사후 집단들 간의 차이가 TV 노출 때문인지 아니면 단순히 사전 테스트가 이루어졌으면 명백히 드러날 수 있었을지도 모르는 원래부터의 집단 간 차이에 기인한 것인지는 알 수 없다.

히멜바이트 등이 실시한 영국의 TV 도입 연구의 주요 조사 연구는 비동질적 집단을 대상으로 사후 검사만을 수행한 고전적 설계의 예이다(Himmelweit, 1968). 그들은 주요 조사에서 런던, 포츠머스, 선더랜드, 그리고 브리스톨에 있는 주립 학교의 어린이들을 테스트하였다. 4500명의 전체 어린이 표본 중 1854명의 (가정에 TV가 있는 어린이) 시청자가 있었다. 히멜바이트 등은 각 시청자를 성별, 연령(10~11세, 13~14세), 지능(115 이상, 100~114, 100 이하), 사회 경제적 지위 *Socio-Economic Status* 에 따라 짝지었다. 육체 노동을 하는 부모를 둔 아이들에게는 노동 계급 *working class*, 사무직 부모를 둔 아이들에게는 중류 계급 *middle class* 이라는 용어를 사용하였다. 선생님, 학교, 다른 아이들, 지역적 요인을 동일하게 유지하기 위해 가능한 한 같은 학급 내에서 짝을 지웠다. 짝을 이루기 위해 4가지 요인을 선택했는데, 이전 조사에서 그 요인들이 아이들의 겉모습과 여가 시간의 활동에서 많은 중요한 차이점을 가져 오는 주요 요소였음이 밝혀졌기 때문이다.

사전 검사가 없다는 자신들의 주요 조사의 방법론적 한계를 인식한 후 히멜바이트 등은 새로운 송신기가 보급된 노리치 Norwich 에서 자연적 실험의 이점을 이용한 추가 연구를 수행하였다(Himmelweit, 1958). 그들은 아주 극소수의 가정만이 TV 수상기를 가지고 있을 때, 노리치의 거의 모든 학교에 있는 전체 2200명의 어린이를 10~11세, 13~14세로 나누어 설문 조사를 실시하였다. 1년 후에 그들은 다시 조사를 했고, 주요 조사에서 했던 방식으로 분류했을 때 그 시점에 TV 수상기를 가지고 있지 않았던 가정의 185명 어린이 집단과 비교하였다. 이 노리치 연구 설계를 쿡 등은 사전 검사가 있는 비조작 통제 집단 설계로 범주화하였다(Cook, 1990).

노리치 연구는 자연적 사전－사후 설계연구와 결합된 형태로 방법론적 설득력을 갖고 있었다. 하지만, 작은 표본 크기는 주요 조사 연구에서 행해졌던 것과 같이 TV의 사용 및 영향과 관련하여 연령, 성별, 지능, 사회 경제적 지위의 역할에 대한 탐구를 가능하게 하지는 않았다. 게다가, 주요 서베이에서는 3개월 미만의 TV 시청자가 모두 배제되었던 반면, 노리치 연구는 단지 TV가 도입된 직후의 훨씬 직접적인 TV 효과를 평가했을 뿐이었다.

비슷한 유형의 설계가 북아메리카의 초기 TV 시청자 연구에서 사용되었다. 쉬람과 그의 동료들은 1958년에서 1960년 사이에 11개의 연구를 수행하였다(Schramm et al., 1961). 대부분은 미국에서 TV 도입과 관련하여 지역 사회 내(샌프란시스코, 로키 산맥, 대도시 인근 지역, 덴버) TV와 다른 미디어 이용을 강조하고 있는 아이들, 부모, 가정을 대상으로 이루어졌다. 그들의 연구 중 두 개는 캐나다의 브리티시 컬럼비아 British Columbia에서 행해졌는데, 이 지역은 TV를 보는 마을(*teletown* 텔레타운)과 그렇지 않은 마을(*radiotown* 라디오타운)이라는 것을 제외하고는 유사한 지역이었다. 269명의 부모와 1학년, 6학년, 10학년의 총 913명의 어린이들이 연구 대상이었다.

텔레타운과 라디오타운 모두 인구가 5000명 정도로, 산업적 배경, 사회적 구조, 정부, 학교 시스템이 서로 유사하였다. 그러나 라디오타운이 주요 대도시로부터는 4000마일이나, 그리고 가장 가까운 일반 수신자용 방송국으로부터는 200마일 가량 떨어져 있었던 반면, 텔레타운은 캐나다 대도시 지역의 TV 방송 시청 거리 안에 있었고 미국 국경과도 멀지도 않았다. 라디오타운의 거의 모든 성인과 대부분의 아이들은 어디에선가 TV를 시청해 본 경험은 있었으나 집에서 정기적으로 시청하는 것은 아니었다. 텔레타운에서는 75% 이상의 아이들의 집에 TV가 있었고, 그렇지 못한 아이들은 친구 집에서 정기적으로 시청을 하였다. 대부분의 라디오타운 거주자들은 TV와 친숙했고 또 TV를 보고 싶어했다. 텔레타운에서는 25%가 TV 수상기를 보유하고 있지 않았다. 히멜바이트와 그의 동료들이 수행한 주요 서베이 사례처럼, 텔레타운에서의 사전 검사 부재와 라디오타운에서의 사후 검사 실시는 관찰된 차이가 TV에 의한 것인지 아니면 두 지역 간에 이전부터 존재하고 있던 차이인지에 대한 구분을 불가능하게 만든다(Himmelweit et al., 1958).

집단을 사전 검사하지 않거나 혹은 어떤 방식으로든 짝이 나뉘지 않은 채, 한 집단 이상에 대해 단지 사후 검사 설계만 했던 세 번째 예는 머레이와 키팩스가 호주에서 행한 연구이다(Murray & Kippax, 1977, 1978). 그들은 인구 규모(2000~3000명)와 사회적 구조가 유사하지만 TV 시청 기간과 내용, TV에 대한 경험의 크기가 다른 세 도시를 연구하였다. 도시들은 교육적 수준과 가족 규모에서는 약간의 차이가 있었지만 모두 지방에 위치해 있었고, 1971년 인구 조사 정보에 의하면 전체 인구, 거주 환경, 인종적 구성, 사회 경제적 지위 등이 비슷했던 것으로 나타났다.

'고TV high-TV' 마을은 5년 동안 상업 방송을 시청했고 국가 공영 채널(ABC)도 2년간 시청하였다. '저TV low-TV' 마을은 1년 동안 공영 채널을 볼 수 있었고 '무TV no-TV' 마을은 아무것도 시청할 수 없었다. 각 마을의 12세 이하의 어린이가 있는 가정에서 무작위로 50%의 표본을 얻기 위한 노력이 행해졌다. 선거인 명부, 마을 여론 조사, 학교 등록 및 출생 기록 등을 이용하여 가정들을 추출하였다. 마을은 지리학적 구역으로 나누어져 있었고, 면접자들은 연속적으로 한번에 각 지역의 모든 가정들과 접촉하였다. 비록 집에 사람이 없어서 성공하지 못한 몇몇 예는 있었지만 인터뷰를 거부한 가정은 없었다. 여기서 얻어진 각 도시별 12세 이하의 어린이가 있는 가정의 표본 크기와 비율은 '고TV' 마을이 82명(40%), '저TV' 마을은 102명(40%), '무TV' 마을은 98명(52%)이었다.

기술의 유입이 보편적이지 않을 때 이는 대개 사회 경제적 지위에 따라 달라는 경향이 있다는 문제점이 머레이와 키팩스의 호주 연구에는 적용되지 않았다. 더욱이 TV 노출 정도의 연속선상에서 상이한 세 집단을 연구했다는 것은 마을들 사이에 이미 존재하는 차이들을 더 쉽게 발견하고 판명할 수 있게 해 주었다(Cook et al., 1990). 세 마을에서, TV 노출의 여러 수준과 연관된 결과에서 눈에 띄는 패턴을 찾기 위한 시도가 있었다. 두 마을 간 차이를 설명할 수 있는 몇몇 기존의 TV와 연관된 차이들은 연속선상에 있는 아마도 세 마을에 대해서는 그리 잘 적용되지 못할 것이다. 그러나 주의해야 할 것은 이미 존재하는 특정 차이들이 TV 노출의 수준을 함께 변화시켰을 수도 있고, 연속적인 시청 수준에 적용될 수도 있다는 점이다.

사전 검사 자료의 부재 문제를 극복하는 방법이 있다. 회상적 사전 검사 측정이 그것이다. 회상적 보고는 전망적 보고와는 질적으로 다른데, 응답자들이 부정확한 것으로 판명날 수 있는 사건들에 대해 그들의 기억에 의지한 채로 답변하기 때문이다. 두 번째 방법은 사전 검사의 상관 관계에 맞추어 처치 집단과 통제 집단을 만드는 것이다. 이에 대한 잠재적인 위험은 그런 상관 관계에 따라 처치 집단과 통제 집단을 형성하는 것이 충분한 혹은 최적의 변인에 따라 구성되지 않을 수 있다는 것이다.

　세 번째 방법은 응답자들을 대표할 수 있는 변인들을 측정하고 나서 통계적으로 조정하는 것이다. 대표 변인들은 사후 검사와 연관된 변인들이지만 같은 척도로 측정되는 것은 아니다. 여기에는 사회 경제적 지위나 연령, 성별, 지능과 같은 인구학적 측정이 포함되며, 히멜바이트와 그의 동료들은 주요 서베이에서 사전 검사 유형으로 이런 대표 변인들을 이용하였다.

(5) 시계열 설계

TV 도입, 널리 알려졌던 살인, 중요한 스포츠 사건과 같은 공중 행동에 미치는 미디어 사건의 영향에 대한 유사 실험 연구가 시행되어 왔다. 이는 연구자가 실제로 직접 조작을 가하지 않거나 사전/사후 검사 실험이 행해지기 전에 알려진 사건을 이용했기 때문에 유사 실험이라 불린다. 대신에 특별한 미디어 사건과 연관된 공중 행동의 변화 혹은 변수를 추적하기 위해 2차 정보로부터 역사적 자료를 사용하는 것이 필수적이다. 미디어 사건 발생 전과 후로 나누어 데이터를 분석한다. 이러한 접근법을 이용하여, 많은 연구에서 TV의 일반적인 뚜렷한 효과, 혹은 범죄 수준에 미치는 TV 방송의 구체적인 영향을 분석하였다.

　TV가 사회의 범죄 수준과 연관이 있다는, TV의 역할에 대한 논쟁이 있어 왔다. 헤니건과 그의 동료들은 1950년대 초 TV가 도입된 미국의 한 도시 사례 연구에서 비록 비폭력적 범죄인 절도가 증가하는 경향은 나타났지만 폭력 범죄가 증가하는 경향은 없었다는 예를 제시하였다(Hennigan et al,. 1982). 여기에서 제시된 것은 비록 TV의 도입이 살인이나 폭행과 같은 범죄를 촉진시킨 것으로 보이지는 않지만 다른 반사회적 행동의 증가와는 연관이 있다는 것이었다.

일반적으로 주장되었던 사회에 미치는 TV의 영향에 관한 또 다른 연구에서, 센터월은 1945년과 1975년 사이에 미국, 캐나다, 남아프리카 공화국에서 화기 취득, 사형, 시민의 불안, 술 소비, 인구의 연령 분포, 경제적 환경, 도시화, TV 소유의 변화, 살인의 비율에 관해 역사적 경향 자료를 분석하였다(Centerwall, 1989). 센터월은 초기의 TV 도입으로 인해 캐나다와 미국에서 백인 살해 비율이 10~15년에 걸쳐 두 배 정도 증가했다고 보고하였다. 같은 기간에 측정된 다른 요인 중, 이와 같은 모집단의 명백한 공격성 증가를 설명할 수 있는 요인은 발견되지 않았다. 남아프리카 공화국에서는 TV의 도입과 그 이후의 기간 중 살해 비율이 일정하였다(이 시점은 센터월의 분석이 종결된 시점이었다). 이런 분석의 문제점은 TV에 관해 측정된 변수가 단순히 TV 도입이었다는 것이다. 일반적인 TV 시청 때문인지 아니면 특정(예를 들어, 폭력적인) 프로그램 시청 때문인지에 대한 실제적 수준에서의 TV 노출 정도는 측정되지 않았다.

몇몇 연구자들은 유해한 형태의 공격성에 미치는 미디어의 잠재적 효과를 검증하기 위해 유사 실험 설계를 사용하였다. 버코위츠와 매컬리는 대중적으로 알려진 살인 사건이 폭력 범죄에 미치는 역할을 조사하였다(Berkowitz & Macauley, 1971). 이 연구자들은 1963년 케네디 대통령의 암살 사건 이전과 이후 몇 달 동안 미국의 12개 도시에서 폭력 범죄(예를 들어 살인, 강간, 절도, 폭행) 비율의 변화를 달마다 비교하였다. 덧붙여, 연구자들은 대량 살해로 유명한 리처드 스펙 Richard Speck 과 찰스 휘트먼 Charles Whitman 이 널리 알려지기 이전과 이후의 폭력 범죄의 비율을 대조해 보았다. 1966년 7월, 스펙은 시카고에서 7명의 간호대생들을 살해하였다. 뒤이어, 휘트먼은 텍사스 대학의 건물에서 총을 난사해 수많은 사람들을 죽거나 다치게 하였다.

시계열 분석 과정을 이용하여, 버코위츠와 매컬리는 이런 유명한 범죄가 폭력 범죄를 단기적으로는 감소시키지만 장기적으로는 증가시킨다는 증거를 얻었다. 연구자들은 시계열 통계 방법을 사용하여, 폭력 범죄가 발생하는 자연적인 월별 변동이라고는 할 수 없는, 대중적으로 널리 알려진 범죄에 뒤따르는 폭력 범죄 증가와 감소를 보여 줄 수 있었다.

실험 연구에서 얻어진 가설로 현실 세계의 폭력성을 설명하려는 체계적이고 야심찼던 시도는 필립스에 의해 이루어진 일련의 연구였다(Phillips, 1974, 1977, 1978, 1979, 1982, 1983; Phillips & Hensley, 1984). 공적 데이터에 근거해, 필립스는 TV에서 보여 주는 폭력 관련 사건들 또는 다른 뉴스 미디어에서 보고되는 사건과 그 이후 즉각적으로 공중 사이에서 발생한 폭력 행동 증가와의 인과 관계를 찾으려 시도하였다.

필립스의 원래 연구는 신문에 자살이 보도된 후에 즉각적으로 일어나는 자살 사건이 증가함을 보여 주려는 목적으로 설계되었다(Phillips, 1974). 이에 따른 연구들은 자동차 사고로 인한 죽음과 보도된 자살(Phillips, 1979), 드라마 속의 자살(Phillips, 1982) 사이에 가정된 인과 관계를 언급하였다.

필립스는 헤비급 챔피언 타이틀 권투 시합이 살인에 미치는 영향에 대한 미국 사례를 조사하였다(Phillips, 1983). 1973년과 1978년 사이에 이런 시합이 18번 있었고, 연구자들은 시합 후 10일 동안 발생한 살인 사건의 수를 컴퓨터를 통해 얻어진 예상된 사건 수와 비교하며 분석하였다. 주된 결과는 시합이 있은 지 3일, 4일, 6일, 그리고 9일 후에 살인 사건의 수가 증가하였고, 가장 빈도가 높았던 날은 3일 후였다. 또 다른 연구는 시합이 미국 밖에서 이루어질 때만, 뉴스로 다루어져야만, 3일 후 예측된 살인 사건 수가 비교적 높을 때만 증가된다는 것을 지적하였다. 덧붙여 만일 패자가 백인일 때는 시합 날, 이틀 후, 8일 후에 백인 젊은 남성의 살해 사건이 증가하였고, 패자가 흑인일 때는 시합 후 4일, 5일 지난 후에 흑인 살해 사건이 증가하였다.

이런 연구 결과는 어떻게 이해해야 할지 난감하다. 결과의 양상이 불규칙하기 때문이다. 권투 시합의 영향이 특히 3일 동안 유예될 수는 있지만, 뒤이어서 6일과 9일 후에 이러한 현상이 재발하게 되는 원인은 무엇인가? 이런 효과가 왜 미국의 바깥에서 벌어진 권투 경기에 한정되는가? 패배자의 인종이 살인 사건 흑백 희생자에 미친 효과에서 발견할 수 있는 시간 지체의 차이점은 어떻게 설명할 수 있는가?

필립스와 헨슬리는 1973년부터 1979년 사이에 미국에서 일어난 살인 사건들의 날짜별 유형에 초점을 맞추었다(Philips & Hensley, 1984). 타이틀 매치, 살인 무죄 선고, 종신형 선고, 사형 선고, 사형 집행이 미디어에 의해 알려지기 전후의 14만 건 이상의 살인 사건 유형을 조사하였다. 조사자들은 다시 시계열 회귀 분석을 적용했으며, 휴일 효과뿐만 아니라 주, 월, 연중의 특정 날짜에 의한 변화 요인도 통제하였다.

이러한 요인들을 통제한 후에, 조사자들은 타이틀 매치 이후 3주 동안의 살인 사건 발생률을 조사하였고, 다음과 같은 특정 요일 및 휴일과 관련된 의미 심장한 효과들을 발견할 수 있었다. (a) 살인은 주로 토요일에 일어나며, (b) 휴일(특히 1월 1일이나, 독립 기념일, 성탄절)에 그 수가 증가하는 추세를 보인다는 것이다. 타이틀 매치의 효과에 대한 검증은 시합 후 3일째 날에 살인 사건이 유의하게 증가한다는 것을 보여 주었다.

폭력 행위 처벌 공표의 효과에 관한 연구에서, 연구자들은 경종을 울렸던 처벌이 이루어진 4일 후 백인 희생자의 수가 명백히 감소했다는 것과 같은, 처벌의 강력한 효과를 발견하였다. 그들의 연구에서 필립스와 헨슬리는 우선 평결을 네 범주(종신형 선고, 사형 선고, 무죄 방면, 사형 집행)로 나누었다(Philips & Hensley, 1984). 그들은 사형 선고와 사형 집행 보도 후, 살인 발생률이 종신형 선고 후보다 낮아졌다는 몇 가지 증거를 발견할 수 있었지만, 이 차이는 통계적으로 유의하지 않은 것이었다. 사형 선고는 다른 형태의 처벌(종신형과 같은)보다 살인을 억제시킨다는 주장을 뒷받침하지는 못하는 것으로 여겨졌다. 게다가 무죄 선고는 살인 사건의 증가와 별다른 관계를 보이지 않았다.

필립스의 연구는 몇몇 연구자에 의해 도전 받았다. 배런과 라이스는 필립스의 연구에서, 시계열 모델의 구체화 과정에서 발생했던 사소한 오류들이 미칠 수 있는 잠재적 문제점들을 지적하였다(Baron & Reiss, 1985). 이러한 비판은 권투 시합 방송이 3~4일 후의 살인에 영향을 미친다는 다소 불가해한 결과들에 주목했던 것이다. 그들은 필립스 연구에서 대부분의 권투 시합이 화요일이나 수요일에 일어났다는 점을 발견하였다. 권투 시합 후 3~4일의 시간 지연 효과는 금요일이나 토요일, 일요일에 나타나게 되는 것이다. 그러나 주말은 일반적으로 다른 요일보다 높은 살인 발생률을 보인다. 따라서 배런과 리스는 필립스가 실제로는 권투 경기가 미치는 3~4일의 시간 지연 효과를 검증하지는 못했다고 추론하였다. 대신에 그가 측정했던 것은 살인 사건에 미치는 주말의 미묘한 영향에 관한 것이었다. 다시 말해서, 권투 중계가 주중에 방송되는 사실과 상관없이, 방송 후 3~4일째의 살인 증가는 모든 주말에 발생하는 평범한 증가 현상이다. 배런과 리스는 필립스 연구 자료의 재분석 과정에서 그러한 결론들이 단지 통계적으로 만들어진 것일 뿐이라고 결론지었다(Baron & Reiss, 1985). 또 다른 비판은 필립스(1982)가 연구한 TV 연속극상의 자살과 관련된 방송 시간 추정치에서 오차가 있었으며, 이러한 오차를 수정하고 나니 원래 보고되었던 효과가 사라졌다고 주장하였다(Kessler & Stipp, 1984).

3. 다음 단계는?

매스 미디어가 행동에 미치는 효과에 대한 관심은 전 역사를 통해 항상 존재해 왔다. 최초의 관심은 정치 영역에서 여론을 형성하고 궁극적으로 투표 행동에 영향을 미치는 선전 수단으로 미디어가 행할 수 있는 역할에 모아졌다. 그러나 미디어가 정보적 기능뿐만 아니라 오락적 기능에서도 대중적 정보원으로 자리잡자, 관심은 사회적 가치와 사회적 행동에 미디어가 미치는 영향력으로 이동하였다. 특히 젊은이들에게 미치는 미디어의 잠재적 영향력에 관심이 있었다. 젊은이들의 민감한 감수성은 매력적인 매스 미디어 역할 모델이 보여 주는 행동에 의해 쉽게 영향을 받는다. 또한 미디어의 대중성은 또 다른 집단의 주목을 끌었는데, 바로 광고주들이다. 소비재의 생산자와 서비스 제공자들은 그들의 상품 판매를 촉진하고 사업을 증진시킬 수 있는 미디어의 잠재력을 인식하였다. 이보다 더 진일보한 관심은 상업적인 메시지에 의해 유포된 매력적인 라이프 스타일에 대한 욕구가 사회적 행동에 영향을 미칠 것이라는 것이다.

사회 과학자들은 20세기 초 근대적 미디어 초기 형식의 정치적, 사회적 영향력을 진지하게 조사하기 시작하였다. 미디어 효과 연구는 당시 유행했던 인간 행동을 탐구한 지배적 이론들에 의해 촉발되었다. 어떤 패러다임이 유행했었는가와는 상관없이, 연구는 항상 어떤 방법론이 가능한지에 의해 제한되어 왔다. 이 책에서 예시했듯이 다양한 패러다임들은 서로 다른 방법론을 가지고 있다. 많은 연구자들은 어느 정도로 미디어가 공중의 행동을 형성할 수 있는지를 알기 위해 정확하고 수량적인 용어로 행동을 양화해야 할 필요성을 느꼈고, 이에 의해 미디어 연구가 결정되었다. 즉, 이러한 측정을 수월하게 하는 방법론이 선호되었다. 미디어와 청중에 대한 연구가 적절하게 통제된 — 사람들에게 질문을 해 언어적으로 답을 얻는, 혹은 다양한 상황에서 보이는 비언어적, 행동적 반응을 관찰하는 것과 같은 — 몇몇 방법을 통해 자료를 얻기 때문에, 그러한 측정이 명백하게 연구자들이 측정하고자 하는 사회적 행동의 타당한 지표여야 하는 것은 필수적이다. 개인들이 그들 자신의 또는 타인의 개성, 태도, 가치나 행동에 대해서 정확한 언어적 보고를 할 수 없는 한, 이런 측정에 기반한 연구의 타당성은 심각하게 훼손될 것이다. 만일 연구자들이 측정한 행동 반응이 개인들이 일상에서 보여 주는 행동 패턴 혹은 습관적 유형을 대표하지 못한다면, 실험 연구에서의 그 어떤 방법적 엄격성도 자연스럽게 일어난 행동 반응을 나타내는 진정한 결과가 될 수 없을 것이다.

또 다른 미디어 연구자들은 역시 미디어 습관에 관한 개인의 언어적 반응 혹은 비언어적 행동 반응에 의존하는 방법론을 선호했지만, 그러한 것들은 사람들이 반응하는 방식을 제한하지 못했다. 그러므로 언어적 보고는 개방형이었고, 가산적 과정에 맞게 작성되기보다는 응답자 자신의 언어로 작성된 것이었다. 명백한 행동 패턴을 조사할 때에는, 특정한 실험적 장치를 통해 양화될 수 있는, 훨씬 정확하며 인위적으로 통제된 반응을 넘어 자연스럽게 일어나는 연속적인 행동을 관찰할 수 있는 방법이 선호된다.

비록 개방형 혹은 '질적' 접근이 개인 스스로의 자연스런 행동 양식을 보여 주고 그들 자신만의 언어 유형을 사용하며 자유롭게 응답할 수 있게 하기는 하지만, 이런 자유로운 접근에서 생기는 이점이 또 바로 연구의 한계점으로 연결된다. 언어적 보고를 이용할 때에도 정확성과 신뢰성은 여전히 중요한 문제이다. 이런 방법은 응답자들이 자신의 미디어 사용 습관과 관련된 행동에 대해 자세히 진술하도록 도와 주지만, 여기에는 인과 요인을 결정하는 데 필요한 과정이 결여되어 있다. 자연스럽게 발생하는 행동을 관찰할 수 있다는 유용성에도 불구하고 그러한 관찰은 종종 그 자체로 왜 특정한 행동 유형이 발생하는가를 설명하기 위해 필요한 정보가 빠져 있다. 사물을 설명할 수 있다는 것은 과학적 탐구뿐만이 아니라 왜 사회적 현상이 그러한 방식으로 일어나는가에 관한 이해를 향상시키는 근본적인 측면이다.

개방형 설문이나 포커스 그룹 인터뷰는 구조화되고 설문지 지향적인, 제한되고 인위적인 질문과 대답 형식에 대한 해결책으로 받아들여져 왔다. 포커스 그룹 방식은 자연적인 대화 모델이라고 보여지는 반면, 조사 인터뷰에는 종종 연구자의 편견이 개입된다고 한다(Bertrand et al., 1992; Livingstone & Lunt, 1996). 그러나 포커스 그룹 인터뷰가 '자연스런 사건'인가? 이런 질적 방법을 자세히 들여다보면 실험실 연구와 마찬가지로 여러 부분들이 통제된다는 것을 알 수 있다. 참여자들은 미리 정의된 일련의 질문들을 받고, 집단에서 나오는 결과를 결정하는 데 중요한 역할을 할 수 있는 중재자와 상호 작용을 한다(Morgan, 1988). 포커스 그룹 그 자체가 피험자들의 부자연스러운 효과를 낳을 수 있다. 이런 현상의 한 예는 피험자들이 대개는 이야기하지 않는 주제에 대해 이야기하도록 요구받을 때, 그들 자신의 의견이나 적절히 조합된 지식이 없는 상황에서 그 문제에 관한 집단 내의 다른 토론자에게서 '빌려온' 지식과 의견을 보여 주는 것이다(Morrison, 1992b).

　이런 질적인 방법론이 양적인 방법론보다 더 효과적인 행동 예측 수단이 될 수 있는가? 브리스톨과 펀은 소비자 지출의 기저에 깔려 있는 동인을 조사하기 위해 포커스 그룹 연구를 사용하였다(Bristol & Fern, 1993). 이 연구에서는 의도된 소비자 행동에 관한 집단 토론에서 인터뷰된 개인들이 종종 비일관적인 태도와 의도를 보이는 것으로 분석되었다. 게다가 사회 심리학적 이론 측면에서, 개인들은 타인과의 대화 결과로 화제에 대해 심화되고 양극화된 견해를 보인다는 증거가 나왔다(Ickes et al., 1973; Kaplan, 1987). 또한 사회적 역동성도 있다. 이는 집단 토론 맥락에서 발생하는데, 참여자들이 보고한 견해나 행동 의도를 왜곡한다. 집단 안에서 사람들이 서로를 향해 행동하는 방식은 타인이 갖고 있는 사회적 지위에 의해 좌우된다. 참여의 정도와 말하는 방식은 타인이 자신보다 높은 혹은 낮은 지위에 있는가에 따라 달라진다(Goehtals & Zanna, 1979). 포커스 그룹이 인간 행동을 탐구하는데 왜 인위적 상황을 발생시키는가에 대한 또 다른 이유는 참여자 내 대화의 상호 작용이 그들이 이전에 생각해 보지 않았던 토론 중 언급된 사실을 생각하게 만들기 때문이다(Kaplan, 1987; Vinokar & Burnstein, 1974). 이런 새로운 정보는 태도 강화와 태도 변화를 가져올 수 있으며, 보고된 행동 의도에도 영향을 줄 수 있다. 이런 효과는 특히 흔들리기 쉬운 태도나 의도를 가지고 있을 때 쉽게 발생한다(Bristol & Fern, 1993). 이런 다양한 역동적인 과정이 개인적으로 또는 함께, 포커스 그룹이 진행되는 방식과 개개인이 그런 설정 안에서 행동하는 방식에 영향을 줄 수 있다.

모리슨은 질적 연구를 다시 한 번 믿어 줄 것을 제안한다(Morrison, 1998: 183~4).

포커스 그룹 진행자가 그 과정을 이끌기 때문에 줄 수 있는 영향과 포커스 그룹 안에서 작용하는 '영향들'이 있다고 해서 질적 방법의 가치를 평가 절하해서는 안 된다. 말하고자 하는 것은 포커스 그룹 참가자들은 연구자들이 상상하는 것만큼 자유롭지 못하며, 단순한 인터뷰에 비하여 주요 장점이라고 할 수 있는 집단 역동성 자체가 결과에 영향을 줄 수 있으므로 얻어진 자료의 속성을 결정할 때 이를 고려해야 한다는 것이다.

실험 연구에서는 '실험자 요구 *experimenter demand*'가 있다. 실험 연구에서 피험자의 행동은 실험자가 보고 싶어한다고 생각되는 응답에 대한 추측이나 지식에 의해 직접적으로 영향을 받을 수도 있다(Gauntlett, 1995). 포커스 그룹 연구에도 이와 유사하게 몇몇 학자들이 주장하는 '중재자 요구 *moderator demand*'의 개념이 있다(Morrison, 1998). 그러므로 양적 연구든 질적 연구든 부족한 점이 있다. 이런 불확실한 점으로부터 어떤 방법을 선택할 것인가?

모리슨의 견해는 이 책에서 언급되었던 다양한 사회 과학적 패러다임과 전통적으로 선호해 왔던 양적, 질적 방법론이 모두 어떻게 사람들이 미디어를 사용하고 반응하는지를 더 잘 이해하기 위해 무엇인가 기여하고 있다는 것이다. 인과 관계를 측정하기 위해서는 인위적인 조건을 설정하거나 자연적으로 발생하는 현상 속에 어떤 식으로든 개입하는 것이 필요하다. 그러나 어떻게 사람들이 미디어에 관여하고 어떻게 미디어 내용의 영향을 받는지를 이해하기 위해서는 간단히 숫자화할 수 있는 측정으로는 충분하지 않다. 개인들은 미디어 내용에서 선택적으로 의미를 뽑아내고 개인적인 관계성이나 중요도에 기반하여,

구체적인 행동 사례들보다는 의미를 더 자주 뽑아낸다. 있는 그대로의 모방 효과가 결코 생겨나지 않는다는 것이 아니라, 표준이 되지 않는 경향이 있다는 것이다. 미디어 내용에서 추출된 의미들은 개인이 가지고 있는 사회적 지식에 강하게 의존하며, 이것은 순차적으로 개인이 속하거나 어쩌면 개인의 욕구가 속해 있는 특수한 공동체의 영향을 받을 것이다. 미디어의 인지적 효과 연구에 중요한 진전이 있어 왔는데, 예를 들어 연구 관점들이 알차게 수렴되어 왔음을 효과적으로 보여 주고 있다. 미디어 노출이 체계적으로 조작될 수 있는 실험 연구의 틀에서 질적 자료가 수집될 수 있다(Rhee, 1997을 참조하라). 준거 변인 *criterion variable* 은 그런 연구 방법에서 피험자가 그들 스스로의 언어로 미디어에 반응할 기회를 갖는 — 아마도 몇몇 간단한 다지 선다형 질문에 답하는 것보다는 쓰거나 대화하는 — 방식으로 전형적인 방식보다 더 개방적이다. 미디어의 자극적인 내용들은 연구자들이 표면적인 관점에서뿐만 아니라 복잡한 구조에서 전달되는 의미를 분석하기 위해 복잡한 언어적 분석을 하고자 좀 더 미묘하게 취급한다. 그런 접근은 미디어 자극에 노출된 후 개인들이 보이는 행동적 반응을 평가하기 위해서뿐만 아니라, 응답자가 해석하는 의미의 맥락에서 반응을 평가하기 위해서도 미래의 행동 효과 연구에 사용될 것이다.

참고 문헌

Abel, T. (1930). "Attitudes and galvanic skin reflex," *Journal of Experimental Psychology*, 13, pp.47~60.

Alexander, V. D. (1994). "The image of children in magazine advertisements from 1950 to 1990," *Communication Research*, 21(6), pp.742~65.

Allen, C. (1965). "Photographing the audience," *Journal of Advertising Research*, 5, pp.2~8.

Allen, J., Livingstone, S., & Reiner, R. (1997). "The changing generic locations of crime in film: a content analysis of film synopses, 1945~91," *Journal of Communication*, 47(4), pp.89~101.

Alperstein, G. (1980). "The influence of local information on daily newspaper household penetration in Canada"(ANPA News Research Report No. 26). Reston, VA: ANPA News Research Center.

Altheide, D. L. (1985). *Media Power*. Beverly Hills, CA: Sage.

───── (1987). "Ethnographic content analysis," *Qualitative Sociology*, 10(1), pp.65~77.

───── (1992). "Gonzo justice," *Symbolic Interaction*, 15(1), pp.69~86.

Alwitt, L. (1985). "EEG activity reflects the content of commercials," In L. Alwitt & A. Mitchell (eds.), *Psychological Processes and Advertising Effects: Theory, Research and Application*. Hillsdale, NJ: Lawrence Erlbaum Associates, pp.201~17.

─────, Anderson, D., Lorch, E., & Levin, S. (1980). "Preschool children's visual attention to television," *Human Communication Research*, 7, pp.52~67.

American Research Bureau / RKO General Broadcasting (1965). *The Individual Diary*

Method of Radio Audience Measurement. NY: ARB.

Anderson, D. (1987). *Now you see them — now you don't: Frequency and duration of exiting behavior in a home viewing environment*. Paper presented at the Association for Consumer Research, Boston.

Anderson, D. R. (1983). *Home television viewing by preschool children and their families*. Paper presented at the Society for Research in Child Development biennial meeting.

———— (1985). "Online cognitive processing during television viewing," In L. Alwitt & A. Mitchell (eds.), *Psychological Processes and Advertising Effects: Theory, Research and Application*. Hillsdale, NJ: Lawrence Erlbaum Associates, pp.177~200.

————, Field, D. E., Collins, P. A., Lorch, E. P., & Nathan, J. G. (1985). "Estimates of young children's time with television: a methodological comparison of parent reports with time-lapse video home observation," *Child Development*, 56, pp.1345~57.

———— & Levin, S. R. (1976). "Young children's attention to 'Sesame Street,'" *Child Development*, 47, pp.806~11.

———— & Lorch, E. P. (1983). "Looking at television: action or reaction," In J. Bryant & D. R. Anderson (eds.), *Children's Understanding of Television*. NY: Academic Press.

Andren, G., Ericsson, L. O., Oldsen, R., & Tannsjo, T. (1978). *Rhetoric and Ideology in Advertising*. Stockholm: Liber-Forlag.

Ang, I. (1990). *Desperately Seeking the Audience*. London: Routledge.

ARMS (1967). *All Radio Methodology Study*. NY: Audits and Surveys, Inc.

Armstrong, G. B. & Greenberg, B. S. (1990). "Background television as an inhibitor of cognitive processing," *Human Communication Research*, 16(3), pp.355~86.

Atkin, C. & Gantz, W. (1978). "Television news and political socialisation," *Public Opinion Quarterly*, 42, pp.183~97.

Babbie, E. R. (1990). *Survey Research Methods* (2nd edn.). Belmont, CA: Wadsworth.

Bachrach, R. S. (1986). "The differential effect of observation of violence on Kibbutz and city children in Israel," In R. L. Huesmann & L. D. Eron (eds.), *Television and the Aggressive Child: A Cross-National Comparison*. Hillsdale, NJ: Laurence Erlbaum Associates.

Baggaley, J. (1980). *The Psychology of the TV Image*. Aldershot, UK: Saxom House.

———— (1986). "Developing a televised health campaign: I. Smoking prevention," *Media in Education and Development*, 19, pp.29~43.

———— (1988). "Perceived effectiveness of international AIDS campaign," *Health Education Research*, 3(1), pp.7~17.

Bailey, K. D. (1944). *Methods of Social Research*. NY: The Free Press.

Bales, R. E. (1950). *Interaction Process Analysis*. Cambridge, MA: Cambridge University Press.

Bandura, A. (1965). "Influence of model's reinforcement contingencies on the acquisition of imitative responses," *Journal of Personality and Social Psychology*, 1, pp.589~95.

———— (1983). Psychological mechanisms of aggression. In R. G. Geen & C. I. Donnerstein (eds.), *Aggression: Theoretical and Empirical Reviews, vol. 1: Theoretical and Methodological Issues*. NY: Academic Press, pp.1~40.

————, Ross, D., & Ross, S. A. (1963a). "Imitation of Film-mediated aggressive models," *Journal of Abnormal and Social Psychology*, 66, pp.31~41.

————, ————, & ———— (1963b). "A comparative test of the status envy, social power and secondary reinforcement theories of identificatory learning," *Journal of Abnormal and Social Psychology*, 67, pp.527~34.

Barker, M. & Petley, J. (1997). *Ill Effects: The Media / Violence Debate*. London: Routledge.

Baron, J. N. & Reiss, P. C. (1985). "Same time, next year: Aggregate analyses of the mass media and violent behavior," *America Sociological Review*, 50, pp.347~63.

Barrow, L. C. & Westley, B. H. (1959). "Comparative teaching effectiveness of radio and television," *Audio-Visual Communication Review*, 7, pp.14~23.

Bartlett, F. C. (1967). *Remembering: a Study in Experimental and Social Psychology*. London: Cambridge University Press.

Bartos, R. (1986). "Qualitative research: what it is and where it came from," *Journal of Advertising Research*, 26, pp.RC3-RC6.

Bausinger, H. (1984). "Media, Technology and everyday life," *Media, Culture and Society*, 6(4), pp.11~8.

Bechtel, R. B., Achelpohl, C., & Akers, R. (1972). "Correlates between observed behavior and questionnaire responses on television viewing," In E. A. Ruvinstein, G. A. Comstock, & J. P. Murray (eds.), *Television and Social Behavior*, vol. 4. Washington, DC: US Government Printing Office.

Behr, R. L. & Iyengar, S. (1985). "Television news, real-world cues, and changes in the public agenda," *Public Opinion Quarterly*, 49, pp.38~57.

Belson, W. (1967). *The Impact of Television*. London: Crosby Lockwood & Son Ltd.

———— (1978). *Television Violence and the Adolescent Boy*. Westmead, UK: Saxon House.

Beniger, J. R. (1978). "Media content as social indicators: the Greenfield Index of agenda-setting," *Communication Research*, 5, pp.437~53.

Bentele, G. (1985). "Zeitstrukturen in den aktuellen informationsmedien," In W. Homberg & M. Sckmolke (eds.), *Zeit, Raum, Kommunikations*. Munich, Germany: Olschlager, pp.159~76.

Berelson, B. (1952). *Content Analysis in Communication Research*. NY: Free Press.

Berger, A. A. (1990). *Signs in Contemporary Culture: an Introduction to Semiotics*. NY: Sheffield Publishers.

———— (1993). *Media Analysis Techniques*. Newbury Park, CA: Sage.

Berkowitz, L. (1984). "Some effects of thoughts on anti- and prosocial influences of media events: A cognitive-neo-association analysis," *Psychological Bulletin*, 59, pp.410~27.

———— & LePage, A. (1967). "Weapons as aggression-eliciting stimuli," *Journal of Personality and Social Psychology*, 7, pp.202~7.

———— & Macauley, J. (1971). "The contagion of criminal violence," *Sociometry*, 34, pp.238~60.

Berry, C. & Clifford, B. (1985). *Learning from television news: Effects of presentation factors and knowledge on comprehension and memory*. London: North East London Polytechnic and Independent Broadcasting Authority, Research Report.

————, Scheffler, A., & Goldstein, C. (1993). "Effects of test structure on the impact of heard news," *Applied Cognitive Psychology*, 7, pp.381~95.

Bertrand, J. T., Brown, J. E., & Ward, V. M. (1992). "Techniques for analysing focus group data," *Evaluation Review*, 16(2), pp.198~209.

Beville, H. (1985). *Audience Ratings*. Hillsdale, NJ: Lawrence Erlbaum Associates.

Biocca, F. (1991a). "Models of a successful and unsuccessful ad: an exploratory analysis," In F. Biocca (ed.), *Television and Political Advertising vol. 1: Psychological Processes*. Hillsdale, NJ: Lawrence Erlbaum Associates, pp.91~124.

———— (1991b). "Viewers' mental models of political ads: towards a theory of the semantic processing of television," In F. Biocca (ed.), *Television and Political Advertising vol. 1: Psychological Processes*. Hillsdale, NJ: Lawrence Erlbaum Associates, pp.27~91.

———— & David, P. (1990a). *How camera distance affects the perception of candidates during a presidential debate*. Unpublished manuscript, Center for Research in Journalism and Mass Communication, University of North Carolina at Chapel Hill.

———— & ———— (1990b). *Micro-shifts in audience opinion: a second-by-second analysis of the Omaha vice-presidential debate*. Paper presented at AAPOR, Lancaster, PA.

————, ————, Dion, A., Goodson, S., Lashley, M., & Tan, H. I. (1992). "The effect of commercials on memory and perceived importance of news," *Mass Communication Review*, 19(2), pp.14～20.

————, Neuwirth, K., Oshagun, H., Zhongdang, P., & Richards, J. (1987). *Prime–and–probemethodology: an experimental technique for studying film and television.* Paper presented at the meeting of the International Communication Association, Montreal.

Blank, D. M. (1977a). "The Gerbner violence profile," *Journal of broadcasting*, 21(4), pp.273～89.

———— (1977b). "Final comments in the violence profile," *Journal of broadcasting*, 21(4), pp.287～96.

Blankenburg, W. R. (1981). "Structural determination of circulation," *Journalism Quarterly*, 58(4), pp.543～51.

———— (1987). "Prediction newspaper circulation after consolidation," *Journalism Quarterly*, 64(3), pp.585～7.

Bleyer, W. (1924). "Research problem and newspaper analysis," *Journalism Bulletin*, 1(1), pp.19～22.

Blumer, H. (1933). *Movies and Conduct.* NY: Macmillan.

Blumer, J., Curevitch, M., & Katz, E. (1985). "Reaching out: a future for gratifications research," In K. E. Rosengren, L. A. Wenner & P. Palmgreen (eds.), *Media Gratifications Research: Current Perspectives.* Beverly Hills, CA: Sage, pp.225～74.

———— & Katz, E. (1974). *The Uses of Mass Communications.* Newbury Park, CA: Sage.

Bogart, L. (1989). *Press and Public.* Hillsdale, NJ: Lawrence Erlbaum Associates.

———— (1991). *Preserving the Press.* Hillsdale, NJ: Lawrence Erlbaum Associates.

Bohle, R. H. & Gracia, M. R. (1987). "Reader response to color halftones and spot color in newspaper design," *Journalism Quarterly*, 64(4), pp.731～9.

Booth, C. (1889～1902). Labour and Life of the People of London. 17 volumes. London: Macmillan.

Bowley, A. L. & Barrett–Hurst, A. R. (1915). *Livelihood and Poverty: A Study in the Economic Conditions of Working Class Households in Northampton, Warrington, Stanley and Reading.* London: Bell.

———— & Hogg, M. H. (1925). *Has poverty Diminished: A sequel to 'Livelihood and Poverty.'* London: King.

Bristol, T. & Fern, E. F. (1993). "Using qualitative techniques to explore consumer attitudes: Insights from focus group theories," In *Advances in Consumer Research*, vol.

20, pp.444~8.

Broadbent, D. (1958). *Perception and Communication.* London: Pergamon Press.

Brosius, H. B. & Kepplinger, H. M. (1990). "The agenda–setting function of TV news," *Communication Research*, 17(2), pp.183~211.

Brown, M. (1994). "Estimating newspaper and magazine readership," In R. Kent (ed.), *Measuring Media Audiences.* London: Routledge, pp.105~44.

Brown, J., Cramond, D. J., & Wilde, R. (1974). "Displacement effects of television and the child's functional orientation to media," in J. G. Blumler & E. Katz (eds.), *The Uses of Mass Communication.* Beverly Hills, CA: Sage, pp.93~112.

Brown, J. D., Bybee, L. R., Wearden, S. T., & Straughan, D. M. (1987). "Invisible power: newspaper news sources and the limits of diversity," *Journalism Quarterly*, 64, pp.45~54.

———— & Schulze, L. (1993). "The effects of race, gender and fandom on audience interpretation of Madonna's music videos," In B. S. Greenberg, J. D. Brown & N. L. Buerkel-Rothfuss (eds.), *Media, Sex and the Adolescent.* Cresskill, NJ: Hampton, pp.263~76.

Bryant, J., Carveth, R., & Brown, D. (1981). "Television viewing and anxiety: an experimental examination," *Journal of Communication*, 31, pp.106~19.

Bureau of Broadcast Measurement (1973). *Tests of Revised and Single Media Diaries.* Toronto: BBM.

———— (1974~75). *Research Programme 1974~5.* Toronto: BBM.

Burgess, J., Harrison, C., & Maiteny, P. (1991). "Contested meanings: the consumption of news about nature conservation," *Media, Culture and Society*, 13, pp.499~519.

————, Burgoon, M. & Wilkinson, M. (1983). "Dimensions of content readership in ten newspaper markets," *Journalism Quarterly*, 60(1), pp.74~80.

Burke, K. (1969). *A Grammar of Motives.* Berkeley, CA: University of California Press.

Byrne, N. (1978). "Sociotemporal considerations of everyday life suggested by an empirical study of the bar milieu," *Urban Life*, 6, pp.417~38.

Calvert, S., Huston, A. C., Watkins, B. A., & Wright, J. C. (1982). "The effects of selective attention to television forms on children's comprehension of content," *Child Development*, 53, pp.601~10.

Campbell, T., Wrght, J., & Huston, A. (1987). "Form cues and content difficulty as determinants of children's cognitive processing of televised educational messages," *Journal of Experimental Child Psychology*, 43, pp.311~27.

Cantril, H. & Allport, G. (1935). *The Psychology of Radio.* NY: Harper.

Cappella, J. N. & Street, R. L. (1989). "Message effects: theory and research on mental models of messages," In J. J. Bradac (ed.), *Message Effects in Communication Science*. Newbury Park, CA: Sage, pp.24~51.

Centerwall, B. (1989). "Exposure to television as a cause of violence," In G. Comstock (ed.), *Public Communication and Behavior*, vol. 2. NY: Academic Press.

Ceulemans, M. & Fauconnier, G. (1979). *Mass Media: The Image, Role and Social Conditions of Women*, Report No. 84. Paris: UNESCO.

Chaffee, S. (1987). "Assumptions and issues in communication science," In C. Berger & S. Chaffee (eds.), *Handbook of Communication Science*. Newbury Park, CA: Sage.

————, McLeod, J. M., & Wackman, D. (1973). "Family communication patterns and adolescent political participation," In J. Dennis (ed.), *Socialisation to politics*. NY: John Wiley.

———— & Schleuder, J. (1986). "Measurement and effects of attention to media news," *Human Communication Research*, 13(1), pp.76~107.

Chant, S. & Salter, M. (1937). "The Measurement of attitude toward war and the galvanic skin response," *Journal of Educational Psychology*, 2, pp.281~9.

Charlton, T., Abrahams, M., & Jones, K. (1995a). "Rates and types of psychiatric disorder in pre-school pupils attending nursery classes in St. Helena, South Atlantic," *Journal of Social Behaviour and Personality*, 10(1), pp.273~80.

————, Lovemore, T., Essex, C., & Crowie, B. (1995b). "Naturalistic rates of reacher approval and disapproval and on-task levels of first and middle school pupils in St. Helena, South Atlantic," *Journal of Social Behaviour and Personality*, 10(4), pp.1021~30.

Chatman, S. (1978). *Story and Discourse: Narrative Structure in Fiction and Film*. Ithaca, NY: Cornell University Press.

Cherry, C. (1953). "Some experiments on the recognition of speech with one and two ears," *Journal of the Acoustical Society of America*, 23, pp.915~9.

Childers, T. L., Heckler, S. E., & Houston, M. J. (1986). "Memory for the visual and verbal components of print advertisement," *Psychology and Marketing* 3, pp.137~50.

Chomsky, N. (1965). *Aspects of the Theory of Syntax*. Cambridge, MA: MIT Press.

Click, J. W. & Baird, R. (1979). *Magazine Edition and Production*. Dubuque, IA: William C. Brown.

———— & Stempel, R. (1982). *Reader Response to Front Pages with Modular Format and Color* (ANPA News Research Report No. 35). Reston, VA: ANPA News Research Center.

Clifford, B. R., Gunter, B., & McAleer, J. (1995). *Television and Children: Programme Evaluation, Comprehension and Impact*. Hillsdale, NJ: Lawrence Erlbaum Associates.

Coffin, T. E. & Tuchman, S. (1972). "Rating television programs for violence: comparison of five surveys," *Journal of broadcasting*, 17(1), pp.3～20.

Cohen, B. C. (1963). *The Press and Foreign Policy*. Princeton, NJ: Princeton University Press.

Collett, P. & Lamb, R. (1986). *Watching People Watch Television*. Report to the Independent Broadcasting Authority, London.

Collins, W. (1983). "Interpretation and inference in children's television viewing," In J. Bryant & D. Anderson (eds.), *Children's Understanding of Television: Research on Attention and Comprehension*. NY: Academic Press, pp.125～50.

Comstock, G. (1998). "Television research: past problems and present issues," in J. K. Asamen & G. L. Berry (eds.), *Research Paradigms, Television and Social Behavior*. Thousand Oaks, CA: Sage, pp.11～36.

Converse, J. M. (1987). *Survey Research in the United States: Roots and Emergence, 1890 ～1960*. Berkeley: University of California Press.

Conway, M. M., Stevens, A. J., & Smith, R. G. (1975). "The relation between media use and children's civic awareness," *Journalism Quarterly*, 8, pp.240～7.

Cook, T. D., Cambell, D. T., & Peracchio, L. (199). "Quasi-experimentation," In M. D. Dunnette & L. M. Hough (eds.), Handbook of Industrial and Organisational Psychology (2nd edn.), vol. 1. Chicago: Rand McNally, pp.491～576.

————, Kendziersky, D. A., & Thomas, S. A. (1983). "The implicit assumptions of television research: an analysis of the 1982 NIMH report on Television and Behavior," *Public Opinion Quarterly*, 47, pp.161～201.

Cooper, M. & Soley, L. (1990). "All the right sources: a two-year study documents the dias in network reporting," *Mother Jones* (September), pp.20～7, 45.

Corballis, M. C. (1980). "Laterality and myth," *American Psychologist*, 35(3), 284～95.

Crigler, A. N., Just, M., & Neuman, W. L. (1994). "Interpreting visual versus audio messages in television news," *Journal of Communication* 44(4), pp.132～49.

Cumberbatch, G. & Howitt, D. (1989). *A Measure of Uncertainty: the Effects of the Mass Media*. London: John Libbey.

Curran, J. (1990). "The 'new revisionism' in mass communication research: a reappraisal," *European Journal of Communication*, 5(2～3), pp.135～64.

————, Gurevitch, M., & Woollacott, J. (1987). "The study of the media: theoretical approaches," In O. Bayd–Barrett & P. Braham (eds.), *Media, Knowledge and Power*.

London: Routledge, pp.57~79.

Currey, C. H. & Freeman, R. L. (1962). US Patent 3,056,135.

Dahlgren, P. (1980). "TV news and the suppression of reflexivity," *Urban Life*, 9(2), pp.201~16.

Dale, E. & Chall, J. S. (1948). "A formula for predicting readability," *Education Research Journal*, 27(1), pp.11~20.

Davies, M., Berry, C., & Clifford, B. (1985). "Unkindest cuts? Some effects of picture editing on recall of television news information," *Journal of Educational Television*, 11, pp.85~98.

David, P. (1998). "News concreteness and visual — verbal assumptions: do news pictures narrow the recall gap between concrete and abstract news?," *Human Communication Research*, 25(2), pp.180~201.

Davis, F. J. (1952). "Crime news in Colorado newspapers," *American Journal of Sociology*, 57, pp.325~30.

Dawson, M., Filian, D., & Schell, A. (1989). "Is elicitation of the autonomic orienting response associated with allocation of processing resources?," *Psychophsiology*, 26, pp.560~72.

De Fleur, M. L. (1964). "Occupation roles as portrayed on television," *Public Opinion Quarterly*, 28, pp.57~74.

Deming, J. (1985). "Hill Street Blues as narrative," *Critical Studies in Mass Communication*, 2, pp.1~22.

Diener, E. & Defour, D. (1978). "Does television violence enhance program popularity?," *Journal of Personality and Social Psychology*, 36, pp.333~41.

———— & Woody, L. W. (1981). "TV violence and viewer liking," *Communication Research*, 8, pp.281~306.

Dijk van, T. (1977). *Text and context: Explanations in the Semantics and Pragmatics of Discourse*. London: Longman.

———— (1983). "Discourse analysis: its development and application to the structure of news," *Journal of Communication*, 33(2), pp.20~43.

———— (1988). *News as Discourse*. Hillsdale, NJ: Laurence Erlbaum Associates.

———— (1991). *Racism and the Press*. London: Routledge

———— & Kintsch, W. (1983). *Strategies of Discourse Comprehension*. NY: Academic Press.

Dominick, J. R. (1972). "Television and political socialisation," *Educational Broadcasting Review*, 6, pp.48~56.

Drew, D. & Grimes, T. (1987). "Audio–visual redundancy and TV news recall," *Communication Research*, 14, pp.452～61.

Durand, J. (1987). "Rhetorical figures in the advertising image," In J. Umiker–Sebeok (ed.), *Marketing and Semiotics*. Amsterdam: Mouton de Gruyter, pp.295～319.

Durkin, K. (1985). "Television and sex–role acquisition 3: Counter–stereotyping," *British Journal of Social Psychology*, 24, pp.211～22.

Eaton, B. C. & Dominick, J. R. (1991). "Product related programming and children's TV," *Journalism Quarterly*, 18, pp.67～75.

Edelstein, A. S. (1993). "Thinking about the criterion variable in agenda setting research," *Journal of Communication*, 43(2), pp.85～99.

Edwardson, M., Grooms, D., & Pringle, P. (1976). "Visualisation and TV news information gain," *Journal of broadcasting*, 20, pp.373～80.

――――, Grooms, D., & Proudlove, S. (1981). "Television news information gain from interesting video vs talking heads," *Journal of Broadcasting*, 25, pp.15～24.

――――, Kent, K., Engstrom, E., & Hofmann, R. (1992). "Audio recall immediately following video change in television news," *Journal of Broadcasting and Electronic Media*, 36(4), pp.395～410.

Elliott, W. R. & Rosenberg, W. L. (1987). "The 1985 Philadelphia newspaper strike: a uses and gratifications study," *Journalism Quarterly*, 64(4), pp.679～87.

Ericson, R. V., Baranek, P. M., & Chan, J. B. (1991). *Representing Order: Crime, Law and Justice in the News Media*. Milton Keynes: Open University Press.

Eron, L. D., Huesmann, L. R., Lefkowitz, M. M., & Walder, L. O. (1972) "Does television violence cause aggression?," *American Psychologist*, 27, pp.253～63.

Feshbach, S. (1961). "The stimulating versus cathartic effects of a vicarious aggressive activity," *Journal of Abnormal and Social Psychology*, 63, pp.381～5.

―――― & Singer, R. D. (1971). *Television and Aggression*. San Francisco: Jossey–Bass.

Feuer, J. (1986). *Dynasty*. Paper presented to International Television Studies Conference, London, July.

Fielding, R. V. & Lee, R. M. (eds.) (1991). *Using Computers in Qualitative Research*. London: Sage.

Findahl, O. & Hoijer, B. (1976). *Fragments of Reality: an Experiment with News and TV Visuals*. Stockholm: Swedish Broadcasting Corporation, Audience and Program Research Department.

―――― & ―――― (1982). "The problem of comprehension and recall of broadcast news,"

In J. F. Le Ny & W. Kintsch (eds.), *Language and Comprehension*. Amsterdam: North–Holland, pp.261～72.

———— & ———— (1984). *Comprehension Analysis: a Review of the Research and an Application to Radio and Television News*. Lund: Studentlitteratur.

———— & ———— (1985). "Some characteristics of news memory and comprehension," *Journal of Broadcasting and Electronic Media*, 29(4), pp.379～96.

Fink, A. (1995a). *The Survey Handbook*. Thousand Oaks, CA: Sage.

———— (1995b). *How To Ask Survey Questions*. Thousand Oaks, CA: Sage.

Fiske, J. & Hartley, J. (1978). *Reading Television*. London: Methuen.

Flesch, R. (1943). *Marks of Readable Style*. NY: Columbia University Press.

———— (1951). *How to Test Readability*. NY: Harper.

Fletcher, J. & Shimell, J. (1989). *Physiological indices of communication involvement and attention in the analysis of broadcast commercials*. Paper presented to Association for Comsumer Research, New Orleans, LA.

Ford, P. (1934). *Work and Wealth in a Modern Port: An Economic Survey of Southampton*. London: Allen and Unwin.

Fowler, R. (1991). *Language in the News: discourse and Ideology in the Press*. London: Routledge.

Fowler, G. & Smith, E. (1979). "Readability of newspapers and magazines over time," *Newspaper Research Journal*, 1(1), pp.3～8.

———— & ———— (1982). "Readability of delayed and immediate reward content in Time and Newsweek," *Journalism Quarterly*, 59(3), pp.431～4.

Fraczek, A. (1986). "Socio–cultural environment, television viewing and the development of aggression among children in Poland," In L. R. Huesmann and L. D. Eron (eds.), *Television and the Aggressive Child: A Cross–National Comparison*. Hillsdale, NJ: Lawrence Erlbaum Associates.

Franz, G. (1991). "Methods of radio audience measurement comparing interview and diary techniques," In *The Expansion of the Broadcast Media: Does Research Meet the Challenge?* ESOMAR Seminar, Madrid, January. Amsterdam: ESOMAR.

Fraser, N. (1990). "Rethinking the public sphere: A contribution to the critique of actually existing democracy," *Social Text*, 25 / 26, pp.56～80.

Frazier, P. J. & Gaziano, C. (1979). *Robert E. Park's Theory of News, Public Opinion and Social Control*. Lexington, KY: Journalism Monographs.

Freedman, J. L. (1984). "Effect of television violence on aggressiveness," *Psychological*

Bulletin, 96(2), pp.227~46.

Friedrich, L. K. & Stein, A. H. (1973). "Aggressive and prosocial television programs and the natural behavior of preschool children," *Monographs of the Society for Research in Child Development*, 38(4), Serial No. 151.

Frost, W. A. K. (1969). "The development of a technique for TV programme assessment," *Journal of the market Research Society*, 11(1), pp.25~44

Funkhouser, G. R. (1973). "Trends in media coverage of the issues of the 60s," *Journalism Quarterly*, 50, pp.533~8.

Furnham, A. & Bitar, N. (1993). "The stereotypical portrayal of man and women in British television advertisements," *Sex Roles*, 29(3 / 4), pp.297~310.

———— & Gunter, B. (1985). "Sen, presentation mode and memory for violent and non-violent news," *Journal of Educational Television*, 11, pp.99~105.

———— & Voli, V. (1989). "Gender stereotypes in Italian television advertisements," *Journal of Broadcasting and Electronic Media*, 33(2), pp.175~85.

Furu, T. (1962). *Television and Children's Life: a Before–After Study*. Tokyo: RTCRI (Radio and Television Culture Institute, Nippon Hogo Kyokai).

———— (1971). *The Functions of Television for Children and Adolescents*. Tokyo: Sophia University, Monumenta Nipponica.

Galen, D. & Ornstein, R. (1972). "Lateral specialisation of cognitive mode: an EEG study," *Psychophysiology*, 9(4), pp.412~18.

Gauntlett, D. (1955). *Moving Experiences: Understanding Television Influences and Effects*. London: John Libbey.

Geen, R. G. & O'Neal, E. C. (1969). "Activation of cue–elicited aggression by general arousal," *Journal of Personality and Social Psychology*, 11, pp.289~92.

Geiger, S. & Reeves, B. (1991). "The effects of visual structure and content emphasis on the evaluation and memory for political candidates," In F. Biocca (ed.), *Television and Political Advertising*, vol. 1. Hillsdale, NJ: Lawrence Erlbaum Associates.

Geraci. P. (1984a). "Comparison of graphic design and illustration use in three Washington DC newspapers," *Newspaper Research Journal*, 5(2), pp.29~40.

———— (1984b). "Newspaper illustration and readership: is USA Today on target?," *Journalism Quarterly*, 21(2), pp.409~13.

Gerbner, G. (1972). "Violence in television drama: trends and symbolic functions," In G. A. Comstock & E. A. Rubinstein (eds.), *Television and Social Behavior, vol. 1: Media Content and Control*. Washington DC: US Goverment Printing Office, pp.28~187.

——— (1985). "Children's Television: A National Disgrace," *Pediatric Annals*, 14, pp.822～7.

——— (1992). "Society's Storyteller: How television creates the myths by which we live," *Media & Values*, 59 / 60, pp.8～9.

——— & Gross, L. (1976). "Living with television: the violence profile," *Journal of Communication*, 26, pp.173～99.

———, ———, Eleey, M. E., Jackson–Beeck, M., Jeffries–Fox, S., & Signorielli, N. (1977). "Television violence profile No. 8: the highlights," *Journal of Communication*, 27, pp.171～80.

———, ———, Jackson–Beeck, M., Jeffries–Fox, S., & Signorielli, N. (1978). "Cultural indicators: violence profile No. 9," *Journal of Communication*, 28, pp.176～207.

———, ———, Signoroelli, N., Morgan, M., & Jackson–Beeck, M. (1979). "The domonstration of power: violence profile No. 10," *Journal of Communication*, 29, pp.177～96.

———, ———, Morgan, M., & Signorielli, N. (1980). "The 'mainstreaming' of America: violence profile No. 11," *Journal of Communication*, 30, pp.10～29.

Gibbons, J., Anderson, D., Smith, R., Field, D., & Fischer, C. (1986). "Young children's recall and reconstruction of audio and audiovisual narratives," *Child Development*, 57, pp.1014～23.

Giffard, A. (1989). *UNESCO and the Media*. NY: Longman.

Gitlin, T. (19780. "Media sociology: the dominant paradigm," *Theory and Society*, 6, pp.205～53.

Glasgow Media Group (1976). *Bad News*. London: Routledge & Kegan Paul.

Goethals, G. R. & Zanna, M. P. (1979). "The rule of social comparison in choice shifts," *Journal of Personality and Social Psychology*, 37, pp.1469～76.

Goldman, R. (1992). *Reading Ads Socially*. London: Routledge.

——— & Papson, S. (1994). "Advertising in the age of hypersignification," *Theory, Culture and Society*, 11(3), pp.23～54.

Gorney, R., Loye, D., & Steele, G. (1977). "Impact of dramatized television entertainment on adult males," *American Journal of Psychology*, 134(2), pp.170～4.

Graber, D. (1984). *Processing the News*. NY: Longman.

Greenberg, B. (1975). "British children and television violence," *Public Opinion Quarterly*, 39, pp.521～47.

——— & Gordon, T. (1972a). "Perceptions of violence in television programs: critics and the public," In G. A. Comstock & E. A. Rubinstein (eds.), *Television and Social*

Behavior, vol. 1: Content and Control. Washington, DC: US Government Printing Office, pp.244～58.

─── & ─── (1972b). "Social class and racial differences in children's perceptions of televised violence," In G. A. Comstock & E. A. Rubinstein (eds.), *Television and Social Behavior, vol. 5: television's Effects: Further Explorations*. Washington, DC: US Government Printing Office.

Greenberg, B. S. & Brand, J. E. (1994). "Minorities and the mass media: 1970s to 1990s," In J. Bryant and D. Zillmann (eds.), Media Effects: Advances in Theory and Research. Hillsdale, NJ: Lawrence Erlbaum Associates, pp.273～314.

Griffin, M., Hackett, R., & Zhao, Y. (1994). "Challenging a master narrative: peace protest and the opinion / editorial discourse in the US press during the GulfWar," *Discourse and Society*, 5(4), pp.509～41.

Grimes, T. (1990). "Audio–visual correspondence and its role in attention and memory," *Educational Technology Research and Development*, 38, pp.15～25.

Griswold, W. F. & Moore, R. L. (1989). "Factors affecting readership of news and advertising in a small daily newspaper," *Newspaper Research Journal*, 10(2), pp.55～66.

Gunning, R. (1952). "The Techniques of Clear Writing," NY: McGraw–Hill.

Gunter, B. (1979). "Recall of television news items: effects of presentation mode, picture content and serial position," *Journal of Educational Television*, 5, pp.57～61.

─── (1980). "Remembering televised news: Effects of visual format on information gain," *Journal of Educational Television*, 6, pp.8～11.

─── (1981). "Measuring television violence: a review and suggestions for a new analytical perspective," *Current Psychological Reviews*, 1, pp.91～112.

─── (1985a). *Dimensions of Television Violence*. Aldershot, UK: Gower.

─── (1985b). "News sources and news awareness: a British survey," *Journal of Broadcasting*, 29, pp.397～406.

─── (1987a). *Television and the Fear of Crime*. London: John Libbey.

─── (1987b). *Poor Reception: Misunderstanding and Forgetting Broadcast News*. Hillsdale, NJ: Lawrence Erlbaum Associates.

─── (1988). "The Perceptive Audience," In J. A. Anderson (ed.), *Communication Yearbook II*. Berverly Hills, CA: Sage, pp.22～50.

─── (1995). "Understanding the appeal of TV game shows," *Media Psychologie*, 7(2), pp.87～106.

─── (1997a). "An audience–based approach to assessing programme quality," In P.

Winterhoff–Spurk & T. H. A. van der Voort (eds.), *New Horizons in Media Psychology*. Opladen, Germany: Westdeutscher Verlag, pp.11～34.

——— (1997b). *Television and Gender Representation*, Luton, UK: John Libbey Media / University of Luton Press.

——— (1998). *Understanding the Older Consumer: The Grey Market*. London: Routledge.

———, Berry, C., & Clifford, B. (1981). "Release from proactive interference with television news items: further evidence," *Journal of Experimental Psychology: Human Learning and Memory*, 7, pp.480～7.

———, Clemens, J., & Wober, M. (1992). "Defining television quality through audience reaction measures," In *Proceedings* of the ESOMAR / ARF Worldwide Broadcast Audience Research Symposium, Toronto, Canada, 1～3 June 1992.

———, Charlton, T., & Lovemore, T. (1998). "Television on St. Helena: does the output give cause for concern?," *Medien Psychologie*, 10, pp.184～203.

———, Clifford, B., & Berry, C. (1980). "Release from proactive interference with television news items: evidence for encoding dimensions within televised news," *Journal of Experimental Psychology: Human Learning and Memory*, 6, pp.216～23.

——— & Furnham, A. (1984). "Perceptions of television violence: effects of programme genre and physical form of violence," *British Journal of Social Psychology*, 23, pp.155～84.

——— & ——— (1985). "Androgyny and perceptions of male and female violence on television," *Human Factors*, 38, pp.359～9.

———, ———, & Gietson, G. (1984). "Memory for the news as a function of the channel of communication," *Human Learning*, 3, pp.265～7.

———, ———, & Lineton, Z. (1995). "Watching people watching television," *Journal of Educational Television*, 21(3), pp.165～91.

——— & Harrison, J. (1998). *Violence on Television: an Analysis of Amount, Mature, Location and Origin of Violence in British Programmes*. London: Routledge.

———, ———, Arundel, J., Osborn, R., & Crawford, M. (1996). *Violence on Television in Britain: A Content Analysis*. Report to the BBC, BSC, BSkyB, Channel 4, ITC and ITV. University of Sheffield, Department of Journalism Studies.

——— & McAleer, J. (1997). *Children and Television*(2nd edn.). London: Routledge.

———, Svennevig, M., & Wober, M. (1986). *Television Coverage of the 1983 General Election*. Aldershot, UK: Gower.

——— & Wober, M. (1983). "Television viewing and public trust," *British Journal of Social Psychology*, 22, pp.174～6.

—— & —— (1992). *The Reactive Viewer*. London: John Libby.

Guthrie, T. L., Ludwin, W. G., & Jacob, S. B. (1988). "A parsimonious regression model to predict metropolitan circulation in outlying counties," *Newspaper Research Journal*, 9(3), pp.59 ~ 60.

Habermas, J. (1989). *The Structural Transformation of the Public Sphere*. Cambridge, MA: MIT Press.

Haldane, I. R. (1970). "Can attitudes be quantified? Measuring television audience reactions by multivariate analysis techniques," *Proceedings of the Market Research Society*, 39th Annual Conference, Brighton, pp.59 ~ 86.

Hall, S. (1973). "Encoding / decoding in television discourse," *Stencilled Paper* 7. Birmingham: Centre for Contemporary Cultural Studies, University of Birmingham.

—— (1980). "Cultural Studies: two paradigms," *Media, Culture and Society*, 2.

Hallonquist. T. & Peatman, J. (1947). "Diagnosing your radio program," *Education on the Air, 1947 Yearbook of the Institute for Education by Radio*. Columbus: Ohio State University Press, pp.463 ~ 74.

—— & Suchman, E. (1944). "Listening to the listener: experiences with the Lazarsfeld–Stanton Program Analyzer," In P. Lazarsfeld & F. Stanton (eds.), *Radio Ressearch 1942 ~ 3*. NY: Duell, Pearce and Sloan, pp.265 ~ 334.

Halloran, J., Elliott, P., & Murdock, G. (1970). *Communications and Demonstrations*. Harmondsworth, UK: Penguin.

Handel, L. (1950). *Hollywood Looks at its Audience*. Urbana: University of Illinois Press.

Hansen, C. H. (1989). "Priming sex role stereotypic event schemas with rock music videos: effects on impression favourability, trait inferences and recall of a subsequent male and female interaction," *Basic and Applied social Psychology*, 10, pp.371 ~ 91.

—— & Hansen, R. D. (1988). "How rock music videos can change what is seen when boy meets girl: priming stereotypic appraisal of social interactions," *Sex Roles*, 19, pp.287 ~ 316.

—— & Krygowski, W. (1994). "Arousal–augmented priming effects: rock music video and sex object schemas," *Communication Research*, 21, pp.124 ~ 37.

Harris, A. & Feinberg, j. (1977). "Television and ageing: is what you see what you get?," *Gerontologist*, 17, pp.464 ~ 8.

Hart, H. (1991). *Critical Communication Studies*. NY: Routledge.

Hartley, J. (1982). *Understanding News*. London: Methuen.

Hartnangel, T. F., Teevan, J. J., & McIntyre, J. J. (1975). "Television violence and violent behaviour," *Social Forces*, 54(2), pp.341～51.

Harwood, J. & Giles, H. (1992). "Don't make me laugh: age representation in a humorous context," *Discourse and Society*, 3(3), pp.403～36.

Haskins, J. B. & Flynne, L. (1974). "Effects of headline typeface variation on reader interest," *Journalism Quarterly*, 51(4), pp.677～82.

Haskins, R. P. & Pingree, S. (1990). "Divergent psychological processes in constructing social reality from mass media content," In N. Signorielli & M. Moran (eds.), *Cultivation Analysis: New Directions in Media Effects Research*. Newbury Park, CA: Sage, pp.35～50.

Hayes, T. J. & Tathum, C. B. (1989). *Focus Group interviews: a Reader*(2nd edn.). Chicago: American Marketing Association.

Hennigan, K. M., Del Rosrio, M. L., Heath, L., Cook, T. D., Wharton, J. D., & Calder, B. J. (1982). "Impact of the introduction of television on crime in the United States: empirical findings and theoretical implications," *Journal of Personality and Social Psychology*, 42, pp.461～77.

Herman, E. S.. & Chomsky, N. (1988). *Manufacturing Content*. NY: Pantheon Books.

Herzog, H. (1944). "What do we really now about daytime serial listeners?," In P. F. Lazarsfeld & F. N. Stanton (eds.), *Radio Research 1942～3*. NY: Duell, Pearce and Sloan.

Heuvelman, A., Peeters, A., & d'Haenens, L. (1998). *The relationship between appreciation and retention of television news*. Papers presented at Television News Research: Recent Euroupean Approaches and Findings: an International Colloquium, Department of Communication, University of Nijmegen, The Netherlands, 22～24 October.

Hijmans, E. (1996). "The logic of qualitative media content analysis: a typology," *Communications: The European Journal of Communication Research*, 21(1), pp.93～108.

Himmelweit, H., Oppenheim, A., & Vince, P. (1958). *Television and the Child*. London: Oxford University Press.

Hirsch, P. (1980). "The 'scary' world of the non‒viewer and other anomalies: a reanalysis of Gerbner et al's findings on cultivation analysis: Part I," *Communication Research*, 7, pp.403～56.

Hodge, B. & Tripp, D. (1986). *Children and Television*. Cambridge: Polity Press.

Hoffner, C., Cantor, J., & Thorson, E. (1988). "Children's understanding of a televised narrative," *Communication Research*, 15, pp.227～45.

Hoijer, B. (1989). "Television‒evoked thoughts and their relation to comprehension,"

Communication Research, 16(2), pp.179~203.

―――― (1990). "Studying viewers' reception of television programmes: theoretical and methodological considerations," *European Journal of Communications*, 5, pp.29~56.

―――― (1992a). "Socio–cognitive structures and television reception," *Media, Culture and Society*, 14, pp.583~603.

―――― (1992b). "Reception of television narration as a socio–cognitive process: a schema–theoretical outline," *Poetics*, 21, pp.283~304.

Hopins, R. & Fletcher, J. E. (1994). "Electrodermal measurement: particularly effective for forecasting message influence on sales appeal," In A. Lane (ed.), *Measuring Psychological Responses to Media*. Hillsdale, NJ: Lawrence Erlbaum Associates, pp.113~32.

Horton, D. & Wohl, R. (1956). "Mass communication and parasocial interaction," *Journal of Psychiatry*, 19, pp.215~29.

Hoskins, R. (1973). "A readability study of AP and UPI wire copy," *Journalism Quarterly*, 50(2), pp.360~2.

Hovland, C. I., Lumsdaine, A. A., & Sheffield, F. D. (1949). *Experiments in Mass Communication*. Princeton, NJ: Princeton University Press.

Huber, G. L. (1989). "Qualitat versus Quantitat in der Inhaltsanalyse," In W. Bos & C. Tarnai (eds.), *Angewandte Inhaltsanalyse in Empirische Padagogik und Psychologie*. Munster: Waxmann, pp.32~47.

Huesmann, L. R. & Eron, L. D. (eds.) (1986). *Television and the Aggressive Child: a Cross–National Comparison*. Hillsdale, NJ: Lawence Erlbaum Associates.

―――, ―――, Lefkowitz, M. M., & Walder, L. O. (1984). "Stability of aggression over time and generations," *Developmental Psychology*, 20(6), pp.1120~34.

Hughes, M. (1980). "The fruits of cultivation analysis: a re–examination of the effects of television in fear of victimisation, alienation and approval of violence," *Public Opinion Quarterly*, 44, pp.287~302.

Hughes, D. (1992). "Realtime response measures redefine advertising wearout," *Journal of Advertising Research*, 32, pp.61~77.

Hunziger, P. (1988). *Medien, Kommunikation und Gesellschaft*. Darmstadt: Wiss, Buchgemeinschaft.

Husson, W. G. & Hughes, C. (1981). *A time series analysis of children's attention to television in a naturalistic environment*. Paper presented to the Association for Education in Journalism, East Lansing, MI.

Huston, A. C. & Wright, J. C. (1983). "Children's processing of television: the informative functions of formal features," In J. Bryant & D. R. Anderson (eds.), *Children's*

Understanding of Television: Research on Attention and Comprehension. NY: Academic Press, pp.35~68.

————, ————, Wartella, E., Rice, M. L., Watkins, B. A., Campbell, T., & Pott, R. (1981). "Communicating more then Content: formal of children's television programmes," *Journal of Communication*, 31, pp.32~48.

Hvistendahl, J. K. (1977). "Self-administered readership surveys: whole copy vs clipping method," *Journalism Quarterly*, 65(2), pp.511~4.

Ickes, W. J., Wickland, R. A., & Ferris, B. C. (1973). "Objective self awareness and self esteem," *Journal of Experimental Psychology*, 9, pp.202~19.

Iyengar, S. (1987). "Television news and citizens' explanations of national issues," *American Political Science Review*, 81, pp.1099~120.

———— (1991). *Is Anyone Responsible? How Television Frames Political Issues.* Chicago: University of Chicago Press.

———— & Kinder, D. R. (1985). "Psychological accounts of agenda-setting," In R. Perloff & S. Kraus (eds.), *Mass Media and Political Thought.* Beverly Hills, CA: Sage.

———— & ———— (1987). *News that matters: Television and American Opinion.* Chicago: University of Chicago Press.

————, Peters, M. P., & Kinder, D. R. (1982). "Experimental demonstration of the 'non-so-minimal' consequences of television news programmes," *American Political Science Review*, 76, pp.848~58.

————, Kinder, D. R., Peters, M. P., & Krosnick, J. A. (1984). "The evening news and presidential evaluations," *Journal of Personality and Social Psychology*, 46, pp.778~87.

Jabine, T., Straf, M. L., Tamur, J. M., & Tourangeau, R. (eds.) (1984). *Cognitive Aspects of Survey Methodology: Building a Bridge Between Disciplines.* Report of the Advanced Seminar of Aspects of Survey Methodology, Washington DC.

Jay, M. (1973). *The Dialectical Imagination: A History of the Frankfurt School and the Institute of Social Research 1923~50.* London: Heinemann.

Jensen, K -B. (1986). *Making Sense of the News: Towards a Theory of an Empirical Model of reception for the Study of Mass Communication.* Aarhus: Arhus University Press.

———— (1987). "News as ideology: economic statistics and political ritual in television network news," *Journal of Communication*, 37, pp.8~27.

———— (1988). "News as social resource," *European Journal of Communication*, 3(3), pp.275~301.

———— (1991). "Reception analysis: mass communication as the social production of meaning," In K. B. Jensen & N. W. Jankowski (eds.), *A Handbook of Qualitative Methodologies for Mass Communication Research*. London: Routledge.

────── & Rosenbren, K. (1990). "Five traditions in search of an audience," *European Journal of Communications*, 5(2~3).

Johnson, H. (1992). "Audience reaction information: its use, its measurement and its future in the UK," In ARF / ESOMAR Worldwide Broadcast Audience Research Symposium, Toronto, 1~3 June, pp.553~68.

Johnson, J. M. (1975). *Doing Field Research*. NY: Free Press.

Johnson, W. (1944). "Studies in language behaviour," *Psychological Monographs*, 56(2).

Jordin, M. & Brunt, R. (1988). "Constituting the television audience — a problem of method," In P. Drummond & R. Paterson (eds.), *Television and Its Audience: International Research Perspectives*. London: British Film Institute.

Josephson, W. L. (1987). "Television violence and children's aggression: testing the priming, social script and disinhibition predictions," *Journal of Personality and Social Psychology*, 53, pp.882~90.

Kahneman, D. (1973). *Attention and Effort*. Englewood Cliffs, NJ: Prentice Hall.

Kaplan, M. F. (1987). "The influencing process in group decision making," In C. Hendrick (ed.), *Group Process*. Newbury Park, CA: Sage.

Kaplan, S. J. (1992). "A conceptual analysis of form and content in visual metaphors," *Communication*, 32, pp.144~61.

Katz, E. (1959). "Mass communications research and popular culture," *Studies in Public Communication*, 2, pp.10~19.

────── (1980). "On conceptualising media effects," *Studies in Communications*, 1, pp.119~41.

────── (1988). "On conceptualising media effects: another look," In S. Oskamp (ed.), *Applied Social Psychology Annual, vol. 8., Television as a Social Issue*. Newbury Park, CA: Sage, pp.31~74.

──────, Blumler, J., & Gurevitch, M. (1974). "Utilisation of mass communication by the individual," In J. G. Blumler & E. Karz (eds.), *The Uses of Mass Communications: Current Perspectives on Gratifications Research*. Beverly Hills, CA: Sage.

────── & Lazarsfeld, P. (1955). *Personal Influence*. NY: Free Press.

────── & Liebes, T. (1986). "Mutual aid in the decoding of Dallas: preliminary notes from a cross–cultural study," In P. Drummond & R. Patterson (eds.), *Television in Transition*. London: British Film Institute, pp.197~8.

Kelly, G. (1995). *The Psychology of Personal Constructs*. NY: Norton.

Kelly, J. D. (1985). "The data-ink ratio and accuracy of newspaper graphics," *Journalism Quarterly*, 66(3), pp.623~39.

Kenny, D. A. & Judd, C. M. (1984). "Estimating the nonlinear and interactive effects of latent variables," *Psychological Bulletin*, 96, pp.201~10.

Kenny, D., Milavsky, J. R., Kessler, R. C., Stipp, H. H., & Rubens, W. S. (1984). "The NBC study and television violence," *Journal of Communication*, 34(1), pp.176~88.

Kepplinger, H. M. (1989). "Content analysis and reception analysis," *American Behavioral Scientist*, 33(2), pp.175~82.

———— & Roth, H. (1979). "Creating a crisis: German mass media and oil supply in 1973 ~4," *Public Opinion Quarterly*, 43, pp.285~96.

———— & Staab, J. F. (1992). "das Aktuelle in RTL plus," *Analysemethoden–Untersuchungsergebnisse — Interpretationsmuster*. Munchen: Reinhard Fischer.

Kerlinger, F. N. (1986). *Foundations of Behavioural Research* (3rd edn.). NY: Holt, Rinehart and Winston.

Kinder, M. (1991). *Playing with power on Movies, Television and Video Game: From Muppet Babies to Teenage Mutant Ninja Turtles*. Berkeley: University of California Press.

Kinsbourne, M. (1982). "Hemispheric specialisation and the growth of human understanding," *American Psychologist*, 37(4), pp.411~20.

Kintsch, W. (1974). *The Representation of Meaning in Memory*. NY: Wiley.

———— & van Dijk, T. (1978). "Toward a model of text comprehension and production," *Psychological Review*, 85, pp.363~94.

Kirkham, M. A. & Wilcox, P. (1994). "Measuring what is being watched," In ESOMAR / ARF Worldwide Electronic and Broadcast Audience Research Symposium, Paris, 1~4 May, pp.85~90.

Klapper, T. (1960). *The Effects of Mass Communication*, Glencoe, IL: Free Press.

Knight, G. & Dean, T. (1982). "Myth and the structure of news," *Journal of Communication*, 32(2), pp.144~61.

Kosicki, G. M. (1993). "Problems and opportunities in agenda setting research," *Journal of Communication*, 43(2), pp.120~7.

Kracauer, S. (1952). "The challenge of qualitative content analysis," *Public Opinion Quarterly*, 16, pp.631~42.

Krippendorf, K. (1980). *Content Analysis: an Introduction to its Methodology*. Beverly Hills, CA: Sage.

Krull, R. (1983). "Children learning to watch television," In J. Bryant & D. R. Anderson (eds.),

Children's Understanding of Television: Research on Attention and Comprehension. NY: Academic Press, pp.103~23.

———— & Husson, W. (1979). "Children's attention: the case of TV viewing," In E. Wartella (ed.), *Children Communicating.* Sage Annual Reviews of Communication Research, vol. 7. Beverly Hills, CA: Sage.

———— & Watt, J. H. (1975). *Television program complexity and ratings.* Paper presented to the American Association for Public Opinion Research, Itasca, IL.

————, Watt, J. H., & Lichty, L. W. (1977). "Entropy and structure: two measures of complexity in television programmes," *Communication Research*, 4, pp.61~86.

Kubey, R. (1980). "Television and ageing: past, present, future," *Gerontologist*, 20, pp.16~25.

———— & Csikszentmihalyi, M. (1990). *Television and the Quality of Life: How Viewing Shapes Everyday Experience.* Hillsdale, NJ: Lawrence Erlbaum Associates.

————, White, W., Saphir, M., Chen, H., & Appiah, O. (1996). *Social effects of direct broadcast satellite television: from 3 to 60 channels overnight.* Symposium presented at the meeting of the Speech Communication Association, San Diego.

Lacy, S. & Fico, F. (1991). "The link between content quality and circulation," *Newspaper Research Bureau*, 12(2), pp.46~56.

————, Fico, F., & Simon, T. F. (1991). "Fairness and balance in the prestige press," *Journalism Quarterly*, 68(3), pp.363~70.

———— & Sohn, A. (1990). "Correlations of newspaper content with circulation in the suburbs," *Journalism Quarterly*, 67(4), pp.785~93.

Lagerspetz, K. M., Vlamero, V., & Akademi, A. (1986). "Television and aggressive behavior among Finnish children," In L. R. Huesmann & L. D. Eron (eds.), *Television and the Aggressive Child: a Cross–national Comparison.* Hillsdale, NJ: Lawrence Erlbaum Associates, pp.81~117.

————, Wahlroos, C., & Wendelin, C. (1978). "Facial expression of pre–school children while watching televised violence," *Scandinavian Journal of Psychology*, 19, pp.213~22.

Lang, A. (1994). "What can the heart tell us about thinking?," In A. Lang (ed.), *Measuring Psychological Responses to Media.* Hillsdale, NJ: Lawrence Erlbaum Associates, pp.99~112.

Lang, P., Bradley, M., & Cuthbert, B. (1992). "A motivational analysis of emotion: reflex–cortex connections," *Psychological Science*, 3, pp.44~9.

Larkin, E. & Hecht, T. (1979). "Research assistance for the non–metro newspaper, 1979,"

Newspaper Research Journal, prototype edition, pp.62～6.

Lasorsa, D. & Resse, S. (1990). "News source use in the crash of 1987: a study of four national media," *Journal Quarterly*, 67, pp.60～71.

Lasswell, H. D. (1949). "The structure and function of communication in society," in L. Bryson (ed.), *The Communication of Ideas*. NY: Glencoe, pp.37～51.

Lazarsfeld, P., Berelson, B., & Gaudet, H. (1944). *The People's Choice*. NY: Columbia University Press.

———— & Merton, R. (1948). "Mass communication, popular taste, and organised social action" [Reprinted in W. Schramm (ed.), *Mass Communication* (2nd edn)] Urbana: University Illinois Press.

———— & Obershall, A. R. (1965). "Max Weber and empirical research," *American Sociological Review*, April, 185～99.

———— & Stanton, F. (1941). *Radio Research*. NY: Duell, Pearce and Sloan.

Lefkowitz, M. M., Eron, L. D., Walder, L. O., & Huesmann, L. R. (1972). "Television violence and child aggression: a follow–up study," In G. A. Comstock & E. A. Rubinstein (eds.), *Television and Social Behavior, vol. 3: Television and Adolescent Aggressiveness*. Rockville, MD: National Institute of Mental Health, pp.35～135.

————, ————, ————, & ———— (1977). *Growing Up to be Violent*. NY: Pergamon.

Lévy–Strauss, C. (1963). *Structural Anthropology*. NY: Penguin.

Levy, M. R. (1978). "The audience experience with television news," *Journalism Monographs*, No.55.

———— (1982). "The Lazarsfeld – Stanton programme analyzer: an historical note," *Journal of Communication*, 32(4), pp.30～8.

Leyens, J –P., Herman, G., & Durand, M. (1982). "The influence of an audience upon the reactions to filmed violence," *European Journal of Social Psychology*, 12, pp.131～42.

———— & Parke, R. D. (1975). "Aggressive slides can induce a weapons effect," *European Journal of Social Psychology*, 5, pp.229～36.

————, ————, Camio, L., & Berkowitz, L. (1975). "Effects of movies violence on aggression in a field setting as a function of group dominance and cohesion."

Leymore, V.L. (1975). *Hidden Myth: Structure and Symbolism in Advertising*. London: Hienemann.

Libresco, J. D. (1983). "Focus groups: Madison Avenue meets public policy," *Public Opinion*, August / September, pp.51～3.

Liebes, T. (1992). "Decoding television news: the political discourse of Israeli hawks and doves," *Theory and Society*, 21, pp.357～81.

————— & Katz, E. (1986). "Patterns of involvement in television fiction: a comparative analysis," *European Journal of Communication*, 1(2), pp.151~72.

————— & ————— (1989). "Critical abilities of TV viewers," In E. Seiter, H. Borchers, G. Kreutzmer & E. M. Warth (eds.), *Remote Control*. London: Routledge and Kegan Paul, pp.204~29.

————— & ————— (1990). *The Export of Meaning*. NY: Oxford University Press.

————— & Livingstone, S. (1994). "The structure of family and the romantic ties in soap opera: an ethnographic approach," *Communication Research*, 21(6), pp.717~41.

Lindlof, T. (1998). "Media audiences as intrepretive communities," In J. A. Anderson (ed.), *Communication Yearbook II*. Newbury Park, CA: Sage, pp.81~107.

————— (1995). *Qualitative Communication Research Methods*. Thousand Oaks, CA: Sage.

————— & Meyer, T. P. (1987). "Mediated communication as ways of seeing, acting, and constructing culture: the tools and foundations of qualitative research," In T. R. Lindlof (ed.), *Natural Audiences: Qualitative Research of Media Uses and Effects*. Norwood, NJ: Ablex, pp.1~30.

—————, Shatzer, M. S., & Wilkinson, D. (1988). "Accommodation of video and television in the American family," In J. Lull (ed.), *World Families Watch Television*. Newbury Park, CA: Sage, pp.158~92.

Linsky, M. (1986). *Impact: How the Press Affects Federal Policymaking*. NY: W. W. Norton.

Lipschultz, J. H. (1991). "The nonreader problem: a closer look at avoiding the newspaper," *Newspaper Research Journal*, 8(4), pp.59~70.

Littlejohn, S. W. (1983). *Theories of Human Communication* (2nd edn.). Belmont, CA: Wadsworth.

Livingstone, S. (1989). "Interpretive viewers and structured programmes," *Communication Research*, 16(1), pp.25~57.

————— (1990). "The meaning of domestic technologist: a personal construct analysis of familial gender relations," In R. Silverstone & E. Hirsch (eds.), *Consuming Technologies: Media and Information Technologies in Domestic Spaces*. London: Routledge, pp.113~30.

————— & Green, G. (1986). "Television advertisements and the portrayal of gender," *British Journal of Social Psychology*, 25, pp.149~54.

————— & Lunt, P. (1996). *Talk on Television: Audience Participation and Public Debate*. London: Routledge.

Loftus, E. F., Fiengerg, S., & Tamur, J. M. (1985). "Cognitive psychology meets the national survey," *American Psychologist*, 40, pp.175~80.

Long, M. & Simon, R. (1974). "The roles and statuses of women and children on family TV programmes," *Journalism Quarterly*, 51, pp.100～10.

Lorch, E., Bellack, D., & Augsbach, L. (1987). "Young children's memory for televised stories: effects of importance," *Child Development*, 58, pp.453～63.

Lorch, E. P. (1994). "Measuring children's cognitive processing of television," In A. Lang (ed.), *Measuring Psychological Responses to Media*. Hillsdale, NJ: Lawrence Erlbaum Associates, pp.209～26.

Loye, D., Gorney, R., & Steele, G. (1977). "Effects of television: an experimental field study," *Journal of Communication*, 27, pp.206～16.

Lu, D. & Kiewit, D. A. (1987). "Passive people meters: a first step," *Journal of Advertising Research*, 23, pp.9～14.

Lull, J. (1978). "Choosing television programmes by family vote," *Communication Quarterly*, 26, pp.53～7.

──── (1980). "The social uses of television," *Human Communication Research*, 6, pp.197～209.

──── (1982). "How families select television programmes: a mass observational study," *Journal of broadcasting*, 26, pp.801～11.

──── (1985). "Ethnographic Studies of broadcast media audiences: notes on method," In J. Dominick & J. Fletcheer (eds). *Broadcasting Research Methods*. Boston: Allyn & Bacon.

──── (1988). "Critical response: the audience as nuisance," *Critical Studies in Mass Communication*, 5, pp.239～43.

──── (1990). *Inside Family Viewing*. London: Routledge.

Lunt, P. & Livingstone, S. (1996). "Rethinking the focus group in media and communication research," *Journal of Communication*, 46(2), pp.79～98.

Lynn, J. & Bennett, C. (1980). "Newspaper readership patterns in non–metropolitan communities," *Newspaper Research Journal*, 1(4), pp.18～24.

MacBeth, T. (1996). "Indirect effects of television: creativity, persistence, school achievement, and participation in other activities," In T. M. Macbeth (ed.), *Tuning in to Young Viewers: Social Science Perspectives on Television*. Thousand Oaks, CA: Sage, pp.149～219.

──── (1998). "Quasi–experimental research on television and behavior," In J. K. Asamen and G. L. Berry (eds.), *Research Paradigms, Television and Social Behavior*. Thousand Oaks, CA: Sage, pp.109～51.

McCarthy, E. D., Langner, T. S., Gerstein, J. C., Eisenberg, V. G., & Orzeck, L. (1975). "Violence and behavior disorders," *Journal of Communication*, 25(4), pp.71～85.

443

McCulre, R. & Patterson, T. (1973). *Television News and Voter Behavior in the 1972 Presidential Election*. Unpublished paper, American Political Science Association.

McCombs, M. (1977). *Newspaper Readership and Circulation* (ANPA News Research report No. 3). Reston, VA: ANPA News Research Center.

———— (1981). "The agenda–setting approach," In D. D. Nimmo & K. R. Sanders (eds.), *Mass Communication Review Yearbook 2*. Newbury Park, CA: Sage, pp.219~24.

————, Mullins, L. E., & Weaver, D. (1974). *Why People Subscribe and Cancel: A Stop–Strat Survey of Tree Daily Newspapers*. (ANPA News Research Bulletin No. 3). Reston, VA: ANPA News Research Center.

McCombs, M. E. & Shaw, D. L. (1972). "The agenda–setting function of the press," *Public Opinion Quarterly*, 36(2), pp.176~87.

McIntyre, J. J., Teevan, J. J., & Hartnagel, T. (1972). "'Television violence and deviant behavior," In G. A. Comstock & E. A. Rubinstein (eds.), *Television and Social behavior, vol. 3: Television and Adolescent Aggressiveness*. Washington, DC: US Government Printing Office.

McLaughlin, H. (1969). "SMOG grading: a new readability formula," *Journal of Reading*, 22(4), pp.639~46.

McLaughlin, L. (1991). "Discourse of prostitution / discourses of sexuality," *Critical Studies in Mass Communication*, 8, pp.249~72.

McLeod, J., Atkin, C., & Chaffee, S. (1972). "Adolescents, parents and television use: adolescent self–report measures from Maryland and Wisconsin samples," In G. A. Comstock & E. A. Rubinstein (eds.), *Television and Social Behavior, vol. 3: Television and Adolescent Aggressiveness*. Washington, DC: US Government Printing Office.

McLoad, J. M., Becker, L. B., & Byrnes, J. E. (1974). "Another look at the agenda setting function of the press," *Communication Research*, 1, pp.131~66.

McQuail, D. (1985). "With the benefits of hindsight: reflections of uses and gratifications research," In M. Gurevitch & M. R. Levy (eds.), *Mass Communication Review Yearbook*, vol. 5. Beverly Hills, CA: Sage, p.131.

———— (1994). *Mass Communication Theory: And Introduction*. London: Sage.

Mead, G. H. (1934). *Mind, Self and Society*. Chicago: University of Chicago Press.

Meadowcroft, J. & Watt, J. (1989). *Fourier analysis as a method of observing children's attention spans*. Paper presented to the International Communication Association, San

Francisco, CA.

──── & Reeves, B. (1989). "Influence of story schema development on children's attention to television," *Communication Research*, 16(3), pp.352~74.

Medrich, E. A., Roizen, J. A., Rubin, V., & Buchkley, S. (1982). *The Serious Business of Growing Up: a Study of Children's Lives Outside School*. Berkeley: University of California Press.

Merten, K. (1995). *Inhaltsanalyse: Eine Einfuhrung in Theorie, Methode und Praxis*. Opladen: Westdeutscher Verlag.

──── (1996). "Reactivity in content analysis," *Communications: The European Journal of Communication Research*, 21(1), pp.65~76.

──── & Teipen, P. (1991). "Empirische kommunikationsforschung," *Darstellung, Kritik, Evaluation*. Munchen: Olschlager.

Merton, R. (1946). *Mass Persuation*. NY: Free Press.

Merton, R. K. (1987). "The focused interview and focus groups: continuities and discontinuities," *Public Opinion Quarterly*, 51, pp.550~66.

Merton, R. & Kendall, P. L. (1946). "The focused interview," *American Journal of Sociology*, 51, pp.541~57.

Merton, R., Fiske, M., & Kendall, P. L. (1956). *The Focused Interview*. A Report of the Bureau of Applied Social Research, Columbia University, NY: Free Press.

Meyer, T. P. (1995). "Integrating information technologies in the household: using case studies to understand complex and rapidly changing processes," In D. Torten (ed.), *Living and Working in Cyberspace: New Technologies at Home and Work*. Kingston: University of Rhode Island Press.

──── & Meyer, K. A. (1994). "The videocassette recorder: an historical analysis of consumer expectations and post–purchase uses and satisfaction," In R. King (ed.), *Research in Retailing: the Future Agenda*. Richmond, VA: Academy of Marketing Science, pp.75~9.

Meyrowitz, J. (1985). *No Sense of Place: the Impact of Electronic Media on Social Behavior*. NY: Oxford University Press.

Mielke, K. (1983). "Formative research on appeal and comprehension in 3–2–1 CONTACT," In J. Bryant & D. R. Anderson (eds.), *Children's Understanding of Television: Research on Attention and Comprehension*. NY: Academic Press, pp.241~64.

Milavsky, J. R., Kessler, R., Stipp, H., & Rubens, W. S. (1982). *Television and Aggression: Results of a Panel Study*. NY: Academic Press.

Milgra, S. & Shotland, R. L. (1973). *Television and Antisocial Behavior: Field Experiments.* NY: Academic Press.

Millard, W. (1989). *Research using the Millard System (Televac).* (Research report) Alexandria, VA: W. J. Millard.

——— (1992). "A history of handsets for direct measurement of audience response," *International Journal of Public Opinion Research,* 4(1), pp.1~17.

Miller, M. M. & Reeves, B. (1976). "Dramatic TV content and children's sex–role stereotypes," *Journal of broadcasting,* 20, pp.35~50.

Mills, Wright, C. (1951). *White Collar.* NY: Oxford University Press.

——— (1956). *The Power Elite.* NY: Oxford University Press.

——— (1959). *The Sociological Imagination.* NY: Oxford University Press.

Morgan, D. L. (1988). *Focus Groups and Qualitative Research.* Newbury Park, CA: Sage.

——— (1993). *Successful Focus Groups: Advancing the State of the Art.* Newbury Park, CA: Sage.

Morley, D. (1980). *The 'Nationwide' Audience: Structure and Decoding,* London: British Film Institute.

——— (1981). "The 'Nationwide Audience': a critical postscript," *Screen Education,* 39.

——— (1985). "Cultural transformations: The politics of resistance," *Mass Communication Review Yearbook,* 5, pp.237~50.

——— (1986). *Family Television: Cultural power and Domestic Leisure.* London: Comedia Publishing Company.

——— (1992). *Television, Audiences and Cultural Studies.* London: Routledge.

——— & Silverstone, R. (1990). "Domestic communications," *Media, Culture and Society,* 12(1).

Morrison, D. (1992a). *Television and the GulfWar.* London: John Libbey.

——— (1992b). *Conversations with voters.* (1992 General Election) Report to the British Broadcating Corporation and Independent Television Commission, Institute of Communications, University of Leeds.

——— (1998). *The Search for a Method: Focus Groups and the Development of Mass Communication Research.* Luton: University of Luton Press.

———, MacGregor, B., & Millwood–Hargrave, A. (1994). "Beyond focus groups: understanding audience response to programmes through interactive methodology," Paper in *Proceedings* of the ESOMAR / ARF Worldwide Electronic and Broadcast Audience Research Symposium, 1~4 May, 1994, pp.359~76.

——— & Tumber, H. (1988). *Journalists at War.* London: Sage.

Moser, C. A. & Kalton, G. (1971). *Survey Methods in Social Investigation.* Aldershot: Gower.

Murdock, G. (1989). "Critical inquiry and audience activity," In B. Dervin et al. (eds.), *Rethinking Communication, vol. 2: Paradigm Exemplars.* London: Sage, pp.226～49.

Murray, J. P. (1972). "Television in inner-city homes: viewing behavior of young boys," In E. A. Rubinstein, G. A. Comstock, & J. P. Murray (eds.), *Television and Social Behavior, vol. 4: Television in Day-to-Day Life: Patterns of Use.* Washington, DC: US Government Printing Office.

───── (1973). "Television and violence: implications of the Surgeon General's research program," *American Psychologist,* 28, pp.472～8.

───── & Kippax, S. (1977). "Television diffusion and social behavior in the community: a field experiment," *Australian Journal of Psychology,* 29, pp.31～43.

───── & ───── (1978). "Children's social behavior in three towns with different television experiences," *Journal of Communication,* 28, pp.19～29.

Mustonen, A. & Pulkkinen, L. (1997). "Television violence: a development of a coding scheme," *Journal of Broadcasting and Electronic Media,* 41, pp.168～89.

Mutz, D. C., Roberts, D. F., & van Vuuren, D. P. (1993). "Reconsidering the displacement hypothesis: Television's influence on children's time use," *Communication Research,* 20(1), pp.51～75.

Nestvold, K. (1972). "Cloze procedure correlation with perceived readability," *Journalism Quarterly,* 49(3), pp.592～4.

Neuchterlain, K., Goldstein, M., Ventura, J., & Dawson, M. (1989). "Patient — environment relationships in schizophrenia: information processing, communication deviance, autonomic arousal and stressful life events," *British Journal of Psychiatry,* 165(Suppl. 5), pp.84～9.

Neuman, W. L. (1994). *Social Research Methods: Qualitative and Quantitative Approaches.* Boston: Allyn and Bacon.

Newcomb, W. R. (1976). *Television: The Most Popular Art.* Garden City, NY: Doubleday / Anchor.

Newcomb, H. (1978). "Assessing the Violence Profile of Gerbner and Gross: a humanistic critique and suggestion," *Communication Research,* 5(3), pp.264～82.

───── (1981). "One night of prime time: an analysis of television's multiple choice," In J. Carey (ed.), *Media, Myths and Narratives.* Beverly Hills, CA: Sage, pp.88～113.

Nielsen, A. C. (1992). *Nielsen Media Research: The Quality Behind the Numbers.* NY: A. C. Nielsen.

O'Carroll, M., O'Neal, E. C., & Macdonald, P. J. (1977). "Influence upon imitative aggression of an imitating peer," *Journal of Social Psychology*, 101, pp.313~14.

Olson, J. & Ray, W. (1983). "Brain wave responses to emotional versus attribute oriented television commercials," Working paper No. 83~108, Marking Science Institute, Cambridge, MA 02138.

Omanson, R. C. (1982). "An analysis of narratives: identifying central supportive and distracting content," *Discourse Processes*, 5, pp.15~28.

O'Neal, E. C., Macdonald, P. J., Cloninger, C., & Levine, D. (1979). "Coactor's behaviour and imitative aggression," *Motivation and Emotion*, 3, pp.313~4.

Oppenheim, A. N. (1992). *Questionnaire Design, Interviewing and Attitude Measurement*. London: Pinter Publishers.

ORC (1972). *News and current affairs*. London: Opinion Research Centre, 10477.

Osborn, D. K. & Endsley, R. C. (1971). "Emotional reactions of young children to TV violence," *Child Development*, 42, pp.321~31.

Osgood, C., Suci, G. J., & Tannenbaum, P. (1957). *The Measurement of Meaning*. Urbana: University of Illinois Press.

Palmer, E. L. (1974). "Formative research in the production of television for children," In D. E. Olson (ed.), *Media and Symbols: the Forms of Expression, Communication, and Education* (Seventy-Third Yearbook of the National Society for the Study of Education). Chicago: University of Chicago Press.

———, Crawford, J. J., Kielsmeier, C. J., & Inglis, L. (1968). *A comparative study of current educational television programs for preschool children*. Monmouth: Oregon State System of Higher Education.

Palmer, P. (1986). *The Lively Audience: a Study of Children Around the TV Set*. Sydney: Allen and Unwin.

Parke, R., Berkowitz, L., Leyens, J -P., West, S., & Sebastian, R. (1977). "Some effects of violent and nonviolent movies on the behavior of juvenile delinquents," In L. Berkowitz (ed.), *Advances in Experimental Social Psychology*, vol. 10. NY: Academic Press.

Parry-Giles, T. (1994). "Ideological anxiety and the censored text: real lives — at the edge of the union," *Critical Studies in Mass Communication*, 11, pp.54~72.

Parsons, T. (1968 / 1937). *The Structure of Social Action*, vol. 2. NY: Free Press.

Pasternak, S. & Utt, S. H. (1990). "Reader use and understanding of newspaper infographics," *Newspaper Research Journal*, 11(2), pp.28~41.

Patterson, T. & McClure, R. (1976). *The Unseeing Eye*. NY: G. P. Putnam's.

Payne, G. A., Severn, J. J., & Dozier, D. M. (1988). "Uses and gratifications motives as indicators of magazine readership," *Journalism Quarterly*, 65(4), pp.909~13.

Penrose, J., Weaver, D., Cole, R., & Shaw, D. (1974). "The newspaper non–reader ten years later," *Journalism Quarterly*, 51(4), pp.631~9.

Perloff, R., Wartella, E., & Becker, L. (1982). "Increasing from TV news," *Journalism Quarterly*, 59, pp.83~6.

Phillips, D. (1974). "The influence of suggestion on suicide: substantive and theoretical implications of the Werther effect," *American Sociological Review*, 39, pp.340~54.

———— (1977). "Motor vehicle fatalities increase just after publicised suicide stories," *Science*, 196, pp.1464~5.

———— (1978). "Airplane accident fatalities increase just after stories about murder and suicide," *Science*, 201, pp.148~50.

———— (1979). "Suicide, motor vehicle fatalities, and the mass media: evidence toward a theory of suggestion," *American Journal of Sociology*, 84, pp.1150~74.

———— (1982). "The impact of fictional television stories on US adult fatalities: new evidence on the effect of the mass media on violence," *American Journal of Sociology*, 87, pp.1340~9.

———— (1983). "The impact of mass media violence on US homicides," *American Sociological Review*, 48, pp.560~8.

———— & Hensley, J. E. (1984). "When violence is rewarded or punished: the impact of mass media stories on homicide," *Journal of Communication*, 34, pp.101~16.

Philport, J. (1980). "The psychology of viewer program evaluation," In J. Anderson (ed.), *Proceeding of the 1980 Technical Conference on Qualitative Television Ratings*. Washington, DC: Corporation for Public Broadcasting, pp.B1~B17.

Pierce, C. (1931). *Collected Papers*. Cambridge, MA: MIT Press.

Pitiela, V. (1992). "Beyond the news story: news as discursive composition," *European Journal of Communication*, 7(1), pp.37~67.

Poindexter, P. (1978). *Non–Readers, Why They Don't Read*. (ANPA News Research Report No. 9). Reston, VA: ANPA News Research Center.

Porter, W. C. & Stephens, F. (1989). "Estimating readability: A study of Utah editor's abilities," *Newspaper Research Journal*, 10(2), pp.87~96.

Posner, M. (1982). "Cumulative development of attention theory," *American Psychologist*, 37, pp.168~79.

Potter, W. J., Linz, D., Wilson, B. J., Kunkel, D., Donnerstein, E., Smith, S. L., Blumenthal, E., & Gray, T. (1996). *Content Analysis of Entertainment Television: New*

Methodological Developments. Paper presented at the Duke University Conference on Media Violence and Public Policy in the Media, Durham, NC, 27~9 June.

Potter, J. & Wetherell, M. (1994). "Analysing discourse," In A. Bryman & R. Burgers (eds.), *Analyzing Qualitative Data.* London: Routledge, pp.47~66.

————, ————, & Chitty, A. (1991). "Quantification rhetoric — cancer on television," *Discourse and Society,* 2(3), pp.333~65.

Potts, R., Doppler, M., & Hernandez, M. (1994). "'Effects of television content on physical risk–taking in children," *Journal of Experimental Child Psychology,* 58, pp.321~31.

Powers, E., Goudy, W., & Keith, P. (1978). "Congruence between panel and recall data in longitudinal research," *Public Opinion Quarterly,* 42(3), pp.380~9.

Propp, V. (1975[1928]). *Morphology of the Folk Tale.* London: Austin.

Purdye, K. & Harvey, B. (1994). "TV audience measurement around the world," In ESOMAR / ARF *Worldwide Electronic and Broadcast Research Symposium,* Paris, 1~4 May. Amsterdam: ESOMAR, pp.1~15.

Quarlter, T. H. (1985). *Opinion Control in the Democracies.* NY: St. Martin's Press.

Radway, J. (1984). *Reading the Romance.* Chapel Hill: University of North Carolina Press.

———— (1988). Gendered technology, gendered practice. *Critical Studies in Mass Communication,* 5.

Recnkstorff, K. & McQuail, D. (1996). "Social action perspectives in mass communication research," *Communication,* 21(1), pp.5~26.

Reeves, B., Lang, A., Thorson, C., & Rothschild, M. (1989). "Emotional television stories and hemispheric specialisation," *Human Communication Research,* 15(4), pp.494~508.

————, Rothschild, M., & Thorson, E. (1983). *Evaluation of the Tell–Back Audience Response System* (Research Report for ABC). Madison, WI: Mass Communication Research Center, University of Wisconsin–Madison.

————, Thorson, E., Rothchild, M., McDonald, D., & Hirsch, J. (1985). "Attention to television: intrastimulus effects of movement and scene changes on alpha variation over time," *International Journal of Neuroscience,* 25, pp.241~55.

Rentz, J., Reynolds, F., & Stout, R. (1983). "Analysing changing consumption patterns with cohort analysis," *Journal of Marketing Research,* 20, pp.12~20.

Rhee, J. W. (1997). "Strategy and issue frames in election campaign coverage: a social cognitive account of framing effects," *Journal of Communication,* 47(3), pp.26~48.

Rice, M. L. (1979). "Television as a medium of verbal communication," Paper presented at the meeting of the American Psychological Association, NY.

450

Robert, M. S. (1992). "Predicting voting behavior via the agenda–setting tradition," *Journalism Quarterly*, 69(4), pp.878 ~ 92.

Robertson, L. S., Kelley, A. B., O'Neill, B., Wixon, C. W., Eisworth, R. S., & Haddon, W. (1974). "A controlled study of the effect of television messages on safety belt use," *American Journal of Public Health*, 64(11), pp.1071 ~ 80.

Robinson, J. P. (1967). "World Affairs information and mass media exposure," *Journalism Quarterly*, 44, pp.23 ~ 40.

——— (1969). "Television and leisure rime: yesterday, today and (maybe) tomorrow," *Public Opinion Quarterly*, 33, pp.210 ~ 23.

——— (1977). *How Americans Use Time*. NY: Praeger.

——— & Bachman, J. G. (1972). "Television viewing habits and aggression," in G. A. Comstock & E. A. Rubinstein (eds.), *Television and Social Behavior*, vol. 3: Television and Adolescent Aggressiveness. Washington, DC: US Government Printing Office.

———, Davis, D., Sahin, H., & O'Toole, T. (1980). *Comprehension of Television News: How Alert is the Audience?* Paper presented to the Association for Education in Journalism, Boston.

——— & Sahin, H. (1984). *Audience Comprehension of Television News: Results from Some Exploratory Research*. London: British Broadcasting Corporation, Broadcasting Research Department.

Rogers, E. M. & Dearing, J. W. (1988). "Agenda–setting research: where has it been and where is it going?," In J. A. Anderson (ed.), *Communication Yearbook II*. Beverly Hills, CA: Sage, pp.555 ~ 94.

Rosenberg, B. & White, D. M. (1957). *Mass Culture*. NY: Free Press.

Rosengren, K. E. (1985). "Culture, media and society," *Mediacommunicatie*, 13(3 ~ 4), pp.126 ~ 44.

———, Palmer, P., & Rayburn, J. (eds.) (1985). *Media Gratification Research: Current Perspectives*. Beverly Hills, CA: Sage.

——— & Windahl, S. (1989). *Media Matter: TV Use in Childhood and Adolescence*. Norwood, NJ: Ablex.

Rothschild, M. L., Hyon, Y. J., Reeves, B., Thorson, E., & Goldstein, R. (1988). "Hemispherically lateralized EEG as a response to television commercials," *Journal of Consumer Research*, 15, pp.185 ~ 98.

———, Thorson, E., Reeves, B., Hisch, J. E., & Goldstein, R. (1986). "EEG activity and the processing of television commercials," *Communication Research*, 13(2), pp.102 ~ 220.

Rowntree, B. I. (1906). *Poverty: A Study of Town Life*. London: Longmans.

Rubin, A. M. (1984). "Ritualized and instrumental television viewing," *Journal of Communication*, 34(3), pp.67~77.

Rubin, D. M. (1987). "How the news media reported on Three Mile Island and Chernobyl," *Journal of Communication*, 37(2), pp.42~57.

Russt, L., Price, L. L., & Kumar, V. (1985). "EEG response to advertisements in print and broadcast media," Working Paper No. 85~111, Marketing Science Institute, Cambridge, MA 02138.

Salomon, G. (1983). "Television watching and mental effort: a social psychological view," in J. Bryant & D. R. Anderson (eds.), *Children's Understanding of Television: Research on Attention and Comprehension*. NY: Academic Press.

———— & Leigh, T. (1984). "Predispositions about learning from print and television," *Journal of Communication*, 34, pp.119~35.

Salwen, M. B. (1986). "Effect of accumulation of coverage on issue salience in agenda setting," *Journalism Quarterly*, 65(1), pp.100~6.

Saussure, F. de (1966[1915]). *Course in General Linguistics*. NY: McGraw–Hill.

Savage, P. (1992). "Measure of quality in Canadian broadcasting: the CBC audience panel," In ARF / ESOMAR *Worldwide Broadcast Audience Research Symposium*, Toronto, Canada, 1~3 June. Amsterdam: ESOMAR, pp.635~48.

Scannell, P. (1988). "Radio times: the temporal arrangements of broadcasting in the modern world," In P. Drummond & R. Patterson (eds.), *Television and its Audience*. London: British Film Institute.

Schlesinger, P., Dobash, R. E., Dobash, R. P., & Weaver, C. K. (1992). *Women Viewing Violence*. London: BFI.

Schramm, W. (1957). "Twenty years of journalism research," *Public Opinion Quarterly*, 21(1), pp.91~108.

————, Lyle, J., & Parker, E. (1961). *Television in the Lives of Our Children*. Stanford, CA: Stanford University Press.

Schroder, K. (1987). "Convergence of antagonistic traditions," *European Journal of Communication*, 2.

Schudson, M. (1978). *Discovering the News*. NY: Basic Books.

———— (1984). *Advertising: The Uneasy Persuasion*. NY: Basic Books.

Schudsinger, F., Mednick, S., & Knop, J. (1981). *Longitudinal Research*. Boston: Nijhoof Publishing.

Seiter, E., Borchers, H., Kreutzmer, G., & Warth, E –M. (1989). *Remote Control:*

Television, Audience and Cultural Power. London: Routledge.

Shannon, C. E. & Weaver, W. (1949). *The Mathematical Theory of Communication.* Urbana: University of Illinois Press.

Shapiro, M. A. (1994). "Signal detection measures of recognition memory," In A. Lang (ed.), *Measuring Psychological Responses to Media*. Hillsdale, NJ: Lawrence Erlbaum Associates, pp.133~48.

Shapiro, M., Dunwoody, S., & Friestad, M. (1987). *Criterion shift in recognition memory for news stories about risk: the use of signal detection measures of memory in mass communication.* Paper presented to the Annual Meeting of the International Communication Association, Montreal.

Sharot, T. (1994). "Measuring television audiences in the UK," In R. Kent (ed.), *Measuring Audiences.* London: Routledge, pp.42~81.

Shaw, D. L. (1977). "The press agenda in a community setting," In D. L. Shaw & M. E. McCombs (eds.), *The Emergence of American Public Issues: the Agenda-setting Function of the Press.* St. Paul, MN: West, pp.19~31.

Shaw, I. & Newell, D. (1972). *Violence on Television: Programme Content and Viewer Perception.* London: British Broadcasting Corporation.

Sheehan, P. W. (1986). "Television viewing and its relation to aggression among children in Australia," In L. R. Huesmann & L. D. Eron (eds.), *Television and the Aggressive Child: a Cross-National Comparison.* Hillsdale, NJ: Lawrence Erlbaum Associates.

Shoemaker, P. J. & Reese, S. D. (1991). *Mediating the Message: Theories of Influences on Mass Media Content.* NY: Longman.

Shrum, L. J. (1996). "Psychological processes underlying cultivation effects: further tests of construct accessibility," *Human Communication Research*, 22(4), pp.482~509.

Shrum, L. J. & O'Guinn, T. C. (1993). "Processes and effects in the construction of social reality: construct accessibility as an explanatory variable," *Communication Research*, 20, pp.436~71.

Siegelman, L. & Bullock, D. (1991). "Candidates, Issues, horse races and hoopla," *American Political Quarterly*, 19(1), pp.5~32.

Signorielli, N. (1989). "Television and conceptions about sex roles: maintaining conventionality and the status quo," *Sex Roles*, 21, pp.341~60.

——— (1993) "Television, the portrayal of women, and children's attitudes," In G. Berry & J. K. Asamen (eds.), *Children and Television: Images in a Changing Sociocultural World.* Newbury Park, CA: Sage, pp.229~42.

Silverstone, R. (1990). "Television and everyday life: towards an anthropology of the television audience," In M. Ferguson (ed.), *Public Communication: the New Imperatives*. London: Sage, pp.173~89.

———, Morley, D., Dahlberg, A., & Livingstone, S. (1989). *Families, technologies and consumption: the household and information and communication technologies*. CRICT Discussion paper, Brunel University.

Sivey, R. (1974). *Who's listening? The Story of BBC Audience Research*. London: George Allen and Unwin.

Simmons Market Research Bureau (1991). *Page Opening and Reading Style*. NY: Simmons Market Research Bureau.

Singer, J. L. (1980). "The power and limitations of television: a cognitive–affective analysis," In P. H. Tannenbaum (ed.), *The Entertainment Functions of Television*. Hillsdale, NJ: Lawrence Erlbaum Associates.

———, Singer, D. G., & Rapaczynski, W. (1984). "Children's imagination as predicted by family patterns and television viewing: A longitudinal study," *Genetic Psychology Monographs*, 110, pp.43~69.

Siskind, T. (1979). "The effect of newspaper design on reader preference," *Journalism Quarterly*, 56(1). 56~62.

Smith, H. L. (ed.) (1930~5). *The New Survey of London Life and Labour*. 9 volumes. London: P. S. King.

Smith, R. (1984). "How consistently do readability tests measure the difficulty of newswriting?," *Newspaper Records Journal*, 5(4), pp.1~8.

Smith, E. J. & Hajash, D. J. (1988). "Information graphics in 30 daily newspapers," *Journalism Quarterly*, 65(3), pp.714~18.

Smythe, D. (1954). *Three Years of NY Television: 1951~1953*. Urbana, IL: National Association of Educational Broadcasters.

Sneed, L. (1991). *Evaluating Video Programs: Is It Worth It?* White Plains, NY: Knowledge Industry Publications.

Sobal, J. & Jackson–Beeck, M. (1981). "Newspaper nonreaders: a national profile," *Journalism Quarterly*, 58(1), pp.9~13.

Soderland, W. C., Surlin, S. H., & Romanow, W. I. (1989). "Gender in Canadian local television news," *Journal of Broadcasting and Electronic Media*, 33(2), pp.187~96.

Sorenson, J. (1991). "Mass media and discourse on famine in the Horn of Africa," *Discourse and Society*, 2(2), pp.223~42.

Stamm, K., Jackson, K., & Jacoubovich, D. (1980). "Exploring new options in newspaper readership methods," *Newspaper Research Journal*, 1(2), pp.63~74.

Stauffer, J., Frost, R., & Rybolt, W. (1980). "Recall and comprehension of radio news in Kenya," *Journalism Quarterly*, 57, pp.612~7.

———, ———, & ——— (1983). "The attention factor in recalling network television news," *Journal of Communication*, 33, pp.29~37.

Stempel, G. H. (1952). "Sample size for classifying subject matter in dailies," *Journalism Quarterly*, 29, pp.333~4.

Stern, A. (1971). "Presentation to the Radio–Television News Directors Association, Boston," Unpublished paper, University of California at Berkeley, Graduate School of Journalism.

Steuer, F. B., Applefield, J. M., & Smith, R. (1971). "Televised aggression and the interpersonal aggression of pre–school children," *Journal of Experimental Child Psychology*, 81, pp.442~7.

Stipp, H. & Milavsky, R. (1988). "US television programming effects on aggressive behavior of children and adolescents," *Current Psychology: Research and Reviews*, 7, pp.76~92.

Surbeck, E. & Endsley, R. C. (1979). Surbeck, E. & Endsley, R. C. "Children's emotional reactional to TV violence: Effects of film character, reassurance, age and sex," *Journal of Social Psychology*, 109, pp.269~81.

Sussman, S., Burton, D., Dent, C. W., Stacy, A. W., & Flay, B. R. (1991). "Use of focus groups in developing and adolescent tobacco use cessation program: collection norm effects," *Journal of Applied Social Psychology*, 21, pp.1772~82.

Swanson, C. (1955). "'What they read in 130 daily newspapers," *Journalism Quarterly*, 32(3), pp.411~21.

Tannenbaum, P. H. (1954). "Effect of serial position on recall of radio news stories," *Journalism Quarterly*, 31, pp.319~23.

Taylor, W. (1953). "Cloze procedure: a new tool for measuring readability," *Journalism Quarterly*, 30(4), pp.415~33.

Television Audience Assessment, Inc. (1983). *The Audience Rates Television. Cambridge*, MA: Television Audience Assessment, Inc.

——— (1984). *Program Impact and Program Appeal: Qualitative Ratings and Commercial Effectiveness.* Boston, MA: Television Audience Assessment, Inc.

Thorndyke, P. (1977). "Cognitive structures in comprehension and memory for narrative discourse," *Cognitive Psychology*, 9, pp.77~110.

———— (1979). "Knowledge acquisition from newspaper stories," *Discourse Processes*, 2, pp.95~112.

Thorson, E. (1994). "Using eyes on screen as a measure of attention to television," In A. Lang (ed.), *Measuring Psychological Responses to Media*. Hillsdale, NJ: Lawrence Erlbaum Associates, pp.65~84.

———— & Reeves, B. (1986). "Effects of over-time measures of viewer liking and activity during programmes and commercials on memory for commercials," In R. J. Lutz (ed.), *Advances in Consumer Research*, vol. 13. Provo, UT: Association for Consumer Research, pp.549~53.

————, ————, & Schleuder, J. (1985). "Message complexity and attention to television," *Communication Research*, 12(4), pp.427~54.

————, ————, & ———— (1986). "Attention to local and global complexity in television messages," In M. McLaughlin (ed.), *Communication Yearbook 10*. Newbury Park, CA: Sage, pp.368~83.

———— & Zhao, X. (1988). *Memory for TV commercials as a function of onset and offsets in watching*. Paper presented at the Mass Communication Division of the Annual Meeting of the International Communication Association, New Orleans.

———— & ———— (1989). *Predicting attention and memory for TV commercials using Relevance, Originality and Impact scores*. Paper presented to the Advertising Division of the Annual Meeting of the Association for Education in Journalism and Mass Communication, Washington, DC.

Tichenor, P. J., Donohue, G. A., & Olien, C. N. (1970). "Mass media flow and differential growth of knowledge," *Public Opinion Quarterly*, 34, pp.159~70.

Tillinghast, W. (1981). "Declining newspaper readership: impact of region and urbanisation," *Journalism Quarterly*, 58(1), pp.14~23.

Traudt, P. J. & Lont, C. M. (1987). "Media-logic-in-use: the family as locus of study," In T. R. Lindlof (ed.), *Natural Audiences*. Norwood, NJ: Ablex, pp.139~60.

Treisman, A. (1969). "Strategies and models of selective attention," *Psychological Review*, 76, pp.282~99.

Trenaman, J. (1967). *Communication and Comprehension*. London: Longman.

Trujillo, N. & Ekdon, L. R. (1987). "A 40-year portrait of the portrayal of industry on prime-time television," *Journalism Quarterly*, 64(2), pp.368~75.

Tuchman, G. (1978). "The symbolic annihilation of women in the mass media," In G.

Tuchman, A. Daniels & J. Benet (eds.), *Hearth and Home: Images of Women in the mass media.* NY: Oxford University Press.

Turner, C. W. & Goldsmith, D. (1976). "Effects of toy guns on children's anti-social free play behaviour," *Journal of Experimental Child Psychology*, 21, pp.303~15.

Twyman, T. (1994). "Measuring audience to radio," In R. Kent (ed.), *Measuring Media Audiences.* London: Routledge, pp.88~104.

Upton, C. (1969). *Broadcast program analysers: a century of no progress in instrument design.* Unpublished masters thesis, University of Wisconsin – Madison.

Utt, S. & Pasternak, S. (1989). How they look: an updated study of American newspaper front pages. *Journalism Quarterly*, 66(3), pp.621~27.

Van der Voort, T. H. A. (1986). *Television Violence: A Child's Eye View.* Amsterdam, Holland: Elsevier Science Publishers.

Veraguth, O. (1907). "Das psycho-galvanische reflex-phenomenon," *Monatschrift für Psychiatrie und Neurologie*, 21, pp.387~424.

Vinokar, A. & Burnstein, E. (1974). "Effects of partially shared persuasive arguments on group induced shifts: a group problem solving approach," *Journal of Personality and Social Psychology*, 29, pp.305~15.

Wakshlag, J., Day, K. D., & Zillmann, D. (1981). "Selective exposure to educational television programmes as a function of differently paced humorous inserts," *Journal of Educational Psychology*, 73, pp.23~32.

————, Vial, V., & Tamborini, R. (1983). "Selecting crime drama and apprehension about crime," *Human Communication Research*, 10, pp.227~42.

Walizer, M. H. & Wienir, P. L. (1978). *Research Methods and Analysis: Searching for Relationships.* NY: Harper and Row.

Walker, J. L. (1980). "Changes in EEG rhythms during television viewing: preliminary comparisons with reading and other tasks," *Perceptual and Motor Skills*, 51(1), pp.255~61.

Walma van der Molen, J. & van der Voort, T. H. (1997). "Children's recall of television and print news: A media comparison study," *Journal of Education Psychology*, 89(1), pp.82~91.

Waples, D., Berelson, B., & Bradshaw, F. R. (1940). *What Reading Does to People.* Chicago: University of Chicago Press.

Ward, L. M. & Eschwege, K. (1996). *Would that really happen? Adolescents' perceptions of television's tales of dating and romance.* Unpublished manuscript, University of

California, Los Angeles.

Ward, D. B. (1992). "The effect of sidebar graphics," *Journalism Quarterly*, 69(7), pp.318~28.

Ward, L. M. & Greenfield, P. M. (1998). "Designing experiments on television and social behavior: Developmental perspectives," In J. K. Asamen & C. L. Berry (eds.), *Research Paradigms, Television and Social Behavior*. Thousand Oaks, CA: Sage, pp.67~108.

Warner, W. & Henry, W. (1948). "The radio daytime serial: a symbolic analysis," *Genetic Psychology Monographs*, 37, pp.3~71.

Watt, J. H. & Krull, R. (1974). "An information theory measure for television programming," *Communication Research*, 1, pp.44~68.

———— & ———— (1975). *Arousal model components in television programming: from activity and violent content*. Paper presented to the International Communication Association, Chicago.

———— & ———— (1976). "An examination of three models of television viewing and aggression," *Human Communication Research*, 3, pp.991~1112.

———— & Welch, A. J. (1983). "Effects of static and dynamic complexity on children's attention and recall of televised instruction," In J. Bryant & D. R. Anderson (eds). *Children's Understanding of Television: Research on Attention and Comprehension*. NY: Academic Press, pp.69~102.

Weaver, D. (1977). "Political issues and voter need for orientation," In M. McCombs & D. Shaw (eds.), *The Emergence of American Political Issues*. St. Paul, MN: West.

————, Wilhoit, C., & Reide, P. (1979). *Personal Needs and Media Use*. (ANPA News Research Report No. 21). Reston, VA: ANPA News Research Center.

Webb, P. H. & Ray, M. L. (1979). "Effects of TV clutter," *Journal of Advertising Research*, 19, pp.7~12.

Weber, M. (1970). *Wirtchaft un Gesellschaft*. Tubingen: Mohr.

Weber, H. & Laux, L. (1985). "Der behriff 'Stress' in Publikumszeitschriften," Ergebnisseeiner Inhaltsanalyse. *Publizistik*, 30(1), pp.25~34.

Wesley, W. (1978). *The use of the psychogalvanometer in testing the effectiveness of advertising*. Paper presented at the American Marketing Association 16th Annual Advertising Research Conference, Los Angeles, CA.

West, M. & Biocca, F. (1992). *What if your wife were murdered: Audience responses to a verbal gaffe in the 1988 Los Angeles presidential debates*. Paper presented at the annual conference of the American Association for Public Opinion Research, St. Petersburg, FL.

White, N. R. & White, P. B. (1982). "Vietnamese refugees in Australia: press definitions of reality," *Media Asia*, 9(2), pp.68～79.

Wiegmann, O., Kuttschreuter, M., & Baarda, B. (1992). "A longitudinal study of the effects of television viewing on aggressive and prosocial behaviours," *British Journal of Social Psychology*, 31, pp.147～64.

Wilhort, C. & de Bock, H. (1978). *Mass Communication Review Yearbook*. Beverly Hills, CA: Sage, pp.73～112.

Williams, D. C., Paul, J., & Ogilvie, J. L. (1957). "The mass media, learning and retention," *Canadian Journal of Psychology*, 11, pp.157～63.

Williams, T. M. (ed.). (1986). *The Impact of Television: A Natural Experiment in Three Communities*. Orlando, FL: Academic Press.

————, Zabrack, M. L., & Joy, L. A. (1982). "The portrayal of aggression on North American television," *Journal of Applied Social Psychology*, 12(5), pp.360～80.

Williams, W. & Semlek, W. (1978a). "Campaign '76: agenda setting during the New Hampshire primary," *Journal of broadcasting*, 22(4), pp.531～40.

———— & ———— (1978b). "Structural effects of TV coverage on political agendas," *Journal of Communication*, 28(1), pp.114～19.

Wilson, B. J. & Cantor, J. (1985). "Developmental differences in empathy with a television protagonist's fear," *Journal of Experimental Child Psychology*, 39, pp.284～99.

————, Smith, S. L., Linz, D., Potter, J., Donnerstein, E., Kunkel, D., Blumenthal, E., & Gray, T. (1996). *Content Analysis of Entertainment Television: The 1994～95 Result*. Paper presented at the Duke University Conference on Media Violence and Public in the Media, Durham, NC, 27～29 June.

———— & Weiss, A. J. (1993). "The effects of sibling co-viewing on preschooler's reactions to a suspenseful movie scene," *Communication Research*, 20(2), pp.214～56.

Wilson, C. E. (1974). "The effect of medium on loss of information," *Journalism Quarterly*, 51, pp.111～15.

Wimmer, R. D. & Dominick, J. R. (1994). *Mass Media Research: An Introduction* (4th edn.). Belmont, CA: Wadsworth Publishing Company.

Winick, C. (1988). "The functions of television: life without the big box," In S. Oskamp (ed.), *Television as a Social Issue*. Newbury Park, CA: Sage, pp.217～37.

Wober, J. M. (1990). *The Assessment of Television Quality: Some Explorations of Methods and Their Results*. London: IBA Research Department, Research Paper, July.

Wober, M. & Gunter, B. (1982). "Television and personal threat: fact or a artifact? A

British view," *British Journal of Social Psychology*, 21, pp.43～51.

─────── & ─────── (1988). *Television and Social Control.* Aldershot, UK: Avebury.

Wonsek, P. (1992). "College basketball on television: a study of racism in the media," *Media, Culture and Society*, 14, pp.449～61.

Zabor, D., Biocca, F., & Wren, J. (1991). "How to determine whether your video is a winner or a wild card," In R. Roehr (ed.), *Electronic Advancement: Student Recruiting.* Chicago: Council for Advancement and Support of Education, pp.57～73.

Zechmeister, E. B. & Nyberg, S. E. (1982). *Human Memory.* Monterey, CA: Brooks / Cole.

Zillmann, B. & Bryant, J. (eds.) (1985). *Selective Exposure to Communication.* Hillsdale, NJ: Lawrence Erlbaum Associates.

Zipf, G. K. (1932). *Selected Studies of the Principle of Relative Frequencies in Language.* Cambridge: Cambridge University Press.

찾아보기

▌인명

▌용어